Peter Mück · Freude am Strafen hat nur der Teufel

2. Auflage 2025
BUCHER Verlag
Hohenems – Vaduz – München – Zürich
www.bucherverlag.com

© 2024 Peter Mück

Alle Rechte vorbehalten

Coverbild: Marco Weiß
Produktion: FINIDR, s.r.o.

ISBN 978-3-99018-724-1

Peter Mück

Freude am Strafen hat nur der Teufel

BUCHER

Inhalt

Prolog	7
10. Dezember 1979	11
Hauteng	19
Hellblaue Augen	25
Kratzer	35
Kohlenstaub	39
Im Ostblock	43
… mit an Sicherheit grenzender Wahrscheinlichkeit	49
Überrollt	55
Wasserspritzer	59
Rache	63
Telefonfantasien	69
Weihnachten	73
Noblesse oblige	77
Ehrlos?	83
Salzig	91
Täuschen	95
Stolz und Krieg	101
In dubio pro reo	115
Bis nach Holland	121
Geistig überlegen	125
Büßen	131
Die Tochter ist die Ehre der Familie	139
Die Wüste lebt	147
Leid	153
Faschingsumzug	157
… videtur et altera pars!	161
Fallwinde	167
Feuertanz	175
Sine ira et studio	181
Der Schaffner	187
Ein Krippenspiel	191

Das Monster	193
Dschihad	205
Hilfsbereit	209
Das Talionsprinzip	213
Glauben	217
Ein Brief	221
Verzeihen	223
Angekettet	231
S-Amen	235
Wachrütteln	243
Verzweiflung	247
21 Minuten	253
Brotsäcke	259
Das Katapult	265
Casino Royal	269
Ein Schulversuch	275
… unfassbar	281
Der Poltergeist	289
Kinderwunsch	295
Der Raubritter	303
Schubertiade	307
1488	311
D'r Oanzig	321
Das Ziegenfell	329
Die Blutspur	333
Heimweh	339
Schwitzen	343
Wenn er mich wirklich liebt …	351
Rückenschmerzen	357
Älplerische Kost	361
Eiskalt	367
Weidmanns Heil(iger Abend)	373
Sonnenschein	377
Epilog	395
Anhang	399
Erklärungen	403
Dank	411

Prolog

Kriminal- und Justizgeschichten sind schon aus verschiedenen Perspektiven geschrieben worden: Von Kriminalschriftstellern und Drehbuchautoren, Reportern und Journalisten, von Psychologen und Pädagogen, von Detektiven und Sachverständigen, nur selten aber von Richtern. Deren Analysen und Einschätzungen wären aber von ganz besonderem Interesse, nicht nur, weil sie gemäß ihres Auftrages seine „richtige" Beurteilung suchen und ein gerechtes Urteil finden müssen, sondern auch, weil sie sich mit der Persönlichkeit der Angeklagten in deren Gesamtheit und der Tat in ihrer ganzen Komplexität befassen müssen. Dazu ist neben dem rein juristischen Wissen eine ganze Reihe von psychologischen Kenntnissen erforderlich: Interesse an der breiten Palette menschlicher Verhaltensweisen, Neugierde auf die verschiedenen Erscheinungsformen des Menschseins, hohe Sensibilität des Gerechtigkeitsgefühls, emotionale Intelligenz und soziale Kompetenz, ständige Reflexion der eigenen Gedanken und auch durch die Lebenserfahrung gewachsene Qualität des Urteils.

Dr. Peter Mück, langjähriger Strafrichter am Landesgericht Feldkirch, geht nun diesen spannenden und hoch interessanten Weg. Aus Sicht des pensionierten Richters, der auf tausende Verfahren und unzählige Begegnungen mit Tätern, Opfern und Zeugen zurückblicken kann, ist es ihm nun möglich, den Horizont über den reinen Rechtsbereich hinaus zu erweitern und all das darzustellen, was in einem Kriminalfall neben der rein strafrechtlichen Seite an menschlichen und sozialen Aspekten enthalten ist: Was in den Verfahren nicht zur Sprache kommen konnte, was hinter den Kulissen der zum Teil sehr spektakulären Prozesse abläuft, was sich im Gewissen des Richters abspielt. In seine Falldarstellungen, von kleinen Diebstählen bis zu Sexualverbrechen und Mord reichend, bringt der Autor all das ein, was das Menschsein ausmacht: starke und schwache

Persönlichkeiten, kranke und gesunde Menschen, problematische Prägungen durch das Elternhaus, tragische und positive Lebenserfahrungen, krisenhafte und schwierige Entwicklungsphasen, misslungene und belastende Situationen, in denen vielleicht jeder zum Verbrecher werden kann.

Einem Richter geht es immer um Gerechtigkeit, aber was ist schon gerecht? Dies auszuloten, gehört zu den schwierigsten Aufgaben eines Richters, denn er muss mit seinem Urteil nicht nur dem Gesetz Genüge tun, sondern sich in dessen Rahmen seinem eigenen Gerechtigkeitsempfinden stellen. Gerechtigkeit ist einer der höchsten menschlichen Werte und ist Grundlage jedes funktionierenden Staatssystems; in den Religionen wird sie sogar als göttliche Eigenschaft gesehen und zählt neben Tapferkeit, Besonnenheit und Weisheit zu den Kardinaltugenden. Das Gerechtigkeitsgefühl ist aber auch eine der heikelsten psychischen Funktionen, sowohl für den Angeklagten als auch für seinen Verteidiger und den Staatsanwalt – besonders aber für den Richter. Dieser innere Kampf um Gerechtigkeit kann im Urteil keinen Niederschlag finden, wohl aber in den persönlichen Überlegungen eines Richters zu seinem Beruf, seiner Funktion, seinen gedanklichen Wegen zum Urteil und zu seinem eigenen persönlichen Gerechtigkeitsgefühl. Die Darstellung der inneren Seite des Richtenden, die in jedem Verfahren anzustellenden Überlegungen und Bedenken, die sich ergebenden Zweifel und Gewissenskonflikte bilden den Kern des Buches, die Überwindung, die es zum Strafen braucht: Denn Freude am Strafen hat nur der Teufel, wie das dem Buch den Titel gebende Zitat des großen deutschen Dichterphilosophen Jean Paul (1763–1825), der bezeichnenderweise eigentlich Johann Paul Friedrich Richter hieß, lautet. Besonders spannend ist die Darstellung der auf dem Weg zum Urteil bzw. zum Erarbeiten einer gerechten Strafe häufig auch stattfindenden Beratungen mit den beisitzenden Richtern, den Schöffen und Geschworenen. Für einen Psychiater muten diese oft wie gruppendynamische Sitzungen an, sodass der vorsitzende Richter sicherlich über ein gehöriges Maß an gruppenpsychologischen Kenntnissen verfügen und sowohl Teamfähigkeit als auch Führungskompetenz besitzen muss.

All diese zusammenschauenden psychologischen Aspekte handelt Peter Mück am Beispiel unzähliger Verfahren ab und zeigt dabei, dass man als Richter nicht nur Jurist, sondern auch Psychologe und Soziologe, Therapeut und Mitmensch sein kann, ja sein muss, wenn man das Amt ernst nimmt.

Verbrechen ist Psychologie pur, denn in ihnen kommen die menschlichen Gefühle und Konflikte in konzentrierter Form zum Ausdruck. Sie bilden die Spitze eines aus Ärger, Zorn, Wut, Hass, Kränkung, Eifersucht, Neid, Habgier und Aggressivität bestehenden seelischen Eisbergs. Diese Aspekte beleuchtet Peter Mück in vielen Beispielen, welche von alltäglichen zwischenmenschlichen Konflikten über emotionale und tätliche Auseinandersetzungen bis zu organisierter Kriminalität, von Gelegenheitsdiebstählen bis zum schweren Raub, von der leichten Körperverletzung bis zum Mord reichen. Besonders berührend und in der aktuell sehr intensiv geführten Traumadiskussion sehr wichtig sind jene Passagen, in denen sich der Richter den Verbrechensopfern und deren Schicksalen widmet.

Im Gegensatz zur belletristischen Literatur und auch zu vielen Sachbüchern haben wir es bei den Reflexionen von Peter Mück mit „True Crime" zu tun. Man kann sich, wenn man mit den zum Teil grauenhaften Fakten konfrontiert wird, nicht damit trösten, dass es sich nur um Fälle, um statistische Daten oder um Fiktionen handelt. Nein, es geht um Menschen und menschliche Schicksale, die hier aus einer distanzierten, aber durch und durch empathischen Perspektive betrachtet werden. Wahrscheinlich kann man nur auf diesem Wege zu einem gerechten Urteil kommen und es überhaupt ertragen, dass man als Richter strafen muss. Manchmal hat man den Eindruck, dass der Richter Mück das Urteil als pädagogische Lektion und die Strafe als Therapie angelegt hat. Und wenn man nach der

Lektüre dieses Buches zum Schluss kommt, dass der Richter so viele Aspekte zu beachten hat – nicht nur die rechtlichen und prozessualen, sondern ebenso die sozialen, die zwischenmenschlichen, die psychischen und die humanen kann man erahnen, wie ein gerechtes Urteil auch zu einem weisen Urteil werden kann.

Univ.-Prof. Dr. Reinhard Haller

10. Dezember 1979

Am 30. November des Jahres 1979 wurde ich vom Bundesministerium für Justiz zum Richter des Oberlandesgerichtsprengels Innsbruck ernannt. Bis das Ernennungsdekret in Innsbruck war und ich den Amtseid geleistet hatte, war eine Woche vergangen. Daher war am 10. Dezember der Tag, an dem meine Berufslaufbahn beginnen sollte. Ich wurde zur Vertretung eines Richters an ein Bezirksgericht berufen.

Ich kannte dieses Gericht, und auch die dort Beschäftigten waren mir vertraut. Diesem Bezirksgericht war ich schon als Rechtspraktikant, später als Richteramtsanwärter zugeteilt, und gelungene Feste bleiben bis heute in meiner Erinnerung. Diesen ersten Tag wollte ich gemächlich beginnen und fröhlich beenden.

Ich nahm mir vor, die offenen Akten zu sichten, Verhandlungen auszuschreiben und vor allem sollte ein kleines Einstandsfest am Beginn meines Berufsweges stattfinden.

Als ich um die letzte Hausecke abgebogen war – von dort konnte man das Gerichtsgebäude sehen – bin ich richtig erschrocken.

Viele Menschen hatten sich vor dem Gericht versammelt, und ich konnte auch einen Reporter erkennen. Das Schreien einiger Personen ließ mich nichts Gutes erwarten, ohne die geringste Ahnung zu haben, was auf mich zukommen wird. Ich bahnte mir einen Weg zwischen den aufgebrachten Leuten. Sie wussten nicht, dass ich der Richter sein werde, der das in ihren Augen Unmenschliche zu vollziehen hat.

In der Gerichtskanzlei sah ich einen Mann, der einen mit weiten Maschen gestrickten Pullover anhatte. An diesem hielt sich ein schluchzendes Mädchen wie an einem Netz fest.

Irgendwer gab mir einen umfangreichen Akt in die Hand, mit dem ich das Richterzimmer aufsuchte. Es war keine Zeit, den Akt zu lesen, musste ich auch nicht. Auf der letzten oben aufliegenden Seite war festgehalten, dass die zwangsweise Abnahme des Mädchens von seinem Vater und die Übergabe an die Mutter am 10. Dezember durchzuführen ist.

Wie bringt man ein weinendes Kind von seinem Vater weg, das sich in dessen Pullover festgekrallt hat? Dies stand in keinem Lehrbuch, trotzdem musste ich die rechtskräftige Entscheidung, nämlich das Kind in die Fürsorge der Mutter zu geben, durchsetzen.

Ich rief als erstes das Jugendamt der Bezirkshauptmannschaft an und bat um Unterstützung. Es wurde mir mitgeteilt, dass die zwei Zuständigen nicht im Hause wären. Eine hätte Urlaub, der andere sei krank, vermutlich Herzinfarkt. Erst später habe ich erfahren, dass die Beamten vom Jugendamt mit der Kindesabnahme nichts zu tun haben wollten. Ich dachte mir, weil sie die Entscheidung des Berufungsgerichtes ebenso wie die Menge vor dem Gerichtsgebäude als „amtliche Kindesentführung" gesehen haben.

Als Nächstes rief ich den Gendarmerieposten an, um Hilfe zu bekommen. Der Postenkommandant bat mich inständig, keine Gendarmeriebeamten zur Kindsabnahme heranzuziehen. Er verwies auf das aktuell sehr schlechte Image der Gendarmerie, unter dem alle Beamten im ganzen Land zu leiden hätten.

Der Grund dafür war, dass ein Mann in einen Kotter eingesperrt und von den Beamten achtzehn Tage (!) lang vergessen wurde. Nur durch das Trinken des eigenen Urins konnte er überleben. Diese lange Zeit ohne Wasser und Nahrung war rekordverdächtig und erregte weltweites Aufsehen. Für diesen Fehler von Wenigen mussten nun viele Gendarmeriebeamten Schmähungen und Beschimpfungen während ihrer Arbeit ertragen.

Auch die Zöllner bekamen ihren Teil davon ab. Auf die Frage, ob die Einreisenden etwas zu verzollen haben, bekamen sie nicht selten die Antwort: „Fressen und Saufen für achtzehn Tage".

Mir war zu diesem Zeitpunkt nicht bewusst, dass auch ich einem kollektiven Vorwurf ausgesetzt sein werde, ohne mit der Entscheidung über den Aufenthalt des Kindes irgendetwas zu tun gehabt zu haben – wie die meisten Richter des Landes (Richterinnen gab es in Vorarlberg zu diesem Zeitpunkt nicht). Trotzdem sollten alle Richter und die Justiz des Landes mehr als diffamiert werden.

Ich ersuchte den Kommandanten bei angeführtem Telefonat, mir nur einen Beamten zu schicken und versprach, dass dieser mit dem Kind nicht in Berührung kommen wird. Der Postenkommandant sagte mir zu, einen Inspektor zu schicken.

Mittlerweile hatten alle Bediensteten des Gerichts das Gebäude verlassen. Auch sie wollten beim kommenden Geschehen nicht dabei sein. Ich war jedoch nicht ganz allein. Ein Richteramtsanwärter (der spätere Präsident des Obersten Gerichtshofes) blieb bei mir und ich konnte auf seine Hilfe zählen.

Sodann wies ich den Reporter aus dem Haus, der im Gang vor den Kanzleien Aufstellung bezogen hatte. Er schrie etwas von Pressefreiheit, ich von meinem Hausrecht, worauf er das Gebäude verließ.

Den Richteramtsanwärter bat ich, die am lautesten schreiende Frau mir vom „Halse zu schaffen". Es war die Großmutter des Kindes. Er nahm die verzweifelte Frau in sein Zimmer, worin sie bis zum Ende des Geschehens verblieben ist.

Die Kindesmutter ersuchte ich im Gang zu warten.

Den Chauffeur des Fahrzeuges, mit dem das Kind und ihre Mutter weggebracht werden sollten, hielt ich an, sein Auto unmittelbar an der zum Gericht führenden Stiege abzustellen. Die rückwärtige Fahrzeugtüre sollte bei laufendem Motor offengehalten werden. Er tat wie ihm aufgetragen. Das Motorengeräusch passte den Protestierenden nicht, dämpfte aber ein wenig die aufgeladene Situation.

Ich wollte vorerst den Vater, an dessen Pullover sich das Kind immer noch festhielt, überzeugen, dass seine Weigerung, das Mädchen der Kindesmutter zu übergeben, sinnlos ist. Ich verstand seine schwierige emotionale Situation, bat ihn dennoch, die im zweiten Rechtsgang ergangene Entscheidung zu akzeptieren. „Die dafür verantwortlichen Richter haben nach bestem Wissen und Gewissen entschieden", so meine ihm mitgeteilte Überzeugung. Mein Zureden war zwecklos.

Er erzählte, dass das Kind schon monatelang bei ihm lebt, in der Schule angemeldet und längst heimisch geworden ist. Ich ließ dieses Argument nicht gelten. Aus dem mir vorliegenden Akt konnte ich ersehen, dass das Verfahren nicht nur durch immer neue Anträge in die Länge gezogen wurde, sondern auch durch das Ausschöpfen aller Rechtsmittel gegen Entscheidungen, die nicht in seinem Sinn gewesen sind.

Der Vater zählte die Vorteile des ländlichen Umfeldes auf, in dem das Kind heranwachsen sollte und nicht in einer deutschen Großstadt, in der die Mutter lebte. Ich blätterte während des Gespräches im Akt und konnte lesen, dass der Vater das Kind von der Schule in Deutschland nach Vorarlberg gebracht hatte und Anzeigen in Deutschland und Österreich wegen Kindesentführung erfolgt sind.

Meine Versuche, einen Gesinnungswandel beim Vater herbeizuführen, scheiterten, sodass ich mir gezwungenermaßen etwas anderes einfallen lassen musste.

Ich hatte schon vor meinen Bemühungen, den Vater umzustimmen, mit dem Gendarmeriebeamten gesprochen. Er sollte mit dem Kind, wie versprochen, nichts zu tun haben, außer auf mein Kommando die Türöffnung zu blockieren, durch die ich mit dem Kind davoneilen wollte. Damit sollte die Verfolgung durch den Vater verhindert werden. Mir war nicht klar, wie ich erreichen konnte, das Kind vom Vater zu trennen, und Gewalt habe ich für mich ausgeschlossen.

Ich setzte mich an die Schreibmaschine und begann ein Protokoll zu tippen. Es war unnötig und überflüssig, aber ich wollte damit Zeit gewinnen, um vielleicht eine geänderte Situation erreichen zu können. Während ich nun begann, mit zwei Fingern die Personalien des Vaters festzuhalten, ist es dem Mädchen zusehends langweilig geworden. Sie bemerkte einen lustigen Zettelhalter auf dem Schreibtisch und ein Magnetmännchen, auf dem die Büroklammern festhielten. Je länger ich schrieb, desto größer wuchs ihr Interesse für die von ihr entdeckten Sachen. Das Mädchen ließ den Pullover ihres Vaters los, um sich die Dinge aus der Nähe anzuschauen, die ihre Aufmerksamkeit erregten. Als sie weit genug vom Vater entfernt war, sprang ich auf, nahm das Mädchen und rannte mit ihr zu der auf dem Gang wartenden Mutter. Der Gendarmeriebeamte stellte sich wie verabredet in die Türöffnung, durch die ich mit dem Kind davongeeilt war, sodass der schreiende Vater mich und das Kind nicht verfolgen konnte. Die Mutter begab sich mit ihrem Kind auf schnellstem Weg in das wartende Auto, das rasant davonfuhr.

Die Aufregung war mir ins Gesicht geschrieben, wie ich später in der Zeitung lesen konnte. Nach Einstandsfest war mir jedenfalls nicht mehr zumute.

Mit wütenden Protesten, lautstarkem Geschrei und Beschimpfungen der Justiz wurden der weinende Vater und seine verstörte Mutter von der Menge empfangen. Diese Entscheidung, so der Tenor, werde nicht hingenommen.

Das Medienecho war gewaltig.
Der weinende Vater mit der Tränen überströmten Großmutter wurden in der Zeitung abgebildet. Die Überschrift des ganzseitigen Berichtes lautete: „Eine amtliche Kindesentführung und Intervention aus dem Ministerium; Kind gewaltsam in deutsche Großstadt verpflanzt, der ganze Ort will um das Kind kämpfen."

Nicht nur die Behauptung einer Intervention durch das Ministerium war mehr als eine Diffamierung des Richterstandes und der Justiz. Mehrere falsche und missverständliche Teile des Zeitungsberichtes trugen zu einer beinahe landesweiten Empörung bei.

Wie man gegen die rechtskräftige Entscheidung „kämpfen" wollte, war dem Bericht nicht zu entnehmen, aber schon allein der angekündigte Widerstand verfehlte seine öffentliche Wirkung nicht.

Auch ich wurde beschimpft und der damaligen Revolution im Iran angepasst, als „Khomeini-Richter" bezeichnet.

Die Reaktion der Richterschaft war unterschiedlich. Der Präsident des Landesgerichtes Feldkirch stellte unmissverständlich fest, dass ein österreichischer Richter es nicht notwendig hat, sich vor der Journaille zu rechtfertigen. Anders sah es der Obmann der Richtervereinigung. Er verfasste eine Richtigstellung der im Zeitungsbericht verdrehten Fakten und verwahrte sich gegen Diffamierungen des Standes. Diese Entgegnung wurde in der Zeitung abgedruckt, die vom bevorstehenden Kampf berichtet hatte.

Auch die Politik blieb von den Ereignissen des 10. Dezembers nicht verschont und die Wellen der Empörung erreichten die Bundeshauptstadt.

Vorarlberger Nationalräte wollten Informationen und Aufklärung vom Justizminister haben.

Ich war noch zu Hause, als mich der Minister angerufen hatte und um personenbezogene und andere Auskünfte ersuchte. Ich beantwortete sein Ansinnen mit den Worten: „Bei allem Respekt, Herr Minister, das geht Sie nichts an!" Er sagte darauf, dass er meinen Standpunkt versteht und wünschte mir für die Zukunft alles Gute. Ich war nach dem Telefonat mit mir selbst sehr zufrieden.

Nicht so meine Mutter, die sich in der Nähe aufgehalten hatte, als ich telefonierte. Sie war erschreckt von meinem Teil des Telefonats und meinte, dass es ihr schwer fallen werde, mich in Sibirien zu besuchen.

Ich habe mir meinen Einstieg als Richter anders vorgestellt, doch eines ist mir nach diesem Tag bewusst geworden: „Tränen werden mich begleiten."

Hauteng

Die Tätigkeit eines Untersuchungsrichters, den es heute in Österreich nicht mehr gibt, war bei den jungen Richtern nicht sehr gefragt.

Um dennoch genügend Bewerber zu haben, wurden am Landesgericht Feldkirch bei der Besetzung von Straf- und Zivilabteilungen jene vorgereiht, die Untersuchungsrichter waren.

Daher bin ich Untersuchungsrichter geworden.

Ich war schon mehr als ein Jahr unter anderem als Strafrichter tätig, jedoch nur an Bezirksgerichten. Als Untersuchungsrichter bin ich mit Kapitalverbrechen konfrontiert worden, eine für mich neue und ungewohnte Erfahrung.

Einer meiner ersten Fälle war eine „Vergewaltigung".

Eine junge Frau, siebzehn Jahre alt, hatte Anzeige erstattet, von ihrem Bekannten vergewaltigt worden zu sein.

Der Verdächtige war kein unbeschriebenes Blatt: Zwölf Vorstrafen schienen in der „Speisekarte" auf, wie man die Strafregisterauskunft im Jargon nannte.

Mehrere Vorstrafen waren wegen Gewaltdelikten verhängt worden. Auch ein Raub war dabei, also Gewalt war ihm nicht wesensfremd.

Ich habe über den Verdächtigen auf Antrag der Staatsanwaltschaft die Untersuchungshaft verhängt und die Voruntersuchung beschlossen.

Schon bei der ersten Vernehmung hat der Verdächtige angegeben, dass er seine Freundin keinesfalls vergewaltigt habe. Ein einvernehmlicher Geschlechtsverkehr wäre es gewesen, auch nicht der erste in der monatelangen Beziehung.

Ich lud das Opfer vor.

Eine auffallend schöne junge Frau nahm mir gegenüber und der Schriftführerin Platz.

Ihr Aussehen allein schien ihre Angaben vor der Gendarmerie zu bestätigen.

Ich stellte mir neben dem Anblick der Zeugin jenen des Verdächtigen vor. Er hatte ein schmales Gesicht mit hervorstehenden Backenknochen. Zwischen seinen tiefliegenden Augen sprang eine große Nase hervor, die vermutlich schon mehrmals gebrochen wurde. Seine Gesichtshaut war gelblich und fahl.

Es schien mir höchst unwahrscheinlich, dass sich eine derart hübsche Frau mit einem so ... Mann einlässt, ich wollte das Wort nicht denken, gleichwohl vergebens.

Ich vernahm die Zeugin sehr „schonend". Viele Frauen zeigen ihnen widerfahrene Vergewaltigungen nicht an, weil sie die Fragen, welche den intimen Bereich betreffen, als furchtbar demütigend empfinden. Dennoch können die Folgen einer Vergewaltigung dermaßen traumatisierend sein, dass sie das Leben eines Opfers nachhaltig verändern.

Das Wühlen im realen Geschehen lässt zwangsläufig die meist größeren seelischen Verletzungen außer Acht, weshalb ich dies dem Opfer ersparen wollte.

Die Zeugin schilderte, wie ihr der Verdächtige gewaltsam die Jeans auszog, was ihm trotz heftiger Gegenwehr gelungen sei. Nachdem er auch den Slip heruntergerissen hatte, wäre es zum erzwungenen Geschlechtsverkehr gekommen.

Auf meine Frage, ob noch weitere Gewalt vom Verdächtigen angewendet worden wäre, gab die Zeugin eine verneinende Antwort. „Wie hätte ich mich gegenüber dem körperlich überlegenen Mann auch wehren sollen, weshalb ich das Weitere über mich ergehen habe lassen."

Sie bestätigte, dass sie den Verdächtigen schon monatelang kannte, ihn hin und wieder getroffen habe. Sie hätten geschmust und der

Bekannte, sie vermied das Wort „Freund", hätte auch „herumgegriffen", zu einem Geschlechtsverkehr wäre es aber nicht gekommen.

Nachdem die Zeugin gegangen war und ich das Protokoll mehrmals durchgelesen hatte, spürte ich, dass etwas nicht stimmen konnte. Sie hatte also, so meine Gedanken, trotz der äußerlichen Gegensätzlichkeit und des Altersunterschiedes eine mehrmonatige Bekanntschaft oder Beziehung aufrechterhalten.

Ich konnte auch nicht glauben, dass der Verdächtige nicht mehr wollte, als nur „herumzugreifen". Andererseits war zu bedenken, dass auch in einer aufrechten Beziehung die Freundin oder Ehefrau vergewaltigt werden kann.

Diese Gedanken gingen mir durch den Kopf und ich überlegte, welche weiteren Schritte ich unternehmen werde.

Mein erfahrener älterer Kollege kam in mein Zimmer um eine Telefonnummer von einem Dolmetscher zu erfahren.

Er sah wohl das Grübeln in meinem Gesicht und fragte mich, welchen Grund es dafür gibt.

Ich erzählte ihm in wenigen Worten, was mich nachdenklich machte.

Er wollte das Protokoll der Zeugin haben. Ich gab es ihm, und er las es durch.

Sodann schaute er mich an und fragte: „Hast du schon einmal einem Mädchen die enge Jeans ausgezogen, wenn sie sich dagegen wehrte?" Ich verneinte, worauf er mein Zimmer verließ.

Zu Hause probierte ich meiner sich dagegen wehrenden Frau die Jeans auszuziehen.

Es gelang keineswegs.

Es musste also, so meine Erkenntnis, entsprechende Gewalt über das Ausziehen der Hose hinaus oder eine entsprechende Drohung angewendet worden sein.

Ich habe am nächsten Tag die Zeugin nochmals geladen, diesmal über die Gendarmerie.

Am Nachmittag fand die zweite Vernehmung statt, nunmehr nicht mehr schonend.

Vorerst habe ich sie gefragt, ob sie vor oder bei der Vergewaltigung bedroht worden wäre, ob sie weitere Gewalt über das Ausziehen der Hose hinaus erdulden habe müssen. Beides verneinte sie. Nun war ich mir sicher, dass sie die Gendarmeriebeamten und mich angelogen hatte.

Ich wollte dann sämtliche Details der Vergewaltigung wissen, auch für sie unangenehme. Ebenfalls konnte ich auf intime Fragen nicht verzichten.

Es brauchte nicht lange, bis sich die Zeugin in Widersprüche verwickelte und schließlich emotionslos sagte: „Okay, er hat mich nicht vergewaltigt, es war ein einvernehmlicher Geschlechtsverkehr."

Das Klappern der Schreibmaschine hörte auf, und es folgte eine gefühlte minutenlange Stille.

„Ich habe lange Zeit keinen Freund gehabt", begann die Zeugin zu erzählen. „Die Burschen haben sich nicht getraut. Ich bin wohl zu hübsch für sie gewesen. Sie hatten Angst, eine Abfuhr zu bekommen. Der, den ich beschuldigt habe, hatte derartige Hemmungen nicht. Er ist zwar nicht der ‚Schönste', aber er wusste, was er wollte. Sein Benehmen war so selbstsicher, so männlich. Er hat mich nicht wie einen unerfahrenen Teenager behandelt, sondern als Frau, wenn sie verstehen, was ich meine. Das hat mir gefallen, und wir haben uns nach dem Kennenlernen mehrmals getroffen.

Ich habe ihn auch einmal nach Hause mitgebracht. Meine Eltern waren entsetzt. Sie haben alles versucht, damit ich diese Beziehung beende. Aus Trotz, oder was weiß ich warum, habe ich dem Wunsch der Eltern nicht entsprochen. Es wäre für mich ohne Weiteres möglich gewesen, ich war in ihn ja nicht verliebt.

Wir hatten mehrmals Geschlechtsverkehr. Vor einiger Zeit habe ich bemerkt, dass ich schwanger bin. Ich wusste nicht, was ich tun sollte. Ich wollte dies meinen Eltern nicht antun und grübelte nächtelang, wie ich es ihnen beibringen könnte. Dann ist mir die Idee mit der Vergewaltigung gekommen. Die Beziehung, die eigentlich keine war, wäre schlagartig zu Ende und ich für meine Eltern das bemitleidenswerte Opfer."

„Und dafür", sagte ich, „hätten sie einen Unschuldigen für mehrere Jahre hinter Gitter gebracht?"

Sie zuckte mit den Achseln.

Die Zeugin hat das angefertigte Protokoll durchgelesen und auf meine Aufforderung, sollte es richtig sein, unterschrieben.

Am nächsten Tag haben die Kriminalbeamten den Bericht über die Hausdurchsuchung beim mutmaßlichen Täter gebracht. Sie hatten pornografische Fotos von der Zeugin gefunden. Auf die hatte der Verdächtige vergessen, sie zu seiner Verteidigung zu erwähnen.

Der Untersuchungshäftling wurde entlassen, das Verfahren eingestellt, ein neues jedoch wegen des Verbrechens der Verleumdung eröffnet.

Hellblaue Augen

Eine allseits beliebte und bekannte Dame war als Gemeindeangestellte tätig und arbeitete im unmittelbaren Bereich des Bürgermeisters.

Durch ihre jahrelange Tätigkeit lernte sie viele Bürgerinnen und Bürger persönlich kennen, auch solche, die von der Gemeinde etwas brauchten, forderten oder bekommen hatten.

Sie war alleinstehend und wohnte in ihrem eigenen schmucken Haus. Dessen Einrichtung war geschmackvoll und gediegen. Die Bilder und Skulpturen zeugten von der Kunstsinnigkeit der Bewohnerin, aber auch davon, dass sie finanziell gut situiert war.

Es begann mit einem gewöhnlichen Einbruch. Durch ein geöffnetes Kellerfenster gelangte der Dieb ins Haus und begann Zimmer für Zimmer nach Geld und Schmuck zu durchsuchen. Er hatte Erfahrung und war mehrmals wegen Einbrüchen und Diebstählen verurteilt worden.

Unerwartet kam die Gemeindeangestellte nach Hause und traf mit dem nach Geld und Wertsachen suchenden Einbrecher zusammen.

Dieser ergriff keineswegs die Flucht, sondern suchte im Beisein der Hausbewohnerin nach dem Tresor. Sein bisheriges Suchen war nicht sonderlich erfolgreich, weshalb er aufgrund der exquisiten Einrichtung des Hauses einen Tresor vermutete. Darin erhoffte er sich entsprechende Beute.

Die den Einbrecher überraschende Dame war eine sehr couragierte Person. Ob sie Angst vor ihm hatte oder furchtlos gewesen ist, ob sie ihre Angst durch ein forsches Auftreten zu überwinden glaubte, wird nie mehr zu erfahren sein. Ebenso wenig, ob sie bedroht wurde.

Jedenfalls reagierte sie auf die von ihr angetroffene Situation so, als hätte sie keine Angst gehabt. Sie sah in das Gesicht des den Tresor suchenden Einbrechers und erkannte ihn, denn er wohnte nicht weit weg von ihrem Haus. Ihre Erkenntnis teilte sie dem Dieb ohne Umschweife mit: „Du bist doch der …buab und wohnst im nächsten Block in dieser Straße!"

Damit hatte sie ihr Todesurteil herausgefordert. Die Gemeindeangestellte war seit jenem Abend, als sie ihr Haus betreten hatte, unauffindbar.

Ihre Verwandte, die mithilfe der Gendarmerie ins Haus durch ein Kellerfenster einsteigen konnte, fand weder Einbruchsspuren noch solche eines Kampfes.

Alles war vielmehr auf dem gewohnten Platz. Es waren keine beunruhigenden Hinweise zu sehen, doch aus Kleinigkeiten konnte die Verwandte schließen, dass sich jemand im Hause zu schaffen gemacht hatte.

Das spurlose Verschwinden der Gemeindeangestellten veranlasste die Kriminalabteilung, sich des Falles anzunehmen.

Unzählige Befragungen der Nachbarn wurden durchgeführt. Die Beamten wollten Beobachtungen erfahren und wissen, wo sich die Personen in jener Nacht aufhielten, in welcher ein möglicher Einbruch geschah. Doch bald gingen die Beamten von mehr als einem Einbruch aus.

Die Verwandte der Hausbewohnerin konnte weder fehlende Geldbeträge noch Wertsachen angeben, was nicht außergewöhnlich war, da sie nicht im selben Haushalt wohnte.

Vielmehr machte der aufgeräumte Zustand im Hause der Abgängigen die Beamten stutzig.

Ein Einbrecher hinterlässt selten persönliche Spuren, die auf seine Täterschaft schließen lassen, dass er jedoch aufräumt, um den Einbruch zu vertuschen, war mehr als ungewöhnlich.

Dieses Verhalten wäre sinnlos, denn die Hausbewohnerin hätte mit oder ohne Aufräumen feststellen können, welche Dinge ihr gestohlen wurden.

Aber, so die Überlegungen, wenn sie es nicht mehr feststellen konnte, dann hätte das Aufräumen einen Sinn ergeben. Das „Verschwinden" der Angestellten hätte nichts mit einem Einbruch zu tun, vielmehr mit ungezählten anderen Möglichkeiten.

In der Garagentüre des Hauses fanden die Beamten ein Projektil, das durch einen Schuss im Tor steckte. Die Waffenbesitzer des Ortes wurden aufgelistet, um herauszufinden, wer eine Long Rifle besaß. Mit einer derartigen Waffe war der Schuss ins Garagentor abgegeben worden. Diese Bemühungen blieben erfolglos. Als Nächstes wollten die Beamten herausfinden, ob jemand im Ort nach dem Waffengesetz verurteilt worden ist und wer eine solche Waffe unerlaubt besessen hatte.

Die Suche nach dem Besitzer jener Waffe, mit der das im Garagentor steckende Projektil abgefeuert wurde, brachte die Beamten zu einem jungen Burschen. Er war wegen unerlaubten Waffenbesitzes verurteilt worden, weil eine Long Rifle bei ihm gefunden wurde.

Die Untersuchungen ergaben jedoch, dass das Projektil nicht mit der sichergestellten Waffe des Burschen abgefeuert worden war. Der Bursche war außer dem Vergehen nach dem Waffengesetz wegen Einbrüchen und Diebstählen vorbestraft. Da fraglich war, ob überhaupt ein Einbruch stattgefunden hatte, mangels Spuren und Diebesgut, waren auch die einschlägigen Vorstrafen des Burschen nicht ausschlaggebend.

Routinemäßig wurde auch er befragt, wo er sich in jener Nacht aufgehalten hatte, in welcher sich irgendjemand im Hause der Verschwundenen zu schaffen gemacht hatte.

Der Befragte gab an, die Nacht mit zwei Prostituierten verbracht zu haben. Die Namen der Dirnen konnte er nicht nennen, was auch nicht verwunderlich war.

Über den Ort des Treibens machte der Bursche widersprüchliche Angaben. Als er den Preis nennen sollte, den er für die zwei Prostituierten zahlen hätte müssen, gab er einen Betrag an, für den sich nicht einmal eine der Dirnen ausgezogen hätte.

Mit dieser Antwort wussten die Beamten, dass er sie angelogen hatte und etwas zu verbergen trachtete. Einer der besten Vernehmungstaktiker hatte nun seinen Auftritt.

Bald war das brutale Verbrechen Gewissheit. Nachdem die couragierte Angestellte den Einbrecher erkannt, seinen Namen und seine Adresse genannt hatte, war ihr Leben verwirkt. Der Einbrecher wurde zum Mörder.

Er würgte sein Opfer vorerst mit bloßen Händen, zog sodann einen Gürtel so fest und so lange um ihren Hals zu, bis die Frau tot war.

Der Mörder war sich jedoch nicht sicher, ob sein Opfer noch lebte. Er schleppte die Leiche ins Badezimmer, legte sie in die Badewanne und ließ Wasser einlaufen. Als die Wanne gefüllt war, drückte er den Kopf der Frau so lange unter Wasser bis er Gewissheit über ihren Tod hatte.

Nach diesem unvorstellbar brutalen Vorgehen suchte er weiter nach Tresor, Geld und Wertsachen. Der Raubmörder erbeutete ca. 8.000 Schillinge, den Tresor konnte er dennoch nicht finden.

Nicht nur das Durchsuchen des Hauses brauchte seine Zeit, sondern auch die Überlegungen, wie die Leiche „entsorgt" werden könnte. Mit dem VW Käfer der Ermordeten sollte dies nach seinen Überlegungen möglich sein.

Er räumte den Kofferraum aus und musste auch das Reserverad entfernen, um Platz für den Leichnam zu haben.

Die Automatik des elektrisch betriebenen Garagentores wurde von ihm außer Betrieb gesetzt, nachdem es vorher nicht gelungen war, das Tor zur Gänze zu öffnen. Mit dem Mantel seines Opfers bekleidet, die Kapuze über den Kopf gezogen, sollte es so aussehen, als ob die Hausbewohnerin unterwegs ist. Die genaue Uhrzeit des Beginns dieser Fahrt konnte später von einer Zeugin angegeben werden.

Der Mörder fuhr nun mit seinem Opfer in ein Waldstück. Dort hob er mit einer aus der Garage entnommenen Schaufel ein „Grab" aus, einen halben Meter breit, eineinhalb Meter lang und einen Meter tief. Er legte die Leiche hinein, übergoss sie mit dem mitgebrachten Benzin. Mit dem entfachten Feuer sollte die Leiche verbrannt werden.

Es dauerte ihm jedoch zu lange, bis die Tote vollständig verbrannt war, und die Gefahr, entdeckt zu werden, wurde mit der fortschreitenden Zeit immer wahrscheinlicher.

Mit Sand, Steinen, Gras und Lehm deckte er den brennenden Leichnam zu.

Beim Wegfahren blieb das Auto, mit dem die tote Frau transportiert wurde, im Schlamm stecken. Erst nach mehrmaligen Versuchen gelang es, vom angezündeten und verschmorten Opfer wegzukommen.

Die Papiere, Pass, Mantel und Tasche der Verstorbenen wurden vom Täter in einen Müllcontainer geworfen, das Auto auf einem Firmenparkplatz abgestellt.

Später wollte er es in die Schweiz verbringen, damit von dort dem Verschwinden der Frau nachgegangen wird.

Der Wagen ließ sich jedoch nicht mehr starten, weshalb er auf dem Parkplatz stehen blieb.

Harald S., so hieß der Mörder, suchte nun neuerlich das Haus der Ermordeten auf. Mit dem Haustürschlüssel konnte er aufsperren und so das Haus betreten, ohne durch eine Fensteröffnung einsteigen zu müssen.

Er begann sämtliche Spuren zu beseitigen. Nichts sollte auf einen Kampf, auf einen Einbruchsdiebstahl hinweisen. Auch das Badezimmer verließ er so, wie er es vorher angetroffen hatte.

Bis auf wenige Kleinigkeiten, die der Verwandten der Getöteten aufgefallen sind, ist ihm das auch gelungen.

Am Morgen suchte Harald S. den Ort auf, an dem er die Leiche angezündet und verscharrt hatte. Er zündete über dem „Grab" seines Opfers Holzstücke an, um einen Feuerplatz vorzutäuschen, von denen es im Gelände einige gab.

Nachdem der Täter den Kriminalbeamten die Tat und ihre geplante Vertuschung reuelos geschildert hatte, zeigte er den Beamten jene Stelle, wo er sein Opfer angezündet und begraben hatte.

Die Leiche, oder was von ihr noch übrig war, wurde freigelegt und mit Ästen zugedeckt.

Sodann wurde ich als zuständiger Untersuchungsrichter angerufen, um das weitere Vorgehen in der kommenden Voruntersuchung festzulegen.

Ich fuhr mit meinem Auto zum Gendarmerieposten. Es musste irgendwie „durchgesickert" sein, dass der Leichnam der Vermissten gefunden wurde. Nicht nur die berufsbedingt Neugierigen, sondern viele Leute waren mit ihren Fahrzeugen zum Gendarmerieposten gekommen.

Mit dem zuständigen, vor Ort anwesenden Staatsanwalt und den Kriminalbeamten wollte ich die letzte Würde der Ermordeten wahren. Es wurden einige der zahlreichen Dienstautos in eine dem Fundort der Leiche entgegengesetzte Richtung geschickt. Wie erwartet, folgten die Sensationsgierigen dem Gendarmerie-Konvoi.

Um dennoch nicht aufzufallen, fuhren wir – die Beamten, der Staatsanwalt und ich – mit Privatautos zu jener Stelle, wo die Leiche vergraben war.

Beamte nahmen die Äste von der Grube und ich konnte den verkohlten Leichnam sehen.

Ein Anblick, den man nicht vergisst.

Zum Posten zurückgekehrt, rief ich das gerichtsmedizinische Institut in Innsbruck an und ersuchte einen Gerichtsmediziner nach Vorarlberg zum Posten zu kommen. Ich wollte, dass der Verdächtige, so die korrekte Bezeichnung, nach Kampfspuren untersucht und eine Obduktion durchgeführt wird, um die Identität der Leiche und wenn möglich die Todesursache festzustellen.

Es schien, dass diese Anordnungen überflüssig waren, aber auch ein Geständnis entbindet das Gericht nicht, nach der materiellen Wahrheit zu suchen.

Am frühen Nachmittag traf der Gerichtsmediziner ein und untersuchte den Verdächtigen.

Währenddessen habe ich mit den Kriminalbeamten besprochen, welche Spuren festzuhalten und zu dokumentieren sind.
Der Gerichtsmediziner hatte seine Untersuchung abgeschlossen und rief mich in das Zimmer zu kommen, in welchem auch der Verdächtige auf einem Stuhl saß.
Mir wurden die Kratzspuren an den Unterarmen von Harald S. gezeigt.

Dann sah ich in sein Gesicht. Er schien viel jünger, als es seinem Alter entsprach. Blonde Haare fielen in seine Stirn und aus einem hübschen, beinahe bubenhaften Gesicht starrten mich schöne hellblaue Augen an. Ich schaute in das Gesicht eines gefühllosen brutalen Mörders.

Ich weiß heute nicht mehr, was mich mehr bewegte, die verkohlte Leiche oder dieses Gesicht, das gar nicht zu einem Mörder passte.

Ich saß während meiner Zeit als Strafrichter einigen Mördern gegenüber. Heute könnte ich keines ihrer Gesichter mehr beschreiben, bis auf jenes mit den hellblauen Augen.
Die Voruntersuchung war bald abgeschlossen und damit meine Arbeit in diesem Fall beendet. Ein Schwurgericht verurteilte Harald S. zu einer Freiheitsstrafe von zwanzig Jahren.

Die letzten fünfzehn Jahre verbüßte der Verurteilte in einer Haftanstalt in Graz.
Nach seiner Entlassung blieb er einige Zeit in der steirischen Landeshauptstadt.
Um seinen Lebensunterhalt bestreiten zu können, rechtschaffene Arbeit kam nicht infrage, überfiel Harald S. eine Bank in Graz.
Mit einer Gaspistole bedrohte er den Bankangestellten und floh mit der Beute auf einem Fahrrad. Er vergrub nach der Tat die Pistole auf dem Schlossberg und deponierte einen Teil des geraubten Geldes in einem Schließfach im Bahnhof.

War das nicht gebunkerte Geld zu Ende gegangen, holte er vom Schließfach einen weiteren Teil oder den Rest der Beute. War auch dieses Geld verbraucht, verübte Harald S. den nächsten Banküberfall.

Nach zwei Jahren verzog der Bankräuber nach Belgien. Zu den Banküberfällen fuhr er nach Graz zurück.

Seine Vorgangsweise blieb die gleiche. Nach der Tat vergrub er die Waffe, deponierte einen Teil der Beute im Schließfach und holte nach und nach das geraubte Geld, um in Belgien ein sorgenfreies Leben zu führen.

Harald S. sind sechs (!) Banküberfälle gelungen, ohne danach erwischt zu werden. Er war einer der erfolgreichsten Bankräuber des Landes.

Wieder einmal weilte Harald S. in Graz, um einen Teil der Raubbeute vom Schließfach zu holen. Als er dies erledigt hatte, brauchte er Kleingeld. Er suchte eine Bank auf, nicht um sie auszurauben, sondern weil er einen Fünfzigeuroschein gewechselt haben wollte.

Er konnte nicht ahnen, dass im geraubten Geld ein gefälschter Fünfzigeuroschein war. Wie sollte er auch, das Geld kam schließlich von einer Bank.

Eine Angestellte der Bank wechselte den Schein. Sie bemerkte die Fälschung und rief die Polizei an.

Harald S. war noch nicht weit von der Bank weg, als er von den Beamten angehalten wurde.

Die Polizisten dachten, dass sie jemanden mit Falschgeld geschnappt hätten und nahmen ihn auf das Wachzimmer mit.

Sie staunten nicht schlecht, als sie in der Tasche des vermeintlichen Falschgeldvertreibers echte 35.000 Euro fanden.

Noch viel größer muss ihr Erlebnis gewesen sein, als sie vom Festgehaltenen erfahren hatten, dass er der gesuchte Bankräuber war. Im Schließfach am Bahnhof konnten noch 234.000 Euro sichergestellt werden.

Harald S. war umfangreich geständig. Er wartete in Untersuchungshaft nicht auf seinen Prozess, sondern machte seinem Leben ein solches Ende, wie er vor vielen Jahren die Gemeindeangestellte zu Tode gebracht hatte.

Er erhängte sich am Bettgestell in seiner Zelle.

Kratzer

Fred hatte an einem Abend seiner Lebensgefährtin Brigitte mitgeteilt, dass er die Beziehung zu ihr beende. Er war es leid, ihre Eifersucht und die von ihm so empfundene ständige Nörgelei zu ertragen, und die Streitereien wegen Lappalien haben seine Zuneigung und Liebe erkalten lassen.

Da er sie vor dieser Ankündigung im Zuge von Meinungsverschiedenheiten beschimpft hatte, nahm sie die Nachricht auf, ohne besonders berührt zu sein. Sie verstand seine Worte erst, als er ihr berichtet hatte, ohne ihr Wissen eine Wohnung gekauft zu haben.

Er hatte also, so ihre Erkenntnis, schon länger den Entschluss gefasst, sie zu verlassen.

Die Überraschung war Fred gelungen. Brigitte wurde mit diesen Tatsachen überfallsartig konfrontiert, sodass sie schockartig gar nicht reagieren konnte. Sie wollte es nicht glauben und es fehlten ihr die Worte. In ihrer Sprachlosigkeit konnte sie weder den Vorschlag machen, es noch einmal zu versuchen, noch die schönen Stunden ihrer Liebe in Erinnerung zu rufen. Sie war zu perplex, um irgendetwas sagen zu können.

Fred hatte den Zeitpunkt seiner Mitteilung bewusst ausgewählt, denn er musste eine dreiwöchige Geschäftsreise antreten. Er verabschiedete sich ohne jede Gefühlsregung, erklärte in drei Wochen seine Sachen abzuholen und ließ die schwer getroffene Brigitte zurück.

Drei Wochen waren für sie eine lange Zeit, um nachzudenken, sich über ihre Gefühle für Fred klar zu werden. Sie hatte ihn noch immer gern und stellte Überlegungen an, wie sie erreichen könnte, dass er bei ihr bleibt.

Nach besagten drei Wochen läutete Fred am Hauseingang des Mehrparteienhauses. Er hatte seinen Wohnungsschlüssel absichtlich in der Wohnung gelassen, denn es sollte ein Zeichen dafür sein, nicht mehr mit Brigitte in deren Wohnung leben zu wollen.

Sie öffnete die Haus- und Wohnungstüre und wartete auf Fred, der mit leeren Schachteln und einer Flasche Wein die Wohnung betrat.

Brigitte wollte es geschickt anstellen, um seinen Entschluss rückgängig zu machen.

Sie half mit, Freds Sachen in die Kartons zu geben. Er trug die gefüllten Schachteln zum Lift und vom Erdgeschoss zu einem Klein-Lkw, den er gemietet hatte. Zwischen dem Aus- und Einräumen tranken die beiden den von Fred mitgebrachten Wein. Die Stimmung war gut, aufgelockert, und die Gespräche drehten sich vor allem um die Geschehnisse der letzten drei Wochen.

Die Flasche war bald leer und Brigitte forderte Fred auf, eine weitere zu bringen.

Bevor die zweite Flasche geleert war, mussten nur noch einige Anzüge nach unten gebracht werden.

Brigitte erkundigte sich, wo Fred die Nacht verbringen werde. Er hatte vor, im Lkw zu schlafen, da seine Wohnung noch nicht bezugsfertig war. Nun sah Brigitte ihre Chance gekommen. Eine Nacht mit ihr, eine unvergessliche Nacht, könnte seine Entscheidung ändern.

Sie forderte Fred auf, vielmehr bat sie ihn, in der Wohnung zu übernachten. Doch ihr sinnliches Bemühen verfehlte das Ziel, vielleicht gerade deshalb, weil er ihre Verführungskünste kannte. Fred lehnte schroff ab und blieb trotz der sirenenhaften Bemühungen dabei, nicht in der Wohnung übernachten zu wollen. Brigittes Überredungskünste waren erfolglos, doch sie gab nicht auf. Während Fred seine CDs suchte, schloss Brigitte die Wohnungstüre ab und versteckte den Schlüssel. So sollte er weniger sanft zum Bleiben gezwungen werden. Freds Forderungen, aufzusperren, begegnete sie mit den Annehmlichkeiten, welche die Nacht in ihrer Wohnung bringen könnten. Die Wohnungstüre blieb verschlossen und auch Fred blieb bei seiner Weigerung, die Nacht in der Wohnung zu verbringen. Die Situation schien ohne Gewalt nicht lösbar.

Als Brigitte das Bad aufgesucht hatte, betrat Fred den Balkon der Wohnung. Zur selben Zeit ging das Licht in der Nachbarwohnung an, denn es war bereits dunkel geworden.

Da ihm die Nachbarin bekannt war – er wohnte zwei Jahre neben ihr –, rief er sie beim Namen, als auch sie auf den Balkon getreten war und fragte, ob er zu ihr kommen könne. Sie bejahte und ging zu ihrer Wohnungstüre, um Fred einzulassen.

Die Balkone dieser Wohnanlage verliefen entlang des Hauses und waren durch Abstellräume zwischen den einzelnen Wohnungen unterbrochen.

Fred stieg auf die Balkonbrüstung und umging Schritt für Schritt die Abstellräume, die den Balkonanteil der beiden Wohnungen trennten. Das nächtliche, waghalsige, vom Absturz bedrohte Klettern wurde von Brigitte erst bemerkt, als sie Fred in der Wohnung nicht auffinden konnte. Ihr Schreien war vergebens, denn Fred hatte mit einem Sprung auf den Balkon der Nachbarin seine gefährliche Flucht beendet.

Die Nachbarin war mehr als erschrocken, denn das plötzliche Auftauchen von Fred auf ihrem Balkon konnte sie sich nicht erklären.

Sodann schlug Brigittes Bemühen, Fred zum Bleiben zu bringen, in Hass und Wut um.

Da sie ohnedies den Verdacht hegte, dass Fred sie mit der Nachbarin betrogen hatte, rief sie diese an und beschimpfte sie mit den unflätigsten Ausdrücken. Brigitte rief mehrmals an, weinte, schrie und schimpfte, bis die Nachbarin das Telefon ausschaltete.

Die Zornige und Enttäuschte suchte die Wohnungstüre ihrer Nachbarin auf, hämmerte mit den Fäusten dagegen und ihr hysterisches Schreien war im ganzen Haus zu hören.

Sie warf die restlichen Sachen von Fred vor die Wohnungstüre der Nachbarin, und da sie weiter schrie und schimpfte, drohte ihr die Nachbarin mit der Polizei, sollte sie nicht aufhören, sich so aufzuführen.

Brigitte ging weinend in ihre Wohnung und sann auf Rache.

Ihr fiel Freds neuer BMW ein, den er besonders, geradezu liebevoll pflegte.

Sie nahm einen spitzen metallenen Gegenstand und suchte die Tiefgarage auf. Dort stand der glänzende BMW von Fred und daneben der ebenbürtige Audi der Nachbarin.

Die beiden Fahrzeuge standen so nebeneinander, wie sich Brigitte ihre Nachbarin und Fred vorstellte und in ihrer Fantasie waren die beiden noch näher beisammen als die beiden Autos.

Sie begann nun mit dem spitzen Gegenstand zuerst den BMW und dann den Audi zu zerkratzen. Tiefe Kratzspuren hinterließen ihre kraftvoll ausgeführten Züge über das Blech der noblen Karossen.

Als ob sie Fred und ihrer Nachbarin Schmerzen und Verletzungen zufügen wollte, zerkratzte sie die Fahrzeuge, um so ihrer Wut entsprechen zu können.

Brigitte wurde angezeigt und wegen Freiheitsentziehung und schwerer Sachbeschädigung angeklagt.

Meine Zeit als Untersuchungsrichter war längst vorbei, ich hatte eine Strafabteilung am Landesgericht Feldkirch übernommen und die Verhandlung festgesetzt.

Das Leugnen der Enttäuschten war nicht sehr überzeugend und entsprach eher einem gedemütigten, trotzigen Verhalten eines Kindes.

Von der Freiheitsentziehung habe ich die Beschuldigte wegen fehlender Voraussetzungen freigesprochen, schuldig hingegen wegen schwerer Sachbeschädigung und zu einer Geldstrafe als auch zum Schadenersatz verurteilt.

Die Kratzer an den beiden Autos waren durch die Nachlackierungen verschwunden, ob auch die seelischen Kratzer so leicht verschwinden konnten, blieb dem Gericht verborgen.

Kohlenstaub

Das Landesgericht Feldkirch wurde früher mit Kohle beheizt, welche von Häftlingen in die Kessel geschaufelt wurde.

Einen dieser „Heizer" kannte ich schon lange, bevor er als Beschuldigter vor mir stand.

Wenn die Heizperiode vorbei war und er immer noch in der Justizanstalt „wohnte", hatte er die Aufgabe die Gänge des Gerichtsgebäudes zu kehren und aufzuwischen. Wenn ich ihm dabei begegnete, bat er mich um eine Zigarette. Ich habe ihm jedes Mal mehrere gegeben.

Zur selben Zeit, es war in den 1970er-Jahren, brachte das Zuhälterwesen in Vorarlberg überbordende Gewalt mit sich. Mehrere Morde, Überfälle, einer davon mit einer Handgranate, Säureattentate und Brutalitäten in verschiedensten Formen beschäftigten die Richter im Hause. Die Justiz war gefordert.

Manchmal, wenn einer dieser „Milieuprozesse" stattfand, kam es vor, dass vor dem größten Verhandlungssaal mehrere Prostituierte auf ihren Zeugenaufruf warteten. Sie saßen auf den vor dem Saal aufgestellten Bänken wie die Schwalben auf einem Draht.

Diese Situation nützte der erwähnte Häftling dazu, ausgerechnet unter den Bänken mit seinem Besen zu kehren, auf denen die „Liebesdienerinnen" saßen.

Diese waren entsprechend ihrem Gewerbe gestylt und aufgetakelt, was dem Kehrenden besondere Freude bereitete.

Die Vorbeigehenden haben meist geschmunzelt, wenn sie sahen, wie gründlich und langsam das Kehren vor sich ging.

Mehrmals entrüstete sich eine der Damen und herrschte den Häftling an, woanders zu kehren.

Er lachte und meinte, dass er von „höchster Stelle" den Auftrag habe, für Sauberkeit zu sorgen und unter den Bänken wäre schon lange nicht mehr gekehrt worden.

Irgendwann stand der Hausarbeiter, so wurden die im Gebäude arbeitenden Häftlinge genannt, als Beschuldigter vor mir im Verhandlungssaal. Sein Gesicht war fast schwarz vom Kohlenstaub. Die Justizwachebeamten hatten ihn nur bis zur Türe des Verhandlungssaales begleitet. Man kannte sich ja aus, war gerichtserfahren.

Er hatte wiederum Damenunterwäsche von Wäscheleinen gestohlen. Wenn er dabei erwischt wurde, sind noch einige Drohungen dazu gekommen.

Aus den Vorstrafenakten war zu ersehen, dass er schon früher mehrmals zum Trocknen aufgehängte Damenunterwäsche gestohlen hatte.

Ich fragte ihn, ob er schuldig wäre, was er so beantwortete: „Woascht eh."

Seine Verwandtschaft hatte ihn verstoßen, Freunde oder Bekannte fehlten, er war allein auf dieser Welt.

Deshalb waren auch seine Gefängnisaufenthalte nicht mit der üblichen Pein für ihn verbunden, da er sich sozusagen als „Inventar" zugehörig fühlte.

In einem vorigen Verfahren war ein Gutachten, die Zurechnungsfähigkeit betreffend, eingeholt worden. Er war zurechnungsfähig, wenn auch eingeschränkt.

Ich fragte ihn, ob er das Stehlen von Unterwäsche unterlassen könnte, wenn man ihm Damenunterwäsche kaufte.

Er schüttelte den Kopf und verzog seinen fast zahnlosen Mund zu einem verlegenen Grinsen. Ich hätte den Vorschlag unterlassen sollen.

Mit einer mehrmonatigen Freiheitsstrafe konnte ich „das Auslangen" finden, wie eine gerade noch gerechtfertigte Strafhöhe amtsdeutsch bezeichnet wird.

Wegen der Vorstrafen war die ausgesprochene Strafe sehr mild. Bei Berücksichtigung aller Umstände und seiner Lebenssituation hielt ich jede über meine verhängte Strafe hinausgehende Sanktion für unangemessen.

Als nach dem Urteil alle wieder Platz genommen hatten, begann ich die Begründung meiner Entscheidung auszuführen. Ich wollte vor allem den Staatsanwalt von der ausgesprochenen Strafhöhe überzeugen.

Kaum hatte ich angefangen, da stand der Beschuldigte auf.

Er wischte sich mit dem Handrücken über sein mit Kohlenstaub bedecktes Gesicht und sagte zu mir: „Hör uf mit dem Schmarra, i muass Kohla schufla" („Hör auf mit dem Schmarren, ich muss Kohlen schaufeln"), drehte sich um und verließ den Verhandlungssaal.

Im Ostblock

In einem überschaubaren Dorf, in dem jeder jeden kennt, besteht oft ein Zusammengehörigkeitsgefühl, das in größeren Siedlungen längst verloren gegangen ist. Beinahe alle Bewohner sind Nachbarn oder haben zusammen die Schulbank gedrückt. Auch die Jugend ist in die Dorfgemeinschaft integriert. Alt und Jung treffen sich im Dorfgasthaus, und auch in den wenigen Vereinen verbinden sich die verschiedenen Generationen.

Wenn nun junge Burschen, deren Eltern sich bestens kennen, in einer Fußballmannschaft spielen, dann rückt bei sportlichen Ereignissen die Dorfgemeinschaft noch näher zusammen. Da in einer solchen Mannschaft keine Brasilianer oder sonstige Legionäre spielen, ist es leichter, sich mit ihr zu identifizieren. Die Publikumsunterstützung ist zumindest bei Heimspielen enorm. Die Mannschaft spielt unter diesen Voraussetzungen nicht nur um die Meisterschaft, in welcher Liga auch immer, sondern vertritt darüber hinaus sozusagen die Farben des gesamten Dorfes.

An einem Samstagnachmittag war in einem solchen von Gemeinschaft geprägten Dorf ein Meisterschaftsspiel angesagt. Da es gegen eine Mannschaft aus einer viel größeren Gemeinde ging, war das Interesse an den vielen Zuschauern zu erkennen, die einen Sieg ihrer Mannschaft sehen wollten.

Der Beginn des Spieles war sehr erfolgsversprechend. Nach kaum einer Viertelstunde ging die Heimmannschaft in Führung, welche die Zuschauer in beste Laune versetzte. Doch der weitere Spielverlauf drückte auf die Stimmung, besonders als der gegnerischen Mannschaft der Ausgleich gelang.

Die Hoffnung auf die neuerliche Führung hielt über die Pause bis nach Beginn der zweiten Halbzeit an. Doch die Heimmannschaft konnte den Angriffen ihrer Gegner kaum standhalten und die Partie wurde zunehmend ruppiger. Zahlreiche Fouls forderten den Schiedsrichter. Dieser geriet bald in den Fokus der Zuschauer, da sie meinten, dass nur die Fouls der eigenen Mannschaft geahndet werden und nicht die der anderen.

Bei jeder Entscheidung des Schiedsrichters gegen die eigene Mannschaft stieg der Zorn der Zuschauer auf den Unparteiischen an, den sie nicht für einen solchen hielten. Als er in den Augen der Erzürnten ein aus ihrer Sicht erzieltes Abseitstor der gegnerischen Mannschaft anerkannte, konnte nur das Spiel verhindern, dass die Aufgebrachten auf das Spielfeld liefen.

Das Fass endgültig zum Überlaufen brachte die rote Karte für einen Spieler der Heimmannschaft. Das Spiel ging mit einem Tor Unterschied zugunsten der Gäste aus.

Nach dem Verlassen des Spielfeldes musste der Schiedsrichter durch ein Spalier von ihn beschimpfenden, bespuckenden und bedrohenden Dorfbewohner gehen, bis er die Kabine erreichte. Er sperrte sich ein, da er Angst hatte, hinauszugehen. Die Meute versammelte sich vor der Kabine und die Beschimpfungen und Drohungen veranlassten den Schiedsrichter darin, zu bleiben.

Er befürchtete, nicht nur verbal angegriffen zu werden.

Die meisten Zuschauer machten sich auf den Weg nach Hause oder ins Gasthaus.

Da sich die Kabinentüre nicht öffnete und beinahe eine Stunde geschlossen blieb, verzogen sich die Belagerer auf einen neben der Zufahrt zum Sportplatz gelegenen Bereich.

Dies konnte der Schiedsrichter beobachten. Er nützte die Situation und konnte laufend, ohne sich umgezogen zu haben, sein Auto erreichen. Er versperrte sein Fahrzeug von innen, denn sein Auto wurde umzingelt, als seine Flucht aus der Kabine bemerkt wurde.

Die Beschimpfungen wurden fortgesetzt und auch das aggressive Verhalten der Umstehenden fand kein Ende.

Der Schiedsrichter startete sein Auto und begann anzufahren. Die vor dem Auto Stehenden wichen aus, sodass sich die Möglichkeit ergab, durch die entstehende Lücke fliehen zu können. Der Schiedsrichter beschleunigte sein Fahrzeug.

Nun wurde den auf Rache Sinnenden bewusst, dass der vermeintliche Schuldige an der Niederlage ihres Vereins entkommen wird. Einer wollte dies nicht geschehen lassen und sprang auf die Kühlerhaube des beschleunigten Fahrzeuges. Da der Schiedsrichter aus Angst nicht stehen blieb, was der Angreifer zu erreichen hoffte, sondern weiterfuhr, fiel der Mutige vom Auto und wurde schwer verletzt.

Es folgte eine Anzeige wegen schwerer Körperverletzung mit der im Strafantrag der Staatsanwaltschaft Rechnung getragen wurde.

Bevor ich die Türe zum Verhandlungssaal aufsperren konnte, musste ich mir einen Weg durch die vielen Menschen bahnen, die zum Prozess gekommen waren.

Der Verhandlungssaal füllte sich und ich brauchte einige Zeit, bis ich die Zuschauer von den Zeugen trennte, die vor dem Verhandlungssaal auf ihren Aufruf warten sollten.

Ich habe nicht nur die beantragten Zeugen geladen, sondern auch andere, die auf dem Fußballplatz das Spiel gesehen hatten.

Ein stundenlanges Prozessprogramm lag vor mir. Ich sah mich nun einem Teil der Dorfgemeinschaft gegenüber, die vom Gericht jene Genugtuung erwartete, die ihnen der fliehende Schiedsrichter vereitelt hatte.

Zu Beginn des Prozesses teilte ich mit aller Deutlichkeit den Zuschauern mit, dass ich keine Beifalls- oder Missfallenskundgebungen dulden werde, auch kein Schwätzen oder Lachen. Sollte meiner Aufforderung nicht entsprochen werden, werde ich den Saal räumen lassen. Ich konnte nach dieser Ankündigung, die mehr als Drohung aufgefasst wurde, keine Sympathie für mich erkennen.

Der vor Gericht gebrachte Schiedsrichter bekannte sich nicht schuldig.

Er berichtete über die Feindseligkeiten, denen er ausgesetzt war, wie er bespuckt, beschimpft und bedroht wurde und über seine Angst, körperlich angegriffen zu werden.

Der später Verletzte sei auf des Beschuldigten Fahrzeugs gesprungen und aufgrund der aus Angst fortgesetzten Fahrt heruntergefallen.

Der Schiedsrichter bestand darauf, gegen den Mann, der verletzt wurde, weder aus Unachtsamkeit noch aus Absicht gefahren zu sein.

Ich befragte ihn, wie lange er in der Kabine verblieb, wieviel Leute sein Auto umstellten, welche Abstände sie voneinander hatten, wie groß die Lücke durch die Zurückweichenden gewesen ist usw.

Nach den Fragen des Staatsanwaltes und des Verteidigers eröffnete ich das Beweisverfahren und rief nacheinander die Zeugen auf.

Nach der Belehrung über die Wahrheitspflicht und die Folgen einer Falschaussage begann ich die Befragung.

Ich merkte, dass die Zeugen sofort über das „Aufladen" des späteren Opfers durch das Fahrzeug des Schiedsrichters berichten wollten. Doch dies sollte erst den letzten Teil meiner Befragung betreffen.

Ich begann damit, die Zeugen über ihren Standplatz während des Spiels zu befragen, wer ihre Nachbarn waren, was für eine Farbe die Dressen der gegnerischen Mannschaft hatten und wie das Spiel ausging; weiters, wo sie sich nach dem Spiel mit welchen Personen aufhielten.

Ich fragte sie, ob sie mit den Abseitsregeln vertraut sind und wie man auf die Entscheidungen des Schiedsrichters reagierte. Ich wollte wissen, ob der Schiedsrichter bespuckt, beschimpft oder bedroht wurde, wie lange er in der Kabine war und aus welchem Grund er sie so lange nicht verlassen hatte.

Mit jeder Zeugenaussage vermehrten sich nicht nur die Widersprüche, sondern all das, was die Zeugen nicht sehen, nicht bemerken wollten.

Niemand hatte gesehen, wie der Schiedsrichter bespuckt wurde, niemand Drohungen gehört, Schimpfwörter könnten gefallen sein, an die man sich jedoch nicht mehr erinnern konnte. Weshalb der

Schiedsrichter so lange in der Kabine geblieben war, konnten sich die Zeugen nicht erklären, sein Laufen zum Auto hatte niemand wahrgenommen.

Sodann kam ich zum eigentlichen Geschehen. Ich wollte wissen, ob und gegebenenfalls wer und wie viele um das Auto des Schiedsrichters standen, wenn ja, aus welchem Grund und in welchen Abständen zueinander.

Weiters, wo der später Verletzte war, allein oder mit anderen, ob der Schiedsrichter die Fahrtrichtung ändern musste, wenn ja, in welche Richtung, um den Mann anzufahren usw.

Die Zeugenaussagen konnten nicht annähernd ein einheitliches Geschehen wiedergeben. Nicht nur untereinander waren unauflösliche Widersprüche gegeben, sondern auch hinsichtlich ihrer eigenen Angaben.

Auch der Verletzte war keine Ausnahme. Manche Zeugen waren gar nicht am Fußballplatz anwesend und konnten nur vom „Hörensagen" berichten.

Zusammenfassend ergab sich aus den Zeugenaussagen, dass der Schiedsrichter weder bespuckt noch bedroht, vielleicht beschimpft wurde. Weshalb er so lange in der Kabine geblieben war, wollten die Zeugen nicht wissen und behaupteten schließlich, dass er ungestört davonfahren hätte können. Trotzdem hätte er absichtlich und grundlos den Mann mit seinem Auto angefahren, sodass er auf der Kühlerhaube zu liegen kam und von dort auf den Boden geschleudert wurde. Darin waren sich alle einig.

Eine partielle Wahrnehmung schließt keineswegs die Glaubwürdigkeit aus. Doch wenn jemand bei einem längeren Geschehen anwesend war und nur das eine gesehen hat und alles andere nicht, dann bedarf es einer Erklärung, weshalb alles andere nicht gesehen wurde oder nicht gesehen werden konnte.

Die Zeugenaussagen waren nicht nur in seltenem Ausmaß widersprüchlich, sondern sie vermittelten auch den Eindruck, dass die

Aussagen, auf die es nach Meinung der Zeugen ankam, abgesprochen waren.

Ich erwähnte diesen Eindruck in der nach dem Freispruch des Schiedsrichters erfolgten Urteilsbegründung.

Das Urteil wurde rechtskräftig, denn auch der Staatsanwalt war der Meinung, dass auf derartigen Zeugenaussagen ein Schuldspruch nicht zu begründen war.

Das stundenlange Verfahren hatte jedoch ein Nachspiel. Es muss einer der Zuschauer gewesen sein, der sich beim Bundesministerium für Justiz über mich beschwerte.

Zusammenfassend schrieb er: „Wenn man die Verhandlungsführung des Richters erlebt hat, wird man den Eindruck nicht los, dass er seine Gerichtspraxis im Ostblock absolviert hat."

Ich wurde vom Ministerium zur Stellungnahme aufgefordert.

Einige Jahre später sprach mich eine junge Frau an. Sie stellte sich vor, war Juristin und fragte mich, ob ich mich an den Prozess gegen den Schiedsrichter erinnern könne. Ich konnte. Sie erzählte mir, dass ein Treffen der Zeugen vor dem Verfahren in einem Gasthaus stattgefunden hatte.

„Dort", sie stockte, worauf ich ergänzte, „hat man sich auf das Verfahren vorbereitet."

... mit an Sicherheit grenzender Wahrscheinlichkeit

Eine eisige Winternacht umfing einen bekannten Wintersportort im Ländle. In einer Hotelküche arbeitete eine junge Frau als Küchenhilfe. Die Vorbereitungen für den nächsten Tag waren geschafft. Nach einem kurz gehaltenen Umtrunk machte sie sich auf den Weg zu ihrer Unterkunft. Es war bitterkalt und sie beeilte sich, ihr Quartier zu erreichen.

Schneehaufen, welche die Räumfahrzeuge aufgetürmt hatten, begrenzten das letzte Stück ihres Weges.

Plötzlich, wie aus dem Nichts gekommen, stand ein Mann vor ihr. Sie ahnte Schlimmes und bekam furchtbare Angst. Nicht ohne Grund. Der Unbekannte stieß sie ohne irgendetwas zu sagen auf den Schnee, der neben dem Weg gelegen war.

Die Frau wollte schreien, doch der Gewalttätige zog ein Messer hervor und hielt dessen Spitze gegen ihren Hals: „Wenn du schreist, steche ich dich ab!" Die Todesangst der Verzweifelten verhinderte jeden Laut. Während der Drohende in der einen Hand das Messer hielt, zog er mit der anderen sein liegendes Opfer zu sich heran. Sie war kniend mit ihrem Gesicht auf Höhe seiner Hüfte. Er öffnete seine Hose, berührte mit seinem erigierten Penis ihr Gesicht und forderte sie auf, ihn oral zu befriedigen. Er gebrauchte derbe Worte.

Die Frau zögerte, denn ihr Grausen davor war ebenso groß wie ihre unbeschreibliche Angst.

Die Messerspitze, die ihr Peiniger ein wenig fester an den Hals drückte, und die Furcht, sterben zu müssen, bewirkten das zu tun, was der Mann wollte.

Das qualvolle Geschehen war jedoch nicht zu Ende. Er zog die vor Angst, Kälte und Ekel zitternde Frau zum Eingang der sich in der Nähe befindlichen Kirche. Mit dem Messer bedroht, musste die Gepeinigte Hose und Slip ausziehen und sich auf eine Stufe der

Stiege stellen, die zum Inneren des Gotteshauses führt. Sie tat, wie ihr befohlen. Der Unhold versuchte nun mit seinem Penis in die Frau vaginal einzudringen, was ihm nach mehreren Versuchen nicht gelang. Deshalb musste sie ihn, die Messerspitze am Hals spürend, neuerlich oral befriedigen.

Er ejakulierte in ihren Mund, knöpfte sich die Hose zu, zog den Gürtel an und verschwand ebenso schnell wie er gekommen war.

Die weinende verzweifelte Frau musste sich übergeben und blieb wie gelähmt am Wegrand sitzen. Vielleicht wäre sie erfroren, hätte sie nicht eine Hotelangestellte aufgefunden und in ihre Unterkunft begleitet. Sie blieb bei der schwer traumatisierten Frau. Es brauchte eine Zeit lang, bis ihre Retterin das Geschehene erfahren konnte. Sie verständigte die Gendarmerie und die Rettung. Das Opfer hatte einen schweren Schock erlitten und musste im Krankenhaus behandelt werden. Ihre Todesangst und das von ihr Erlebte sollten sie noch Jahre belasten.

Nach dem Krankenhausaufenthalt nahmen die örtlichen Gendarmeriebeamten die Ermittlungen auf. Sie waren hochmotiviert, denn statt der saisonbedingten Schidiebstähle war nun die Möglichkeit gegeben, ein Kapitalverbrechen aufzuklären.

Die Befragung des Opfers war nicht sehr ergiebig. Die Frau hatte das Gesicht ihres Peinigers nur schemenhaft gesehen. Sie konnte es ebenso wenig beschreiben wie die Kleidung und auch sonst keinerlei Auffälligkeiten wahrnehmen.

Jedoch an das Messer, das der Täter ihr an den Hals hielt, konnte sie sich erinnern. Es hatte auf dem Griff silberscheinende kreisrunde Flächen, die von den sichtbaren Metallteilen stammten und den Griff zusammenhielten. Solche Messer wurden in der Gastronomie verwendet, daher vermuteten die Beamten, dass der Täter in einer Hotelküche arbeitet.

Es wurden alle Köche und Küchengehilfen des Ortes aufgelistet und mit deren Befragung begonnen. Die meisten hatten kein Alibi, denn sie gaben an, geschlafen zu haben – allein, wie sie bemerkten. Das Küchenpersonal der Hotels kam von überall her und war meist nur für die Saison angestellt. Die Familien der Saisoniers, sofern sie eine solche hatten, waren in ihrer Heimat geblieben.

Die Befragungen der vielen Köche und der männlichen Küchengehilfen halfen nicht weiter. Von allen Befragten wurden Strafregisterauskünfte eingeholt und siehe da – ein Treffer.

Ein Koch war wegen einer Vergewaltigung vorbestraft. Er wurde vorgeladen und hatte wie viele andere kein Alibi, bestritt jedoch von allem Anfang an, die Tat begangen zu haben.

Die Gendarmeriebeamten untersuchten seine Unterkunft und besonders seine Garderobe. Sie nahmen alle Gürtel mit, die sie finden konnten, um sie der Gepeinigten zu zeigen. An die Gürtelschnalle konnte sich die Frau erinnern, die während der erlittenen Gewalt vor ihren Augen war.

Tatsächlich, sie konnte eine der Gürtelschnallen erkennen, mit welcher der Täter nach der Tat seinen Gürtel fixierte. Als Nächstes wurde eine Gegenüberstellung durchgeführt. Fünf Männer hielten ein Ziffernschild in der Hand und die missbrauchte Frau sollte, sofern der Täter dabei war, diesen identifizieren.

Das Ergebnis konnte die Beamten zufriedenstellen, denn das Opfer erkannte den Vorbestraften als ihren Peiniger.

Das Erkennen des Täters, der wegen des gleichen Deliktes vorbestraft war, als auch der bei der Tat getragene Gürtel, mit der dem Opfer erinnerlichen Gürtelschnalle, das Gastronomiemesser und das fehlende Alibi waren das Ergebnis der Ermittlungen. Die Beamten sowie auch der zuständige Staatsanwalt waren sich sicher, den Täter gefunden und überführt zu haben.

Er wurde in Untersuchungshaft genommen und ich erhielt die Anklage mit dem Antrag auf Durchführung der Hauptverhandlung.

Eine derart schwerwiegende Indizienlage war selten und dagegen stand nur das andauernde Beharren des Verdächtigen auf seiner Unschuld. Es war das Einzige, was gegen seine Täterschaft sprach.

Der mutmaßliche Täter kannte mich und ich ihn. Ich war der Richter, der ihn wegen einer Vergewaltigung zu einer Freiheitsstrafe verurteilt hatte. Diese war verbüßt.

Wenn Häftlinge mit Richtern oder Staatsanwälten sprechen wollten, mussten sie einen „Vorführungsschein" ausfüllen.

Ich habe all diesen Begehren von Häftlingen entsprochen und mir oft ihre Lebensgeschichten angehört. Manchen konnte ich helfen. Das Bedürfnis, mit mir zu sprechen, hat jedoch nach der Verurteilung merklich abgenommen.

Ich habe jedoch grundsätzlich diesen Wünschen nur nach der prozessendenden Verhandlung entsprochen. Ich wollte unbefangen den Prozess führen, vom Akteninhalt und dem Ergebnis der Beweisaufnahme ausgehen. „Quod non est in actis, non est in mundo" („Was nicht in den Akten ist, ist nicht in der Welt").

In gegenständlichem Fall machte ich eine Ausnahme. Der angeklagte Häftling füllte jeden Tag einen Sprechschein aus und schrieb sooft „Bitte, bitte", dass ich ihn entgegen meinen sonstigen Gepflogenheiten aufsuchte. Er beteuerte mir unter Tränen immer wieder, dass er unschuldig sei. Meine Antwort war, dass dies in der Hauptverhandlung geklärt werden wird. Ich wusste es besser, denn in der Hauptverhandlung würde nichts „geklärt" werden.

Was Wahrheit ist, ist eine philosophische Frage und für Menschen letztlich nicht zu beantworten. Die Justiz beschränkt sich auf die materielle Wahrheit, die deswegen auch eine eingeschränkte ist. Deshalb wird im Strafrecht nicht die Wahrheit, sondern „die an Sicherheit grenzende Wahrscheinlichkeit" gefordert.

Diese war durch die aufgezeigten Indizien vor allem aufgrund der Identifikation des Täters durch das Opfer gegeben. Daran vermochte auch die behauptete Unschuld des Angeklagten nichts zu ändern.

Irgendetwas berührte mich beim Besuch des Angeklagten im Gefängnis. Ich konnte nicht sagen, was es war, und dachte vorerst, dass dieses Gefühl daherkommt, weil ich mit ihm vor der Verhandlung gesprochen hatte.

Ich holte mir dennoch den Akt und blätterte ihn mehrmals durch. Ich kannte jedes Detail. Beim Lesen des Standblattes hielt ich inne. In den Standblättern werden die Beweisstücke, wie Spurenträger, Waffen, schriftliche Unterlagen, Festplatten oder auch Vergleichsgegenstände angeführt, die in der Verwahrabteilung meistens bis zur Rechtskraft des Urteils aufbewahrt werden.

Im Standblatt des mir vorliegenden Aktes war ein Messer, wie es der Täter verwendete, der Gürtel sowie mehrere Kleidungsstücke einzeln angeführt. Ich ließ mir die Schachtel mit diesen Verwahrgegenständen auf mein Zimmer bringen. Bei Durchsicht der Gegenstände fiel mir ein Pullover auf, welcher der Größe nach nicht dem Angeklagten gehören konnte.

Ich veranlasste, dass dieser Pullover an das gerichtsmedizinische Institut nach Innsbruck geschickt wird. Unter „Hinweise auf die gespeicherte DNA des Angeklagten" ersuchte ich festzustellen, ob auf dem Pullover Spuren zu finden sind, deren DNA nicht vom Opfer stammen.

Einige Tage später rief mich ein Gerichtsmediziner an und teilte mir mit, dass auf dem Pullover Spermaspuren gefunden wurden, die mit der DNA des Angeklagten nicht übereinstimmen.

Diese Mitteilung traf mich wie ein Blitzschlag. Ich war mir sicher, dass ich den Angeklagten mit Zustimmung der beisitzenden Richterin und der Schöffen zu einer hohen Freiheitsstrafe verurteilt hätte. Ein furchtbares Fehlurteil, trotz der mit an Sicherheit grenzenden Wahrscheinlichkeit.

Da die Beweiswürdigung im Schöffenverfahren nicht bekämpft werden kann, wäre aufgrund der Gewichtung der Indizien das Urteil unabänderlich gewesen.

Der Angeklagte wurde enthaftet und das Verfahren gegen ihn eingestellt. Aus Freude darüber, glaube ich, stellte er auch keine Ansprüche gegen die Republik wegen seiner nicht gerechtfertigten Inhaftierung.

Jahre später wurde der tatsächliche Täter gefasst. Nach einem eher geringfügigen sexuellen Übergriff wurde seine DNA bestimmt und sie war dieselbe wie die, welche auf dem Pullover gefunden worden war.

Die Jahre zurückliegende Tat wurde in einer neuen Anklageschrift vor Gericht gebracht. Da meine Kollegin und ich für Sexualdelikte eine Sonderzuständigkeit hatten, musste ich mich noch einmal mit dem Geschehen und dem nunmehrigen Angeklagten befassen.

In der Hauptverhandlung lernte ich auch das Opfer kennen, eine psychisch sichtbar gezeichnete Frau. Das Jahre zurückliegende Verbrechen warf sie aus ihrer Lebensbahn. Zwei Selbstmordversuche und andauernde psychologische und psychiatrische Betreuung waren die schrecklichen Folgen.

Der Täter war kein Monster, vielmehr ein Vater mehrerer Kinder, integriert und beliebt in der Dorfgemeinschaft.

Der Schöffensenat kam überein, dass eine Freiheitsstrafe von vielen Jahren die angemessene Sanktion war.

Vor der Urteilsberatung stellte ich dem Angeklagten, da er aus geordneten Verhältnissen kam, eine letzte Frage.

Ich wollte wissen, wie er damit umgehen konnte, als er durch Medienberichte erfahren hatte, dass ein Unschuldiger für ein Verbrechen verfolgt wird, das er, der Angeklagte, begangen hatte.

Ich bekam keine Antwort.

Überrollt

Die materielle Not war nach dem Zweiten Weltkrieg besonders groß. Es ging zwar aufwärts, doch dies war in den ersten Jahren nach der Katastrophe für viele kaum spürbar. Aus dieser Not heraus verübte ein Mann in einem fahrenden Zug einen Raubüberfall. Die Beute war gering, nur wenige Schillinge, denn das Opfer besaß nicht mehr. Hingegen war die Strafe hoch, die über den Räuber verhängt wurde. Von den vielen Jahren der Freiheitsstrafe verbüßte der Verurteilte den größten Teil. Trotz der jahrelangen Haft ist aus ihm ein anderer Mensch geworden.

Die Wirtschaftslage hatte sich merklich verbessert, und mit einer Anstellung konnte der ehemalige Häftling ein neues Leben beginnen. Mit größtem Fleiß und handwerklichem Geschick konnte er seine Position im Unternehmen, in welchem er beschäftigt war, nach und nach verbessern. Er lernte eine nette junge Frau kennen und nach der Heirat kamen in den folgenden Jahren mehrere Kinder zur Welt.

Ein Grundstück konnte erworben werden und in jeder freien Minute verwirklichte der Familienvater seinen Traum vom eigenen Haus. Nach drei Jahren harter Arbeit und vielen Entbehrungen konnte die Familie ins eigene Heim einziehen. Der Fleiß des Tüchtigen führte nicht nur zu bescheidenem Wohlstand, sondern auch zu Anerkennung und Beliebtheit in der Dorfgemeinschaft.

Die Jahre vergingen und nur ganz wenige Personen wussten von der zurückliegenden langen und gesühnten Straftat des nunmehr angesehenen Mitbürgers.

Seine Kinder heirateten und eine große Enkelschar liebte ihren Großvater, der viel Zeit mit ihnen verbrachte. Im wohlverdienten

Ruhestand kümmerte er sich nicht nur um die Enkel, sondern vermehrt um Haus und Garten.

Vor Ende des Herbstes und dem nahenden Winter sollten die Rosen mit Reisig vor Frost und Kälte geschützt werden. Der rüstige Pensionist wollte im nahegelegenen Wald das benötigte Reisig holen. Um dorthin zu kommen, musste er einen unbeschrankten Bahnübergang queren.

Aus unerfindlichen Gründen übersah er einen herannahenden Zug, der ihn überrollte und seinem Leben ein Ende setzte.

Der Tod des geliebten Ehemannes, Vaters und Großvaters traf nicht nur seine Gattin und die Familien seiner Kinder, sondern auch Nachbarn, ehemalige Berufskollegen und viele andere im Dorf, die den Verunglückten kannten und schätzten.

Die Trauer der Familien wurde jedoch von immer größer werdendem Zorn begleitet.

Die Überschrift eines Zeitungsartikels, in dem über den Unfall berichtet wurde, lautete sinngemäß, dass der Zug „Rache" genommen hätte für das Jahrzehnte zurückliegende Verbrechen. Im Bericht wurde das seinerzeitige Geschehen beschrieben.

Es sind zwar keine Namen genannt worden, aber da in Vorarlberg nicht jeden Tag Menschen von Zügen überrollt werden, erfuhren zumindest die Bewohner des Dorfes, in dem der Verunglückte gelebt hatte, von seiner Vergangenheit.

Die Überschrift war mehr als dumm, denn der Zug wurde nicht überfallen, sondern ein Fahrgast, und ein Gefährt kann auch keine Rache nehmen. Trotzdem wurden die Hinterbliebenen durch den Zeitungsartikel irgendwie auch überrollt. Außer der Ehegattin des Verunglückten wusste niemand von der Familie etwas über die frühere Straftat. Der verachtende Bericht bewirkte, dass ein Mensch mit tadellosem Ruf, der seine Tat gesühnt hatte und deren Strafe auch getilgt war, aber auch seine Angehörigen der Journaille zum Opfer fielen. Trauer und Wut wechselten sich ab und hielten sich die Waage.

Ich wurde gebeten, irgendwie zu helfen, doch ich konnte nicht. Meiner Meinung war es besser, nicht in die Öffentlichkeit zu gehen, denn eine noch größere Publizität wäre die Folge gewesen. Noch mehr Menschen würden über die Vergangenheit des Verunglückten erfahren, als dies schon durch den Zeitungsbericht geschah.

Ein Brief an die Redaktion der Zeitung, um der Empörung Ausdruck zu verleihen, hätte am Geschehen nichts ändern können. Niemand kann eine Tat, aber auch nur ein Wort, sei es gesprochen oder gedruckt, zurücknehmen. Dieser Endgültigkeit, besonders wenn sie verletzend ist, kann mit Vergessen, Verzeihen oder Versöhnen begegnet werden, aber auch mit unversöhnlichem Erinnern, Rache und Hass.

Die Öffentlichkeit von Gerichtsverhandlungen und die Pressefreiheit sind unverzichtbare Säulen eines Rechtsstaates, die mediale Hinrichtung manchmal der Preis, den Straftäter oder ihre unschuldigen Angehörigen dafür bezahlen müssen.

Als ich mich von einem Sohn des Verunglückten, der mit seiner Gattin gekommen war verabschiedete, war mir die Hilflosigkeit meiner Worte bewusst, aber ich konnte keine anderen finden: „Ich glaube, dass die Erinnerung an einen geliebten und guten Menschen beständiger sein wird als der Rufmord in einem unsäglichen Zeitungsartikel."

Wasserspritzer

Ein junger Mann, nennen wir ihn Mehmet, wurde in der Nacht vom Karsamstag auf den Ostersonntag siebzehn Jahre alt.

Er wollte seinen Geburtstag mit seinen Brüdern und Freunden verbringen, nicht zu Hause, sondern in einer türkischen Disco.

Das Lokal war gut besucht, nicht nur Türken waren Gäste, auch Kurden. Mehmet war einer von ihnen.

Im Untergeschoß befand sich die Tanzfläche. In der Größe derselben war die Decke im Obergeschoß ausgespart. Ein Geländer schützte die Gäste, die von oben die Tanzenden beobachten konnten. Neben der Tanzfläche waren Tische aufgestellt, auch im oberen Teil des Lokals, abseits des Geländers.

Die Geburtstagsgesellschaft hatte im Obergeschoß einen passenden Tisch gefunden und das „Geburtstagskind" war bestens gelaunt und übermütig.

Mehmet wollte mit einem seiner Freunde tanzen, und die beiden suchten die Tanzfläche auf, während zwei der feiernden Runde auf dem Geländer saßen und den Tanzenden zusahen.

Einer von ihnen hielt ein Glas in der Hand und schüttete das darin befindliche Wasser aus Spaß seinem Gegenüber ins Gesicht.

Er wurde nicht gänzlich getroffen, denn einige Wassertropfen fielen auf die darunter im Untergeschoß sitzenden Gäste, welche sich lautstark beschwerten. Bevor die beiden „Blödler" die Tanzfläche erreichten, entschuldigten sie sich bei den von einigen Wasserspritzern getroffenen Türken. „Es war nur Wasser und hat nicht euch, sondern meinem Freund gegolten."

Die Entschuldigung wurde nicht angenommen. Einer der Angespritzten stand auf und schlug mit den Fäusten auf den ein, der sich gerade entschuldigt hatte. Auch der andere wurde geschlagen, worauf Mehmet einschritt, um die Tätlichkeiten zu beenden.

Als auch auf ihn eingeschlagen wurde, eilten seine Brüder und Freunde nach unten und es entstand eine Massenschlägerei.

Ob es bei dieser Auseinandersetzung nur um die Wassertropfen gegangen ist oder vielmehr um politische und ethnische Gegensätzlichkeiten, konnte nicht überzeugend geklärt werden.

Die Geburtstagsgesellschaft, Kurden auf der einen Seite, national gesinnte Türken auf der anderen, schlugen nicht nur mit Fäusten aufeinander ein. Gläser und Aschenbecher wurden als Wurfgeschosse verwendet.

Der gerufene Türsteher, ein österreichischer und türkischer Staatsmeister im Mittelgewicht, forderte Mehmet auf, das Lokal zu verlassen. Er hielt ihn für den an der Schlägerei Schuldigen. Mehmet weigerte sich, beschimpfte den Türsteher und begann auf ihn einzuschlagen.

Die Schläge wurden erwidert, aber nicht so, wie es dem boxerischen Können des Türstehers entsprochen hätte. Statt seinen Geburtstag im Lokal zu feiern, wurde Mehmet gewaltsam ins Freie gebracht. Trotzdem hatte er die Auseinandersetzungen mit den Türken als auch mit dem Türsteher unverletzt überstanden.

Die Geburtstagsfeier war nun so zu Ende gegangen, wie es keiner wollte, am wenigsten Mehmet. Seine Brüder und Freunde standen auf dem Parkplatz um ihn herum, besprachen die Auseinandersetzung, vor allem aber auch, ob und wo die Feier fortgesetzt werden sollte.

Einer der Türken, der an der Schlägerei teilgenommen hatte, wollte deren Ende nicht hinnehmen. Er holte einen Baseballschläger aus seinem Auto, näherte sich Mehmet von rückwärts und schlug ihn mit einer solchen Wucht auf den Hinterkopf, dass der Geschlagene ohne jede Bewegung auf den Boden fiel.

Doch dies war nicht genug, denn der von unbeschreiblicher Brutalität Getriebene schlug noch zweimal mit dem Baseballschläger auf Kopf und Körper des am Boden Liegenden ein.

Fußtritte vom Schläger und einem anderen Türken beendeten das grausame Geschehen. Der Täter floh mit seinem Fahrzeug, vergeblich wurde versucht, ihn aufzuhalten.

Mehmet erlitt eine Schädelbasisfraktur mit Einblutungen ins Gehirn und zwischen die Hirnhäute.

Vom Krankenhaus Hohenems wurde er auf die Intensivstation nach Feldkirch überstellt. Es bestand akute Lebensgefahr.

In einer neurologischen Operation erfolgte zur Entleerung der Einblutungen im rechten hohen Hinterhauptbereich eine Schädeltrepanation und teilweise Entfernung des Schädelknochens.

Nach einer kurzen neurologischen Besserung zeigte sich eine zunehmende Hirnschwellung und es musste eine künstliche Beatmung vorgenommen werden.

Bei Überstellung ins Landeskrankenhaus Rankweil kam es zu einer Gehirnhautentzündung. Mehmet hat sich anhaltend in Lebensgefahr befunden.

Die aufgezählten Verletzungen und Eingriffe geben nur einen Bruchteil der medizinischen Behandlungen wieder, die in seitenlangen Gutachten festgehalten wurden.

Bei der Entlassung des fast zu Tode Geprügelten, er musste mehrere Monate in Krankenhäusern zubringen, bestand eine Reduktion der Hirnleistungsfähigkeit. Ob und welche Dauerfolgen Mehmet bis an sein Lebensende begleiten werden, konnte auch zur Zeit der Hauptverhandlung gegen den Schläger nicht festgestellt, aber auch nicht ausgeschlossen werden.

Nach den lang andauernden Ausführungen von zwei Sachverständigen vernahm ich 31 Zeugen und den Beschuldigten.

Viele Zeugen gaben an, nichts zu wissen, weil sie tatsächlich nichts wussten, andere weil sie nichts wissen wollten. Einige Zeugen hatten sichtbare Angst, trotzdem wurde als Grund für die

Auseinandersetzung nicht der Konflikt zwischen Türken und Kurden genannt.

Der Beschuldigte gab einen Schlag mit dem Baseballschläger zu. Er wäre verfolgt worden.

Wie er dann den Baseballschläger holen hatte können, konnte er nicht erklären, ebenso wenig, von wem er verfolgt wurde und weshalb gerade Mehmet die Schläge abbekommen sollte.

Solche unglaubwürdigen Angaben werden als Schutzbehauptungen bezeichnet.

Die gesicherten Grundlagen in diesem Verfahren waren die Schläge, die der Beschuldigte dem wehrlosen, seinen Geburtstag feiern wollenden Mehmet versetzt hatte. Die schweren, lebensbedrohenden Verletzungen hätten den Tod bedeutet, der durch ärztliche Kunst verhindert werden konnte.

Die kaum fassbare Brutalität mit dem Baseballschläger haben die Gesundheit und Lebensqualität von Mehmet massiv und lange beeinträchtigt und Dauerfolgen waren nicht auszuschließen.

Aber auch das Leben des Schlägers ist durch seine Tat ein anderes geworden. Schon in der Verhandlung ist er zu Schadenersatzforderungen der Krankenkasse und des Verletzten verurteilt worden. Allein die Höhe des Schmerzengeldes hat mehrere hunderttausende Schillinge betragen. Alle diese Forderungen wird der Verurteilte nach Verbüßung der fast zweijährigen Freiheitsstrafe nie bezahlen können, auch dann nicht, wenn seine Abschiebung unterbleiben sollte.

Da der Grund dieser folgenschweren Auseinandersetzung nicht mit letzter Sicherheit geklärt werden konnte, blieben als Ursache einige wenige Wasserspritzer übrig.

Rache

Nach den Geschäftszeiten am Landesgericht ist es notwendig, insbesondere in der Nacht und an den Wochenenden, dass eine Richterin oder ein Richter jederzeit erreichbar sind, um Anordnungen zu treffen, die unaufschiebbar und/oder nur von Richterinnen oder Richtern getroffen werden können. Diese Tätigkeit wird als richterlicher Journaldienst bezeichnet.

Spätabends, ich war als Journalrichter eingeteilt, erreichte mich ein Telefonanruf von einem Gendarmerieposten. Um von mir Anweisungen zu erhalten, berichtete der Beamte von einer Frau, die aufgeregt folgende Anzeige zu Protokoll gebracht hatte, die er mir vorlas:

„Mein erster Mann, von dem ich zwei Kinder habe, ist durch einen Unfall ums Leben gekommen. Nach einiger Zeit der Trauer habe ich einen anderen Mann kennengelernt, mich verliebt und ihn geheiratet. Aus dieser Verbundenheit ist ein Mädchen hervorgegangen, nunmehr sieben Jahre alt. Mein Mann ist öfters fremd gegangen, sodass ich mich schlussendlich scheiden ließ.

Es ist vor Gericht in vierzehntäglichen Abständen an den Wochenenden ein Besuchsrecht des Kindesvaters vereinbart worden. Claudia, so heißt das Mädchen, wird jeden zweiten Samstag von ihrem Vater abgeholt und verbringt das Wochenende mit ihm. Mein Ex-Mann wohnt seit der Scheidung bei seiner Mutter, in deren Wohnung auch Claudia übernachten kann.

Seit einiger Zeit habe ich bei dem Mädchen auffallende, unbegreifliche Veränderungen feststellen müssen. Sie ist bockig und frech geworden und hat sich auch sonst anders als früher verhalten.

Um zu duschen, hat sie entgegen ihren früheren Gewohnheiten die Badezimmertür zugesperrt und sich übertrieben schamhaft verhalten.

Auf entsprechende Fragen gibt sie keine Antwort, steht plötzlich auf und geht in ihr Zimmer.

Sie macht einen verstörten Eindruck und auch ihren Geschwistern gegenüber ist ihr Verhalten irgendwie komisch.

Ich habe mich erkundigt, wie dieses Verhalten zu erklären ist und wurde darauf aufmerksam gemacht, dass das Mädchen sexuell missbraucht worden ist.

Ich habe Claudia vorsichtig befragt. Das Kind ist in Tränen ausgebrochen, aufgestanden und hat sich den ganzen Tag in ihrem Zimmer eingesperrt. Daraufhin habe ich Claudia verboten, zu ihrem Vater zu gehen, der jedoch sein Besuchsrecht durchgesetzt hat.

Gerade jetzt ist Claudia in der Wohnung ihrer Großmutter und wird vielleicht während der Zeit, in der ich auf dem Gendarmerieposten bin, sexuell missbraucht."

Der letzte Satz klang sehr verzweifelt, wie der Beamte hinzufügte. Was er nun tun soll, so seine Frage.

Ich hatte als Strafrichter eine besondere Zuständigkeit für Sexualdelikte und bin mehrmals jeden Monat mit furchtbarem Kinderleid konfrontiert worden.

Ich wollte dieses Kind, das möglicherweise missbraucht wird, vor weiteren Übergriffen bewahren und den vermutlichen Täter der Strafverfolgung zuführen.

Ich ordnete daher an, die Wohnung der Großmutter des Kindes sofort aufzusuchen, die Bettwäsche vom Kinderbett und vorhandene Schmutzwäsche des Kindes mitzunehmen. Außerdem mitzuteilen, dass das Mädchen in der Früh nach Innsbruck gebracht wird, um dort im Gerichtsmedizinischen Institut untersucht zu werden.

Es gab damals in Vorarlberg keine Möglichkeit, forensische Untersuchungen von ansässigen Gerichtsmedizinern durchzuführen.

Ich hatte in zwei gleich gelagerten Fällen die Mediziner des zu untersuchenden Kindes durch den begleitenden Beamten ersucht, über kurative Gesichtspunkte hinaus die Untersuchung durchzuführen.

In beiden Fällen wurde der bemitleidenswerte Beamte angefahren, dass keinesfalls daran gedacht werde, irgendwelchen „Anordnungen" eines Richters nachzukommen.

Daher blieb mir nichts anderes übrig, um meine Aufgabe als Journalrichter erfüllen zu können, als die Untersuchung des Kindes in Innsbruck anzuordnen.

Ich sagte am Ende des angeführten Telefongespräches, dass die Beamten möglichst behutsam vorgehen sollten, um die Großmutter des Kindes nicht zu erschrecken.

Ich glaube nicht, dass dies verhindert werden konnte. Die zwei an der Wohnungstüre zur Nachtzeit läutenden Beamten lösten wahrscheinlich bei der erschrockenen und verstörten Frau einen schockähnlichen Zustand aus.

Die beiden Männer sind der Überraschten noch größer und bedrohlicher vorgekommen, als es der Wirklichkeit entsprach.

Das Mädchen hatte fest geschlafen, als die Beamten das Leintuch unter ihr wegzogen. Mit der von der Großmutter übergebenen, gebrauchten Unterwäsche des Kindes und der Mitteilung, dass sie mit den Beamten und Claudia in der Früh nach Innsbruck fahren müssen, verließen sie die Wohnung.

Der Kindesvater war beim Eintreffen der Beamten nicht in der Wohnung. Als er heimgekommen war, konnte ihm seine Mutter mangels Wissens und vor lauter Aufregung nicht mehr sagen, als sie erlebt hatte.

In den Morgenstunden wurde das Kind von den Beamten abgeholt, der Vater in welcher Weise auch immer hingehalten. In Begleitung der Großmutter wurde Claudia zur Untersuchung nach Innsbruck gebracht.

Am frühen Nachmittag, das Mädchen war mit ihrer Begleitung schon längst auf der Heimfahrt, rief mich der Gerichtsmediziner an.

Er teilte mir mit, dass das Hymen des Kindes intakt war, keinerlei Hämatome, Kratzer oder auch nur geringste Spuren von Gewalt gefunden werden konnten. Auch die während der Untersuchung beiläufige Befragung hatte keine Anhaltspunkte für einen Missbrauch ergeben.

Bevor ich die Wäsche des Kindes nach (Sperma-)Spuren untersuchen lassen wollte, rief ich einen von mir sehr geschätzten, erfahrenen Kriminalbeamten an.

Ich schilderte kurz den Inhalt der Anzeige sowie das Ergebnis der gerichtsmedizinischen Untersuchung und bat ihn, die Kindesmutter einzuvernehmen.

Tatsächlich formulierte ich mein Ersuchen ein wenig anders.

Nach drei Stunden rief er mich an.

Alle Schilderungen der Frau über die Auffälligkeiten des Mädchens waren gelogen, ebenso die angeblichen Erkundigungen.

Die geschilderten Auffälligkeiten hatte sie einem Buch oder Bericht entnommen. Ohne jeden Anlass hatte sie aus Rache die Anzeige erstattet.

Es ist einige Male vorgekommen, dass Mütter derart auf ihre Kinder einwirkten, sexuelle Übergriffe ihrer Väter zu bejahen, auch wenn sie tatsächlich nicht geschehen waren. Dies deshalb, um vom permanenten Insistieren der Mutter endlich in Ruhe gelassen zu werden.

Dass damit das Leben des Mannes/Vaters zerstört werden könnte, war oftmals in der Absicht der Kindesmutter gelegen.

Dies hatte die Mutter von Claudia nicht gemacht, aber aus der erfolgten Anzeige wegen Verleumdung ging hervor, dass ihr ehemaliger Gatte eine neue Beziehung eingegangen war. „Er soll sehr glücklich sein", hatte die Enttäuschte und Verlassene erfahren und schon die Hochzeitsglocken läuten gehört.

Dieses Glück, das sie angenommen hatte, war für die Rachsüchtige unerträglich, weshalb sie es mit einer Verleumdung zerstören wollte.

Für eine derartige Straftat sieht das Gesetz eine Freiheitsstrafe von sechs Monaten bis fünf Jahre vor.

Es war in den Strafabteilungen des Hauses das hörbare Bedürfnis, die Gemeinheit dieser Frau mit einer unbedingten Freiheitsstrafe zu ahnden.

Ich war vom Verfahren ausgeschlossen, da ich als Journalrichter tätig war, und wie meine Kollegin entscheiden wird, wusste ich nicht.

Den ebenfalls von Rache Getriebenen im Hause gab ich zu bedenken, dass die Zeit, welche die Verleumderin im Gefängnis verbüßt, ihre Kinder im Kinderdorf verbringen müssten.

Telefonfantasien

Josefine N., von ihren Freunden Josi genannt, war eine tüchtige Geschäftsfrau. Es hatte keiner großartigen Idee bedurft, war vielmehr den eigenen Erfahrungen zu verdanken, dass die animalischen Triebe der Männer die Geschäftsgrundlage bildeten. Josi übte das freie Gewerbe einer selbstständigen Begleitagentur und Partnervermittlung in Deutschland und Österreich aus. Unter den Agenturbezeichnungen Kleopatra, Aphrodite, Marilyn, Carpe diem, Suleika, Diana, und Venus bewarb sie ihre Dienste. Wegen missbräuchlicher Gewerbeausnützung, Josi hatte auch Prostituierte vermittelt, wurde ihr die Gewerbebefugnis entzogen. Sie wehrte sich dagegen, letztlich erfolglos.

Nun, es ging auch ohne amtliche Gewerbebefugnis.

Die Umtriebige baute ein Callcenter auf, das drei Geschäftsmodelle umfasste: Callboys, Erotikdarsteller und Gratis-Sextreffs.

Josi inserierte in österreichischen, deutschen und Schweizer Tageszeitungen mit folgenden Texten: Begleitagentur sucht Mitarbeiter, Männer, männliche Mitarbeiter, ihn, für gewisse Stunden usw.

Den zahlreichen Anrufern wurde mitgeteilt, dass sie auf eine Mehrwertnummer umgeleitet werden, was die Möchtegern-Callboys auch akzeptierten.

Sodann wurde ein umfangreiches Bewerbungsprofil erfragt. Alter, Personenstand, Körpergröße, Haarfarbe, Haarwuchs, Figur, ob Bartträger oder nicht, Gebrauch einer Brille, festsitzendes Gebiss, Beruf, Verfügbarkeiten und schließlich wurde eine Liste von Krankheiten vorgelesen. Die Anrufer mussten angeben, ob sie unter diesen Krankheiten gelitten hatten oder noch leiden, was in den meisten Fällen nicht der Fall war, da sie die vorgelesenen Leiden größtenteils gar nicht verstanden.

Diese Befragung dauerte manchmal bis zu einer Stunde und wurde mit der Zusicherung abgeschlossen, den Bewerber zu kontaktieren, sollte eine Interessentin Gefallen an ihm finden. Ob sexhungrigen Damen tatsächlich Bewerber vermittelt wurden, konnte nicht festgestellt werden.

Auch auf die Inserate „Erotikdarsteller gesucht" meldete sich eine nicht erfahrbare Anzahl von Männern. Die Aussicht, Arbeit und Vergnügen zu verbinden, war zu verlockend. Viele sahen sich schon auf dem Set von tollen, zu allem bereiten Frauen umgeben, weshalb auch akzeptiert wurde, auf Mehrwertnummern umgeleitet zu werden.

Die Bewerbung zum Erotikdarsteller benötigte einen größeren Zeitaufwand. Dies war auch verständlich. Callboys konnten ihre Tätigkeit auch bei schummrigem Licht verrichten, wohingegen Erotikdarsteller unter gleißendem Scheinwerferlicht in Stellung gebracht werden mussten.

Nach denselben Fragen, wie sie auch die potenziellen Callboys erhielten, mussten auch intime Details in Erfahrung gebracht werden. Fragen nach der sexuellen Leistungsfähigkeit, Genitalgröße usw. wurden nicht direkt gestellt, sondern mit einer Notenskala verbunden. Die Probanden mussten die an sie gestellten Fragen mit Noten von eins bis fünf beantworten. Hatte der Befragte eine Zahl genannt, musste er sie begründen, was mit Artikulationsschwierigkeiten, aber auch vielen Minuten verbunden war. So konnte die Fragerei geradezu unbegrenzt in die Länge gezogen werden. Auch ihre Attraktivität musste von den Anrufern eingeschätzt werden. Dazu wurden ihnen Namen von bekannten Männern, Stars und Schauspielern vorgelesen, mit denen sie sich von „Sehr ähnlich" bis „Überhaupt nicht" vergleichen mussten.

Es folgten Fragen nach Schweißfüßen, Behaarung den ganzen Körper betreffend, den Zustand der Haut, Anzahl der Pickel, Leberflecken und Muttermale und deren Situierung. Der Zustand des Gebisses war ebenso erkundigungswürdig wie die Zeugungsfähigkeit und letztlich, ob der Anrufer beschnitten ist oder nicht.

Die Länge der Bewerbung korrespondierte mit der Telefonrechnung.

Den möglichen Erotikdarstellern wurde nach der Prozedur ihrer Bewertung mitgeteilt, dass die Ergebnisse den einschlägigen Filmemachern übermittelt werden und von diesen die weitere Kontaktaufnahme erfolgt.

Auch bei diesem Geschäftszweig konnte nicht in Erfahrung gebracht werden, ob tatsächlich eine Vermittlung als Erotikdarsteller erfolgt ist.

Bei manchen Bewerbern haben die Ermittler von sich aus deren Eignung ausgeschlossen.

Das dritte Geschäftsfeld war für die Kriminalisten ergiebiger. Die im Callcenter angestellten Damen hatten viel zu tun, denn insbesondere das letzte Angebot – die Gratis-Sextreffs – übertrafen alle Erwartungen. Auch diese Gespräche wurden auf Mehrwertnummern geführt. Dies wurde von den Anrufern im Hinblick auf die erwarteten Freuden geradezu gerne akzeptiert.

Die Gespräche, welche die Damen zu führen hatten, beinhalteten keine Fragen. Es wurden die Annehmlichkeiten der Treffs angepriesen, die sexuellen Möglichkeiten beschrieben und leidenschaftlich das tabulose Treiben in den lüsternsten Farben geschildert. Anzügliche Hinweise brachten die Anrufer zu fantasievoll begehrlichen Höhenflügen, die sie in ihrem Leben bislang niemals verwirklichen konnten. Den begabten erotischen Märchenerzählerinnen war jedoch untersagt, irgendein Treffen zu vereinbaren, woran sie sich auch hielten.

Nachdem die Anrufer von ihrer sexuellen Fantasie ins pornografische Utopia geführt wurden, nahmen sie die Ankündigung einer Benachrichtigung von Ort und Zeit erwartungsvoll zur Kenntnis.

Da keine Gratis-Sextreffen angedacht waren, wurden die Gierigen getäuscht und der Schaden bestand in ihren Telefonkosten.

Auch hier haben sich die Ermittlungen nicht sehr ergiebig gestaltet. Die Anrufer, sofern sie ausfindig gemacht werden konnten, gaben oftmals an, ohnedies nicht an die Sextreffs geglaubt zu haben, manche schämten sich und verweigerten jede Auskunft. Doch die Ergebnisse reichten aus, um Josi des schweren gewerbsmäßigen Betruges vor einem Schöffengericht anzuklagen. Der Strafrahmen betrug zehn Jahre Freiheitsstrafe. Die verhängte Freiheitsstrafe von wenigen Monaten wurde bedingt verhängt und mit einer unbedingten Geldstrafe verbunden.

Ob der Schaden der sexsüchtigen Anrufer durch ihr von nicht besonderer Intelligenz bestimmtes Verhalten eine erzieherische Wirkung mit sich gebracht hatte, war nicht auszuschließen. Wenn auch diese erzieherische Wirkung einem Wunschdenken geschuldet war, die Strafbemessung hat sie jedenfalls beeinflusst.

Weihnachten

Am 23. Dezember um neun Uhr wurde Erich nach Verbüßung einer zweijährigen Haftstrafe aus einer Strafvollzugsanstalt im Osten Österreichs entlassen. Insgesamt hatte er, hauptsächlich wegen Eigentumsdelikten, schon sieben Jahre in Gefängnissen verbracht.

Er war in Vorarlberg aufgewachsen und fuhr am Entlassungstag mit dem Zug in seine Heimat, die in Wirklichkeit keine mehr war.

Am Zielbahnhof angekommen, suchte er ein Gasthaus auf, in dem er bis zur Sperrstunde blieb. Er wusste nicht, wohin er gehen sollte, hatte keine Bleibe und von seinen Verwandten wollte er nichts wissen. Erich verbrachte die Nacht frierend auf Parkbänken.

Es war nicht leicht, am Heiligen Abend eine Gastwirtschaft zu finden, die geöffnet hatte. In einem „Türkenlokal" verbrachte er den Tag. Das wenige Geld, das Erich in der Haftanstalt verdienen konnte, sollte für einige Zeit reichen, obwohl er nicht wusste, wo und wie die kommenden Wochen zu verbringen.

Trotzdem verbrauchte er an diesem Tag – es war ja Weihnachten – viel mehr, als er sich vorgenommen hatte. Er irrte betrunken durch die Straßen, sah die erleuchteten Christbäume und dabei wurde ihm sein elendes Leben in noch nie da gewesener Weise bewusst.

Erich passierte eine Straßenunterführung, in der Schaufenster in den Wänden eingerichtet waren. Er blieb vor einem stehen und konnte sich selbst im spiegelnden Glas sehen. Seine Traurigkeit, sein Alleinsein konnte er in seinem Gesicht wahrnehmen.

Am Heiligen Abend verlassen zu sein, war auch für ihn kaum auszuhalten.

Seine Gefühlslage änderte sich, Frust und Zorn auf die ganze Welt lösten seine Verlassenheit ab. Er schlug mit der Faust so fest gegen die Schaufensterscheibe, als ob er sein verbittertes Gesicht nicht mehr sehen wollte.

Das Glas zersplitterte. Hinter dem Glas waren Computerspiele ausgestellt. Aus unerklärlichen Gründen nahm er ein Spiel und steckte es in seine Manteltasche. Er hätte es nie verwenden können, da hierzu Grundausstattung notwendig gewesen wäre, die er nicht hatte.

Der Lärm, welchen die auf den Boden fallenden Scherben verursachten, wurde von einem Passanten gehört, der die Gendarmerie verständigte.

Kurze Zeit später wurde Erich festgenommen und auf den Posten gebracht. Er gab als Wohnadresse jene seines Bruders an, um nicht in Untersuchungshaft zu kommen. Nach seinem Geständnis, das niederschriftlich festgehalten wurde, konnte er den Posten verlassen.

Weshalb es Monate dauerte, bis die Anzeige bei der Staatsanwaltschaft ankam, und weitere Wochen, bis der Strafantrag bei Gericht eingebracht wurde, entzog sich meiner Kenntnis. Im Strafantrag wurde Erich wegen Einbruchsdiebstahls angeklagt.

„Wenn ein Täter schon zweimal wegen Taten, die auf der gleichen schädlichen Neigung beruhen, zu einer Freiheitsstrafe verurteilt worden ist und diese Strafe wenigstens zum Teil verbüßt hat und nach Vollendung des neunzehnten Lebensjahres neuerlich aus der gleichen schädlichen Neigung eine strafbare Handlung begeht, kann die Höchststrafe um die Hälfte überschritten werden."

So sind die Rückfallsvoraussetzungen im Strafgesetzbuch normiert, sohin der Strafrahmen bei Erich von sechs Monaten bis siebeneinhalb Jahre reichte.

Eine solche Strafandrohung für ein unnützes Computerspiel.

Ich studierte den Akt und die Erhebungen durch die Gendarmerie ergaben, dass der Beschuldigte eine Anstellung in einem kleinen Sägewerk gefunden hatte und mit der Tochter des Sägewerkbesitzers liiert war.

Eine für mich völlig unerwartete, erfreuliche Situation. Ich ließ mir mit dem Ausschreiben der Verhandlung Zeit, denn ich wollte nach zwei weiteren Monaten überprüfen, ob dieser außergewöhnliche neue Lebensweg des Beschuldigten von Dauer war.

Die Überprüfung durch die Gendarmerie ergab, dass zur Zufriedenheit aller sowohl das Liebes- als auch das Arbeitsverhältnis aufrecht waren.

Ich schrieb die Verhandlung aus. Der Beschuldigte schilderte in der Hauptverhandlung sein damaliges Elend zu Weihnachten, seinen Frust und den „Blödsinn", wie er seine ihm vorgeworfene Tat bezeichnete.

Der Schuldspruch war zwingend, doch die Strafe mehr als überlegenswert. Die Rechtsprechung des Oberlandesgerichtes in Innsbruck war mir bewusst und diese hätte eine unbedingte Freiheitsstrafe erfordert.

Ich wollte dem Beschuldigten im Hinblick auf seinen neuen Lebensweg eine vielleicht letzte Chance geben und verhindern, dass mit einer unbedingten Freiheitsstrafe alles wieder zunichte gemacht wird.

Ich verhängte über den Beschuldigten eine hohe Geldstrafe, kombiniert mit einer bedingten Freiheitsstrafe. Damit hätte er, ohne wieder ins Gefängnis zu müssen, seinen zukunftsträchtigen Weg fortsetzen können.

Der Staatsanwalt meldete sofort Strafberufung an.

Es fiel mir niemals ein, einen Staatsanwalt zu einer Rechtsmittelzurückziehung zu bewegen, doch für diesen Beschuldigten tat ich es.

Ich argumentierte, dass für den Staatsanwalt mit der von mir verhängten Strafe nichts „verloren" ist. Sollte der Beschuldigte neuerlich straffällig werden, würde die bedingte Strafe widerrufen und im Hinblick auf die nicht genützte Chance eine „saftige Strafe" hinzukommen.

Ich wies auf die Situation hin, in welcher der Einbruch geschehen war, auf Weihnachten, auf dieses für den Beschuldigten unbrauchbare Computerspiel – alles vergeblich.

Das Oberlandesgericht Innsbruck hat wie erwartet den Strafausspruch aufgehoben und eine unbedingte Freiheitsstrafe von achtzehn Monaten verhängt.

Als das Urteil im Hause war, rief mich der Staatsanwalt an und meinte, dass er dieses Urteil nicht gewollt habe.

Ich sagte nichts, um nicht ausfällig zu werden, und legte wortlos den Hörer auf.

Noblesse oblige

Oftmals gehen Betrügereien die gleichen Vorgangsweisen voraus. Eine lange allein gebliebene Frau hatte endlich einen Mann gefunden, der ihr die ersehnte Liebe und Zweisamkeit versprach. Die zeitliche Abfolge war meistens eine andere, denn der Betrüger hatte ein sehnsüchtiges Opfer gefunden. Nachdem der vermeintliche Glücksbringer verschwunden war, konnte nicht immer erfahren werden, ob er ein gebrochenes Herz zurückgelassen hatte, mit Sicherheit jedoch seinem Opfer aufgehalste Schulden und ein leeres Bankkonto.

Dass ein solcher Betrug dennoch außergewöhnlich war, lag am Herzensbrecher, aber auch an den im Umfeld des Geschehens beteiligten Personen.

Als der spätere Hochstapler das Licht der Welt erblickt hatte, wurde er nach seinem Großvater auf den Namen Franz getauft. Dieser Name war seiner Mutter bald zu gewöhnlich. Franzl klang bäuerlich, Franzi kindisch, sodass der Kleine bald François gerufen wurde. Er wurde der alten Etikette entsprechend erzogen. Perfekte Manieren sollten seine Karriere unterstützen und in eine große Zukunft begleiten. Der Wohlerzogene wurde den in ihn gesetzten Erwartungen nicht gerecht.

Er brach seine Gymnasialzeit nach einigen Jahren ab und versuchte mit unterschiedlichen Tätigkeiten seine Berufung zu erfahren. Da seine Erziehung mit einem bürgerlichen Dasein schwer in Einklang zu bringen war, versuchte er auf dem Gebiet der Kunst, insbesondere der Malerei, zu reüssieren. François eignete sich bemerkenswerte Kenntnisse an und glaubte ein Verfahren entdeckt zu haben, um Fälschungen als solche leichter zu erkennen. Da in dieser Szene auch Kunstdiebe und Fälscher verkehrten, befand er sich bald in schlechter Gesellschaft, vor allem aber in chronischen Geldnöten.

Getrieben vom Zwang, Geld aufzutreiben, lernte François eine Bankangestellte in der Schweiz kennen. Sie war schon etwas älter, aber immer noch voller Hoffnung, endlich jemanden zu finden, dem sie ihre Liebe schenken konnte.

Die Gegensätze zwischen François und der Verliebten hätten größer nicht sein können.

Er jung, pleite und durchtrieben, sie älter, wohlhabend und naiv. Der Don Juan verstand es, mit seinem exzellenten Benehmen trotz seiner haarsträubenden Lügen ein Vertrauensverhältnis aufzubauen. „Liebe macht blind" war in diesem Fall mehr als ein Sprichwort, es war Fleisch gewordene Wirklichkeit.

An einem schönen Tag wollte François einen Ausflug zum Zürichsee machen. Die Verliebte war entzückt, doch mit einem der Fahrzeuge des Geliebten war dies nicht möglich.

Er schilderte, wie er vom Geheimdienst verfolgt werde und sein Leben in Gefahr sei, würde er mit einer seiner Limousinen ausfahren. Auch sein Chauffeur könnte daran nichts ändern, außerdem würde auch für ihn Lebensgefahr bestehen.

François hatte tatsächlich einen Chauffeur. Dieser lenkte aber nicht eine der Nobelkarossen des Verfolgten, sondern den öffentlichen Bus, mit dem das Paar den Zürichsee erreichte.

Dort angekommen, wurde eine Schifffahrt gebucht. Auf dem Schiff trafen die beiden auf den Präsidenten einer der größten Schweizer Banken. Wie und wann sich der Präsident und François kennengelernt hatten, blieb ein Geheimnis.

Mit der Begleiterin des Hochgestellten wurde nunmehr zu viert Champagner getrunken.

Die Verliebte kannte als Bankangestellte diesen Präsidenten.

Auch wenn sie manchmal von ungläubigem Staunen geplagt wurde, ob der Geschichten die François auftischte, so wurden die Zweifel mit dieser Begegnung endgültig ausgeräumt. Jemand, der diesen Präsidenten kannte und mit Champagner und lustiger Konversation eine Schifffahrt genoss, konnte kein Lügner und Betrüger sein.

François kannte natürlich nicht nur den Bankdirektor, sondern zählte andere bedeutende Persönlichkeiten zu seinem Bekanntenkreis. Die Gute konnte sich nicht die vielen Namen merken, die er aufzählte, doch einer blieb ihr noch später in Erinnerung. Es war der Prinz von Dubai, mit dem ihr François in fließendem Arabisch parlieren konnte.

Als ihre Bedenken zerstreut waren, kam die plötzliche Notlage des Geliebten.

Seine Bankkonten wären aufgrund internationaler Verwicklungen gesperrt und nur sie könne ihm aus der momentanen misslichen Lage helfen, ihm sozusagen das Leben retten.

Sie wollte ihn retten, mit allem was sie hatte. Trotz Warnung ihres Vorgesetzten hob sie alle ihre Ersparnisse ab, an die 70.000 Franken, und glaubte durch diesen Liebesbeweis François für immer an sich zu binden. Für immer ist er mit dem Geld aus ihrem Leben verschwunden.

Es brauchte lange, bis es ihr seelisches Leid zuließ, den Mann anzuzeigen, mit dem sie so große Hoffnungen verbunden hatte.

Als ich den Strafantrag erhalten und die Verhandlung ausgeschrieben hatte, musste ich feststellen, dass François nicht im Lande weilte. Mit einem Haftbefehl wurde dem Fall ein vorläufiges Ende gesetzt.

Monate später las ich im Lokalteil einer Zeitung von einer Hoteleröffnung in einem schönen Fremdenverkehrsort.

Ein bekanntes Hotel war aufwändig renoviert worden und die Wiedereröffnung ein gesellschaftliches Ereignis. In diesem Zeitungsartikel wurden die neuen Räumlichkeiten beschrieben, die Architekten und Handwerker gelobt und schließlich die besonderen Gäste aufgezählt, die dem Fest den nötigen Glanz verliehen hatten.

Ich traute meinen Augen nicht, als ich unter den angeführten Gästen den von mir gesuchten François lesen konnte. Er hatte seinen Namen mit zwei Doktortiteln geschmückt, einer war ihm sichtlich zu wenig.

Unter den Gästen war auch der örtliche Postenkommandant. Ich rief nach der Lektüre den Gendarmerieposten an und fragte den Kommandanten, wie es ihm auf der Feier der Hoteleröffnung gefallen hatte. Er antwortete nur kurz, denn vielmehr interessierte er sich für den Grund meiner Nachfrage. Er legte ganz schnell auf, als ich ihm vom Haftbefehl berichtete, der gegen den auf der Hoteleröffnung feiernden Doppeldoktor aufrecht war.

Seine Verhaftung erfolgte nicht so, wie sie in den Kriminalfilmen gezeigt wird.

Der Postenkommandant fuhr zu dem ihm persönlich bekannten François, den er vor dessen Elternhaus antreffen konnte. Der Inspektor stieg aus dem Dienstfahrzeug nicht aus, sondern forderte durch das offene Fenster den Gesuchten auf, sofort mit Zahnbürste zum Posten zu kommen. Nicht einmal zwei Stunden nach meinem Anruf wurde François von der Justizwache im landesgerichtlichen Gefangenenhaus in Empfang genommen.

Während der Untersuchungshaft besuchte die geplagte Mutter des einsitzenden Sohnes einen Staatsanwalt, der im Hause arbeitete und den sie von früher kannte. Der Staatsanwalt war mit François eine Zeit lang im selben Internat untergebracht, so lange, bis dessen Lerneifer nachgelassen hatte. In dieser Zeit lernte der Staatsanwalt die Mutter und ihren mittlerweile missratenen Sohn kennen. Sie war für die Erziehung ihres Sprösslings verantwortlich und war auch beim Aufsuchen des Staatsanwaltes bedacht, alle Umgangsformen einzuhalten. Sie bat den Staatsanwalt, ihren Sohn im Gesperre zu besuchen und formulierte ihre Bitte nicht wie gewöhnliche Menschen, sondern: „François lässt bitten!"

Was die Audienz bewirken sollte, weiß ich nicht. Jedenfalls wurde zur Verhandlung ein anderer Staatsanwalt eingeteilt.

Der Beschuldigte hat sich gewunden, als er mit den Vorwürfen konfrontiert wurde, schließlich musste er zugeben, sein Opfer ausgenützt und betrogen zu haben.

Dem Ende des Beweisverfahrens folgt der Schlussvortrag des Staatsanwaltes. Von den tausenden staatsanwaltschaftlichen Plädoyers, die ich in meiner Zeit als Strafrichter hörte, bestand ein großer Teil aus zwei Worten: „Laut Strafantrag".

Doch im gegenständlichen Fall war das Plädoyer das außergewöhnlichste, das ich je gehört hatte. Der Staatsanwalt beschränkte sich nicht auf die inkriminierten Tathandlungen, sondern führte blumenreich aus, wie der Ruchlose die Liebe seines Opfers ausnützte.

Der Staatsanwalt sprach von einer an einer versteckten Mauer blühenden Blume, die der Beschuldigte kurz vor dem Verblühen gepflückt hatte. Er führte aus, wie sich die Liebende dem Betrüger hingegeben hat (samt ihren Ersparnissen) und von ihm in verwerflichster Weise betrogen wurde. Ich hatte noch nie ein solches Plädoyer gehört. Zuerst dachte ich an Courths-Mahler, doch dann war ich mir sicher, dass Shakespeare der Spiritus rector der staatsanwaltlichen Gedanken war.

Es wurde die unsterbliche Verliebtheit der im Saal sitzenden Julia mit dichterischen Worten beschrieben. Beinahe hätte der Staatsanwalt vergessen, dass kein Romeo ihre Liebe erwiderte, sondern sie von einem gerissenen Schlitzohr hinters Licht geführt worden war.

Ich war mehr als beeindruckt von den bewegenden Worten des Staatsanwalts und erst die Schlussworte des Verteidigers haben mich in die Realität zurückgebracht.

Nach der Urteilsverkündung, die Strafe betrug zwei Jahre Haft, folgte die Rechtsbelehrung.

Als ich geendet hatte und wissen wollte, ob der Verurteilte das Urteil annimmt oder nicht, beantwortete er meine Frage mit folgenden Worten: „Die Tristesse meiner jetzigen Situation zwingt mich einige Überlegungen anzustellen, die einige Zeit in Anspruch nehmen werden, bis ich ihnen meine finale Entscheidung mitteilen kann."

Während die Schriftführerin trotz der gepflegten Worte „Drei Tage Bedenkzeit" protokollierte, wurde der wieder zum Franz gewordene François von den Justizwachebeamten abgeführt.

Ehrlos?

Seit zehn Jahren lebte Olga in Vorarlberg. Sie hatte keine abgeschlossene Berufsausbildung und arbeitete als Kellnerin unter anderem auch in „berüchtigten" Lokalen, in denen manche Straftat ihren Anfang nahm.

Olga beendete nach Jahren ihre Tätigkeit als Kellnerin, war einige Monate arbeitslos und verdiente schließlich ihr Geld auf dem Straßenstrich im Unterland.

Sie zog mit einem Mann zusammen, der ihre Prostitutionstätigkeit nicht nur akzeptierte, sondern mit den Einkünften von Olga auch gut leben konnte. Nach einiger Zeit hörte sie auf, sich anderen Männern anzubieten.

Olga hatte in der Zeit als Kellnerin auch in sogenannten „Türkenlokalen" gearbeitet. In einem lernte sie Ali kennen, den sie auch nach ihrem Ausstieg vom Gastgewerbe zweimal getroffen hatte. Dieser türkische Gastarbeiter kannte auch ihren Freund, da beide früher bei derselben Baufirma angestellt waren.

Der Freund von Olga suchte eine neue Wohnung und der frühere Arbeitskollege Ali glaubte, eine solche vermitteln zu können.

Olga, ihr Freund und Ali fuhren zusammen in den Ort, wo die zu vermietende Wohnung gelegen war. Dies war das dritte Mal, dass Olga außerhalb der türkischen Gaststätte Ali getroffen hatte. Ein Geschlechtsverkehr zwischen den beiden hatte nie stattgefunden.

Im April hatte Olga Geburtstag. Sie feierte bis zum nächsten Morgen. Nach einigen Stunden Schlaf suchte sie mit ihrem Freund ein weiteres Lokal auf. Ihr Freund hatte bald genug, nicht aber Olga. Mit einem Motorrad wurde sie in ein anderes Gasthaus gebracht, wo die Feier fortgesetzt wurde.

Olga war dabei, als ihr in diesem Gasthaus eine Bekannte den Vorschlag machte, ein Lokal im Bregenzerwald aufzusuchen.

Deren Freund fuhr mit den beiden Frauen zur ausgewählten Gaststätte. Alle drei tranken Raki und Whisky. Olga verdünnte die harten Getränke und trank schließlich nur noch Wasser. Auch dieses Lokal war wie schon alle anderen, die sie an diesem Tag besuchte, ein „Türkenlokal".

Es wurde zu türkischer Musik getanzt, aber nicht paarweise, sondern allein oder in Gruppen, türkischen Gepflogenheiten zufolge.

Olga tanzte und auch Ali war unter den Tanzenden, der sie mit Handschlag begrüßte.

Bis zur Sperrstunde hielt sich Olga auf der Tanzfläche auf. Sie war müde, aber fast nüchtern.

Ihre Bekannte hingegen war stark alkoholisiert und schon im Lokal begann sie, mit ihrem Freund zu streiten.

Schließlich fuhren alle drei wie gekommen in Richtung Rheintal.

Der Streit zwischen dem Paar eskalierte im Fahrzeug. Die Auseinandersetzung war derart, dass die Frau, es war weit nach Mitternacht, aussteigen wollte, was sie auch gemacht hatte. Olga stieg ebenfalls aus dem Auto, sie wollte ihre Bekannte in der Nacht nicht allein lassen.

Obwohl Olga aus Mitgefühl ausgestiegen war, machten sich die beiden Frauen nicht gemeinsam auf den Weg – Olga, um ins Rheintal zu kommen, die andere ging in entgegengesetzter Richtung.

Ali verließ mit seinem Fahrzeug das Tanzlokal und wollte nach Hause nach Hohenems fahren.

Er traf die ihm entgegenkommende Bekannte von Olga und wollte sie mitnehmen. Als jedoch deren Freund zurückgekommen war, stieg sie in dessen Auto ein, und Ali setzte allein seine Fahrt fort. Er traf auf Olga und blieb bei ihr stehen. Sie hätte einen weiten Weg vor sich gehabt und war froh von Ali, den sie ja kannte, mitgenommen zu werden.

Nach einiger Zeit bog Ali auf einen Waldweg ab und als Olga dies bemerkte, hatte er schon das Auto von innen verriegelt.

Ali wollte von Olga Sex und gab ihr dies mit derben Worten zu verstehen.

Er brachte die Lehne des Beifahrersitzes in die horizontale Lage, legte sich mit seinem ganzen Gewicht auf sein Opfer und drückte ihre Beine auseinander. Olga schrie ihn an, von ihr abzulassen, teilte ihm mit, keine Hure zu sein und begann, so gut es ging, sich gegen den körperlich Überlegenen zu wehren. Sie schlug gegen sein Gesicht, worauf ihr Ali androhte, dass sie tot sein würde, wenn er sich gezwungen sähe, zurückzuschlagen.

Olga versuchte ihrem Peiniger zu entkommen, und es gelang ihr auf die rückwärtige Bank des Autos zu kriechen. Der Gewalttätige riss ihr von rückwärts die Jeans herunter, öffnete den Body und schob den darunter getragenen Slip zur Seite. Er penetrierte mit seinen Fingern und versuchte mit seinem Penis von rückwärts in sein Opfer vaginal einzudringen. Dies gelang ihm infolge der Gegenwehr von Olga nur ansatzweise. Erst als Ali einen Samenerguss hatte, ließ er von ihr ab, beschimpfte sie jedoch auf ordinärste Weise.

Beide zogen sich an und Olga forderte ihren Peiniger auf, sie aussteigen zu lassen, was Ali auch zuließ, als sie die Hauptstraße erreicht hatten.

Weinend ging die Geschundene am Straßenrand Richtung Alberschwende. Es war zwischen fünf und sechs Uhr, als ein Auto stehen blieb und Olga mitnahm.

Sie erzählte, was ihr zugestoßen war, und die beiden Personen im Fahrzeug hatten Mitleid mit der weinenden Frau. Olga bat den Fahrer, sie nach Dornbirn zum Gendarmerieposten zu bringen. Dort zeigte sie Ali an, kannte aber weder seinen Familiennamen noch konnte sie sich das Autokennzeichen merken.

Die Beschreibung seines Fahrzeuges und der Vorname genügten, sodass Ali am nächsten Vormittag festgenommen wurde.

Die Beamten brachten den Verdächtigen auf den Posten und ließen ihn telefonieren.

Sie wussten jedoch nicht welche Person er tatsächlich kontaktierte, da das Telefongespräch in türkischer Sprache erfolgte.

Ali hatte einen Bekannten oder Verwandten von seiner Festnahme verständigt und den Namen und die Wohnadresse von Olga mitgeteilt. Ob er konkrete Anweisungen hinsichtlich des weiteren Vorgehens gegeben hatte, konnte nicht in Erfahrung gebracht werden.

Daraufhin suchten drei Türken Olga, fuhren alle „Türkenlokale" ab und konnten sie schließlich in einem antreffen. Sie boten ihr 30.000 Schillinge an, wenn sie bei der Gegenüberstellung Ali als nicht denjenigen bezeichnet, der sie vergewaltigt hatte.

Olga dachte lange über das Angebot nach. Ihr Freund musste eine Gefängnisstrafe antreten, wird daher seine Wohnung und sie damit auch ihre Bleibe verlieren. Das ihr angebotene Geld war für sie eine riesige Summe und da sie die Vergewaltigung ohnedies nicht rückgängig machen konnte, stimmte sie zu, Ali als Täter auszuschließen.

Olga wurde sofort zum Gendarmerieposten nach Dornbirn gebracht. Sie bat die Beamten, den Festgenommenen sehen zu können.

Als sie Ali gegenüberstand, sagte sie zu den Beamten, dass dieser Mann nicht der Vergewaltiger wäre, sondern ein anderer.

Der Gendarmeriebeamte sperrte den Verdächtigen wieder ein und begann Olga noch einmal einzuvernehmen. Den Beamten beschäftigten mehrere Fragen. Von wem wusste Olga von der Festnahme? Diese Nachricht konnte sie nur von der Person zumindest mittelbar erhalten haben, mit welcher der Verdächtige telefoniert hatte. Welches Interesse konnte diese Person haben, Olga die Festnahme mitzuteilen? Welches Motiv hätte Olga, wären ihre Anschuldigungen falsch gewesen? Wenn sie jemanden falsch verdächtigen wollte, hätte sie dessen vollen Namen und auch das Autokennzeichen angegeben, denn mit ihren Angaben konnte sie nicht erwarten, dass der Täter überhaupt gefasst werden kann.

Der Beamte ließ sich nicht täuschen und brauchte auch nicht lange bis Olga zugegeben hatte, von Ali vergewaltigt worden zu sein, und dass ihr für die falschen Angaben 30.000 Schillinge angeboten wurden.

Das Ehepaar, das Olga in der Nacht des Geschehens mit dem Auto mitgenommen hatte, wurde über Aufruf gefunden. Beide Personen schilderten den damaligen Zustand von Olga, wie verzweifelt sie war, geweint hatte und von ihrer Vergewaltigung erzählte.

Den Aussagen dieses Ehepaars und von Olga standen jene der drei Türken gegenüber, die ihr 30.000 Schillinge angeboten hatten, was sie jedoch abstritten. Die Verantwortung des Verdächtigen war, mit Olga weder freiwillig noch mit Zwang den Geschlechtsverkehr ausgeübt zu haben.

Auf der Toilette des Gendarmeriepostens Dornbirn, die der Verdächtige benutzte, wurde eine kleine Kette mit dem eingravierten Namen „Olga" und auf dem Slip, den Olga in der Tatnacht getragen hatte, Spermaspuren vom mutmaßlichen Täter gefunden.

Dennoch blieb dieser bei seiner Version. Diese änderte er erst, als er erfahren hatte, dass Olga einige Zeit als Prostituierte tätig war. Daraufhin gab er an, dreimal mit Olga gegen Entgelt verkehrt zu haben.

Da meine Kollegin und ich eine Sonderzuständigkeit für Sexualdelikte hatten, musste ich viele Verfahren wegen Vergewaltigungen führen.

In diesen Prozessen gehörte es geradezu zum Handwerk der Verteidiger, wie auch in diesem Fall, die Glaubwürdigkeit der Belastungszeugin zumindest infrage zu stellen.

Das Besondere in diesem Fall: Das mögliche Opfer war eine Prostituierte und diese Tätigkeit sollte die Argumentation des Verteidigers stützen, mit der er die Unglaubwürdigkeit der Zeugin zu erreichen glaubte.

Dem Beweisverfahren folgten die Plädoyers. Bevor der Verteidiger begann, habe ich unmissverständlich klargemacht, dass ich menschenverachtende Bemerkungen nicht tolerieren werde. Ich wusste, welche Wertschätzung „Türkenhuren" entgegengebracht wird.

Der Verteidiger unterließ solche Bemerkungen, trotzdem waren sie zwischen den Worten zu hören. Er wollte die Schöffinnen überzeugen, dass der Kronzeugin deshalb die geringste Glaubwürdigkeit abzusprechen sei, weil sie eine ehrlose Frau wäre. Dass Menschen mit Ehre, Ehrlosen glauben könnten, hielt er schlichtweg für nicht möglich.

Er begründete deren Ehrlosigkeit mit der Käuflichkeit ihres Körpers, mit ihrer Arbeit in berüchtigten Lokalen, ihre behauptete Alkoholisierung in der Tatnacht, und dass mit Geld nicht nur ihr Körper, sondern auch Aussagen gekauft werden konnten.

Er schloss seine Ausführungen damit, dass Schöffen ein Ehrenamt ausführen, weshalb einer Ehrlosen zu glauben, auszuschließen wäre.

Nach der Beratung verkündigte ich das Urteil. Der Angeklagte wurde wegen des Verbrechens der Vergewaltigung schuldig erkannt und zu einer mehrjährigen Freiheitsstrafe verurteilt.

Meine Ausführungen zur Ehre waren Teil meiner Begründung.

„Die Ehre in einem allgemein grundsätzlichen Sinn ist die dem Menschen aufgrund seines Menschseins und der damit verbundenen Würde zukommende, im Rahmen der Menschenrechte zustehende und garantierte Achtung. Die Ehre als unveräußerliches Recht darf keine Diskriminierung aufgrund von Rasse, Klasse, Geschlecht usw. erfahren.

Diese Ehre kommt der Zeugin ebenso zu, wie allen anderen, die sich hier im Gerichtssaal befinden.

Es gibt aber auch einen Ehrbegriff in einem gesellschaftlichen Kontext. Dieser hat sich im Laufe der Geschichte oftmals geändert und hängt von Kultur, Tradition, gesellschaftlicher Stellung, Sozialisation und anderen Voraussetzungen ab.

Diesen Ehrbegriff hat kein Strafgericht, das einer Rechtsstaatlichkeit verpflichtet ist, zu beurteilen, ebenso wenig, wie gut oder böse und alle anderen auf Moral gegründeten Eigenschaften.

Der Zeugenbeweis hatte im Mittelalter kaum eine Bedeutung, und wenn, dann hing der Wert einer Aussage von der Anzahl der Zeugen oder von deren Stand ab.

Entgegen diesen Beweisregeln ist der Grundsatz der freien Beweiswürdigung eines der Fundamente des modernen Strafverfahrens.

Die Glaubwürdigkeit einer Zeugin hat absolut nichts mit ihrer Tätigkeit als Prostituierte zu tun und schon gar nichts mit ihrer gesellschaftlich bewerteten Ehre.

Ausschlaggebend allein ist, ob ihre Aussage zur freien Überzeugung der Richter führt, dass sie den Tatsachen entspricht.

Das Schöffengericht hatte diese Überzeugung aufgrund der schlüssigen, widerspruchsfreien und gleichlautenden Aussagen der Zeugin, die durch die wechselnde, sich selbst widersprechende Verantwortung des Angeklagten nicht in Zweifel gezogen werden."

Die gegen dieses Urteil erhobene Nichtigkeitsbeschwerden wurde vom Obersten Gerichtshof zurückgewiesen, der Strafberufung vom Oberlandesgericht keine Folge gegeben.

Salzig

Ein wunderschöner Sommer.

Grüne Bergwiesen werden von majestätisch anmutenden Bergen begrenzt und man scheint zu vergessen, dass diese Idylle nicht nur Mensch und Tier erfreuen, sondern auch harte Arbeit mit sich bringt.

Gemeint sind die Hirten und Sennen, welche oftmals mit ihren Familien die Sommer auf den Alpen verbringen. Es fehlt ihnen die Muße und die Zeit, die überwältigenden Landschaftseindrücke zu genießen. Sie nehmen ihre Umgebung sicherlich wahr, doch die Arbeit und ihre Sorge für die zu betreuenden Tiere lassen romantische Gefühle wahrscheinlich nur beschränkt aufkommen.

Ein junger Mann, Leo sein Name, stellte sich allein den Herausforderungen eines Alpbetriebes. Er hatte eine stattliche Zahl von Rindern, Milchkühen und Schweinen zu betreuen und sein Arbeitstag begann, bevor die Sonne aufging, und endete in der Dunkelheit der hereinbrechenden Nacht.

Die Milchkühe kamen am Abend ohne besonderes Zutun zur Alpe, nur manchmal musste der Tüchtige sie rufen. Die Kühe wollten gemolken werden.

Nach der zeitraubenden Arbeit wurde die Milch in Kannen gefüllt, um in einem Brunnen gekühlt zu werden. Mit dieser Milch und jener vom Morgen fuhr Leo jeden Tag mit einem geländegängigen Fahrzeug talwärts. Er fuhr bis zur Straße, welche das Bergtal erschloss. An der Straße war ein Holzgestell errichtet, worauf er die gefüllten Milchkannen stellte. Von dort wurden sie täglich von einem Lastwagen abgeholt und in die Sennerei gebracht.

Wenn es regnete, trüb und nass war, konnte Leo mit seinem Gefährt bis an die Straße zu dem Holzgestell fahren und die Milchkannen darauf abstellen. War jedoch ein sonniger Tag, der zum Wandern anregte, dann wurden die PKWs vor dem Holzgestell abgestellt. Trotz Verbotsschildern wurde der Einfahrtstrichter des Alpweges so zugeparkt, sodass Leo sein Fahrzeug zwischen zwanzig und dreißig Meter vor der Abgabestelle anhalten musste. Die Folge war, dass er die schweren Milchkannen bis dorthin zu schleppen hatte.

Diese zeitaufwändige und unnötige Arbeit trieb ihm nicht nur den Schweiß aus den Poren, sondern auch seinen Zorn an, der mit jeder geschleppten Milchkanne größer wurde. Während die Wanderer die Natur genossen, verursachten die geparkten Fahrzeuge eine Mehrarbeit, welche Leo immer weniger bereit war zu ertragen.

Jedes Mal, wenn er nach dem Schleppen der Kannen wieder auf die Alpe fuhr, dachte er nach wie er das Parken verhindern könnte. Da ihm nichts einfiel, überlegte er, wie er den PKW-Lenkern ihr rücksichtsloses Tun heimzahlen könnte.

Es brauchte nicht lange, bis er eine Idee hatte. Bei der nächsten Fahrt mit den Milchkannen nahm er Salz mit, das für die Rinder und Kühe vorgesehen war.

Er streute das Salz handtellergroß auf die Motorhaube vorerst auf eines der Fahrzeuge, um zu sehen, ob seine Rachegedanken erfolgreich waren.

Die Alpe umfasste ein offenes Weidegebiet und die Herde suchte Futter beidseits der Durchzugsstraße, die sie dann überqueren musste. Wenn die Tiere jenseits der Straße grasen wollten, kamen sie auch an den geparkten Fahrzeugen vorbei, ohne ihnen besondere Aufmerksamkeit zu schenken.

Es dauerte einige Tage, bis eines der Rinder das Salz auf einer Motorhaube bemerkte, das der Zornige jeden Tag auf ein anderes Fahrzeug auftrug. Das Tier ließ sich die unerwartete Salzportion nicht entgehen und schleckte es genüsslich auf. Die raue Zunge mit der das Rind oftmals die mit Salz bestreute Stelle leckte, brachte den von Leo bedachten Erfolg. Nicht nur das Salz wurde aufgeleckt, sondern auch der darunter liegende Lack.

Es blieb eine blitzblanke spiegelnde Blechstelle zurück, in welcher der Autolenker sein wütendes Gesicht sehen konnte. Nachdem die Racheaktion von Leo erfolgreich begonnen hatte, legte er auf mehreren PKWs Salzstellen aus. Die Tiere merkten sich bald die unerwarteten Leckereien und genossen das Salz, bevor sie die Straße überquerten, um auf der anderen Seite zu weiden.

An schönen Tagen spiegelte sich die Sonne an mehreren blanken Stellen der Motorhauben. Leo hatte seine Schadenfreude, die es ihm leichter machte, die schweren Milchkannen zur Abgabestelle zu schleppen.

Die ausländischen Gäste nahmen den Schaden als nicht zu verhinderndes alpines Ereignis zur Kenntnis, nicht jedoch die bodenständigen Wanderer. Die Vorliebe der Tiere für Autolack war den heimischen Lenkern doch nicht geheuer, und sie brachten eine Anzeige wegen Sachbeschädigung gegen unbekannte Täter ein.

Die Gendarmeriebeamten besichtigten den Tatort, und als sie das Salz auf den Karossen fanden, war auch der Täter schnell gefunden.

Wegen schwerer Sachbeschädigung stand Leo nach der Alpsaison vor Gericht. Die widerrechtlich geparkten Fahrzeuge und die damit verbundene Mehrarbeit haben seinen Zorn nachvollziehbar erscheinen lassen, weniger seine Reaktion.

Eine milde bedingte Geldstrafe war diesem begreiflichen Unmut angemessen. Da nicht alle Geschädigten ihre Ansprüche vor dem Strafgericht geltend machten, war die Verurteilung zum Schadenersatz überschaubar.

Mit meinem Ratschlag mittels eines beweglichen Zaunes, den Einfahrtstrichter abzusperren, ging das Verfahren für den „Älpler" zwar nicht schmerzfrei, aber doch eher glimpflich zu Ende.

Täuschen

Im Jahre 2010 wurde der Häftling Günther N. aus der Strafhaft nach Verbüßung der Hälfte seiner Freiheitsstrafe entlassen.

Er wurde vom Landes- als Schöffengericht Feldkirch wegen der Verbrechen des schweren sexuellen Missbrauchs von Unmündigen als auch des Vergehens des sexuellen Missbrauchs von Jugendlichen zu einer Freiheitsstrafe in der Dauer von drei Jahren verurteilt.

Die bedingte Entlassung wurde auch deswegen für gerechtfertigt angesehen, da der psychologische Dienst in der Justizanstalt bescheinigte, dass Günther N. sich einer psychologischen Betreuung unterzogen hatte und über eine ausreichend gute Compliance verfügt.

Mit den vorgeschlagenen stützenden Maßnahmen – psychotherapeutische ambulante Behandlung und Anordnung der Bewährungshilfe – könne von einer Minimierung des Rückfallrisikos, erneut Sexualdelikte zu begehen, ausgegangen werden.

Im Entlassungsbeschluss des Gerichtes wurde Günther N. die Weisung erteilt, sich den „stützenden Maßnahmen" zu unterziehen.

Er unterzog sich ihnen.

Die ihm aufgetragenen Termine bei einer graduierten Psychotherapeutin ebenso wie bei der Bewährungshilfe hielt er penibel ein.

Die nach der Haftentlassung erfolgte Heirat, die berufliche Stabilität und nicht zuletzt die erlittene Haft bestärkten alle ihn Betreuenden darin, dass ein Rückfall, wenn auch nicht gänzlich auszuschließen, doch unwahrscheinlich war.

Bereits zwei Monate nach seiner Entlassung war die Wirklichkeit eine andere.

Zwischen den Terminen der psychologischen Betreuung und der Bewährungshilfe legte sich Günther N. auf einer von Kindern und

Jugendlichen als Kontaktplattform genutzten Website unter einem Nickname ein Nutzerprofil an. Einen Monat später kam ein zweites hinzu.

Unter diesen beiden virtuellen Identitäten suchte er mit unmündigen (bis zur Vollendung des vierzehnten Lebensjahres) und minderjährigen (bis zur Vollendung des achtzehnten Lebensjahres) Mädchen in Kontakt zu kommen. Er wollte ihre sexuellen „Gewohnheiten" und Erfahrungen kennenlernen.

Auch Geld bot er den Mädchen an, sollten sie sexuelle Handlungen, Oral- und Vaginalverkehr eingeschlossen, mit ihm unternehmen.

Manche Mädchen reagierten auf seine eindeutigen Fragen, jedoch ließ sich keines auf sein Angebot ein, sich mit ihm zu treffen oder gar sexuelle Handlungen durchzuführen.

Mittlerweile langten bei Gericht die ersten Berichte der Psychotherapeutin und von der Bewährungshilfe ein.

„Die Gespräche mit Günther N. verlaufen konstruktiv und kooperativ, er hält alle Termine ein und seine Situation in Ehe und Beruf lassen auf eine gefestigte Situation schließen."

Günther N. war ein geschickter wie durchtriebener Täuscher.

Er hielt nicht nur die ihm aufgetragenen Termine pünktlich ein, sondern zeigte beeindruckende Einsicht zu seinem früheren Fehlverhalten.

Er erzählte seiner Betreuerin, seinen Betreuern all das, was diese hören wollten und brachte sie dazu, ihm zu glauben, dass er zukünftige Delikte vermeiden und seine pädophilen Neigungen unterdrücken wird.

Mit einer seltenen Unverfrorenheit führte er jene Personen in die Irre, die ihm helfen wollten, ein straffreies Leben zu führen.

Günther N. hatte zu keinem Zeitpunkt auch nur den geringsten Willen, von seinen pädophilen Neigungen wegzukommen.

Während er über seine wahren Absichten täuschte, reiften seine Pläne, reale Übergriffe verwirklichen zu können.

Im Internet lernte er Heike kennen. Sie war erst dreizehn Jahre alt, log aber, bereits vierzehn zu sein. Auch ihr stellte Günther N. Fragen nach ihren sexuellen Gewohnheiten, was sie lustig fand. Denn selbst wenn sie gewollt hätte, diese zu schildern, wäre ihr dies mangels solcher nicht möglich gewesen.

Mit dem Angebot, gegen Geld sexuelle Handlungen durchzuführen, konnte das Mädchen nichts anfangen. Doch sie war neugierig zu erfahren, was für Handlungen dies sein könnten.

Diese Neugierde wurde ihr zum Verhängnis.

Günther N. spürte, dass er dieses naive Kind dazu bringen konnte, es zu missbrauchen. Der Durchtriebene war schlau genug, seine wahren sexuellen Begierden zu verschweigen und gab Schmusen und Kuscheln als seine Wünsche an.

Heike konnte sich nicht einmal unter Kuscheln etwas vorstellen. Ihr war jede Zärtlichkeit zwischen fremden Menschen nicht erfahrbar gewesen, schon gar nicht, was Sexualität bedeutet.

Mit Drohung und Zwang glaubte Günther N. bei diesem Mädchen seine perversen Ziele erreichen zu können. Er teilte Heike mit, dass er ihrer Mutter von dem Kontakt mit ihm und ihrem Interesse an sexuellen Handlungen berichten werde. Die Ahnungslose war nach dieser Ankündigung fast zu Tode erschrocken. Ihr Bitten und Flehen, dies zu unterlassen, machte den Drohenden sicher, mit diesem Mädchen seine sexuellen Begierden befriedigen zu können. Er hielt das Mädchen minutenlang hin und ließ sie bitten und betteln.

Er wolle davon Abstand nehmen, so sein perfides Versprechen, wenn sich Heike mit ihm trifft.

Dieses unschuldige, unwissende Kind in eine derartige Situation zu bringen, war schon allein an Schändlichkeit nicht zu übertreffen.

In einem von Günther N. beschriebenen Waldstück, welches das Mädchen kannte, fand die Begegnung statt.

Ohne viel Worte zu verlieren, ließ er der Angsterfüllten nicht die geringste Möglichkeit zu entkommen. Er packte sein zierliches Opfer an den Schultern und zog es zu sich her. Der Gewalttätige küsste den Mund des Mädchens, griff die heranwachsenden Brüste an und führte einen Finger in ihre Vagina ein. Um zu erreichen, dass ihre Mutter nichts erfahren würde, wehrte sich das Kind nicht und wie in Trance versuchte es, das für sie Schreckliche zu überstehen.

Schließlich wollte der Mitleidlose, dass das Mädchen ihn mit der Hand befriedigt. Sie war nicht in der Lage, das Geforderte zu tun, weshalb er es vor ihr selbst zu Ende brachte.

Nach dem für Heike grausigen Geschehen besuchte der Pädophile seine Psychotherapeutin, da bei ihr ein Termin vereinbart war. Er schien es zu genießen, an seine Untaten denkend der Getäuschten ins Gesicht zu sehen.

Da er nun das Mädchen soweit gebracht hatte, es tatsächlich missbrauchen zu können, wollte er sein abscheuliches Tun mit ihr fortsetzen.

Heike glaubte, naiv wie sie war, dass sie nach dem Treffen in Ruhe gelassen wird, aber auch sie wurde getäuscht, denn ihr Peiniger legte noch einiges drauf.

Er teilte ihr wahrheitswidrig mit, dass bei ihrem Zusammensein eine versteckte Person anwesend gewesen wäre, welche Fotos vom „gemeinsamen" Treiben gemacht hätte.

Darauf kam die Drohung, diese nicht-existenten Fotos nicht nur Heikes Mutter zu schicken, sondern sie auch im Internet zu verbreiten. So könnten sie von ihren Mitschülerinnen, Freundinnen und allen, die es wollten, gesehen werden.

Nur ein weiteres Treffen könnte dies verhindern.

Das Mädchen war verzweifelt, und sie dachte daran sich etwas anzutun. Um das Angedrohte zu verhindern, vereinbarte sie schließlich ein neuerliches Zusammenkommen, damit diese „Fotos" gelöscht werden. Als es dazu gekommen war, teilte Heike ihrem Schänder mit, dass sie erst dreizehn Jahre alt ist. Dies hielt den Unhold in keiner Weise von seinem Wollen ab, im Gegenteil, seine Gier wurde noch gesteigert.

Es kam wie beim ersten Mal zu den angeführten Missbrauchshandlungen, die noch um einige Grässlichkeiten erweitert wurden.

Nachdem das Mädchen die ekelerregenden Handlungen erduldet hatte, verlangte sie, dass die Fotos gelöscht werden.

Ihr neuerliches Bitten und Flehen nützte nichts, denn abgesehen davon, dass die Bilder gar nicht existierten, versprach der Kinderschänder, dass dies nach dem nächsten Treffen sicher geschehen und sie in Ruhe gelassen werde.

Das traumatisierte Kind steigerte seine Triebhaftigkeit derart, dass er nicht bereit war, von seinem Opfer abzulassen.

Nach dem dritten Treffen, das so verlaufen ist, wie die vorherigen, war das Mädchen dem Zusammenbruch nahe.

Die Missbrauchshandlungen haben Heike nicht nur seelische Qualen zugefügt, sondern auch körperliche Folgen nach sich gezogen. Diese sind ihrer Mutter aufgefallen. In schwer zu beschreibenden Szenen für Mutter und Tochter berichtete das Mädchen von dem unfassbar Erlebten.

Geschichten können so geschrieben werden, auch wenn sie dem tatsächlichen Geschehen entsprechen, Urteile nicht.

Diese haben sich in „gedrängter Form" auf den notwendigen Inhalt zu beschränken, ohne andere, als vom Gesetz geforderte Feststellungen zu treffen.

Das aus den Akten und der Verhandlung zu erfahrende Leid des Opfers, als auch die Niedertracht des Täters müssen durch nüchterne, emotionslose, den relevanten Sachverhalt beschreibende Worte konstatiert werden.

Auszuschließen wäre jedoch nicht, mit der Nüchternheit der Sprache über die eigene Unvoreingenommenheit zu täuschen.

Mit spröden Worten werden der Objektivität und Unbefangenheit des Richters entsprochen. Das Richteramt kann nicht anders gedacht und ausgeübt werden, auch dann nicht, wenn es manchmal schwerfällt, sich nicht als eine gesetzesanwendende Maschine zu sehen.

Günther N. wurde verhaftet und ich schrieb nach Rechtskraft der Anklage die Verhandlung aus.

Zur Überraschung aller war der Angeklagte vollumfänglich geständig und dieses Geständnis stimmte mit den Angaben des Opfers völlig überein.

Das Mädchen wurde kontradiktorisch einvernommen. Diese spezielle Einvernahme wurde eingeführt, damit das Opfer nicht mit seinem Peiniger im Gerichtssaal zusammentrifft und einer unerträglichen Befragung ausgesetzt wird.

Die Vernehmung erfolgt in einem Raum, in welchem nur der befragende Rechtsschutzrichter, die Zeugin und möglicherweise eine Betreuerin anwesend sind.

Der Staatsanwalt, der Verdächtige und sein Anwalt können mittels Videoübertragung die Befragung verfolgen und selbst Fragen stellen.

Diese Einvernahme kann dann in der Hauptverhandlung auch gegen den Willen des Verteidigers abgespielt werden, ohne dass das vermutliche Opfer an der Hauptverhandlung teilnehmen muss.

Da die digitale Penetration dem Beischlaf gleichzusetzen ist, wurde der Angeklagte vom Schöffensenat des mehrfachen Verbrechens des schweren Missbrauchs von Unmündigen, sowie der geschlechtlichen Nötigung für schuldig erkannt und zu einer Freiheitsstrafe von fünf Jahren verurteilt. Gleichzeitig wurde der seinerzeit bedingt nachgesehene Strafteil widerrufen.

Univ.-Prof. Dr. Reinhard Haller, ein weit über Österreichs Grenzen hinaus anerkannter Fachmann für forensische Psychiatrie, hat oftmals ausgeführt, dass trotz aller Wissenschaft niemand in eine andere Person hineinsehen kann.

Stolz und Krieg

Als Goran zur Welt kam, einige Jahre nach dem Zweiten Weltkrieg, wurde das Völkergemisch auf dem Balkan durch den jugoslawischen Staat zusammengehalten.

Sein Geburtsort lag in Bosnien, doch seine Heimat war Jugoslawien. Er war Serbe und mit seinem Heranwachsen wurde aus seiner ethnischen Zugehörigkeit so etwas wie Fanatismus für alles Serbische.

Nach acht Jahren Grundschule wollte Goran Mechaniker werden, doch er konnte keine Ausbildungsstelle finden.

Eine Maurerlehre war möglich, doch kaum begonnen, musste er sie abbrechen. Die Armut seiner Familie, er hatte vier Geschwister, zwang ihn, als Hilfsarbeiter in einer Holzfabrik zu arbeiten. Mit seinem verdienten Geld konnte Goran die ärgste Not lindern und später die Maurerlehre erfolgreich abschließen.

Nach zwei Jahren Militärdienst wollte er eine Familie gründen, ein Haus bauen, doch die Vorstellungen von seinem zukünftigen Leben konnten in Bosnien nicht verwirklicht werden.

So entschloss er sich, wie viele andere auch, seine ihm lieb gewordene Heimat zu verlassen, um im Ausland Geld zu verdienen. Nur so glaubte er, seine Lebensträume verwirklichen zu können.

Er kam nach Vorarlberg und arbeitete als Maurer in verschiedenen Betrieben. Goran lernte in Vorarlberg Mirjana, auch sie eine Serbin, kennen und lieben. Die wirtschaftliche Situation in ihrem Heimatland hatte auch sie nach Österreich gebracht.

Nach einigen Jahren harter Arbeit zogen Goran und Mirjana nach Bosnien zurück, wo sie auch heirateten.

Es war beider Traum, ein Haus zu bauen, Kinder zu haben und in ihrer Heimat zu leben.

Verliebt, tüchtig und voller Tatendrang ihre Pläne Wirklichkeit werden zu lassen, zogen sie zusammen wieder nach Vorarlberg.

Mirjana hatte schon vorher als Kellnerin gearbeitet, und um mit seiner Ehefrau zusammen sein zu können, begann auch er im Gastgewerbe tätig zu werden. Als Hausbursche und Geschirrspüler war Goran in verschiedenen Hotels angestellt.

Die Eheleute sparten und begannen, in ihrem Urlaub in Bosnien ein Haus zu bauen. Da sie in den Hotels, in denen sie arbeiteten, Kost und Logis frei hatten, konnte fast jeder verdiente Schilling für das zu bauende Haus verwendet werden.

Zu Beginn der 1980er-Jahre kam das erste Kind, zwei Jahre später das zweite zur Welt. Beide Buben sollten nach dem Wunsch ihrer Eltern nicht im Ausland, sondern in Bosnien aufwachsen. Da Goran und Mirjana in Vorarlberg arbeiteten, um ihre Vorstellungen verwirklichen zu können, wurden die Buben von der Familie des Bruders von Mirjana aufgezogen. Die Trennung von ihren Kindern war nicht zuletzt dem serbischen Nationalstolz geschuldet.

Die Jahre gingen dahin und die Buben waren bereits im Volksschulalter, als das Haus fertig gebaut und eingerichtet war.

Mirjana war eine stolze Frau und dieser Stolz umfasste ihre Kinder, das schöne, neu gebaute Haus und vor allem ihren tüchtigen, geliebten Mann.

Verbunden mit ihrem Stolz war auch ihr Ehrgeiz. Sie arbeitete als Zimmermädchen und Kellnerin, doch diese Tätigkeiten haben nicht ihrer Intelligenz, sondern vielmehr den finanziellen Bedürfnissen entsprochen. Mirjana besuchte Deutschkurse und konnte sich bald akzentfrei in einem schönen und richtigen Deutsch hervorragend ausdrücken.

Als sie und ihr Mann in einem Tal, dessen Bewohner größtenteils vom Fremdenverkehr leben, eine Anstellung gefunden hatten, trat Mirjana einer Frauengruppe bei.

Deren Programm umfasste Emanzipation, Kultur, Wissensvermittlung, Sport, Erziehungsthemen und anderes mehr.

Mirjana war beliebt, eloquent, selbstbewusst und außerdem eine attraktive Frau. Sie wusste um die Wirkung ihres Auftretens und diese war auch ihrem Stolz nicht fremd.

Goran war als Hausmeister in diesem Tal in zwei Hotels tätig. Auf seinem letzten Arbeitsplatz, den er jahrelang innehatte, konnte er eine erstaunliche Karriere beginnen. Es gehörte anfangs zu seinen Aufgaben, den Gästen die Koffer auf die Zimmer zu tragen, den Rasen zu pflegen, im Winter die Schier der Gäste zu verräumen, Schnee zu schaufeln und unzählige andere Arbeiten zu verrichten. Sein handwerkliches Geschick führte jedoch immer mehr dazu, dass er zum „Hotelhandwerker" wurde und das Koffertragen anderen überlassen konnte. Für den Hotelbetreiber wurde Goran immer mehr zum Haustechniker, aber auch zu einer Person, der er umfänglich vertrauen konnte.

Ein außergewöhnliches Ereignis hat dieses Vertrauensverhältnis besonders geprägt.

An einem kalten Wintertag, das Hotel war bis auf das letzte Bett besetzt, fiel die Heizung aus. Es war Wochenende und trotz aller Bemühungen war kein Installateur aufzutreiben.

Goran wurde aus dem Bett geholt und es war mehr ein Verzweiflungsakt, als die damit verbundene Hoffnung, die Heizung durch ihn wieder in Gang bringen zu können. Er verbrachte die ganze Nacht im Heizraum und nach vielen Stunden hatte er nicht nur den Fehler im System gefunden, sondern ihn auch beheben können.

Die Gäste im Hotel konnten am Morgen nicht nur warm duschen, sondern in geheizten Räumen ihr Frühstück einnehmen. Goran war zum „Retter" geworden und der Hotelier hat dies nicht nur zu schätzen gewusst, denn dadurch wurde ein Vertrauensverhältnis aufgebaut, das weit über die Hausmeistertätigkeit hinaus ging.

Goran wurde die Abrechnung mit dem Servicepersonal übertragen, er hatte einen Schlüssel zum Tresor, konnte den Mercedes seines Chefs benutzen, erledigte Bankgeschäfte und vieles mehr.

Diese Wertschätzung durch seinen Arbeitgeber hat nicht nur seinen Lohn gesteigert, sondern auch den Stolz von Mirjana, mit diesem Mann verheiratet zu sein.

Sie war stolz auf ihre Position in der Frauenrunde, auf ihre deutsche Sprache, ihre Leistungen als Kellnerin, auf das Vertrauen ihrer Chefin, die Karriere ihres Mannes, auf das Haus in Bosnien und ihre heranwachsenden Söhne.

Es war kein heimlicher Stolz, sondern eine durch ihr selbstbewusstes Auftreten für viele wahrnehmbare Haltung.

Den Urlaub verbrachte das Ehepaar wie jedes Jahr mit seinen Kindern im neu erbauten Haus und es schien, dass nichts das Glück der Familie hindern könnte.

Doch dann kam der Krieg.

Goran musste einrücken und trotz der bevorstehenden Trennung von seiner Familie wollte er für die serbischen Kriegsziele kämpfen. Seine Frau konnte diesen Fanatismus nicht verstehen, war jedoch gezwungen, seine Einberufung zu akzeptieren. Mirjana wollte vor allem ihre Kinder nach Österreich in Sicherheit bringen. Es gelang ihrem Mann, Tickets für den letzten Flug aus dem Kriegsgebiet zu ergattern.

Goran umarmte seine Frau und seine Kinder und ein tränenreicher Abschied machte allen bewusst, dass es kein Wiedersehen geben könnte.

Als Soldat erlebte Goran den Krieg in seiner grausamsten Wirklichkeit. Er sah von Kugeln und Schrapnellen zerfetzte Körper, zog an Leichenbergen vorbei und hörte schreiende Verwundete. Er erlebte wie neu erbaute Häuser, im Ausland mit schwer verdientem Geld finanziert, in Sekundenbruchteilen dem Erdboden gleichgemacht wurden, wie er verzweifelten Frauen und Kindern nicht helfen konnte.

Seine Frau konnte ihn manchmal telefonisch erreichen, und sie bat ihn inständig, nach Vorarlberg zu kommen.

Sie wollte ihn bei sich und den Kindern haben. Auch wenn das neu gebaute Haus zerstört werden sollte, sie war sich sicher, es ein zweites Mal schaffen zu können.

Die Gräuel des Krieges hatten den Fanatismus von Goran verschwinden lassen, und er suchte nach Wegen, vom Militärdienst entlassen zu werden.

Sein Bruder war schwer verletzt, seine Schwester mit den Kindern in ein Lager verschleppt worden. Er wusste nicht, ob sein Bruder überleben wird, jedoch was mit den Frauen in den Lagern passierte, da mehrfache tägliche Vergewaltigungen zur Taktik in diesem unsäglichen Krieg gehörten.

Es gelang Goran – wie, konnte nicht in Erfahrung gebracht werden –, eine Erlaubnis zu bekommen, innerhalb einer Frist das Land zu verlassen.

Aufgrund der Kriegswirren konnte er die Frist nicht wahrnehmen und so musste er als Soldat weiterhin kämpfen und vielleicht auch sterben.

In den vier Monaten seines Einsatzes als Soldat lernte er eine junge Frau kennen. Er wollte mit ihr sein Schicksal teilen und es wurde daraus ein intimes Verhältnis.

Ob es Zuneigung, Liebe oder Verzweiflung, ob es im Anblick des möglichen Todes der Versuch war, noch ein wenig vom Leben zu spüren – außer Goran selbst wird es niemand beantworten können.

Als das Dorf angegriffen wurde, in dem das Haus seiner Familie stand, beschloss Goran zu desertieren und allein die gefahrvolle Flucht nach Österreich zu wagen.

Er nahm seine Pistole, Munition und zwei Handgranaten mit, um sich selbst töten zu können, sollte er gefangen werden. Goran wusste, was mit Kriegsgefangenen gemacht wird. Den unbeschreiblichen Qualen durch Folter folgt der sichere Tod.

Auf Schleichwegen, die er meist in der Nacht benutzte, gelang es Goran nach Ungarn zu kommen. Die Handgranaten blieben in Serbien, die Pistole samt Munition nahm er nach Österreich mit.

Der Kontakt zu seiner Gattin war seit Wochen abgebrochen. Doch keine Entfernung auf dieser Erde ist groß genug, dass sie nicht vom Tratsch überwunden werden könnte.

Bevor Goran Vorarlberg erreichte, wusste seine Gattin vom Ehebruch ihres Mannes. Sie nahm Verbindung mit ihrem Bruder auf, um Gewissheit zu erlangen. Dessen Stottern allein, das auf ihre Fragen folgte, war ihr Beweis genug.

Sie konnte es nicht fassen. Ihr Stolz, Goran dessen Mittelpunkt, war tief verletzt worden.

Mirjana weinte nächtelang, trug Rachegedanken mit sich, Zorn und maßlose Enttäuschung wechselten sich ab.

Beide hatten sich das Wiedersehen anders vorgestellt. Keine Umarmung, keine Zärtlichkeit, keine Freude darüber, den Krieg überlebt zu haben, sondern mit sofortigen Vorwürfen und hasserfüllten Worten wurde der Heimkehrer empfangen.

Die Anschuldigungen waren derart, dass Goran die mitgebrachte Pistole an seinen Kopf hielt und sich zu erschießen drohte. Diese Ankündigung beendete die Begrüßung. Mirjana forderte, ihr die Pistole zu übergeben, doch einige Tage später hat sie diese auf sein Drängen zurückgegeben. Seine Frau verlangte einen Aids-Test und bis zum Eintreffen des Ergebnisses durfte ihr Gatte sie nicht berühren.

Der Krieg hatte Goran verändert, und die ihm täglich gemachten Vorwürfe haben verhindert, so zu sein und so zu leben, wie dies vorher möglich war.

Der Aids-Test war negativ. Doch als Mirjana Umarmungen und Zärtlichkeiten zuließ, änderte dies nichts an ihrer Gefühlslage.

Jede Umarmung ihres Mannes erinnerte sie an jene Frau, mit der er sie betrogen hatte, jede Zärtlichkeit an ihren verletzten Stolz.

Goran bat sie unzählige Male um Verzeihung, aber sie konnte nicht verzeihen.

Auch über eine Trennung haben die beiden gesprochen. Mirjana wollte die Kinder, alles andere sollte ihrem Mann gehören. Doch weder er noch sie unternahmen irgendwelche Schritte, um die Trennung zu vollziehen. Die Ungewissheit über die Folgen verhinderte dies.

Mirjana war bewusst, mit einem Neubeginn ihr früheres Leben fortsetzen zu können, doch dafür hätte sie ihrem Mann verzeihen müssen. Sie konnte es nicht, ihr Stolz stand dem im Wege.

Die unzähligen Bitten ihres Mannes um Verzeihung blieben ungehört und ebenso erfolglos wie sein Bemühen, die sexuellen Kontakte mit der „Soldatenhure", wie Mirjana die Frau nannte, auf wenige Male zu reduzieren. Sein Leugnen, den Geschlechtsverkehr nicht im gemeinsamen Haus und schon gar nicht im Ehebett durchgeführt zu haben, half ebenso wenig, seine Frau umzustimmen.

Immer wieder warf Mirjana ihrem Mann seine Untreue vor. Es war, als wollte sie dadurch Rache für ihren verletzten Stolz nehmen. Für ihn war es eine nicht enden wollende Qual, ohne Aussicht auf eine Lösung der immer unerträglicher gewordenen Situation.

Es kam der Hochzeitstag. Goran brachte seiner Frau das Frühstück ans Bett, schmückte das Wohnzimmer mit Blumen und schenkte ihr einen Ring.

Aber auch diese Aufmerksamkeiten, sein Bemühen, die Geschenke, ebenso auch ein manchmal stattfindender Geschlechtsverkehr änderten nichts an ihrer Haltung.

Im Juli des Jahres 1992 nahte der zehnte Geburtstag des jüngsten Sohnes. Goran nahm sich für diesen Tag frei und mit eingeladenen Gästen sollte der Geburtstag gefeiert werden.

Es war eine fröhliche Runde zusammengekommen. Bier, Wein und Slibowitz wurden reichlich genossen, bis sich die Stimmung schlagartig änderte.

Mirjana begann vor den Gästen und ihren Kindern, trotz des Geburtstags ihres Sohnes, ihrem Gatten den Ehebruch während des Krieges vorzuwerfen. Seine Bitte, damit aufzuhören, und der Wunsch der Gäste nach einem anderen Thema waren erfolglos. Unerbittlich waren ihre Vorwürfe, sie im gemeinsamen Haus im Ehebett betrogen zu haben.

Die Geburtstagsfeier fand ein unerwartetes Ende.

Goran nahm seinen Sohn, dessen Geburtstag gefeiert werden sollte, und fuhr mit ihm zum Stammlokal serbischer Landsleute. Er spendierte Schnaps und wollte inmitten seiner Freunde und Bekannten seine nicht lösbaren Eheprobleme vergessen.

Zur gleichen Zeit brachte Mirjana den älteren Sohn zu Bett und während sie aufräumte, stieg die Wut auf ihren Mann kontinuierlich an.

Sie war erbost, dass er mit dem zehnjährigen Sohn um Mitternacht weggefahren war, noch dazu im alkoholisierten Zustand. Sie setzte sich in ihr Auto und fuhr zu dem ihr bekannten Lokal, vor dem sie das Fahrzeug ihres Mannes stehen sah. Mirjana nahm dieses in Betrieb und stellte es auf einem weit entfernten Parkplatz ab. Ihr Gatte sollte das Auto nicht finden und im alkoholisierten Zustand nicht nach Hause fahren können.

Sodann suchte sie das Lokal auf, in welchem sich ihr Mann mit dem Geburtstagskind aufhielt.

Goran wollte seine Gattin umarmen, doch die Zornige ließ dies nicht zu. Als der Bub zu weinen begonnen hatte, verließen alle drei das Gasthaus.

Vor dem Lokal begann nun ein Streit zwischen den Eheleuten, in dessen Verlauf Goran seiner Gattin die Bluse zerriss, ihr eine Ohrfeige verpasste und schließlich ihre Mutter beschimpfte. Mirjana war noch nie von ihrem Mann geschlagen worden. Zornentbrannt zog sie einen Schuh aus und versetzte mit dem Stöckel ihrem Gatten einen Schlag gegen dessen Schläfe. Eine blutende Wunde sowie das Schreien, Weinen und Flehen des Kindes, mit dem Streit aufzuhören, beendeten die Auseinandersetzung.

Mirjana rannte zu ihrem Auto und auch Goran wollte zu seinem Auto, das er jedoch nicht finden konnte. Er rannte zum Fahrzeug seiner Gattin, die es von innen versperrte. Wütend schlug er mit den Fäusten gegen die Autoscheiben.

Mirjana fuhr fluchtartig weg und suchte den Gendarmerieposten auf. Sie läutete, ließ den Klingelknopf nicht los, doch die Türe blieb verschlossen. Sie wollte ihren Mann wegen Trunkenheit am Steuer und unerlaubten Waffenbesitz anzeigen.

Da Goran seinen Jeep nicht finden konnte, ging er mit seinem Sohn in Richtung des Hauses, in welchem sich die gemeinsame Wohnung befand. Mirjana fuhr vom Gendarmerieposten weg und sah ihren Mann und Sohn die Straße entlanggehen. Sie blieb stehen und wollte den Buben mit dem Auto mitnehmen. Goran schrie sie an und forderte ihr Verschwinden.

Daraufhin fuhr Mirjana neuerlich zum Gendarmerieposten. Sie läutete lang, schlug mit einem Stöckelschuh gegen die Fensterscheibe, doch auch diesmal war ihr Bemühen erfolglos.

Plötzlich dachte sie an die Pistole und deren Versteck. Sie wollte so schnell wie möglich nach Hause fahren, um die Pistole zu verräumen, sodass ihr Gatte sie nicht finden konnte. Mirjana ahnte Schlimmes, hatte jedoch um sich keine Angst, befürchtete vielmehr, dass sich ihr Mann etwas antun könnte.

Sie war sicher, vor ihrem Mann die Wohnung erreichen zu können. Doch ein Nachbar sah Vater und Sohn und bot sich an, die beiden nach Hause zu bringen. Goran wollte nicht. Der Nachbar fuhr weiter, drehte jedoch nach kurzer Zeit um. Zum zweiten Mal lehnte Goran das Angebot mitzufahren nicht ab und so kamen die beiden vor Mirjana in der Wohnung an.

Goran holte sofort aus dem Versteck in der Wohnung seine Armeepistole, steckte ein volles Magazin an, zog den Schlitten zurück, entsicherte die Waffe und lief auf die Straße.

Als seine Gattin mit ihrem Auto zu dem gegenüber dem Wohnhaus gelegenen Parkplatz abbiegen wollte, ohne denselben zu erreichen, sprang Goran, der auf seine Frau gewartet hatte, hinter einem Gebüsch hervor.

Er feuerte das ganze Magazin in einer Entfernung von zwei bis drei Meter auf die linke Seite des Autos, in dem seine Gattin saß.

Der Zehnjährige, der das Drama mitansehen musste, schrie: „Papa, bring die Mama nicht um!"

Die Seitenscheiben des Autos barsten und zwei der sechs Kugeln trafen seine sich niederduckende Gattin.

Durch die rückwärtige Seitentüre drang ein Schuss in den Rücken von Mirjana ein, ein anderer streifte ihren Hals.

Die schwer Getroffene stieg aus dem Auto, das Blut floss geradezu aus ihr heraus. Sie schaffte es, bis zum Telefon in ihrer Wohnung zu kommen, konnte die Gendarmerie jedoch nicht mehr verständigen. Mirjana bat ihre Nachbarin, sie zum Arzt zu bringen, um nicht zu verbluten. Sodann verlor sie das Bewusstsein.

Mirjana wurde schwerst verletzt und nach einer Notversorgung in die chirurgische Abteilung eines Krankenhauses gebracht. In einer fünfstündigen Operation wurde ihr Leben gerettet.

Der lebensgefährliche Schuss verlief vom Einschuss links des ersten Lendenwirbelkörpers, verletzte die linke Niere, Dünndarm, Magen, das Darmfell des Dickdarmes und den linken Leberlappen. Die linke Niere musste entfernt werden. Der zweite Schuss durchschlug die linke Halsseite, ohne tiefere Gewebestrukturen zu verletzen.

Als die verständigten Gendarmeriebeamten am Tatort eingetroffen waren, wurden sie von Goran mit der Pistole bedroht.

Er kündigte an, die Beamten zu erschießen, falls sie nicht verschwinden würden. Ein Waffengebrauch der Beamten war nicht möglich, da sich die beiden Kinder an ihren Vater klammerten.

Nach längerem Zureden gab Goran auf und ließ sich widerstandslos festnehmen.

Etwas mehr als eine halbe Stunde nach der Tat wurde mittels Alkomat die Alkoholisierung des Verdächtigen gemessen. Das Ergebnis betrug 1,5 Promille.

Bei seiner ersten Einvernahme auf dem Gendarmerieposten gab er an: „Ich hatte einen derartigen Hass auf meine Frau, dass ich beschloss, sie umzubringen."

Er führte weiters aus: „Ich bereue die Tat in keiner Weise, mir wäre am liebsten, sie würde die Schussverletzung nicht überleben. Jedenfalls wünsche ich, dass ich sie niemals mehr in meinem Leben sehe."

Die unmittelbar anwesenden Zeugen gaben an, wie Goran wörtlich schrie: „Du Hure, du, ich bring dich um", und dies mehrmals.

Auch in der Vernehmung vor dem Untersuchungsrichter wiederholte der Verdächtige: „Zum Zeitpunkt, als ich abgedrückt habe, wollte ich meine Frau umbringen; ich war so in Rage, dass ich sie töten wollte."

In den folgenden Vernehmungen bestritt der sich mittlerweile in Untersuchungshaft befindliche Tatverdächtige, dass er seine Frau umbringen wollte.

Nach sieben Tagen auf der Intensivstation konnte bei Mirjana eine komplikationsfreie Besserung erzielt werden.

Die Voruntersuchung dauerte nicht ganz sechs Monate. In dieser Zeit wurden die Gutachten eingeholt, alle Zeugen vernommen und schließlich die Anklage wegen des Verbrechens des versuchten Mordes, als auch der Vergehen des versuchten Widerstandes gegen die Staatsgewalt und nach dem Waffengesetz eingebracht.

Als beisitzender Richter hatte ich an mehreren Schwurgerichtsverhandlungen teilgenommen, doch dieses Schwurgericht war das erste, das ich als Vorsitzender zu leiten hatte.

Ich studierte den Akt gründlich und bereitete die erforderlichen Fragen an die Geschworenen vor.

Es waren noch zwei Wochen Zeit bis zum Prozess und ich bearbeitete in dieser Zeit andere Fälle.

An einem Nachmittag klopfte es an meiner Zimmertüre. Auf meine Aufforderung trat eine attraktive, mit einem hellgrünen Hosenanzug gekleidete Dame in mein Zimmer. Ich bot ihr einen Platz an und fragte nach ihrem Namen und was ich für sie tun kann. Es war Mirjana.

Ich erkundigte mich nach ihrem Gesundheitszustand. Nachdem sie diesen als zufriedenstellend bezeichnet hatte, erklärte ich, dass ihr als Ehegattin ein Entschlagungsrecht zusteht, sie also nicht aussagen müsste. Sodann bedauerte ich, mit ihr über den bevorstehenden Prozess nicht sprechen zu können.

Dies zur Kenntnis nehmend stand sie auf und fragte mich dabei, wie sie ihrem Mann helfen könne. „Sofern Sie sich entschließen, in der Verhandlung als Zeugin auszusagen", so meine Antwort, „sagen Sie vor den Geschworenen, dass Sie Ihrem Mann verziehen haben."

Sie verabschiedete sich und ging Richtung Türe. Bevor sie diese erreicht hatte, drehte sie sich nochmals um, sodass ihre langen blonden Haare wie durch einen Windstoß aufgewirbelt wurden, sah mich an und sagte: „Ich habe meinem Mann verziehen, dass er auf mich geschossen, nicht aber, dass er mich betrogen hat."

Im Schwurgerichtsprozess wollte die Verteidigung die Tötungsabsicht aus der Welt schaffen. Die vernehmenden Beamten und der Untersuchungsrichter wurden als Zeugen vernommen. Sie hatten, so ihre Aussagen, die vom Angeklagten gemachten Angaben ihm, nicht wie behauptet, in den Mund gelegt, vielmehr so festgehalten, wie sie geäußert wurden.

Auch die vorgebrachten mangelnden Deutschkenntnisse, die das Protokollierte vor ihrer Unterfertigung beim Durchlesen nicht verstehen ließen, konnten nicht überzeugen. Die in Deutsch geschriebenen Briefe des Angeklagten widerlegten auch diese Behauptung. Die zweite Stoßrichtung der Verteidigung ging in Richtung eines die Zurechnungsfähigkeit ausschließenden Rauschzustandes. Ein solcher wurde vom Sachverständigen ausgeschlossen.

Es wurden weitere Zeugen vernommen und schließlich rief ich die Gattin des Angeklagten auf.

Nach der Belehrung über ihr Entschlagungsrecht gab sie selbstbewusst an, aussagen zu wollen.

Sie verwies in tadellosem Deutsch auf ihre bisherigen Angaben und beantwortete alle an sie gestellten Fragen.

Nachdem keine weiteren Fragen mehr an die Zeugin gestellt wurden, schloss sie ihre Antworten mit dem Satz: „Ich habe meinem Mann verziehen."

Ich ließ die Aussage so stehen, wie sie die Zeugin abgegeben, ohne nachzufragen, was genau sie ihrem Mann verziehen hatte. Die Geschworenen sollten diese Aussage so wie gehört in ihre Beratungen mitnehmen.

Ich wusste es besser.

Die Geschworenen beantworteten die an sie gestellten Fragen so, dass ich den Angeklagten im Sinne der Anklage schuldig sprechen musste.

Die Beratung der Geschworenen mit den Berufsrichtern über die Strafe ergaben bei Berücksichtigung der Milderungsgründe wie Unbescholtenheit, Geständnis in tatsächlicher Hinsicht, ordentlichem Lebenswandel, der Tatsache, dass die Tat beim Versuch geblieben war und die beeindruckenden Kriegserlebnisse, dass mit der Mindeststrafe von zehn Jahren Freiheitsstrafe dem staatlichen Strafanspruch Genüge getan war.

Nach dem Urteil wurde von der Verteidigung Nichtigkeitsbeschwerde und Strafberufung angemeldet. Die Nichtigkeitsbeschwerde wurde bald darauf zurückgezogen.

Als ich nach Monaten die Entscheidung des Oberlandesgerichtes Innsbruck über die erfolglose Strafberufung in Händen hielt, dachte ich an die Geschichte, die diesen Delikten zugrunde lag.

Dabei fiel mir ein Satz aus den Lebenserinnerungen von Benjamin Franklin ein: „In Wirklichkeit ist vielleicht keine unserer natürlichen Leidenschaften so schwer zu überwinden wie der Stolz."

In dubio pro reo

Ein kalter Abend im Dezember, Weihnachten war nicht mehr weit. Um sich aufzuwärmen, körperlich wie seelisch, suchte eine Frau ein Lokal auf. Es war mehr Bude als Gasthaus, stand abseits des Dorfes und hatte nicht den besten Ruf, der nicht zuletzt auf die dort verkehrenden Gäste zurückzuführen war.

Die Wärmesuchende, zwischen vierzig und fünfzig Jahre alt, wohnte in dem Ort, in welchem das Lokal gelegen war. Sie wusste um das Gerede über diese Gaststätte, was sie jedoch nicht hinderte, sich dort gelegentlich aufzuhalten.

In der Gaststube saß niemand. Einige Männer standen am Tresen und die Frau setzte sich zum davon weitest entfernten Tisch. Bei einem Glas Rotwein wünschte sie sich, dass Weihnachten schon vorbei wäre, denn gerade in dieser Zeit war ihr das Alleinsein unerträglich.

Die Mutter zweier erwachsener Kinder war verheiratet, ihr Gatte brutal, lieblos und als Arbeiter im Tunnelbau ohnehin nur alle zehn Tage zu Hause.

Seine Anwesenheit machte ihr die Lieblosigkeit nur noch mehr bewusst. Sie kam sich irgendwie verlassen vor, fühlte sich einsam und war an manchen Tagen sogar verzweifelt.

Gerade als der Wirt das dritte Glas Wein brachte, betrat ein Mann die Gaststätte. Höflich fragte er die Nachdenkliche, ob er sich zu ihr setzen dürfte.

Schon allein diese Höflichkeit, die gar nicht zum Lokal passte, war beeindruckend und sie forderte den ihr zugetan scheinenden Mann auf, an ihrem Tisch Platz zu nehmen.

Der Unbekannte war nicht nur sympathisch, sondern auch unterhaltsam und so redeten die beiden über Sex, Gott und die Welt. An die Reihenfolge dieser Themen konnte sich die Frau später nicht mehr erinnern.

Das Vertrauen zwischen den beiden war so schnell hergestellt, dass die Einsame von ihrem Leben erzählte und auch intime Details nicht ausließ.

Aus gegenseitiger Sympathie wurde Zärtlichkeit. Der Verständnisvolle begann zuerst die Handrücken der ihm gegenüber Sitzenden zu streicheln, und da sie daran merklich Gefallen fand, setzte er sich neben seine neue Bekanntschaft. Nach zartem Schmusen folgten innige Küsse und es wurden nicht mehr die Hände gestreichelt, sondern unter dem Pullover spezifisch weibliche Körperteile sinnlich berührt. Das leidenschaftliche Treiben wurde durch die staunenden, fragenden, neidischen oder auf was immer zurückzuführenden Blicke der übrigen Gäste nicht gestört, schon gar nicht unterbrochen.

Schließlich verließen beide das Gasthaus und der nicht mehr Unbekannte wollte die Liebesbedürftige mit seinem Auto nach Hause bringen – nicht sofort.

Er fuhr vorerst in der Gegend umher, um die Kälte im Fahrzeug zu vertreiben und blieb sodann an einem versteckten Winkel mit unmissverständlichen Absichten stehen. Als er Anstalten machte, seine Begleiterin auszuziehen, fuhr diese mit den Fingernägeln, Spuren hinterlassend über sein Gesicht. Der Gezeichnete zog die stumm bleibende, sich nicht dagegen wehrende Frau und sich selbst bis auf die Socken aus und führte im kalten unbequemen Auto den Geschlechtsverkehr durch. Anschließend, als beide wieder in ihren Kleidern waren, brachte der Mann die Frau nach Hause.

Die beiden sahen sich erst im Gerichtsgebäude wieder. In einem Schöffenverfahren musste über die Anklage verhandelt und entschieden werden, da die Frau wegen Vergewaltigung die Anzeige erstattet hatte.

Der Sachverhalt war so wie beschrieben und größtenteils auch nicht strittig. Der Angeklagte erklärte sich für „nicht schuldig". Es wäre ein One-Night-Stand gewesen und sicher keine Vergewaltigung. Ich hatte eigentlich nur eine Frage an ihn gerichtet. Ich wollte wissen, wie er die ihm von der Zeugin zugefügten Kratzer im Gesicht als Einwilligung zum Geschlechtsverkehr verstehen konnte. „Mit diesem Kratzen", so der Angeklagte, „war für mich klar, dass die Frau erobert werden wollte." Meinen Einwand, dass Eroberer, wie wir aus der Geschichte wissen, millionenfach auch Vergewaltiger waren, wischte er mit dem Satz weg: „Nicht, wenn sie erobert werden wollte!"

Was der Staatsanwalt und der Verteidiger vom Angeklagten und vor allem von der Zeugin geklärt haben wollten, ließ mehr Fragen zurück als Antworten gegeben wurden.

Ich schloss das Beweisverfahren, und in den Schlussvorträgen prallten die vorauszusehenden Argumente aufeinander.

Der Staatsanwalt sah im Ausnützen der psychischen Situation, in der sich die Zeugin befand, als auch in der Aussichtslosigkeit zu fliehen oder sich zu wehren, den geforderten Schuldspruch begründet.

Der Verteidiger hingegen erörterte die im Lokal ausgetauschten Zärtlichkeiten geradezu als Einladung zum Geschlechtsverkehr, das fehlende Nein und das nicht einmal versuchte Fliehen und Wehren als Bestätigung derselben. Schließlich bemühte er den Zweifelsgrundsatz: In dubio pro reo. Dieser bedeutet, dass der Angeklagte freizusprechen ist, wenn nicht zweifelsfrei seine Schuld erwiesen ist.

Diesen Grundsatz können Strafrichter jede Woche mehrmals hören. Dabei verkennen die Verteidiger oft, dass nicht ihre gegebenen oder zumindest behaupteten Zweifel ausschlaggebend sind, sondern jene des Gerichtes.

Es waren nun in der Beratung mit der beisitzenden Richterin und den Schöffinnen einige Überlegungen anzustellen.

Die im Lokal ausgetauschten Zärtlichkeiten, insbesondere das Streicheln der Brüste unter dem Pullover von einem wildfremden

Mann könnten tatsächlich als Einladung für weitere Intimitäten verstanden werden. Andererseits kann nach solchen Liebesspielen, welchen auch immer, eine nachfolgende Vergewaltigung nicht ausgeschlossen werden.

Im Übrigen wird von machogeprägten Männern auch ein ausgesprochenes Nein als ein herausforderndes Ja interpretiert.

Aber auch die Sehnsucht nach Zärtlichkeit schließt einen Geschlechtsverkehr nicht ein. Das Fehlen von Widerstand oder zumindest versuchter Flucht kann als Einverständnis interpretiert werden, aber auch als Angst vor Gewalt oder der Aussichtslosigkeit im Hinblick auf die körperliche Überlegenheit des Mannes. Das Ausbleiben jeglicher Abwehrhandlungen kann auf eine psychische Ausnahmesituation, auf Verzweiflung, Verlassenheit zurückgeführt werden. Auch der Einfluss von Alkohol kann die Widerstandslosigkeit begründen, die auch dann nicht als Einverständnis gesehen werden kann. Hinzuzufügen ist, dass der potenzielle Täter die Wehrlosigkeit als Folge des Ausnahmezustandes erkennen konnte, musste oder erkannt hat und trotzdem sein Wollen verwirklichte.

Die Zeugin war vielleicht in einer solchen Situation, aber konnte dies der Angeklagte erkennen? Lässt sich eine Frau, die eine derart unbeschreibliche Demütigung über sich ergehen lassen musste, von ihrem Peiniger nach Hause bringen?

Kann es sein, dass ein derartiges Geschehen im Nachhinein mit der eigenen Persönlichkeit so sehr im Widerspruch steht, dass nur eine Vergewaltigung die Erklärung dafür sein kann?

Kann das schamlose Ausnützen einer depressiven Gefühlslage als Vergewaltigung empfunden werden, ohne dass die strafrechtlichen Voraussetzungen erfüllt sind? Die aufkommenden Fragen könnten noch fortgeführt werden.

Es herrscht oft die irrige Meinung, meist durch amerikanische Filme hervorgerufen, dass der Verteidiger die Unschuld seines Mandanten und der Staatsanwalt die Schuld des Angeklagten beweisen müsse. Beide Prozessparteien müssen nach geltendem Strafprozessrecht gar nichts beweisen. Vielmehr müssen die von ihnen benützten Beweismittel wie Zeugen, Spuren, Gutachten und dergleichen die oder den Richter zur Überzeugung kommen lassen, dass das inkriminierte Geschehen so wie angeklagt gewesen ist oder eben anders.

Die unterschiedlichen Interpretationsmöglichkeiten von Aussagen und Beweismittel gehören zum Alltag eines Strafgerichtes. Entscheidend dabei sind nicht die Möglichkeiten der Interpretation, sondern die Überzeugung, sich für eine zu entscheiden.

Zweifel verhindern eine solche Überzeugung, weshalb – in dubio pro reo – der Angeklagte freigesprochen wurde.

Bis nach Holland

Durch eine gewaltige Explosion stürzte ein Wohnhaus in sich zusammen und erschütterte die nächste Umgebung. Den herbeikommenden Helfern bot sich ein schreckliches Bild. Ein Todesopfer musste aus den Trümmern geborgen werden, auch drei Schwerverletzte, von denen einer nach wenigen Tagen verstarb. Einer jungen Frau wurde der Unterschenkel amputiert. Mehrere Personen mussten aus den eingestürzten Mauerteilen herausgebracht werden, manche waren nur leicht verletzt.

Die Ursache des Unglücks konnte bald geklärt werden. Die Explosion wurde durch Sprengstoff herbeigeführt – Gelatine Donarit, das in größeren Mengen im Keller gelagert war. Wer die Sprengmittel ins Haus gebracht hatte, konnte schnell in Erfahrung gebracht werden.

Ein Kraftfahrer, der im zerstörten Haus wohnte, war geständig, als er sich vor Gericht wegen fahrlässiger Tötung sowie schwerer und leichter Körperverletzung verantworten musste.

Der Mann saß weinend vor mir, beklagte die Toten und Verletzten, aber auch sich selbst. Durch die Explosion wurde ihm ein Bein abgerissen. Es tat ihm aufrichtig leid, was er angerichtet hatte.

Ohne Bedenken lagerte er den Sprengstoff in seinem Keller.

Als Kraftfahrer hatte er die Aufgabe, den Schutt aus dem zu bauenden Ambergtunnel abzutransportieren. Bei jeder Sprengung gab es Donarit-Reste, die er bei seinen Fuhren einsammelte.

„Von dem Zeug habe ich anfangs schreckliche Angst gehabt. Doch die Arbeiter haben mir erklärt, dass ich es in den Ofen geben oder es zerhacken könne, es würde nichts passieren."

Etliche Kilo konnte er so einsammeln. Im Keller führte er mit dem Sprengstoff verschiedene Experimente durch. Er fertigte Böller an und kam so zur Überzeugung, dass Donarit tatsächlich nicht gefährlich wäre.

Auf meine Frage, weshalb er so viel Sprengstoff benötigte und im Keller gelagert hatte, gab der Beschuldigte eine erstaunliche Erklärung: „Ich habe im Sommer meinen Urlaub in Holland verbracht und mich unsterblich verliebt. Ich bin zwar verheiratet, aber es hat mich unheimlich erwischt. Ich wollte, nachdem ich einige Versuche durchgeführt hatte, eine Rakete bauen. Diese sollte so hochsteigen und dann explodieren, dass meine Geliebte in Holland den Feuerschein sehen kann."

Wenn nicht zwei Tote, mehrere Schwerverletzte und ein zerstörtes Haus als Folge seiner Verliebtheit zu beklagen gewesen wären, hätte man sich bei dieser Verantwortung ein Schmunzeln wohl nicht verkneifen können.

Der aus Wien zur Verhandlung geladene Sprengstoffexperte führte in seinem Gutachten aus, dass sich neben dem Sprengstoff Flaschen mit Aceton und Brennspiritus befunden hatten. Diese Kombination oder eine frühere Verunreinigung mit UnkrautEx, der Beschuldigte hantierte damit, hatte zu einer Selbstreaktion des Sprengstoffes geführt und die Explosion ausgelöst.

Der Sachverständige schloss andere Möglichkeiten aus, etwa durch Feuer, da sich im Keller zur Zeit der Explosion mehrere Leute aufhielten. Diese hatte der Beschuldigte zum Tischtennistraining eingeladen.

Unter Berücksichtigung der Anwesenheit dieser Personen im Keller, so der Fachmann, wären die Folgen der Explosion noch relativ glimpflich ausgegangen. Es hätten viel mehr Personen getötet und schwer verletzt werden können.

Die horrenden Schadenersatz- und Schmerzengeldforderungen konnten vom Beschuldigten niemals, auch nicht zu einem geringen Teil, hereingebracht werden. Aufgrund des ihm zur Last gelegten Verhaltens lehnten die Versicherungen alle Zahlungen ab.

Der Verteidiger brachte daraufhin vor, dass der Beschuldigte früher wegen einer psychiatrischen Erkrankung längere Zeit in Behandlung war. Ein darauf gegründeter Freispruch wegen Schuldunfähigkeit würde die Versicherungen zahlungspflichtig werden lassen. Die Geschädigten könnten dadurch zu ihren Forderungen kommen.

Ich ging nicht darauf ein, denn die frühere Krankheit konnte nunmehr die Zurechnungsfähigkeit nicht ausschließen.

Was ich aber sagte, war, dass finanzielle Überlegungen die Strafrechtspflege und damit den Rechtsstaat verkommen lassen würden. Trotzdem glaubte ich nicht, dass das Vorbringen des Verteidigers ernst gemeint war, da er es unterließ, einen entsprechenden Antrag zu stellen. In den Medien hatte dieser Vorschlag dennoch seinen Niederschlag gefunden.

Der Beschuldigte war durch den Verlust seines Beines schon mehr als gestraft, sodass ich der Meinung war, mit einer bedingten Freiheitsstrafe dem Strafanspruch des Staates entsprochen zu haben.

Geistig überlegen

Der jährliche Schitag war für die Belegschaft einer Bank nicht nur eine willkommene Abwechslung, sondern unterstützte den Zusammenhalt mit Spaß und geselliger Freude. Da der Vorstand das Vergnügen finanzierte, blieben nur wenige zu Hause, denn auch ohne Schifahren konnte der Einkehrschwung lustig sein.

Zur betrieblichen und sportlichen Gesellschaft gehörte Klaus. Er hatte einen akademischen Abschluss, den er wie ein Banner vor sich hertrug. Das Zusammenarbeiten spießte sich nicht an seinem Titel sondern daran, dass er den meisten wörtlich zu verstehen gab, ihnen geistig überlegen zu sein. Kaum eine Gelegenheit ließ er aus, seine sich anmaßende Überlegenheit jene spüren zu lassen, die „nur" die Matura bestanden hatten, Absolventen der Handelsschule oder gar „nur" Lehrlinge waren.

Das herablassende Benehmen und die Arroganz verhinderten, dass er ein geschätzter oder gar beliebter Mitarbeiter war. Seine Überheblichkeit ließ ihn dies auch nicht vermissen, und wenn er sich zurückhaltend oder gar kollegial gab, dann war dies seinem Karrieredenken und nichts anderem geschuldet.

Der Schitag endete nach einem Abendessen und geselligem Beisammensein, worauf ein organisierter Bus die Belegschaft zur Bank zurückbrachte. Beinahe alle wollten nach Hause, nicht jedoch der stark alkoholisierte Klaus. Er überredete einen Kollegen, mit ihm noch eine Bar aufzusuchen.

Ob dieser zustimmte, um ein besseres Verhältnis zum nicht Geschätzten zu bekommen, oder sich nicht ungern überreden ließ, konnte nicht festgestellt werden.

Jedenfalls weigerte sich der „geistig Unterlegene" mit seinem Auto zur Bar zu fahren, da die selbst bei sich wahrgenommene Alkoholisierung dies ausschloss.

Der Uneinsichtige hingegen forderte den Fahrzeugschlüssel, startete das Auto und fuhr trotz seiner erheblichen Alkoholisierung in Richtung jener Bar, in der die beiden einen weiteren Teil der Nacht verbringen wollten. Die Straße war mit Schnee und Eis bedeckt und hätte eine vorsichtige Fahrweise erfordert.

Die Fahrgeschwindigkeit wurde vom Lenker nicht den Straßenverhältnissen, sondern seiner Überheblichkeit und Alkoholisierung angepasst.

Das Fahrzeug schleuderte von der einen auf die andere Straßenseite und drehte sich schließlich beinahe um 180 Grad auf der glatten Fahrbahn.

Es war nach Mitternacht und deswegen waren kaum Fahrzeuge unterwegs, weshalb das Schleudern ohne Kollision, nicht aber ohne Folgen blieb.

Eine Polizistin und ein Polizist einer städtischen Sicherheitswache befanden sich auf Streife und konnten die abenteuerliche Fahrt wahrnehmen.

Im Rückwärtsgang fuhren die Polizisten zu dem von Klaus gelenktem Fahrzeug, das mittlerweile zum Stillstand gekommen war.

Sodann begann der finale Teil des Schitags seinen Lauf zu nehmen.

Der männliche Beamte, der eine gelbe Warnweste trug, und wie seine Kollegin uniformiert war, stieg aus dem Fahrzeug, näherte sich dem mitten auf der Straße stehen gebliebenen Auto und forderte den Lenker auf, es nicht mehr in Betrieb zu nehmen.

Klaus war stark alkoholisiert, aber nicht dermaßen, dass er nicht voraussehen konnte, welche Folgen seine Alkoholisierung mit sich bringen wird.

Er suchte sein Heil in der Flucht, um sich der Lenkerkontrolle zu entziehen.

Die Verfolgungsfahrt des Dienstautos, das mit eingeschaltetem Blaulicht dem Fliehenden hinterherfuhr, brachte die Beamten mehrmals in Gefahr, denn die winterlichen Straßenverhältnisse waren für die Verfolger eine besondere Herausforderung. Schließlich gelang es den Beamten, das Dienstauto vor dem Fliehenden anzuhalten und die Flucht so zu beenden.

Spätestens zu diesem Zeitpunkt hätte die Einsicht, das Fahrzeug in verantwortungsloser Weise in Betrieb genommen zu haben und das Bedauern darüber, zu einem schuldbewussten Verhalten führen müssen. Damit wäre auch eine Schadensbegrenzung einhergegangen. Doch Einsicht gehörte nicht zu den hervorstechenden Eigenschaften des geistig Überlegenen, vielmehr Aggressivität und Überheblichkeit.

Er zeigte über Aufforderung den Beamten jene Fahrzeugpapiere, die sich im Auto befanden. Der Führerschein gehörte dem mitfahrenden Kollegen, die Zulassung dessen Bruder. Mit diesen Unterlagen versuchte Klaus, die Beamten zu verwirren, denn damit konnte seine Identität nicht festgestellt werden. Zur Irritation der Beamten bemerkte er, dass sie zu blöd wären, die Dokumente zu lesen. Der Überlegene bedachte die Beamten mit den gebräuchlichen Schimpfwörtern, wie sie diensthabende Beamte oft zu hören bekommen. Doch diese Verbalinjurien gehörten nur zur Ouvertüre seines aggressiven Benehmens. Klaus beleidigte die Beamten nicht nur mit wüsten Kraftausdrücken, sondern setzte vor diese Worte wie dumm, minderbemittelt, blöd und dergleichen.

Diese Adjektive waren Ausdruck seiner geistigen Überlegenheit.

Als die Beamten den Beifahrer aufgefordert hatten, den Namen des Lenkers anzugeben, übergab Klaus seine Bankomatkarte, womit seine Identität geklärt war.

Da die Beamten die Alkoholisierung des Renitenten wahrnehmen konnten, forderten sie ihn auf, sich einem Alkotest zu unterziehen.

Das aggressive Verhalten des Aufgeforderten veranlasste die Polizisten, bei der Gendarmerie anzufragen, ob auf dem Posten der Alkotest durchgeführt werden kann.

Auf der Fahrt dorthin wiederholte Klaus seine Beleidigungen. Er bezeichnete die Polizistin als „blöde Tussi", beide Beamten als dumme Arschlöcher und blöde „Zettelschreiber" und erwähnte schließlich, dass beide ihm sowieso geistig unterlegen seien.

Aufforderungen, sein Verhalten einzustellen, waren nicht nur zwecklos, sondern steigerten die Aggressivität des Überlegenen, der seine Beleidigungen und Beschimpfungen intensivierte, soweit dies noch möglich war.

Auf dem Gendarmerieposten wurden die dortigen Beamten mit den gleichen Tiraden bedacht.

Während der Vorbereitung zur Durchführung eines Alkotests schnitt Klaus Grimassen, verhöhnte die Beamten, auch dies Zeichen seiner geistigen Überlegenheit.

Als er sich auf einen Beistelltisch gesetzt hatte, der unter seinem Gewicht zusammenzubrechen drohte, wurde er aufgefordert aufzustehen, vergeblich. Klaus nahm nun seine Hände zu Hilfe, um seinem Gesicht ein fratzenhaftes Aussehen zu verleihen. Darauf zerrten ihn die Beamten von dem kleinen Tisch.

Dagegen konnte die geistige Überlegenheit nichts ausrichten, vielmehr Schläge, die der Gewalttätige ihnen versetzte.

Daraufhin wurden die Vorbereitungen zum Alkotest abgebrochen, worauf die zuvor als „blöde Tussi" bezeichnete Polizistin die Festnahme aussprach. Diese wollte Klaus nicht hinnehmen. Er wehrte sich mit Schlägen und Tritten dagegen und verletzte dabei die Polizistin. Mit Körperkraft gelang es mehreren Beamten, den um sich Schlagenden niederzuringen und die Hände auf seinem Rücken zu schließen.

Trotz der angelegten Handfessel ging der außer sich Geratene gegen die Ordnungshüter vor und nur wiederholte Gewaltanwendung vermochte ihn zu bändigen.

Außer den verwaltungsrechtlichen Delikten, die der geistig Überlegene verantworten musste, wurde er wegen versuchten Widerstandes gegen die Staatsgewalt und der schweren Körperverletzung angeklagt. Die beiden Polizisten hatten Prellungen und Hämatome erlitten, an sich leichte Blessuren, die jedoch an Beamten begangen, vom Gesetz als schwere Körperverletzungen sanktioniert werden.

In der Hauptverhandlung bestritt der Beschuldigte, die Beamten beleidigt zu haben, außer „Tussi" hätte er keine Schimpfwörter gebraucht und niemanden verletzen wollen. Der Beschuldigte verharmloste sein Benehmen, dennoch legte er hinsichtlich der inkriminierten Vorfälle ein Tatsachengeständnis ab.

Dieses war Kalkül, denn die Beschreibung seines Verhaltens durch die Zeugin und den Zeugen hätte schwerlich seine geistige Überlegenheit vermitteln können.

Eine Entschuldigung den einschreitenden Beamten gegenüber brachte er nicht über seine Lippen, hätte mich auch sehr verwundert.

In der Begründung meines Urteils führte ich aus, dass geistige Überlegenheit eine nichtssagende, bedeutungslose Wortfolge darstellt, wenngleich die damit Konfrontierten wissen, wie sie zu verstehen ist.

„Sollte jedoch mit ‚geistig' die Wirkung des Flaschengeistes gemeint sein, dann war diese in der Tat jeglicher Vernunft überlegen."

Mit einer hohen Geldstrafe, die Hälfte bedingt nachgesehen, und einer Verurteilung zur Zahlung von Schmerzengeld an die verletzten Beamten endete das Strafverfahren in erster Instanz.

Ich wäre geradezu enttäuscht gewesen, hätte der Beschuldigte das Urteil angenommen, dies hätte vermutlich seiner geistigen Überlegenheit widersprochen.

Seiner Berufung wegen Nichtigkeit und Schuld wurde vom Berufungsgericht keine Folge gegeben, die Strafe jedoch geringfügig herabgesetzt. Die damit erlangte Ersparnis wurde durch die Verteidiger- und Verfahrenskosten um ein Vielfaches übertroffen.

Das Ende des Strafverfahrens und die dazu führende Vorgeschichte verbreiteten sich in der Bank wie ein Lauffeuer.

Der große Philosoph Schopenhauer bezeichnete den Genuss der Schadenfreude als teuflisch.

Ich wusste nicht, ob die Bankangestellten die Schadenfreude genossen, war mir aber sicher, dass die Folgen der permanenten Überheblichkeit als gerechtfertigter Ausgleich angesehen wurden.

Büßen

Samstag, die Sonne schien von einem strahlend blauen Himmel, der die Menschen geradezu aufforderte, den Tag im Freien zu verbringen.

Manche nützten dieses Kaiserwetter, um im Garten oder Wald zu arbeiten, andere, um spazieren zu gehen oder sportlich unterwegs zu sein.

Acht junge Männer, begeisterte Radfahrer, hatten einen Wochentag fixiert, an dem jeweils eine Radtour durchgeführt wurde. Wer konnte und wollte, fuhr mit, doch der Fahrt nach der Arbeit waren zeitliche Grenzen gesetzt.

Da das schöne Wetter an jenem Samstag vorausgesagt war, wurde von der Gruppe eine längere Radtour geplant, die schon in den Morgenstunden gestartet werden sollte.

Alle acht waren mit Begeisterung dabei, den sonnigen Tag mit sportlichen Leistungen zu verbringen.

In den ersten hundert Kilometern wurden schon zwei Pässe überwunden und ein dritter sollte am Nachmittag in Angriff genommen werden.

Es zogen Wolken auf, die Zweifel an der geplanten Durchführung der weiteren Fahrt aufkommen ließen.

Die Unerschrockenen setzten sich durch und nach einigen Kilometern in der Ebene begann der Anstieg, der auch den Sportlichen viel abverlangte.

Die Straße war schmal und die Radler für die Autofahrer mehr als ein Hindernis, denn die Autos konnten nur an den Ausweichstellen den Gegenverkehr passieren.

Keuchend kämpfte sich die Gruppe Kehre für Kehre den Berg hinauf. Ihr Ärger über die hupenden Autofahrer war nicht das Einzige, das ihre Fahrfreude trübte, sondern das immer näher kommende Donnergrollen und der sich verdunkelnde Himmel. Als die ersten

Regentropfen auf ihre Helme klatschten, wurde beschlossen zu warten, bis der Regen aufhört.

Nach einer scharfen Rechtskurve befand sich ein Ausweichplatz, auf dem das Ende des immer stärker werdenden Regens abgewartet werden sollte. Nicht alle hatten vorgesorgt, um sich vor dem wolkenbruchartigen, auf sie niederprasselnden Wasser zu schützen. Deshalb hielten manche ihre Regenmäntel auch über den Kopf eines Kameraden, und so warteten die vom Wetter Überraschten dicht gedrängt darauf, dass die Schleusen des Himmels wieder geschlossen würden.

An diesem Samstag hatte ein anderer junger Mann vor, auf seine Weise den Tag auszunützen. Er hatte an seinem eine Woche zurückliegenden Geburtstag von den mehr als wohlhabenden Eltern einen Sportwagen bekommen.

Es war ein Fahrzeug, ausgerüstet mit zurückklappbarem Verdeck und allen sonst möglichen technischen Finessen. Ein Auto, das nur bei Wenigen keine Begeisterung hervorrief, jedoch bei Vielen die Erkenntnis, nie im Leben ein solches Kabrio fahren oder gar sein eigen nennen zu können.

Das wunderschöne Wetter passte perfekt für die Jungfernfahrt.

Der stolze Besitzer hatte nicht nur keine Erfahrung mit dem Sportwagen, sondern auch aufgrund seines Alters nur eine spärliche Fahrpraxis.

Dennoch ließ er fast jede Geschwindigkeitsbegrenzung außer Acht und genoss es, mit quietschenden Reifen auf Landstraßen an der Grenze des Möglichen die Kurven zu durchfahren. Nach der Raserei auf der Autobahn sollte das Auto auf einer Bergfahrt ausprobiert werden.

Der sich als Rennfahrer Fühlende wählte eine Bergstraße, auf der einige Zeit vorher die Radfahrer mühsam Meter für Meter zurückgelegt hatten.

Ohne an einen Gegenverkehr zu denken, begann er mit immer rücksichtsloserer Fahrweise die schmale Straße hinaufzufahren.

Als es zu regnen begonnen hatte, schloss er das Verdeck und fuhr viel zu schnell bergwärts, nicht ohne bei jeder Kehre den Motor aufheulen zu lassen.

Mittlerweile war die Straße nicht nur nass geworden, sondern Bäche flossen über den Asphalt und der starke Regen schränkte auch maßgeblich die Sicht ein. All dies schien den Autolenker nicht zu kümmern. Mit weit überhöhter Geschwindigkeit fuhr er bis zu jener scharfen Rechtskurve, hinter der die Radfahrer auf das Ende des Regens warteten.

Er sah die Kurve zu spät, schätzte auch ihre Krümmung falsch ein, und nur ein abruptes Bremsen konnte verhindern, über die Straße hinauszufahren.

Infolge der überhöhten Geschwindigkeit des auf der Straße talwärts rinnenden Wassers und der unkontrollierten Bremsung schleuderte das Kabrio, drehte sich um seine Längsachse und krachte mit der Fahrerseite gegen die wartenden Radfahrer.

Die Folgen waren katastrophal.

Mehrere von der Gruppe wurden schwer verletzt, einer so schwer, dass eine Querschnittlähmung vom Hals abwärts sein Leben radikal veränderte.

Die angeführte Fahrweise des Autofahrers entsprach der Sicht des Staatsanwaltes.

Ob sie auch für das Gericht, also mich, so feststellbar war, schien mehr als fraglich.

Der öffentliche Ankläger brachte einen Strafantrag wegen mehrfach fahrlässiger schwerer Körperverletzung unter besonders gefährlichen Verhältnissen ein.

Ich schrieb die Verhandlung aus.

Im eingeholten kraftfahrzeugtechnischen Gutachten konnte sich der Sachverständige mangels Spuren oder sonstiger Anhaltspunkte nicht auf eine vom Beschuldigten eingehaltene Geschwindigkeit festlegen. Ausgehend von der mindest eingehaltenen Geschwindigkeit blieb nach oben alles offen. Das meteorologische Gutachten hielt die Niederschlagsmengen in der Region fest, lokale Unterschiede konnten nicht ausgeschlossen werden.

Es langte die Vollmacht eines auswärtigen Rechtsanwaltes ein. Ich dachte mir, als ich den mir unbekannten Namen gelesen hatte, dass es im Lande genug Anwälte gibt, welche den Beschuldigten genauso gut verteidigen hätten können. Der beauftragte Anwalt sollte wahrscheinlich so exklusiv sein wie der Sportwagen, den der Vater seinem Sohn geschenkt hatte.

Es kam der Tag der Verhandlung.

Rechts von mir saßen der Staatsanwalt und vier Anwälte, welche die verletzten Radfahrer vertraten, links der Verteidiger mit seinem Adlatus.

Ich ahnte, dass die Emotionen hochgehen würden und forderte von Anfang an, aber auch während des Verfahrens, Prozessdisziplin ein.

Der Beschuldigte bekannte sich der fahrlässigen Körperverletzung für schuldig. Er konnte oder wollte keine Geschwindigkeitsangaben machen, hielt auch den Regen für nicht sichtbeeinträchtigend. Er konnte sich, wohlvorbereitet auf den Prozess, nach manchen Fragen nicht mehr erinnern.

Der Unfall war, so hörte es sich an, mehr Pech als die Folge seiner Fahrweise. Sämtliche Fragen an den Beschuldigten brachten keine weiteren Erkenntnisse.

Das Ziel der Verteidigung war klar. Es sollten die besonders gefährlichen Verhältnisse, wie damals normiert war, nicht festgestellt werden können.

Mit diesen gefährlichen Verhältnissen wollte der Gesetzgeber einen gesteigerten Gefährlichkeitsgrad und eine außergewöhnlich hohe Unfallwahrscheinlichkeit erfassen.

Ohne deren Konstatierung wäre eine Geldstrafe angemessen gewesen, die aufgrund des mangelnden Einkommens des studierenden Beschuldigten so gering ausgefallen wäre, dass sie der im Saal als Zuschauer sitzende Vater sofort begleichen hätte können. Hätten diese besonders gefährlichen Verhältnisse festgestellt werden können, wäre eine unbedingte Freiheitsstrafe die Konsequenz.

Das Beweisverfahren begann mit dem Vortrag des kraftfahrzeugtechnischen Sachverständigen, der sein Gutachten erläuterte. Er konnte trotz aller Fragen nicht mehr sagen, als er schriftlich ausgeführt hatte.

Es folgte die Einvernahme der Radfahrer als Zeugen. Einige konnten nichts sehen, weil ihr Kopf unter den Regenmänteln verborgen war, andere nichts, weil sie auf die der Straße abgewandten Seite schauten. Zwei hatten aufgrund ihrer Kopfverletzungen eine retrograde Amnesie, was bedeutete, dass sie überhaupt keine Erinnerung an den Unfall hatten.

Um die Schadenersatzforderungen beziffern zu können, wurden von den Zeugen ihre Verletzungen, Krankenhausaufenthalte, Berufsunfähigkeiten usw. festgehalten.

Schließlich rief ich den letzten Zeugen auf, den jungen Mann, der seit dem Unfall vom Hals weg querschnittgelähmt war. Ich hatte mich vor dem Prozess erkundigt, ob er vernehmungsfähig und sein Erscheinen vor Gericht gesundheitlich zumutbar war. Als diese Fragen bejaht worden waren, ließ ich ihn mit der Rettung zum Gericht bringen.

Ich bat den mit dem Zeugen gekommenen Krankenpfleger abseits des Verhandlungssaales zu warten, denn der auf einer Bahre Liegende sollte nicht neugierigen Blicken der Prozessbeteiligten und von Zuschauern ausgesetzt sein.

Nachdem ich meine Schriftführerin ersucht hatte, zu veranlassen, dass der Zeuge in den Gerichtssaal gebracht wird, teilte mir der Verteidiger des Beschuldigten mit, dass er auf diesen Zeugen verzichtet. „Ich nicht!", war meine kurze Antwort.

Die Männer vom Roten Kreuz trugen den Zeugen in den Verhandlungssaal.

Ich wollte, dass die Liege, die nicht höher als fünfzehn cm war, in einem Winkel von neunzig Grad zum Richtertisch abgestellt wird, sodass ich das ganze Gesicht des Gelähmten sehen konnte. Sein Kopf war etwa zwei Meter vom Beschuldigten entfernt.

Nach den Personalien gab der Zeuge an, keine Erinnerung an den Unfall zu haben. Er schilderte seine Verletzungen und gab scheinbar gefasst an, mit seiner Situation, nie mehr gehen, tanzen oder Rad fahren zu können, nicht fertig zu werden. Tapfer versuchte er seine Verzweiflung zu unterdrücken.

Meine Versuche, ihm mit den anstehenden Aufenthalten in Rehabilitationszentren ein wenig Mut zu machen, waren nicht mehr als die schrecklich empfundene Hilflosigkeit.

Ich bedankte mich beim Zeugen, wünschte ihm alles Gute, und er wurde aus dem Saal getragen.

Dann geschah etwas Außergewöhnliches.

Der Beschuldigte sprang auf und sagte, dass der Unfall so passierte, wie es der Staatsanwalt in seinem Eröffnungsplädoyer ausgeführt hatte.

„Es hat mich schon vor dieser Rechtskurve geschleudert, wenn auch nicht so wie später. Ich habe es genossen, als ob ich bei einer Rallye mitfahren würde. Der Regen ist so stark geworden, dass die Scheibenwischer es nicht mehr schafften, das Wasser von der Windschutzscheibe wegzubringen. Dadurch hatte ich fast keine Sicht mehr. Als ich auf der rechten Seite das dunkle Waldstück durch den Wasserschleier wahrgenommen hatte, habe ich die nahende Kurve mehr geahnt als gesehen. Ich musste stark abbremsen, um nicht über die Straße in den Abgrund zu fahren. Dann schleuderte das Auto und stieß seitlich mit den wartenden Radfahrern zusammen. Ich bin sicher mit siebzig km/h unterwegs gewesen."

Ich glaubte, Tränen in seinen Augen gesehen zu haben, als er zu mir sagte: „Strafen Sie mich, ich will dafür büßen, was ich dem nunmehr gelähmten Mann angetan habe."

Dann herrschte er seine Verteidiger an und forderte sie auf, sein Geständnis zur Kenntnis zu nehmen und keine Fragen mehr zu stellen.

Diesem Auftritt folgte eine gespenstische Stille. Niemals hat mich ein Beschuldigter oder Angeklagter aufgefordert, ihn zu bestrafen, und ich glaube, auch sonst hatte niemand im Saal derartiges erlebt.

Als ich mich wieder gefasst hatte und auch ein Geständnis das Gericht nicht davon befreit, nach der objektiven Wahrheit zu forschen, ersuchte ich den technischen Sachverständigen, zu den Angaben des Beschuldigten Stellung zu nehmen. Er hielt sie für richtig und mit seinen Berechnungen übereinstimmend, worauf das Beweisverfahren zu Ende war.

Unter dem Eindruck des überraschenden Geständnisses fielen die folgenden Plädoyers äußerst kurz aus. Der Staatsanwalt forderte eine angemessene Bestrafung, die Opfervertreter den Zuspruch symbolischer Schmerzengeld- und Schadenersatzbeträge, die tatsächlichen Forderungen sollten in folgenden Zivilverfahren geltend gemacht werden. Der Verteidiger betonte das Geständnis seines Mandanten und verlangte aus diesem Grund eine milde Bestrafung.

Ich sprach den Beschuldigten im Sinne des Strafantrages schuldig und verurteilte ihn zu einer mehrmonatigen Freiheitsstrafe. Der Verurteilte nahm das Urteil ebenso wie auch der Staatsanwalt an.

Meinem Respekt für den Geständigen fügte ich hinzu, dass keine Strafe – wie immer sie erdacht werden könnte –, dazu führen wird, dass der Gelähmte wieder gehen, tanzen oder Rad fahren kann.

Die Tochter ist die Ehre der Familie

Fatma kam in den 1980er-Jahren nach Vorarlberg. Sie lernte nach einigen Monaten den hier lebenden Mehmet kennen und heiratete ihn, drei Kinder entsprossen dieser Verbindung.

Mehmet arbeitete in einer Fabrik und Fatma war halbtags als Kassiererin in einem Supermarkt tätig. Sie hatte, im Unterschied zu ihrem Mann, keine Schwierigkeiten mit der deutschen Sprache. Fatma war zwar ihrer türkischen Tradition verpflichtet, aber auch aufgeschlossen, was sich bei der Erziehung ihrer Kinder, besonders in deren Schulzeit auswirkte. Der Familie ging es gut.

Die beiden Brüder von Fatma kamen einige Jahre später nach Vorarlberg. Nicht zuletzt deswegen, weil sie einen Lebensstandard wie ihre Schwester erreichen wollten. Kein Wort Deutsch sprechend, mehr oder weniger unbeholfen, mussten sie sich in dem für sie fremden Land zurechtfinden. Ihre Schwester nahm sie auf. Ali und Kalip hatten ihren Schlafplatz in der ohnedies zu kleinen Wohnung von Fatma. Sie unterstützte ihre Brüder in jeglicher Hinsicht, bis sich diese selbst zurechtfinden konnten.

Nach einiger Zeit zogen die Brüder aus, sie hatten Arbeit und Unterkunft gefunden. Ali, der Ältere, heiratete ein Jahr später und bald darauf kam sein erstes Kind zur Welt. Kalip hingegen hatte an seinem Junggesellendasein Gefallen gefunden.

Beide Brüder waren ihrer Schwester zu Dank verpflichtet, was auch türkischen Gepflogenheiten entsprochen hätte.

Fatma, Ali und Kalip waren in der türkisch-muslimischen Tradition aufgewachsen und danach erzogen worden.

Besonders für Ali und Kalip hatte ihre religiöse Herkunft in Österreich einen noch höheren Stellenwert als in der Türkei. Für sie hätte Integration die Aufgabe, ja sogar den Verrat an ihrer Religion, ihren Sitten, Gebräuchen und Anschauungen an ihrer kulturellen Identität bedeutet.

Die Familien, einschließlich Kalip, trafen sich im Ramadan beim abendlichen Fastenbrechen, feierten die türkischen Feste und fuhren gemeinsam im Sommer zu ihren Verwandten in die Türkei. Der erreichte, wenn auch bescheidene Wohlstand sowie die Verbundenheit der Familien brachten eine Zufriedenheit mit sich, die, so schien es, weder leicht noch schnell einen Bruch finden konnte.

Doch sie fand leicht und schnell ein unvorhergesehenes Ende.

Hatice, die Tochter von Mehmet und Fatma war der Grund, besser gesagt, ihr „schandhaftes Verhalten", sodass der Zusammenhalt der Familien, diese Zufriedenheit von Zorn, Hass und Gewalt verdrängt wurden.

Das in den Augen ihrer beiden in Vorarlberg lebenden Onkel begangene „Verbrechen" bestand darin, dass sie sich in einen österreichischen Burschen verliebt hatte.

Unsterblich verliebt, wie man dieses selbstvergessene Gefühl zu beschreiben pflegt.

Als dieses Verhältnis bekannt geworden war, brach über die junge Frau ein Terror herein, der unter dem Namen „Familienehre" ein schreckliches Ausmaß erreichte.

Vorerst versuchte der Vater, seiner Tochter diese Liebschaft auszureden. Die unterschiedliche Kultur, der andere Glaube, die Probleme mit der Kindererziehung usw. sollten Hatice vorerst im Guten dazu bringen, ihren Freund loszulassen.

Das Zureden war erfolglos, ebenso das Androhen von Gewalt und die tatsächlichen Schläge. Der Vorwurf, Schande über die Familie zu bringen, konnte und wollte Hatice nicht verstehen. Wie sollte sie auch, hier aufgewachsen, begreifen, wie einer aufrichtigen Liebe zweier junger Menschen von einer Sippschaft die Ehre abgesprochen werden kann.

Die Warnung, dass andere Familienmitglieder keine Gewalt scheuen würden, um die Ehre wiederherzustellen, stieß auf taube Ohren. Hatice liebte ihren Freund und war fest entschlossen, ihn zu heiraten.

Mehmet, zerrissen zwischen der Liebe zu seiner Tochter und der Forderung, die Familienehre wiederherzustellen, war nicht in der Lage, Hatice die Heiratspläne auszureden. Er war aber auch nicht willens, brutale Gewalt anzuwenden oder gar zum Mörder seines Kindes zu werden.

Deshalb sahen sich Ali und Kalip gezwungen, anstelle von Mehmet der Familienehre verpflichtet zu handeln.

Hatice wurde von ihren Onkeln öffentlich angespuckt und über die Bedeutung dieser Grauslichkeit aufgeklärt. In der Gegend, aus welcher die Brüder stammten, würden nur Huren angespuckt. Diese Demütigung, aber auch alle anderen Drohungen Hatice und ihrem Freund gegenüber konnten nichts ausrichten.

Daraufhin verlangten die Brüder von Fatma, dass Mehmet seine Tochter töten soll. Diese Forderung war für die beiden keineswegs abartig oder absurd, sondern von der Familienehre gefordert, da alle anderen Versuche, Hatice von ihrem Verhältnis abzubringen, fehlgeschlagen waren.

Ali und Kalip waren sich sicher, dass ihr Schwager dazu nicht bereit sein wird, weshalb sie ihm mitteilten, dass sie selbst Hatice töten werden, sollte er für diese Tat zu feige sein.

Fatma und Mehmet wurden unflätigst beschimpft und beleidigt und ihnen wurde angekündigt, dass sie so lange keine Ruhe finden werden, bis die Hochzeit ihrer Tochter verhindert sein wird. Mehmet wurde als Zuhälter beschimpft, der seine Tochter an einen Österreicher verkaufe. Ein geradezu grotesker Vorwurf, da der Brautkauf in türkischen Kreisen bis heute gängige Praxis ist und der sogenannten Familienehre entspricht.

Der zukünftige Bräutigam wollte nun seinerseits etwas zur Befriedigung beitragen und konvertierte zum Islam, was aber an der Feindseligkeit nichts änderte.

Mehmet glaubte, nun eine Lösung des Problems gefunden zu haben. Er schickte seine Tochter nach Deutschland zu seinem Bruder. Dort sollte sie längere Zeit bleiben und ihren Freund vergessen.

Der „deutsche" Onkel von Hatice wurde entsprechend instruiert und aufgefordert, alles zu tun, damit die Verbindung zwischen Hatice und ihrem Freund beendet wird.

Doch auch der Ortswechsel konnte die Liebe der jungen Frau nicht zerstören. Dazu kam, dass der in Deutschland lebende Onkel zu Hatice hielt und sie keineswegs von ihrer geplanten Heirat abbringen wollte. Im Gegenteil, er wollte seine Nichte unterstützen und sogar zu ihrer Hochzeit kommen. So brachte auch der Aufenthalt in Deutschland nicht den gewünschten Erfolg.

Hatice ließ sich trotz der Drohungen und Schmähungen, denen sie ausgesetzt war, nicht unterkriegen, sondern wurde geradezu angriffig.

Sie plante nämlich, ihre Verlobung in der Türkei bei ihren Verwandten zu feiern. Trotz der Schande und der verlorenen Familienehre, wollte sie auch ihrer Verwandtschaft in der Türkei persönlich kundtun, dass sie den Mann heiraten wird, den sie liebt.

Als Ali und Kalip erfahren hatten, dass die Verlobung in der Türkei stattfinden sollte, riefen sie mehrmals die Verwandten an und beauftragten sie, Hatice und ihren Freund zu steinigen. Die mutige junge Frau wurde gewarnt und verzichtete auf die Verlobung in der Türkei, da sie um ihr und das Leben ihres Geliebten fürchtete.

Sodann wurde die Hochzeit in Vorarlberg vorbereitet und terminlich fixiert. Die Hochzeit fand in Vorarlberg statt, aber es sollte kein Fest werden.

Die Gendarmerie erhielt die telefonische Mitteilung, dass sich im Umfeld der Hochzeitsgesellschaft eine Bombe befindet, die gezündet werde.

Es waren wenig Gäste zur Hochzeit gekommen. Manche wurden nicht eingeladen, andere hatten der Einladung keine Folge geleistet.

Dennoch waren genug Personen anwesend, um ein Blutbad anzurichten.

Ein Gendarmeriebus mit mehreren Beamten wurde zum Ort der Hochzeitsfeier beordert, um ein mögliches Verbrechen zu verhindern. Es war bekannt, dass auch vor Mord und furchtbaren Verstümmelungen nicht zurückgeschreckt wird, um die Familienehre wiederherzustellen.

Im Lokal, in dem ohnedies keine Hochzeitsstimmung aufkommen wollte, wurde keine Bombe gefunden.

Da in den eingepackten Hochzeitsgeschenken ein Sprengkörper ideal versteckt werden konnte, wurden die Pakete außerhalb des Lokales gebracht und vorsichtig geöffnet. Der Anruf war eine weitere Schikane und die Beamten verließen ohne Bombe die Hochzeitsgesellschaft.

Die wenigen Gäste, die verlorene Familienehre, die Bombendrohung und der Einsatz der Gendarmerie hatten alles verhindert, was zu einer Hochzeit, dem Höhepunkt im Leben einer türkischen Frau, gehört, wie Fröhlichkeit, Musik, Tanz, ausgelassenes Feiern und Herzlichkeit.

Kaum waren die Beamten abgefahren, wurden Hatice und ihr Ehemann zum Bahnhof gebracht. Sie fuhren in ein anderes Bundesland und hofften, in einer dort gefundenen Wohnung ihr gemeinsames Leben ohne Drohungen und Beleidigungen beginnen zu können.

Doch diese hörten nicht auf, trafen jedoch nur noch Fatma und Mehmet.

Die Schwester von Ali und Kalip, die ihnen so viel Gutes getan hatte, wurde als Puffmutter, ihr Mann wiederholt als Zuhälter bezeichnet und beide mit den ordinärsten türkischen und vorarlbergischen Schimpfwörtern geschmäht, die zum Wortschatz der Brüder gehörten.

Die Beleidigungen erfolgten nicht nur bei persönlichen Kontakten und über das Telefon. Da sich Fatma und Mehmet immer mehr zurückzogen, wurden sie auch in türkischen Geschäften und Lokalen beschimpft und niedergemacht, ohne dort anwesend zu sein. Damit sollte die Ächtung in der hiesigen türkischen Gesellschaft erreicht werden.

Mehmet wurde immer verschlossener. Er war nicht für die Heirat, konnte sie aber auch nicht verhindern. Gedemütigt und gequält vermied er fast jeden Kontakt mit seinen Landsleuten. Da diese Situation für ihn immer unerträglicher wurde, beschloss er, sich gegen seine Schwäger zur Wehr zu setzen.

Mehmet war von kleiner Statur und wusste, dass er bei einer tätlichen Auseinandersetzung unterliegen würde. Doch nun galt es, seine Ehre wiederherzustellen, weshalb er keinen anderen Ausweg sah, als gewalttätig gegen die Brüder seiner Frau vorzugehen.

Er trank sich mit einigen Schnäpsen Mut an, bewaffnete sich mit einem Küchenmesser und suchte das Haus auf, in welchem Ali wohnte.

Ein Fenster wurde geöffnet, nachdem der so oft Gedemütigte Steine dagegen geworfen hatte. Als Ali seinen mit einem Messer bewaffneten Schwager gesehen hatte, kam er sofort vor das Haus.

Mehmet drohte nun, sein Gegenüber abzustechen und war auch bereit dazu, sollten die Schmähungen nicht aufhören. Er hielt dabei das Messer stoßbereit gegen den Körper von Ali gerichtet. Dieser war einen Kopf größer als der Drohende, hatte keine Angst, sondern sah vielmehr eine willkommene Gelegenheit, seinem Schwager eine ordentliche Abreibung zu verpassen.

Jede mögliche Brutalität sollte Mehmet bewusst machen, dass er zu feige war, die Familienehre wiederherzustellen.

Ali packte blitzschnell den messerführenden Unterarm und drehte ihn derart um, dass das Messer zu Boden fiel. Gleichzeitig stieß er den vom Angriff Überraschten zu Boden.

Mehmet versuchte aufzustehen. Während er sich aufrichtete, brachen wuchtige Faustschläge sein Jochbein, seine Nase und mehrfach seinen Kiefer. Blutüberströmt konnte Mehmet, der um seine

Ehre kämpfen wollte, nur noch versuchen, sich gegen die auf ihn einprasselnden Schläge zu schützen.

Hätten die Nachbarn, durch das Wutgeschrei von Ali aufgeschreckt, nicht die Gendarmerie gerufen, wäre es womöglich nicht bei den schweren Körperverletzungen, der zerbrochenen Zahnprothese und den vielen Hämatomen geblieben.

Im folgenden Strafverfahren habe ich Mehmet wegen gefährlicher Drohung und Ali wegen schwerer Körperverletzung und Sachbeschädigung schuldig gesprochen und angemessen bestraft.

Aus dem Strafakt konnte unschwer die Ursache der Auseinandersetzung erkannt werden. Doch die Aussagen der Zeugen, sofern sie sich nicht entschlagen konnten, waren verhalten, denn es ging um die Familienehre, deren Erhalt in ihren Augen die Gewalt rechtfertigte.

Der Hintergrund der Gewalttätigkeiten sollte nur zum besseren richterlichen Verständnis beitragen. Die strafrechtliche Beurteilung wurde davon nicht berührt, auch nicht die Strafzumessung, da die gewalttätige Herstellung der Familienehre nicht nur unverständlich ist, sondern auch keinen Milderungsgrund darstellt.

Nur die strafrechtliche Konsequenz war für die Justiz relevant.

Doch dahinter stand nicht nur die unbegreifliche Familienehre, sondern eine Liebesgeschichte, die den Strafrichter nicht interessieren musste.

Die Liebe einer jungen Frau war stärker als alle Widerstände, Beleidigungen, Demütigungen und Morddrohungen. Diese Liebe hat über eine allen Freiheits- und Selbstbestimmungsrechten widersprechende Familienehre gesiegt.

Dieser Liebesgeschichte fehlte jeder romantische Hintergrund. Sie war geradezu von grausamer Realität begleitet und brauchte dennoch literarische Vergleiche nicht zu scheuen.

Trotzdem wird sie niemand erzählen.

Die Wüste lebt

Die Zeitschrift *Aktuell*, im Jahre 1977 ein Magazin für „Denkende Deutsche" – Eigentümer, Herausgeber, Verleger und für den Inhalt verantwortlich war ein mehrfach Vorbestrafter.

In einer Nummer dieser Zeitung wurde die Karikatur eines mit Händen und Füßen den Erdball umklammernden Juden veröffentlicht. Darüber der Schriftzug: „Börsengauner und Kommunisten streben nach der Weltherrschaft".

Das Oberlandesgericht Innsbruck verurteilte durch einen Dreirichtersenat nach der Berufung gegen den Freispruch des Landesgerichtes Feldkirch den dafür Verantwortlichen wegen des Vergehens der Verhetzung. Was unter „Hetzen" zu verstehen ist, ist der Regierungsvorlage zum Strafgesetzbuch zu entnehmen.

Demnach ist „Hetzen" ein Appell an Gefühle und Leidenschaften bestehende tendenziöse Aufreizung zu Hass und zu Verachtung.

Dabei wurde im Urteil des Oberlandesgerichtes maßgeblich die Tendenz der Zeitung, in welcher die Karikatur samt Aufschrift erschienen ist, berücksichtigt.

Insbesondere betonten die Richter die Aufmachung der inkriminierten Darstellung im Stile des „Dritten Reiches", die bei jedem Beobachter Gedankenverbindungen dazu herstellen.

Darüber hinaus, dass der stellvertretend für alle Juden Abgebildete so behandelt werden soll, wie es damals geschah, nämlich Menschen minderer Klasse und Rasse zu verfolgen und zu vernichten. Damit, so die Urteilsbegründung, war die Voraussetzung in einer die Menschenwürde verletzenden Weise erfüllt.

In diesem Zusammenhang waren Inhalte dieser Zeitung angeführt worden, und dass die Karikatur im Kontext mit diesen Inhalten zu sehen ist. Soweit die Zeitung *Aktuell* und die Verurteilung des Herausgebers.

Derselbe hat nicht nur *Aktuell*, sondern mehrere rechtsradikale Zeitschriften, unter anderem *Sieg AJ. Pressedienst*, herausgegeben und unters Volk gebracht.

In der Nummer 2 des Jahres 1986, es war der fünfzehnte Jahrgang von *Sieg* wurde ein Leserbrief abgedruckt.

Ob es tatsächlich ein Leserbrief war, konnte nicht eruiert werden.

Dieser Leserbrief verwirklichte nach Ansicht der Staatsanwaltschaft Feldkirch neuerlich das Vergehen der Verhetzung: „Lasst frischen Nordwind wehen gegen die ausgebrannte Wüste des mosaischen Glaubens."

Dadurch, so im Strafantrag, ist in einer die Menschenwürde verletzenden Weise gegen eine durch ihre Zugehörigkeit zu einer Religionsgemeinschaft bestimmte Gruppe gehetzt worden.

Die Verhandlung begann mit der Rechtfertigung des Beschuldigten: „Es ist ein ausgesprochen dummer Satz. Noch dümmer sind aber jene, die den Satz zum Anlass nehmen, daraus eine Hetzkampagne gegen das Judentum abzuleiten."

Der Staatsanwalt und ich gehörten zu diesen noch Dümmeren.

Ich war der Meinung, dass der Satz in irgendeiner Zeitung als nicht ernst zu nehmender Unsinn aufgefasst werden könnte. Nicht jedoch in einer Zeitung, in der von der „Auschwitzlüge" und von anderen Ungeheuerlichkeiten zu lesen war.

Ich zitierte die Entscheidung des Oberlandesgerichtes Innsbruck aus dem Jahre 1977. Vor allem, dass aus der Zielrichtung der Zeitung der inkriminierte Satz zu verstehen ist.

Ich ließ mich auf eine Diskussion mit dem Beschuldigten ein und unternahm völlig aussichtslose Versuche, auch nur ein wenig Einsicht zu erreichen. Meine Hinweise auf die Geschichte der Millionen ermordeten Juden, auf die unaussprechlichen Gräuel der Nazizeit waren zwecklos.

Schließlich unternahm der Beschuldigte noch einen naturkundlichen Versuch, um mich von der Harmlosigkeit des inkriminierten Satzes zu überzeugen: „Gegen die tote Wüste kann auch ein frischer Nordwind nichts ausrichten."

Ich ließ mich hinreißen, ihm auch auf diesem Gebiet zu widersprechen und verwies ihn auf das Buch *Die Wüste lebt* von Walt Disney.

Ich merkte, dass ich mich zu sehr auf eine Diskussion eingelassen hatte. Ich wollte nicht wahrhaben, dass gesicherte Erkenntnisse der Geschichte genauso wenig gegen Lügen und Verdrehungen auszurichten vermögen wie Einsicht gegen faschistoide Borniertheit.

Nach der Verurteilung meldete der Beschuldigte sofort Berufung an. Aus mir unverständlichen Gründen sprach ein Senat des Oberlandesgerichtes Innsbruck den Angeklagten frei.

Ich bemühte mich, nicht zu unterstellen, dass die Oberrichter im Nordwind nur ein meteorologisches Phänomen gesehen hatten.

Mein Urteil verstand auch ein Briefschreiber nicht. Vom Monate später erfolgten Freispruch konnte er nichts wissen.

Dornbirn, am 23.11.1986

Sehr geehrter Herr Mück!

Wenn ich im Knesset etwas zu sagen hätte, würde ich Sie für ein Denkmal an der Klagemauer in Jerusalem vorschlagen. Warum?

Weil sie gegen ... ein so großartiges Urteil gesprochen haben und zwar zu Ehren Jehovas oder Jahves und zum Schutz des ferngesteuerten Establishments in Österreich.

Wenn sie damit auch die materielle Existenz eines volksbewussten Familienvaters von mehreren minderjährigen Kindern erschüttert haben, so lässt Sie das selbstverständlich kalt.

Aber was ich nicht kann, kann sicher Herr Wiesenthal machen, und wenden Sie sich im Vertrauen an ihn.

Diese Meinung hätten viele (Sie glauben es gar nicht wie viele) als Leserbrief gern gelesen, aber ich möchte Ihnen eine Arbeit ersparen.

Hochachten kann ich Sie nicht.
Lieber ließe ich mich bei Brot und Wasser einsperren.

Die Wege des Herausgebers und meine kreuzten sich Jahre später wieder. Bei diesem Zusammentreffen war ich Vorsitzender eines Schwurgerichtes, der Unverbesserliche Angeklagter nach dem Verbotsgesetz.

In diesem wird normiert, dass zu bestrafen ist, wer in einem Druckwerk im Rundfunk oder in einem anderen Medium oder wer sonst öffentlich auf eine Weise, dass es vielen Menschen zugänglich wird, den nationalsozialistischen Völkermord oder andere nationalistische Verbrechen gegen die Menschlichkeit leugnet, gröblich verharmlost, gutheißt oder zu rechtfertigen sucht.

Die Strafdrohung reicht von einem bis zu zehn Jahren, bei besonderer Gefährlichkeit des Täters oder der Betätigung bis zu zwanzig Jahren Freiheitsstrafe.

Das Verfahren dauerte nicht lange. Das Gedruckte in den Zeitschriften *Phoenix* und *Top Secret* stand fest, und auf Diskussionen ließ ich mich diesmal nicht ein.

Wiederum wurde von der Auschwitzlüge geschrieben und, dass in Auschwitz nur Läuse vergast worden wären.

Nach dem Beweisverfahren und dem Schlusswort des Staatsanwaltes hielt der Verteidiger ein sprachlich gesehen exzellentes Plädoyer.

Er führte unter anderem aus, dass der Staat dem Einzelnen vorschreibt, was er, die nationalsozialistische Zeit betreffend, zu glauben hat.

Im Geschworenenverfahren wird der Schuld- oder Freispruch weder mündlich noch schriftlich begründet, sondern nur die Strafhöhe. Es wird dem Urteil der Wahrspruch der Geschworenen zugrunde gelegt.

„Schuldig wegen der Verbrechen nach dem Verbotsgesetz" lautete der Wahrspruch der Geschworenen. Diesen legte der Senat dem Urteil zugrunde.

Ich wandte mich zum Verteidiger und sagte unter anderem: „Herr Rechtsanwalt, ich muss Ihnen noch in einem weiteren Punkt Ihrer ausgeführten Behauptungen widersprechen. Der Staat schreibt nicht vor, was Sie zu glauben haben oder nicht. Auch was die nationalsozialistische Zeit anlangt, können Sie glauben, was Sie wollen, nur hinsichtlich mancher Glaubensinhalte hat der Staat ein Predigtverbot erlassen."

Nicht der Nordwind, sondern der Wahrspruch der Geschworenen soll den Verurteilten aus deutschen Landen vertrieben haben.

Leid

Nach dem ersten Jahrzehnt des angefangenen Jahrhunderts kamen drei aus Rumänien stammende Männer nach Österreich. Ohne Arbeit, ohne Perspektiven für ihr zukünftiges Leben wollten sie in Vorarlberg vor allem durch Betteln ihren Lebensunterhalt bestreiten. Wenn nach einem japanischen Sprichwort der Stolz des Bettlers darin besteht, kein Dieb zu sein, so war dieser Stolz den Genannten fremd. Sie hatten nach ihrer Ankunft im Lande die Absicht, neben dem Betteln Eigentumsdelikte zu begehen. Das Betteln diente auch dazu, die Örtlichkeiten kennenzulernen, die Gewohnheiten jener Hausbewohner zu erkunden, in deren Häuser eingebrochen werden sollte, und um überhaupt lohnende Einbruchsmöglichkeiten zu finden.

Wenn ihnen nach dem Läuten an den Haustüren nicht geöffnet wurde, schlossen sie auf die Abwesenheit der Bewohner und brachen in das Haus ein, um Geld und Schmuck zu stehlen. Sie drangen nicht in jedes Haus ein, dessen Bewohner abwesend schienen, es hing von der Umgebung, der Tageszeit, der Lage des Hauses und dergleichen ab. Die Einbrüche wurden auch nicht von allen drei Personen zusammen durchgeführt, sondern meistens von zweien, während der dritte auf die Einbrecher wartete. Die Beute war oft gering, da Bargeld in größeren Mengen selten in Häusern aufbewahrt wird.

Mit dem Betteln und den Einbrüchen konnten die drei Rumänen mehr oder weniger nur ihren Lebensunterhalt finanzieren. Sie sahen sich daher gezwungen, ihre Aktivitäten zu steigern, um mehr zu erlangen, als nur ihren Aufenthalt im Land zu sichern.

Eine betagte Frau, mehr als 85 Jahre alt, war eine beliebte Anlaufstation der Kriminaltouristen. Die Alleinstehende wohnte in einem kleinen Haus und sie hatte Mitleid mit den von der Heimat fernen, armen Männern, die häufig an ihre Türe klopften. Was immer diese für Geschichten auftischten, ob sie für die Angebettelte überhaupt verständlich waren, ist im Dunkeln geblieben. Jedenfalls versorgte sie die Männer mit Essen, wenn diese vor ihrem Haus standen, und gab ihnen darüber hinaus einige Münzen. Mehr konnte sie nicht geben, da mit einer kleinen Rente das Auslangen zu finden war.

Wer Geld geben kann, muss welches haben, so der Schluss derer, die das Mitleid der guten Frau ausnützten. Da sie selbst kein Mitleid kannten, konnten sie sich auch nicht vorstellen, dass Barmherzigkeit der Grund für deren Verhalten war. Nächstenliebe war für die Männer auszuschließen, weshalb nur ein, wenn auch nicht großer Überfluss dafür ausschlaggebend sein konnte, von der Frau mit Essen und Geld versorgt zu werden.

Diesen Gedanken folgend, beschlossen zwei von ihnen, in das Haus der Gutmütigen einzubrechen.

Es war nach 21 Uhr. Das Haus lag im Dunkeln und es war auch innerhalb kein Licht zu sehen. Es schien für die zwei zum Einbruch Entschlossenen, dass die Frau nicht zu Hause war.

Mit einem Stein wurde eine Fensterscheibe zertrümmert. Durch das entstehende Loch konnte das Fenster entriegelt werden, worauf die Männer in das Haus einstiegen.
    Die Bewohnerin des Hauses war anwesend, hatte sich aber bereits zu Bett begeben. Durch das Klirren des zerbrochenen Glases aufgewacht, vermutete sie ihre Katze als Urheberin des Lärms. Schlaftrunken wollte die Frau nach der Katze sehen und erschrak fast zu Tode, als sie sich den beiden Männern gegenübersah.

Nachdem sie entdeckt waren, dachten die beiden gar nicht daran, das Haus zu verlassen, sondern stürzten sich in stillschweigendem Einverständnis auf die vor Schreck wie gelähmte Frau und brachten sie mit Gewalt auf den Fußboden.

Die Überfallene hatte sich ein wenig gefangen und begann zögerlich um Hilfe zu rufen. Einer der Männer nahm den am nahestehenden Sessel hängenden Schal, wickelte ihn um den Hals der Betagten und zog so fest zu, dass die Frau glaubte, sterben zu müssen.

Als sie der Ohnmacht nahe wieder versuchte um Hilfe zu rufen, wurde ihr ein Stück eines Handtuchs in den Mund gesteckt. Mit diesem Knebel konnte sie nicht mehr schreien und um Luft ringend, sah sie ihr Ende nahen.

Derjenige, der die Frau knebelte, bemerkte an einem ihrer Finger einen Ring. Er nahm ihre Hand, zog sie zu seinem Gesicht, steckte den beringten Finger in seinen Mund und zog mit den Zähnen das Schmuckstück herunter. Diese Vorgangsweise wiederholte er, als er an der anderen Hand einen weiteren Ring wahrgenommen hatte. Es gelang ihm aber nicht, auch diesen Ring vom Finger zu ziehen.

Die Frau lag geknebelt und regungslos auf dem Boden. Sie hätte ersticken können, was den beiden ebenso gleichgültig war wie das Leid, das sie der Mitleidigen zufügten. Sodann begannen sie das Haus nach Wertgegenständen und Geld zu durchsuchen. Schmuck konnten sie keinen finden, jedoch sieben Euro an Bargeld. Mit dem Ring und den wenigen Münzen flohen die zu Räubern gewordenen Einbrecher und ließen ihr Opfer, wie sie es zu Boden gebracht, gewürgt und geknebelt hatten, liegen.

Die Überfallene konnte sich vom Knebel befreien und nach einiger Zeit die Fassung über das Geschehene finden. Sie suchte die Nachbarn auf, welche die Polizei verständigten.

Die Täter wussten, dass nach ihnen gefahndet wird und bevor die Polizei erfolgreich war, fuhren die Räuber zurück nach Rumänien.

Da die Überfallene die Männer kannte, konnte sie ihre Peiniger gut beschreiben. Die Täter waren identifiziert und hätten festgenommen werden können, wären sie im Land geblieben.

Nachdem einige Zeit vergangen war, reiste einer der Räuber wieder in Vorarlberg ein, in der Meinung, dass Gras über die Tat gewachsen war. Er glaubte, dass die alte Frau nicht in der Lage wäre, ihn zu beschreiben.

Er irrte.

Die Beschreibung der Räuber durch die Geschundene war dermaßen genau, dass bald die Handschellen klickten.

In der Hauptverhandlung war der Angeklagte geständig, stritt aber das Würgen und die Knebelung ab, obwohl er bei seiner Einvernahme vor dem Landeskriminalamt auch diese Gewalttaten zugegeben hatte. Das Opfer als Zeugin vernommen, hat das furchtbar Erlebte geschildert und ihr Auftreten war mehr als beeindruckend.

Von Jean Paul stammt das Zitat: „Freude am Strafen hat nur der Teufel."

Der Schöffensenat hatte nach dem einhelligen Schuldspruch auch keine Freude damit. Aber die Brutalität, mit welcher der Raubüberfall durchgeführt worden war, die davor begangenen Einbruchsdiebstähle, die Gefahr, dass das Opfer ersticken hätte können, als auch die Abschreckung potenzieller Kriminaltouristen, erforderten eine entsprechende Sanktion.

Mit einer mehr als fünfjährigen Freiheitsstrafe wurde dem Schuldgehalt der Taten entsprochen.

Faschingsumzug

Die Sonne schien von einem strahlend blauen Himmel, als ob sie sich selbst auf das bevorstehende Faschingstreiben freuen würde.

Wagen für Wagen wurden auf die vorgesehenen Plätze eingewiesen und dazwischen warteten ungeduldig die maskierten Kinder auf den Beginn des Faschingsumzuges.

Doch es dauerte eine Weile, bis alle Mäschgerle, Musikkapellen und die von Traktoren gezogenen, mit aufwändigen Aufbauten gestalteten Wagen bereit für den Umzug waren.

Eingewickelte Bonbons wurden vorbereitet, um sie unter die Zuschauer zu werfen. Um den Kindern das Warten zu erleichtern, ergoss sich der süße Regen schon vor Beginn des närrischen Treibens. Dies brachte die mühsam erreichte Ordnung neuerdings durcheinander, und die Veranstalter hatten viel zu tun, um sie wiederherzustellen. Auch die vielen Zuschauer warteten ungeduldig, sofern sie sich nicht mit Glühwein und anderen Getränken die Zeit vertrieben.

Endlich war es soweit.

Die Kapellen und Guggamusiker spielten auf und Scharen von Clowns, Prinzessinnen, allerlei Tieren, Engeln, Teufeln, Indianern, Cowboys, Zauberern und Hexen sowie viele bunt Gekleidete, die nicht einzuordnen waren, setzten sich in Bewegung.

Das Wetter hätte nicht schöner sein können, doch es war kalt und nur die Betreiber der Glühweinbuden kamen ins Schwitzen.

Laut und ausgelassen zogen die Maskierten auf und zwischen den Wagen an den manchmal applaudierenden Zuschauern vorbei.

Die Hexen und Teufel versuchten, die am Straßenrand Stehenden zu erschrecken, was ihnen meistens nur bei den Kindern gelang.

Der Spaß, den sich manche Maskierten erlaubten, fand nicht immer lustige Zustimmung.

Doch alles in allem war der Umzug ein fröhliches, Spaß bringendes Ereignis und die Freude der Teilnehmer sprang oft auf die Nichtmaskierten über.

Der letzte Wagen und die den Zug abschließende Musikkapelle waren vorbeigezogen, die Kinder erhielten ein Säckchen mit Süßigkeiten, und als die Reinigung der Straßen begonnen hatte, schien das bunte Treiben vorbei zu sein. Der Umzug war zwar vorüber, aber nicht die Stimmung der Faschingsnarren. Die Gasthäuser wurden gestürmt und sowohl auf den Plätzen als auch in aufgestellten Zelten wurde die fünfte Jahreszeit gefeiert.

Auf einer großen dreiseitigen Stiege, über die man ins Gasthaus gelangen konnte, saß ein bunter Haufen von Maskierten, solchen, die nur einen drolligen Hut aufhatten oder von gar keiner Maskerade geschmückt waren. Sie alle konnten nicht mehr ins Lokal hinein, da kein Platz mehr war. Sie wurden aber auch auf der Stiege bedient, da es dort ebenso lustig sein sollte. Wenn auch die Bekleidung der auf der Stiege sitzenden Personen unterschiedlich war, das Gemeinsame bestand im reichlichen Konsum von alkoholischen Getränken.

Nach und nach veränderte der Alkohol, was mit den Kostümen und Maskeraden ausgedrückt werden sollte. Stolze Indianer wurden zu bemitleidenswerten Figuren, aus Engeln aggressiv herumschreiende Wesen und aus imposanten Rittern erbärmlich Betrunkene. Aber auch den Nichtmaskierten wurde die Faschingslaune ausgetrieben. In dieser weinerlichen bis bösartigen Stimmung erinnerten nur die Kostüme an ein lustiges Faschingstreiben, das Freude und gute Laune bringen sollte. Die Situation auf der Stiege war irgendwie angespannt, aufgeladen, was nicht nur an der Alkoholisierung, der stufenweisen Sitzordnung, sondern vor allem an den zufällig zusammengekommenen Charakteren gelegen war.

Ein als Frosch verkleideter junger Bursche – seine Maske, welche während des Umzuges sein Gesicht verdeckte, hatte er abgelegt – wurde von zwei nicht maskierten Männern ausgelacht, aufgezogen, verhöhnt und oft zum Quaken aufgefordert.

Der Verspottete ließ sich dies nicht gefallen, denn anstatt mit oder ohne Quaken zu verschwinden, provozierte er die beiden Stänkerer.

Er hatte sie nicht mit üblichen, allgemein gebräuchlichen Schimpfworten bedacht, sondern warf ihnen ihr bäuerliches Aussehen vor, nannte sie stinkende Primitivlinge und dergleichen. Er konnte entschieden besser schimpfen und beleidigen als die, welche mit dem Streit angefangen hatten.

Körperregionen, Tiere oder Geisteszustände als verbale Aggression gebraucht, treffen meistens nicht die Persönlichkeit der Geschmähten, wohl aber gezielte Beleidigungen, welche die Herkunft, das Aussehen, den Beruf oder gar die Familie betreffen.

Damit war auch für die beiden stänkernden Brüder der Spaß zu Ende.

Sie standen auf, ergriffen den Frosch, um ihm eine ordentliche Tracht Prügel zu verabreichen.

Doch dieser wehrte sich gegen die Übermacht und schlug wild um sich, was die beiden Angreifer ausrasten ließ. Während der eine das Opfer festhielt, riss der andere an dessen Haaren mit einer derartigen Gewalt, dass sich die Kopfhaut löste und wie beim Skalpieren abgezogen wurde.

Das Brüllen des Skalpierten übertönte die Schreie der Anwesenden, von denen einige augenblicklich nüchtern wurden und die Polizei sowie Rettung verständigten. Das blutüberströmte Opfer wurde ins Spital gebracht, die Brutalen von der Polizei mitgenommen.

Monate später wollten zwei Frauen mit mir sprechen. Als sie mein Zimmer betreten und sich als Ehefrauen der gewalttätigen Brüder vorgestellt hatten, teilte ich ihnen mit, dass ich über den bevorstehenden Prozess nicht mit ihnen reden werde. Beim Verlassen meines

Zimmers erzählten sie weinend, dass beide Familien jeweils ein Haus bauen und Strafen, welche auch immer sie meinten, eine finanzielle Katastrophe nach sich ziehen würden. Ich sagte nichts, während ich ihnen die Türe aufhielt, auch nicht, dass die Strafen, welche auch immer, das kleinere Übel sein werden.

Ich verschwieg, dass horrende Forderungen an Schmerzengeld, Verdienstausfall und Behandlungskosten den Strafen folgen werden.

In der Hauptverhandlung waren die Beschuldigten geständig. Der Malträtierte, er hatte seinen Kopf mit einer Mütze bedeckt, schilderte das grausige Geschehen, seine monatelange Arbeitsunfähigkeit, seine Spitalsaufenthalte und dabei angewandten Behandlungen sowie auch die immer noch andauernden Kopfschmerzen neben sonstigen Beeinträchtigungen.

Mit einem Schuldspruch wegen schwerer Körperverletzung unter Zufügung besonderer Qualen und jeweils empfindlich unbedingten Geldstrafen als auch bedingten Freiheitsstrafen endete das Verfahren. Es erfolgte zudem ein Zuspruch an den privatbeteiligten Zeugen, der aber nur in symbolischer Höhe geltend gemacht wurde.

Die Verurteilten nahmen das Urteil an und waren schier verzweifelt, als zu den Strafen der Rechtsanwalt des Opfers ankündigte, dass im anzustrebenden Zivilverfahren immense Forderungen auf sie zukommen werden.

... videtur et altera pars!

In einer lieblichen Gegend unseres Landes stand in einem kleinen Dorf ein schmuckes Einfamilienhaus, das von einem gepflegten Garten umrahmt wurde.

Die Familie, die in dem Haus wohnte, konnte sich über eine hohe Wertschätzung der Dorfgemeinschaft freuen.

Der Ehemann und Vater war ein angesehener Mann, nicht zuletzt aufgrund seiner beruflichen Position. Seine Gattin umsorgte sowohl ihn als auch ihre drei Kinder und hatte den Ruf, eine perfekte Hausfrau zu sein.

Die Mädchen, Zwillinge, besuchten tagsüber den Kindergarten, der Bub war Volksschüler der zweiten Klasse.

Die Familie spiegelte eine heile Welt wider und es schien nichts zu geben, was diese Idylle beeinträchtigen hätte können.

Eine „Kindergartentante", wie man damals noch sagen durfte, bemerkte bei den beiden Mädchen Auffälligkeiten, die in eine für sie und vor allem für die Kinder furchtbare Richtung wiesen.

Die Pädagogin war vorsichtig genug, nicht jeden schwarzen Rauch in einer Kinderzeichnung als Missbrauchszeichen zu deuten.

Sie zog eine Psychologin zu Rate, um ihre Vorahnungen überprüfen zu lassen.

Die Befürchtungen der Aufmerksamen wurden bestätigt und der Verdacht des Kindesmissbrauchs war mehr als begründet.

Es wurde Anzeige erstattet.

Die Ermittlungen waren zu Ende, bevor sie noch richtig begonnen hatten.

Bei den kriminalpolizeilichen Vernehmungen brach der Vater der Mädchen unter der Last seiner Verbrechen zusammen. Er legte ein umfassendes Geständnis ab.

Dieses Geständnis war aus zwei Gründen sehr bemerkenswert. Zum einen, weil es schuldbewusst und bereuend war, zum anderen, weil von den Mädchen nur wenig zu erfahren war.

Sie waren traumatisiert und konnten sich über das an ihnen Geschehene kaum artikulieren.

Vielfach waren die Mädchen aufgrund ihres Alters gar nicht in der Lage, die Handlungen, welche ihr Vater mit ihnen gemacht hatte, als Missbrauch zu begreifen.

Ohne dieses Geständnis, das einer Lebensbeichte gleichkam, wäre das gesamte Ausmaß und der zeitliche Umfang des Kindesmissbrauchs auch nicht annähernd aufgedeckt worden.

Der Verdächtige wurde in Untersuchungshaft genommen.

Nach Rechtskraft der nicht beeinspruchten Anklage habe ich die Hauptverhandlung ausgeschrieben.

Der Angeklagte wurde zum Prozess von der Justizwache vorgeführt. Er wiederholte unter Tränen sein vor der Kriminalpolizei abgelegtes Geständnis lückenlos.

Über den Schuldspruch brauchte in der Beratung nicht lange diskutiert zu werden. Bei der Strafbemessung berücksichtigte das Schöffengericht die außergewöhnliche Schuldeinsicht, das umfassende Geständnis, das für die Wahrheitsfindung – wie es im Gesetz heißt – ausschlaggebend war, als auch das tadellose Vorleben des Angeklagten.

Bei einer Strafdrohung von fünf Jahren hielt der Schöffensenat eine unbedingte Freiheitsstrafe von zwei Jahren für schuld- und tatangemessen. Der Angeklagte nahm das Urteil sofort an und auch der Staatsanwalt war aufgrund der besonderen Umstände, vor allem wegen des Geständnisses, mit der ausgesprochenen Strafe einverstanden.

Das Urteil wurde am Tag der Hauptverhandlung rechtskräftig und der Verurteilte in den folgenden Wochen zur Strafverbüßung in eine Justizanstalt außerhalb Vorarlbergs gebracht.

In den im Land erscheinenden Zeitungen wurde über den Prozess berichtet.

Ich hatte schon vor dem Verfahren berechtigte Sorge, dass die Berichterstattung in eine bestimmte Richtung gehen könnte. Um die Familie, insbesondere die Kinder, vor den Folgen eines solchen Prozessberichtes zu schützen, hatte ich schon vor dem Anklagevortrag die Öffentlichkeit ausgeschlossen.

In der Urteilsbegründung, die Öffentlichkeit war wiederhergestellt, beschränkte ich mich auf die Strafzumessungsgründe.

Die Pressevertreter konnten also keine Details von den dem Angeklagten gemachten Vorwürfen wissen, trotzdem aber einige Spalten in ihren Zeitungen füllen.

Ich bekam daraufhin Briefe, in denen ich beschimpft wurde, weil ich eine derart „unverständlich milde Strafe" verhängt hatte. Darüber hinaus wurden mir verschiedene Vorschläge unterbreitet, wie man mit dem ... umgehen hätte sollen, abseits des geltenden Strafrechts.

Strafrichter müssen das aushalten.

Wenn ich manchmal damit konfrontiert wurde, bei Kindesmissbrauch zu geringe Strafen zu verhängen, fragte ich die Unverständigen, welche Handlungen der Täter gesetzt hatte. Sie hatten keine Ahnung und konnten auch keine haben, da die Öffentlichkeit bei solchen Verfahren in der Regel ausgeschlossen wird. Zu kritisieren, ohne das Spektrum von Missbrauchshandlungen zu berücksichtigen, vom sekundenlangen Berühren geschlechtsspezifischer Körperteile bis zur Vergewaltigung, spricht nicht für die Intelligenz der Kritiker.

Zum zweiten sagte ich, dass die Laienbeteiligung bei Gerichtsverfahren abzuschaffen oder zu akzeptieren wäre, denn die Schöffinnen und Schöffen können ihre Vorstellung von der Strafhöhe durchsetzen.

Darüber hinaus war ich nie bereit, meine Urteile gegenüber dem Publikum zu rechtfertigen, und entsorgte die Briefe. Ein Schreiben hob ich auf. Es enthielt keine Beschimpfungen, sondern ein ausführliches „grenzenloses" Unverständnis über das Ausmaß der von mir verhängten Strafe.

Der gerichtliche Alltag und die „Flut" von Strafanträgen und Anklageschriften ließen mich das geschilderte Verfahren vergessen, auch den aufgehobenen Brief.

Es war ein später Nachmittag, als Monate später an meine Zimmertüre geklopft wurde.

Ich bat die Person herein, eine Frau, die drei Kinder bei sich hatte. Sie wünschte, mich zu sprechen. Bevor sie mein Zimmer betreten hatte, sagte sie zu den Kindern, dass sie auf dem Gang spielen sollten. Ich bot ihr einen Platz an und bevor ich fragen konnte, was für ein Anliegen sie zu mir führt, begann sie herzzerreißend zu weinen.

Ich wartete, bis sie ihr verzweifeltes Weinen unterbrach. Es war die Mutter jener Mädchen, die von ihrem Vater missbraucht worden waren und vor meinem Zimmer spielten.

Vom Schmerz überwältigt, warf sie mir vor, ihr Leben und das ihrer Kinder zerstört zu haben.

Nach der Verurteilung, so erzählte sie, konnte sie nicht mehr „unter die Leute". Die dörfliche Ächtung hat nicht nur sie, sondern auch die Kinder getroffen. Ihrem Buben hätten Klassenkameraden ins Gesicht gesagt, was sein Vater für ein „Schwein" wäre.

Zu den Vorwürfen, die sie sich selbst machte, kamen die Demütigungen und Beschimpfungen durch beinahe die ganze Dorfbevölkerung. Ihrer Verzweiflung über die gesamte Situation folgte die finanzielle Katastrophe.

Die Hypothekarschulden konnten wegen der Inhaftierung des Familienvaters nicht mehr bedient werden. Der Verkauf des Hauses war unausweichlich, auch um eine Versteigerung abzuwenden.

„Es blieb kaum etwas übrig. Ich verlor den Ehemann und Ernährer, meine Kinder ihren Vater, wir alle unser Heim, die Vertrautheit der Umgebung, die Geborgenheit der Dorfgemeinschaft. Wir haben alles, auch unsere Heimat verloren."

Das von der Frau geschilderte Elend hat mich sehr berührt. Trotzdem versuchte ich, ihr zu erklären, dass nicht ich für ihre Situation verantwortlich war, sondern vielmehr ihr Gatte.

Ich konnte sie nicht davon abbringen, in mir den Schuldigen für ihre Verzweiflung zu sehen.

Sie begann wieder heftiger zu weinen, stand auf und verließ wortlos mein Zimmer.

Am nächsten Tag rief ich in der Frauennotwohnung an, um mich über die dort untergebrachte Frau mit ihren drei Kindern zu erkundigen.

Die Leiterin des Hauses verwies mich auf die die Familie betreuende Psychologin.

Im folgenden Telefonat schilderte sie mir die Situation der Frau mit ihren drei Kindern.

„Für die Kinder war es besonders schlimm, aus ihrer gewohnten Umgebung herausgerissen zu werden. Der Verlust des Heimes, des Gartens, der Schulfreunde und der Nachbarskinder hat die Kinder schwer getroffen. Der zwangsweise Umzug in eine Stadt, die nicht nur fremd war, sondern sich in allem vom vertrauten Dorf unterschied, hat für die Kinder verheerende Auswirkungen.

Das Herausreißen der Kinder aus der beschaulichen Umgebung in eine gefühlte Großstadt hatte unausweichliche psychische Folgen."

Die Betreuerin teilte mir mit, dass der Bub wieder zu Bettnässen begonnen hatte und mit den Mädchen eine umfangreiche länger andauernde Therapie begonnen wurde. Sie sollte, so die Psychologin, nicht nur die Folgen des Missbrauchs, sondern auch die des Umzugs verarbeiten helfen.

Am Schluss unseres Telefongesprächs wollte mir die psychologische Betreuerin der Familie etwas mitteilen, sofern ich weder ihren Namen noch das Gesagte verwenden würde.
„Das Herausreißen der Kinder aus ihrer vertrauten Umgebung hat eine größere Traumatisierung nach sich gezogen, als die Missbrauchshandlungen selbst."

Nach diesem Gespräch fiel mir der Brief ein, den ich aufgehoben hatte. Ich wollte dem Briefschreiber das Elend der Familie beschreiben: „... videtur et altera pars" – es möge auch die andere Seite gesehen werden.

Ich antwortete schließlich nicht und zerriss auch diesen Brief.

Fallwinde

Es gibt Strafsachen, bei denen das „Strafen" schwerfällt, manchmal sehr schwer.

Ich erinnere mich an die Mütter, die ich verurteilen musste, weil sie durch ihr Handeln oder ihr Unterlassen den Tod ihres eigenen Kindes verursacht und verschuldet haben. Ich denke an die kleinen Kinder, die den heißen Suppentopf, Geschirr mit kochender Wäsche oder brodelndem Fett vom Herd gezogen haben und an ihren furchtbaren Verbrennungen gestorben sind.

Ich denke an ein Kind, das in die mit Wasser gefüllte Badewanne fiel und hilflos ertrunken ist. Auch an die Kinder, die auf Fenstersimse geöffneter Fenster geklettert und in den Tod gestürzt sind.

Diese grauenhaften Folgen waren aufgrund eines längeren Telefonats, eines Schwätzchens mit der Nachbarin, einem länger als vorgesehenen Aufenthalt im Gemüsegarten usw. eingetreten.

Die Konsequenzen der fehlenden Aufsichtspflicht war für die Mütter schwer zu ertragen, mussten sie doch mit dieser „Schuld", von Vorwürfen gequält, ohne ihr Kind weiterleben. Und dennoch musste dem Gesetz Genüge getan werden.

Ich bemühte mich in diesen Fällen, sofern die Faktenlage keine Zweifel offen ließ und die Verteidiger einverstanden waren – die Staatsanwälte und Staatsanwältinnen waren es immer –, das Verfahren so kurz wie möglich durchzuführen.

Die weinenden und verzweifelten Mütter wurden von mir nur gefragt, ob ihre Angaben vor der Polizei richtig waren. Wenn ihre dort gemachten Aussagen für die Außerachtlassung der Aufsichtspflicht ausschlaggebend waren und von den Beschuldigten bestätigt wurden, stellte ich keine weiteren Fragen und ließ auch keine mehr zu.

Der Akt wurde „dargetan", ohne dass sein Inhalt tatsächlich erörtert wurde.

Ich bin beim Urteil nicht wie sonst aufgestanden, um den Müttern dieses von oben herab ins Gesicht geschleuderte „Schuldig" zu ersparen. Mit einer kleinen bedingten Geldstrafe war sodann dem Strafanspruch des Staates entsprochen.

Wenn auf Rechtsmittel verzichtet und das Urteil rechtskräftig war, wurde anstatt eines ausführlich begründeten Urteils ein sogenannter Urteilsvermerk meistens von der Schriftführerin angefertigt. Darin stand neben den am Verfahren beteiligten Personen und dem Tag der Verhandlung der Urteilsspruch, der sich „auf die objektiven Beweisergebnisse und das Geständnis stützte". Darüber hinaus wurden die Strafzumessungsgründe angeführt und, da erschwerende Gründe meistens entfielen, nur die mildernden aufgelistet. Durch die fehlende, bis ins letzte Detail gehende Begründung konnte sich manche Mutter eine eigene Version des Geschehens „zurechtlegen", die es ihr vielleicht ermöglichte, den Tod des Kindes „leichter" zu ertragen.

Es war jedoch nicht immer so. Diese, manche Formvorschrift vernachlässigende Vorgangsweise, um die schon mehr als gestraften Mütter nicht noch zusätzlich zu quälen, war nicht immer möglich. So auch beim angezeigten Sachverhalt, der kurz und schlüssig war.

„Der Beschuldigte hat am … in … mit seinen Kindern trotz akuter Lawinengefahr eine Tiefschneeabfahrt abseits der gesicherten Schipisten durchgeführt. Dadurch hat sich eine Schneebrettlawine gelöst, die seine Kinder mitriss und verschüttete. Er hat daher unter besonders gefährlichen Verhältnissen den Tod eines seiner Kinder und die Körperverletzung des anderen herbeigeführt."

Ich konnte mich zwar nicht in den Vater hineindenken, mir aber vorstellen, was in ihm vorging und wie er unter dem Tod seines Kindes litt und vielleicht immer noch leidet.

Ich beschloss daher, so vorzugehen, wie ich es bei jenen Fällen machte, die ich oben beschrieb.

Verteidigt wurde der Beschuldigte von einem Rechtsanwalt, der außerhalb Vorarlbergs tätig war. Der Name des Anwalts sagte mir nichts und ich fragte Kollegen, ob sie diesen kennen. Einige schon und meinten, dass ich es mit einem „Staranwalt" aufnehmen müsste.

Ich begriff nie, was ein „Staranwalt" ist, vermutete aber, dass ein solcher seinen Ruf den Umständen verdankte, medienwirksame und aufsehenerregende Prozesse „gewonnen" zu haben. Gewonnen ist gewonnen, ohne nachher zu fragen, welche Gründe hierfür ausschlaggebend waren.

Vielleicht war die „Suppe zu dünn", wie ein ehemaliger Justizminister in einer brisanten Causa damals irrend meinte. Vielleicht fiel der Kronzeuge um oder ein teilnahmsloser Staatsanwalt saß dem Verteidiger gegenüber. Möglich auch, dass ein Richter über den „niedrigsten Zaun" gesprungen war. Es kann natürlich nicht ausgeschlossen werden, dass ein solcher Ruf eines Anwalts auf sein taktisches Geschick und seine hervorragenden juristischen Fähigkeiten zurückzuführen waren.

Wie auch immer. Ich war mir sicher, ein „Staranwalt" wollte in gegenständlichem Fall einen Freispruch, da die Strafe nicht von Bedeutung war.

Ich wusste daher, dass ich das Verfahren wie in der Strafprozessordnung festgelegt durchziehen musste.

Im Eingangsplädoyer betonte der Verteidiger mehrfach, dass sein Mandant unschuldig sei und kündigte umfangreiche Beweisanträge an.

Um den schriftlich zu stellenden Beweisanträgen entsprechen zu können, vertagte ich die Verhandlung.

Außer den beantragten Zeugen und Beweismitteln ließ ich die Mitglieder der örtlichen Lawinenkommission und die Angestellten von jenem Lift, den der Beschuldigte zum Aufstieg benutzte, laden.

Darüber hinaus beauftragte ich einen der besten, wenn nicht überhaupt den weltbesten Sachverständigen für Lawinenkunde mit der Gutachtenerstellung und dessen Erörterung.

Im Zuge des Verfahrens stellte sich heraus, dass der Beschuldigte ein hervorragender Schifahrer war, dem auch Schitouren vertraut waren. Außerdem betrieb er Windsurfing und war daher der Meinung, dass er sich mit „dem Wetter" sehr gut auskennt.

Auch seine oftmaligen Besuche und durchgeführten Abfahrten im gegenständlichen Schigebiet waren für ihn Grund genug, sich über alle Warnungen hinwegzusetzen.

Er gab zwar zu, keinerlei lawinenkundliche Kenntnisse zu besitzen, was ihn dennoch nicht davon abhalten konnte, es trotzdem besser zu wissen und mit seinen Kindern in einen typischen Lawinenhang einzufahren.

Während des Verfahrens fragte ich mich öfters, wie der gebildete Beschuldigte dermaßen ignorant und überheblich sein konnte, oder war es vielleicht nur das verzweifelte Bemühen, am Tod des eigenen Kindes nicht schuldig sein zu wollen.

Zwei Tage vor dem Unfall las der Beschuldigte den Lagebericht des Lawinenwarndienstes für Vorarlberg. Dort stand, dass von einer großen Schneebrettgefahr auszugehen war. Dies wurde mit dem schlechten Schneedeckenaufbau und den umfangreichen Triebschneeablagerungen begründet. Auch die Gefahrenstellen wurden bezeichnet, nämlich steile Hänge und Mulden aller Expositionen. Die Schifahrer sollten daher alle Stellen außerhalb sicherer oder gesicherter Pisten meiden. Auch der sich nicht geänderte Lagebericht des folgenden Tages wurde vom Beschuldigten gelesen und ebenso wurde in diesem hingewiesen, dass die kritische Lawinensituation weiterhin aufrecht war. Besonders an kammnahen Steilhängen und Mulden aller Expositionen bestand eine große lokale Schneebrettgefahr.

Der Kälteeinbruch, der in der Nacht erfolgte, ließ den Beschuldigten wissen, er kannte sich ja „beim Wetter" aus, dass nunmehr die Lawinengefahr gebannt wäre. Dies, obwohl er nach eigenen Angaben von Lawinenkunde keine Ahnung hatte.

Dieser unbeschreiblichen Ignoranz zufolge las der Beschuldigte den Bericht der Lawinenkommission am Tage des Unglücks nicht mehr. In diesem wurde darauf hingewiesen, dass die hohe Lawinenwahrscheinlichkeit immer noch gegeben war.

Die örtliche Lawinenkommission besteht aus Personen, die jahrzehntelang in diesem Gebiet leben und es wie kaum andere kennen. Sie sind nicht nur mit den Örtlichkeiten bestens vertraut, sondern auch mit den Wetter- und Windverhältnissen, insbesondere wie diese die Lawinensituation beeinflussen.

Die Gewichtung solcher Warnungen von den Lawinenkommissionen in bekannten Touristengebieten ist besonders hoch, will man doch nicht dem Tourismus mit übertriebener Vorsicht schaden.

In der Verhandlung bestätigte das Liftpersonal, dass die Warnblinkanlagen, die auf die gefährliche Lawinensituation hinwiesen, eingeschaltet und die Lawinenberichte bei der Talstation ausgehängt waren.

Schließlich kam der Sachverständige an die Reihe. Er beschrieb die Topografie des durch verschiedene Abschnitte gekennzeichneten Hanges und deren Neigungen. Er bezeichnete den Unglückshang als typischen Lawinenhang, der für einen Lawinenabbruch geradezu prädestiniert war.

Die Erklärungen des Sachverständigen betrafen weiters den Schneedeckenaufbau – wie es bei einer dünnen Schneedecke durch extremes Temperaturgefälle (bis –29 °C) zu einer Umbildung der Schneekristalle kommt. Von einer anfangs kantigen prismatischen Kristallstruktur geht diese nach längerer Zeit durch die Kälte in eine becherförmige über, was ebenfalls zur Labilität des Schnees beiträgt.

An der Basis der Schneedecke, so der Sachverständige weiter, hatte sich eine relativ dicke Schwimmschneeschicht gebildet.

Seine langen Ausführungen endeten damit, dass er die besondere Gefährlichkeit des unfallgegenständlichen Hangs darlegte. Diese, so der Experte, wurde neben allen anderen Kriterien wegen des dort auftretenden Fallwindes mit den dazugehörigen Schneeverfrachtungen noch erhöht, da eine in diesem Bereich ausgelöste Schneebrettlawine immer bis zum Talboden abgehen wird.

Der Beschuldigte ignorierte, nachdem er mit seinen Kindern auf der Bergstation angekommen war, die Warnleuchten, welche auf die gefährliche Lawinensituation nochmals aufmerksam machten, ebenso wie die ausgehängten Lawinenberichte. Mit seinen Kindern befuhr er vorerst die gesicherte Piste. Sodann fuhr er in den extrem lawinengefährlichen Hang ein, der im Lawinenbericht als besonders gefährlich eingestuft worden war.

Mit einem Knall wurde durch den Beschuldigten oder die ihm nachfolgenden Kinder oder durch alle zusammen die Lawine ausgelöst, die Kinder mitgerissen und verschüttet.

Der Beschuldigte konnte der Lawine ausweichen, fuhr ins Tal, um die Bergrettung zu verständigen.

Währenddessen begann eine vorbeifahrende Schifahrergruppe mit ihrem Schilehrer, die Kinder zu suchen und auszugraben. Ein Kind konnte, nachdem es befreit und der Schnee aus seinem Mund entfernt wurde, selbstständig atmen, hatte einen Schock, aber nur leichte Verletzungen davongetragen. Nachdem das zweite Kind bewusstlos ausgegraben war, hatten die Wiederbelebungsversuche, die auch während der Fahrt ins Krankenhaus erfolgten, das Kind nicht mehr ins Leben zurückbringen können. Es konnte dort nur noch der Tod durch Ersticken festgestellt werden.

Als ich nach dem umfangreichen Beweisverfahren und den Schlussplädoyers den Schuldspruch fällte, sackte der vorerst stehende Beschuldigte auf die Anklagebank. Er bedeckte mit den Händen sein Gesicht, während ich ausführlich die Fakten und deren Beweise aufzählte, sowie die daraus folgenden rechtlichen Konsequenzen darlegte.

Trotz der augenscheinlichen Verzweiflung des Verurteilten und der Begründung – ausführlichst wiederholt und dargelegt in der schriftlichen Urteilsausfertigung – wurde vom Verteidiger wegen formeller Fehler des Verfahrens und wegen Schuld berufen.

In der zweiten Instanz, der Beschuldigte war nunmehr ein Angeklagter, musste er von einem Senat, der drei Richter umfasste, unwiderruflich zur Kenntnis nehmen, am Tod seines Kindes schuldig zu sein.

Feuertanz

Im Bachbett eines größeren Flusses in Vorarlberg fand an einem schönen Maiabend ein außergewöhnliches Gelage statt. Daran nahmen mehr als zwanzig Personen teil. Es floss nur wenig Wasser zwischen den Steinen, mehr als Bier durch die Kehlen der Feiernden, obwohl es den gegenteiligen Anschein hatte.

Da die Zusammenkunft am späten Nachmittag begonnen hatte, schliefen schon einige ihren Rausch in den mitgebrachten Zelten aus, trotz der überaus lauten Musik. Eine Stereoanlage dröhnte weit über das Flussbett hinaus. Der Lärm erregte bei den in der Nähe Wohnenden zunehmenden Ärger und Zorn.

Die Feiernden hatten einen großen Holzhaufen entzündet und das Feuer loderte bisweilen mehr als zwei Meter hoch. Es wurde fortwährend nachgelegt, wenn sich die Flammenhöhe verkleinerte.

Gegen das ausgelassene Gegröle und vor allem die ohrenbetäubende Musik setzten sich die Anrainer zur Wehr. Mit Zustimmung der meisten der Lärmgeplagten wurde der Bürgermeister angerufen. Die von ihm verständigte Polizei sollte dem Treiben im Flussbett ein Ende bereiten.

Die „Begrüßung", mit welcher die anrückenden sieben Polizisten empfangen wurden, übertönte sogar die laute Musik. Nach geschrienen Beleidigungen und Beschimpfungen folgte die wiederholte, jedoch erfolglose Aufforderung, dass sich die Beamten zum Teufel scheren sollten.

Der Versuch mit gutem Zureden scheiterte kläglich. Als ein Polizeibeamter die Lautstärke an der Musikanlage zurückgedreht hatte, wurde unmittelbar darauf der vorige Zustand wiederhergestellt. Die Polizisten waren irgendwie hilflos, denn mit Einsicht hätten eher die Steine im Flussbett überzeugt werden können als die grölende Gemeinschaft. Es hätte anderer Mittel als gutes Zureden bedurft, die jedoch, aus welchen Gründen auch immer, unterblieben sind. Die Beamten konnten ohne Festnahmen zu keinem Namen der sich ihnen Widersetzenden kommen und das Verlangen von Ausweisen wurde mit höhnischem Lachen verweigert.

Einer der trinkfesten Beleidiger, er spielte sich als Anführer der Bande auf, war einem der Beamten bekannt. Genauer gesagt amtsbekannt, denn es musste schon früher gegen ihn polizeilich vorgegangen werden. Nennen wir ihn Franz.

Auch die Aufforderung, das Feuer auszumachen, bewirkte das Gegenteil. Weitere große Holzstücke wurden in das Feuer geworfen.

Sodann riefen die frustrierten und beleidigten Polizisten die Feuerwehr zu Hilfe. Der Mittelpunkt des Gelages sollte zerstört werden.

Es dauerte nicht lange, bis die mit Helmen und Schutzausrüstung ausgestatteten Männer der Feuerwehr einen Schlauch ausrollten. Den renitenten Feiernden war nun trotz ihrer Alkoholisierung bewusst, was folgen wird. Daraufhin bildeten die mehr oder minder Betrunkenen um das Feuer einen Kreis. Sie hielten sich mit ihren Armen an den Schultern der Nächststehenden fest und begannen, um das Feuer zu tanzen. Es war kein Sirtaki, aber ein solidarischer Tanz, mit dem man gegen das Kommende protestieren wollte. Während des Tanzes wurde nicht gesungen, eher gebrüllt. Es war kein einzelnes Lied, schon gar nicht ein einheitlicher Text. Das Gemeinsame bestand vielmehr darin, die Polizeibeamten zu schmähen und zu verspotten. Der Höhepunkt des Feuertanzes wurde jedoch damit erreicht, dass einer der Männer seine Hosen herunterließ. Mit Gegröle begleitet, drehte das tanzende nackte Gesäß an den umherstehenden Beamten seine Runden.

Die Feuerwehr löschte in wenigen Minuten das Feuer. Die Tanzenden wurden nicht direkt vom Wasserstrahl getroffen, trotzdem wurden sie durch das von den Steinen aufspritzende Wasser nass. Sie wurden nicht nur nass, sondern durch die aufgeschleuderte Asche auch schmutzig. Da auch die Stereoanlage in Mitleidenschaft gezogen wurde, fanden Tanz, Feuer und Fest ihr vorläufiges Ende.

Die Polizisten wollten schon im Flussbett das an ihnen vorbeitanzende nackte Gesäß einem Gesicht zuordnen. Das war nicht so einfach. Zu wem gehörte das sich bewegende, dem Feuer abgewandte und nur vom Feuerschein beleuchtete nackte Hinterteil?

Es wurde Franz, dem Rädelsführer und Amtsbekannten zugeordnet.

Ob diese Wahrnehmung von allen, mehreren oder nur einem Polizisten gemacht wurde, konnte nicht festgestellt werden.

Franz wurde wegen Beleidigung von Beamten während des Dienstes, die formellen Voraussetzungen waren gegeben, angezeigt.

Im Verfahren vor dem Bezirksgericht bestritt Franz, die Hosen heruntergelassen zu haben. Es wäre ein anderer gewesen. Wer dieser andere war, wollte oder konnte er nicht sagen.

Die „anderen" konnten schlecht sagen, dass Franz nicht der Täter war. Denn hätten sie dies so genau beobachtet, wäre ihnen wohl der wahre Täter erinnerlich gewesen. Man kannte sich ja schließlich.

Diesem Dilemma wollten sie entgehen. Die Belehrungen über die Folgen einer falschen Zeugenaussage trugen wohl dazu bei, dass diese Zeugen erklärten, infolge ihrer Berauschung keine Wahrnehmungen wiedergeben zu können.

Einer jedoch konnte.

Es war der Kumpel von Franz, ein Kollege, wie er sich bezeichnete, denn Freund wäre zu viel gewesen. Dieser Kollege gab vor dem Bezirksgericht in der Hauptverhandlung an: „Ich weiß hundertprozentig, dass Franz nicht der war, der die Hosen heruntergelassen hat. Diesen anderen wollte er jedoch nicht nennen, um „Komplikationen zu vermeiden", wie er sich ausdrückte.

Damit blieben nur die verwertbaren Zeugenaussagen der Polizisten übrig. Der Richter des Bezirksgerichtes stellte fest, dass das tanzende, nackte, vom Feuerschein beleuchtete Hinterteil jenes von Franz gewesen war. Die Verurteilung wegen Beleidigung, verbunden mit einer Geldstrafe, war die Folge.

Franz war mit dieser Entscheidung nicht einverstanden und legte Berufung gegen das Urteil des Bezirksgerichtes ein. Das Landesgericht Feldkirch als Berufungsgericht hinsichtlich bezirksgerichtlicher Entscheidungen war die nächste Instanz. Bestehend aus einem Dreirichtersenat wurde das Beweisverfahren wiederholt. Sämtliche Zeugen und auch der Verurteilte wurden neuerdings einvernommen.

Franz beteuerte seine Unschuld und die Zeugen wiederholten ihre Aussagen wie vor dem Bezirksgericht. Überraschend war wiederum die Aussage des Kumpels von Franz. Er wiederholte, dass Franz nicht der Täter gewesen sein könne, weil „ich" und das war neu, „der mit dem nackten Hinterteil gewesen bin, der die Polizisten verspottet hat".

Der Kumpel wollte besonders schlau sein. Mit seiner Aussage müsste, so seine Überlegungen, Franz freizusprechen sein. Ihn selbst könnte man wegen des nackten Hinterteiles nicht mehr belangen, da die Tat gegenüber ihm verjährt war.

Hinsichtlich der Verjährungszeit wird er wohl juristischen Beistand gebraucht haben.

Es war richtig, wegen Beleidigung konnte der Kumpel von Franz infolge eingetretener Verjährung nicht mehr verfolgt werden.

Was er jedoch nicht bedachte und vermutlich auch nicht sein juristischer Ratgeber, dass ihm ein Verfahren wegen falscher Beweisaussage, ein viel schwerwiegenderes Delikt, bevorstehen könnte.

Das Berufungsgericht glaubte dem Kumpel nicht und sah seine Angaben wegen der eingetretenen Verjährung als schlau gemeinte Schutzbehauptung zugunsten von Franz.

Auch die drei Richter des Berufungssenates ordneten das nackte Hinterteil Franz zu, und er wurde neuerlich und endgültig wegen Beleidigung zu einer Geldstrafe verurteilt.

Sodann brachte die Staatsanwaltschaft Feldkirch einen Strafantrag wegen falscher Beweisaussage gegen den Kumpel von Franz ein. Der

Akt landete auf meinem Schreibtisch. Die Überlegungen in meinem Urteil wurden von der Staatsanwaltschaft ebenso wenig geteilt, wie von den drei Richtern des Berufungssenates beim Oberlandesgericht Innsbruck.

Sie ordneten einen neuen Verfahrensgang an und so wurde der neunte Richter mit der entscheidenden Frage befasst: Wem ist das nackte Hinterteil zuzuordnen?

Nur wenn Franz der Täter war, hatte sein Kumpel falsch ausgesagt.

Der neunte Richter stellte schließlich das tanzende, nackte, vom Feuerschein beleuchtete Hinterteil ebenfalls als jenes von Franz fest.

Konsequent war damit die Verurteilung seines Kumpels wegen falscher Beweisaussage verbunden. Da Delikte gegen die Rechtspflege rigoros geahndet werden, wurde über ihn eine empfindliche Strafe verhängt.

Das Fest im Flussbett war somit nach mehr als drei Jahren endgültig zu Ende gegangen.

Sine ira et studio

Gesicherte berufliche Position, dennoch mit Frust verbunden; geregeltes, ausreichendes Einkommen, das jedoch größere Träume nicht verwirklichen ließ; Familienverhältnisse, die sich zur Krise ausweiten könnten – all das drückte auf die Gemütslage eines knapp über dreißig Jahre alten Mannes.

Mit viel Geld glaubte er diesen belastenden Lebenssituationen entkommen zu können. Immer öfter kreisten seine Gedanken um Möglichkeiten der Geldvermehrung. Da ihm legale Tätigkeiten nicht einfielen, wurden Verbrechen als ein größeres und lukratives Betätigungsfeld in die Überlegungen einbezogen.

Bei den häufigen Gasthausbesuchen des Nachdenklichen fiel ihm auf, dass oftmals Zigaretten ohne Bonieren und zu überhöhten Preisen verkauft werden. Diese Beobachtungen brachten ihn nicht auf eine, sondern auf die für ihn beste Idee.

Gestohlene Zigaretten könnten billiger wie im Handel an Gastronomen verkauft werden, die bei den von ihnen verlangten Preisen einen größeren Gewinn ermöglichten. Da der Kauf der Zigaretten in der Buchhaltung der Lokale keinen Niederschlag finden würde, könnte auch der Verkauf draußen bleiben. Die Verwertung des Diebesguts – für viele Einbrecher ein nicht leicht zu bewerkstelligendes Problem – könnte somit optimal gelöst werden. Für ihn als auch die Wirte eine Win-win-Situation, wie dies neudeutsch bezeichnet wird.

Der Plan schien gut, beinahe perfekt.

Das Tabaklager war schnell gefunden, die Örtlichkeit besichtigt, der Einstieg in das Gebäude festgelegt und der Fluchtweg bestimmt. Ein neben dem Tabaklager abgestellter Klein-Lkw könnte mit den Zündkabeln kurzgeschlossen in Betrieb genommen und zum Abtransport des Diebesguts verwendet werden. Doch um das Vorhaben umsetzen zu können, fehlte ein zweiter Mann.

Er dachte an seinen Freund, mit dem er auch beruflich verbunden war. Dessen Gefühlswelt war mit seiner nicht vergleichbar, weshalb der zum Einbruch Entschlossene sich ganz behutsam vortastete, um festzustellen, was der Freund von seinem Vorhaben hält. Als nach vorsichtigen Hinweisen das geplante Verbrechen nicht mehr umschrieben werden musste, stimmte der Freund dem Plan zu und war bereit, diesen umzusetzen.

Da nun der zweite Mann gefunden war, der außerdem über eine leerstehende Wohnung verfügte, konnte auch die Lagerung der gestohlenen Zigaretten zufriedenstellend gelöst werden.

In einer regnerischen Nacht sollte der Einbruch durchgeführt werden. Der Freund besorgte Strumpfmasken, Handschuhe und brachte seine Schrotflinte mit. Eine geladene Pistole steckte ihm sein Partner zu, der eine weitere und eine Pumpgun in seinem Auto mitführte.

Somit hatte jeder zwei schussbereite Waffen und mit der sonstigen Ausrüstung fuhren die beiden zum Tabaklager.

Sie blieben in einiger Entfernung vom Einbruchsobjekt mit ausgeschaltetem Scheinwerfer stehen. Nichts regte sich und durch das Licht der Außenlampe, welche eine Front des Gebäudes beleuchtete, konnte man sehen, wie der Wind den Regen gegen die Fenster peitschte.

Bei der Vorbereitung hatten die beiden auch an eine Alarmanlage gedacht. Um festzustellen, ob eine solche installiert ist, stieg einer aus und schleuderte einen Radschlüssel gegen das Fenster.

Die Scherben fielen klirrend zu Boden, der Schlüssel blieb im Inneren des Gebäudes liegen.

Nachdem der Werfer wieder ins Auto eingestiegen war, verließen sie ihren Standort, um nach ca. fünfzehn Minuten wiederzukommen. Sie wollten in sicherer Entfernung abwarten, ob eine Sirene oder Ähnliches ertönt, ob das Licht im Gebäude aktiviert wird, ob überhaupt etwas passiert.

Nach der verstrichenen Zeit kehrten sie wieder zum Tabaklager zurück und konnten nichts Bedrohliches feststellen. Trotzdem beschlossen sie, noch einige Minuten zuzuwarten.

Doch es geschah nichts, bis ein Gendarmeriefahrzeug den Fluchtweg versperrte. An einen stillen Alarm hatten die verhinderten Einbrecher nicht gedacht.

Sie wurden festgenommen und auf den nächsten Gendarmerieposten gebracht.

Bis dahin war die Geschichte dieses versuchten schweren Diebstahls durch Einbruch und mit Waffen nichts Besonderes. Interessant wurde sie erst, als feststand, dass die Verhafteten aktive Gendarmeriebeamte waren.

Ihre Kollegen von der Kriminalpolizei vernahmen die beiden und die lückenlosen Geständnisse wurden der Staatsanwaltschaft mit der Anzeige übermittelt.

In der Hauptverhandlung wiederholte der Erstangeklagte sein Geständnis. Er änderte seine Aussage nur insoweit, als er dem Zweitangeklagten helfen wollte, indem er dessen Beteiligung kleinzureden versuchte. Die Aussage des Zweitangeklagten, zufällig am Tatort gewesen zu sein, aber auch seine Ausführungen, um einen strafbefreienden Rücktritt vom Versuch glaubhaft zu machen, konnten das Schöffengericht nicht überzeugen.

Dem Schuldspruch wegen versuchten schweren Diebstahls durch Einbruch und mit Waffen folgte die Strafe. Erschwerungsgründe lagen keine vor, mildernd hingegen waren ihre Unbescholtenheit, der gute Leumund, das vollempfängliche und reumütige Geständnis des Erstangeklagten, das Tatsachengeständnis des Zweitangeklagten als auch, dass die Tat beim Versuch geblieben ist. Ich fügte die stümperhafte Vorgangsweise hinzu.

Diesen Strafzumessungsgründen zufolge verhängte ich über den Erstangeklagten eine Freiheitsstrafe von zwei Jahren, über den Zweitangeklagten eine solche von zwanzig Monaten, beide Strafen jedoch bedingt unter Bestimmung einer Probezeit von drei Jahren. Mit der Höhe der Strafe war der Amtsverlust mit allen sozialrechtlichen Folgen verbunden.

Die beiden Angeklagten erklärten mit dem Urteil einverstanden zu sein. Der Staatsanwalt wollte eine unbedingte Freiheitsstrafe hinsichtlich des Erstangeklagten und meldete Berufung an. Wie sich erst Monate später herausstellte, ohne Erfolg.

Nachdem die Verurteilten, ihre Verteidiger und der Staatsanwalt den Verhandlungssaal verlassen hatten, sah ich in vierzig oder mehr Gesichter von Gendarmerieschülerinnen und -schülern. Nicht nur das Kopfschütteln mancher konnte ich wahrnehmen, sondern das Unverständnis geradezu aus ihren Mienen ablesen.

Ich war auf das Kommen der angehenden Gendarmeriebeamtinnen und -beamten vorbereitet und hatte für die Diskussion eine Verhandlungspause von einer Stunde vorgesehen.

Ich begann das schweigende Unverständnis mit der Frage zu brechen, welche Strafe sie für angebracht hielten. Einhelligkeit war dahingehend gegeben, dass nur eine unbedingte Freiheitsstrafe angemessen wäre. Hinsichtlich der Höhe waren sich die Schülerinnen und Schüler nicht so einig. Die Dauer der Strafe reichte von einundhalb bis vier Jahre.

Sodann bat ich, mir die Gründe für die von ihnen als gerechtfertigt angesehenen Strafen zu nennen. Es wurden viele Gründe angeführt: Gesetzeshüter, die das Gesetz brechen, müssten exemplarisch bestraft werden. Die Medien werden schreiben, dass es sich die zwei richten konnten. Der gewaltige Imageschaden und der Vertrauensverlust in die Arbeit der Gendarmerie wurden angeführt und letztlich, dass die beiden gegen den Korpsgeist der Gendarmerie verstoßen haben. Deshalb wären sie Verräter und müssten demzufolge hart bestraft werden.

Bevor ich mich zu den Strafen äußerte, gab ich grundlegende Überlegungen zu bedenken: „In einer Diktatur hängt der Machterhalt von Unterdrückung, Terror, Medienmonopol, Zensur, der Beseitigung von Andersdenkenden usw. ab, vor allem aber, dass geradezu blinder Gehorsam der Vollzugsorgane die Macht der Obrigkeit absichert. Jeder Ausreißer, aus welchen Gründen auch immer, gefährdet das Machtgefüge und wird daher drakonisch bestraft". Ich führte Beispiele aus der Zeit des Nationalsozialismus, der DDR und auch anderswo an.

„Mit einem Rechtsstaat hat eine derartige Vorgangsweise nichts zu tun. Weder mit der Würde eines jeden Menschen, auch eines Verbrechers, noch mit dem Bestreben, einer individuellen Gerechtigkeit nahe zu kommen."

In weiterer Folge befasste ich mich mit dem von den Schülerinnen und Schülern als angemessen empfundenen Strafen: „All eure Begründungen können mit fünf Überschriften zusammengefasst werden: Enttäuschung, Wut, Angst um das eigene Ansehen, Zorn und Rache. All diese Emotionen dürfen keinen, gar keinen Einfluss auf die Urteilsfindung haben. Vom berühmten römischen Prätor, Konsul, Statthalter und Geschichtsschreiber Tacitus stammt der Satz ‚Sine ira et studio' (Ohne Zorn und Eifer), was nichts anderes bedeutet, als dass Objektivität der oberste Grundsatz einer Entscheidung sein muss."

Dass dies manchmal nicht leicht ist, konnte ich nicht verschweigen.

Die Diskussion mit den Schülerinnen, Schülern und ihren Lehrern hat mich zeitlich in Verzug gebracht. Abwechslungsweise streckten eine Staatsanwältin und ein Verteidiger ihre Köpfe in den Verhandlungssaal, um mich darauf hinzuweisen, dass die nächste Verhandlung schon beginnen sollte. Ich wollte jedoch meinen Zuhörern noch etwas mitgeben.

„Gesetzt den Fall, zwei Gendarmeriebeamte, einer davon weiblich, müssen eine Festnahme durchführen. Der Renitente widersetzt sich dieser mit Schlägen und Tritten, die er mit aller Kraft gegen die ihn festnehmen Wollenden einsetzt. Der Beamtin wird das Nasenbein gebrochen und ein blaues Auge verpasst, ihrem Kollegen werden ein oder mehrere Zähne ausgeschlagen. Beiden werden Hämatome und Prellungen zugefügt, bis es ihnen gelingt, den Uneinsichtigen auf den Boden zu bringen und die Handfesseln anzulegen.

Der Gewalttätige wird wegen versuchten Widerstandes gegen die Staatsgewalt und mehrfacher schwerer Körperverletzung bestraft und zum Schadenersatz, Schmerzengeld usw. verurteilt werden.

Die Gendarmeriebeamten werden auf den, der sie verletzt und geschlagen hat, weil sie ihre Pflicht erfüllen mussten, Wut, Zorn oder vielleicht noch mehr haben. Dies ist menschlich und mehr als verständlich.

Wenn euch das passieren sollte, und ihr glaubt, hofft oder gar erwartet, dass mit der Höhe der Strafe der Wut, dem Zorn den ihr empfindet, entsprochen wird, dann solltet ihr euren Berufswunsch noch einmal überdenken."

Viele Jahre später musste ich zu meinem Bedauern nach der Verurteilung eines Richters und eines Kanzleibeamten erfahren, dass die urteilenden Kollegen meine Überzeugung nicht teilen konnten.

Der Schaffner

Ein Donnerstag wie kein anderer. Zwischen zehn und fünfzehn Einzelrichterverhandlungen waren an jedem Donnerstag, meinem zweiten Verhandlungstag, zu erledigen. Die Verteidigerinnen und Verteidiger wechselten nach jeder Causa, die Staatsanwälte und Staatsanwältinnen nach einem Vormittag. Nach sieben oder mehr Stunden konzentrierter Verhandlungsführung sollten mit dem Schließen der Gerichtstüre alles Leid, alle Tränen, die mich den Tag begleitet hatten, im Gerichtsgebäude zurückbleiben. Manchmal blieben die Schicksale nicht im Gericht, sondern holten mich ein.

Ein junger Mann, der seine Freundin gedemütigt, geschlagen und betrogen hatte, wurde von mir verurteilt. Ich hatte den Fall abgeschlossen und vergessen, bis mich die Zeilen des Opfers erreichten.

Der Zug des Lebens

Das Leben ist wie eine Reise im Zug:
Man steigt oft ein und aus, es gibt Unfälle,
bei manchen Aufenthalten angenehme Überraschungen
und tiefe Traurigkeit bei anderen.

Wenn wir geboren werden und in den Zug einsteigen,
treffen wir Menschen, von denen wir glauben,
dass sie uns während unserer ganzen Reise begleiten
werden: unsere Eltern.

Leider ist die Wahrheit eine andere.
Sie steigen bei einer Station aus und lassen uns
ohne ihre Liebe und Zuneigung,
ohne ihre Freundschaft und Gesellschaft zurück.

*Allerdings steigen andere Personen,
die für uns sehr wichtig werden,
in den Zug ein.
Es sind unsere Geschwister, unsere Freunde
und diese wunderbaren Menschen, die wir lieben.*

*Manche dieser Personen, die einsteigen,
betrachten die Reise als kleinen Spaziergang.*

*Andere finden nur Traurigkeit auf ihrer Reise.
Und es gibt wieder andere im Zug,
die immer da und bereit sind, denen zu helfen,
die es brauchen.*

*Manche hinterlassen beim Aussteigen eine
immerwährende Sehnsucht ...
Manche steigen ein und wieder aus,
und wir haben sie kaum bemerkt ...*

*Es erstaunt uns, dass manche der Passagiere,
die wir am liebsten haben,
sich in einen anderen Waggon setzen
und uns die Reise in diesem Abschnitt
allein machen lassen.*

*Selbstverständlich lassen wir uns nicht
davon abhalten,
die Mühe auf uns zu nehmen,
sie zu suchen
und uns zu ihrem Waggon durchzukämpfen.*

*Leider können wir uns manchmal nicht zu ihnen setzen,
da der Platz an ihrer Seite schon besetzt ist.*

*Macht nichts, so ist die Reise:
voll von Herausforderungen, Träumen, Fantasien,
Hoffnungen und Abschieden ... aber ohne Rückkehr.*

*Also, machen wir die Reise
auf die bestmögliche Weise.*

*Versuchen wir mit unseren Mitreisenden
gut auszukommen,
und suchen wir das Beste in jedem von ihnen ...*

*Erinnern wir uns daran,
dass in jedem Abschnitt der Strecke
einer der Gefährten schwanken kann
und möglicherweise unser Verständnis braucht.*

*Auch wir werden öfter schwanken
und es wird jemanden geben, der uns versteht.*

*Das große Mysterium der Reise ist,
dass wir nicht wissen,
wann wir endgültig aussteigen werden
und genauso wenig, wann unsere Mitreisenden
aussteigen werden,
nicht einmal der, der gleich neben uns sitzt.*

*Ich glaube, ich werde wehmütig sein,
wenn ich aus dem Zuge für immer aussteige ...
Ja, das glaube ich.*

*Die Trennung von einigen Freunden,
die ich während der Reise traf,
wird schmerzhaft sein.*

*Meine Liebsten allein zu lassen, wird sehr traurig sein.
Aber ich habe die Hoffnung,
dass irgendwann der Zentralbahnhof kommt,
und ich habe das Gefühl,
sie ankommen zu sehen, mit Gepäck,
das sie beim Einsteigen noch nicht hatten.*

*Was mich glücklich machen wird, ist der Gedanke,
dass ich mitgeholfen habe,
ihr Gepäck zu vermehren und wertvoller zu machen.*

*Ihr, meine Freunde, schauen wir darauf,
dass wir eine gute Reise haben,
und dass sich am Ende die Mühe gelohnt hat.
Versuchen wir, dass wir beim Aussteigen
einen leeren Sitz zurücklassen,
der Sehnsucht und schöne Erinnerungen
bei den Weiterreisenden hinterlässt.*

*Denen, die Teil meines Zuges sind,
wünsche ich gute Reise.*

Diesen Zeilen fügte sie an: „Vielen Dank, dass Sie mir gezeigt haben, dass es im Zug des Lebens auch Schaffner gibt."

Ein Krippenspiel

Es war Silvester. Auf einem großen Platz eines bekannten Wintersportortes tummelten sich viele Menschen, die das alte Jahr abschließen und das neue begrüßen wollten.

Alkoholische Getränke, insbesondere Glühwein, wurden an Verkaufsständen angeboten und machten ein Programm überflüssig, in jedem Sinne dieses Wortes.

Zwischen den Verkaufsbuden stand eine Krippe, die schon zur Weihnachtszeit aufgestellt worden war. Vielleicht entsprach sie nicht nur christlicher Tradition, sondern trug auch zur Besinnung der Betrachter bei. In einem aus Holz gebauten Stall standen die lebensgroßen Figuren um die Krippe, in der das auf Stroh gebettete, göttliche Kind lag.

Die laute Silvesterparty mit den vielen Menschen und die mit der Stille der Krippe verbundene Botschaft hätten gegensätzlicher nicht sein können.

In der Krippe waren auch die großen Köpfe von Ochs und Esel zu sehen und es schien, dass ihre starren Augen nicht auf die heilige Familie, sondern auf ihre Artgenossen auf dem Platz gerichtet waren.

Eine junge Frau bestellte an einem Verkaufsstand mehrere Becher Glühwein, die sie jedoch nicht auf einmal tragen konnte. Den ersten Teil ihrer Bestellung stellte sie auf einer Mülltonne ab, um den anderen ihren Freunden und Bekannten zu bringen.

Die Mülltonne, auf der die Becher abgestellt waren, befand sich vor der Krippe. Die Mülltonne allein störte einen sehr gläubigen Italiener, der als Kellner in dem Wintersportort arbeitete. Der darauf abgestellte Glühwein, dessen Dampf die heilige Familie umzog und das neben der Krippe respektlose Grölen einer Gruppe waren für den frommen Mann zu viel. Seine religiösen Gefühle waren unerträglich verletzt.

Er ging zur Mülltonne und fragte laut, wem die Glühweinbecher gehören. Da er keine Antwort erhielt, leerte er die Becher aus und entsorgte sie.

Kurz darauf kam die Frau, welche die Becher abgestellt hatte und war verwundert über das Fehlen derselben. Der in seiner Religiosität Verletzte gab ihr zwanzig Euro, um den Schaden auszugleichen. Die Frau nahm das Geld, um damit neuerlich Glühwein zu kaufen.

Zwei Männer, denen der Glühwein zugedacht war, sahen, wie der Kellner den Glühwein ausgeschüttet hatte, die Entschädigungszahlung nahmen sie jedoch nicht wahr. Sie gingen erbost zum Kellner, beschimpften und bedrohten ihn, sodass sich dieser mit einer Kopfnuss zu wehren versuchte.

Zwei der Feiernden eilten dem Kellner zu Hilfe, stürzten sich auf die Angreifer und es entwickelte sich eine handfeste Schlägerei. Der Kellner war inmitten des Geschehens, ohne sich an der Prügelei zu beteiligen. Als einer der Angreifer auf den Boden gebracht und getreten wurde, eilte ein weiterer Mann herbei, um dem auf dem Boden Liegenden zu Hilfe zu kommen.

Ein Arbeitskollege des gläubigen Kellners sah im Hinzukommenden einen weiteren Angreifer, rannte auf ihn zu und stieß mit seinem Knie in das Gesicht des vermeintlichen Schlägers.

Dieser wurde dadurch schwer verletzt. Eine Oberkieferfraktur mit Einblutung in die Oberkieferhöhle beendete die Auseinandersetzung.

Die Schlägerei hatte nicht nur medizinische, sondern auch gerichtliche Folgen.

Ich verurteilte den Beschuldigten, der seinem Arbeitskollegen – wenn auch gewalttätig – zu Hilfe eilen wollte, wegen schwerer Körperverletzung, verhängte aber eine ungewöhnlich milde Strafe, die ich aufgrund der Umstände des Geschehens für ausreichend hielt.

Der Staatsanwalt war mit dieser Strafe nicht einverstanden und meldete Strafberufung an. Sie war erfolglos und das Urteil des Oberlandesgerichtes sah ich als Epilog zum silvesterlichen Krippenspiel.

Das Monster

Zwei Schwestern, eine davon mit dem Namen Susanne, hatten ein inniges Verhältnis zueinander.
Sie gingen oft zusammen einkaufen, ins Kino, ins Café, machten Ausflüge, unternahmen Wanderungen, kurzum, sie verbrachten viel Zeit miteinander.
Susanne war ein Jahr älter als ihre Schwester und ihre Verbundenheit reichte bis in die früheste Kindheit zurück. Beide jungen Frauen lebten in festen Beziehungen, was jedoch an der schwesterlichen Eintracht nichts änderte.
Ihre männlichen Partner konnten sich gut leiden und daher wurde oft zu viert gefeiert und ausgegangen. Susanne lebte mit ihrem Freund schon drei Jahre zusammen, und sie wollten in naher Zukunft heiraten.

Die beiden waren nach einer sonntäglichen Bergwanderung ziemlich müde, weshalb sie schon weit vor Mitternacht zu Bett gegangen waren.
Während sie noch ein paar Worte wechselten, legte der Lebensgefährte von Susanne zärtlich seinen Arm um sie.

Plötzlich, wie von einer Furie gebissen, schrie die Umarmte auf, riss den Arm des Freundes von ihrem Körper und brüllte ihn an, sie ja nicht mehr anzufassen. Ihr Schreien, Toben und Weinen verschmolz in einem hysterischen Ausnahmezustand.
Der Angeschriene war wie geschockt, wusste nicht wie ihm geschah und versuchte dennoch, wenngleich aussichtslos, die außer sich Geratene zu beruhigen.
Schließlich dachte er, dass sie übergeschnappt wäre, nahm sein Bettzeug, um im Wohnzimmer auf einer Couch die Nacht zu verbringen.

Am nächsten Morgen blickte er durch einen Türspalt ins Schlafzimmer. Susanne schlief und er verließ die Wohnung, um seiner Arbeit nachzugehen. Den ganzen Tag begleitete ihn die Hoffnung, dass die nächtliche Raserei auf einen schrecklichen Traum zurückzuführen war.

Am Abend wurde der Freund schon ungeduldig von Susanne erwartet. Sie hatte ein vorzügliches Essen zubereitet. Er wollte gar nichts essen, erwartete vielmehr irgendeine Erklärung des nächtlichen Geschehens, doch vorerst vergeblich.

Zum Essen überredet, wurde nur wenig, meist über Belangloses gesprochen und das minutenlange Schweigen erhöhte seine gereizte Spannung.

Nachdem der Tisch abgeräumt war, setzte sich Susanne neben ihren Freund, hielt seine Hand und begann zu erzählen, weshalb sie diesen für ihn unerklärlichen Anfall bekommen hatte.

„Ich habe vier Geschwister. Einen älteren Bruder, der schon damals eine Lehre machte, meine Schwester Barbara, mit der wir oft zusammen sind und zwei Nachzügler. In der Zeit, von der ich dir erzählen will, waren die beiden – mein zweiter Bruder und meine zweite Schwester – noch sehr klein.

Barbara und ich gingen in die Volksschule. Wir haben trotz unseres Alters oft unserer Mutter geholfen, da sie mit der großen Familie, besonders mit den Jüngsten, sehr viel Arbeit hatte. Wir Mädchen haben uns bei der Hausarbeit geschickt angestellt, was auch unserem Vater aufgefallen ist.

Das Haus, in dem wir wohnten, steht neben dem seines Bruders, unserem Onkel. Er und seine Frau hatten keine Kinder. Sie arbeitete den ganzen Tag in einer Fabrik, er war im Schichtbetrieb tätig, wo, weiß ich nicht mehr. Der Onkel war daher oft tagsüber allein zu Hause.

Unser Vater war sehr davon angetan, wie ich und meine Schwester uns, wenn auch im bescheidenen Maße, im Hause nützlich machten. Er wollte daher, dass wir in Abständen zu unserem Onkel gehen, um ihm beim Abwaschen oder anderen Hausarbeiten zu helfen, die er sonst allein machen musste.

Wir waren folgsame Kinder und so ging ich als Ältere die erste Zeit ohne meine Schwester zum Onkel. Der war jedoch nicht an meiner Hilfsbereitschaft interessiert, sondern an meinem kindlichen Körper.

Er gab mir etwas Süßliches zu trinken, ich vermute, dass es ein Likör war, der mir auch gut schmeckte. Der darin enthaltene Alkohol machte mich irgendwie apathisch.

Er zeigte mir Pornohefte und als unwissendes Kind konnte ich das Gezeigte weder verstehen noch irgendwie einordnen und schon gar nicht begreifen, was die abgebildeten nackten Männer und Frauen miteinander machen. Mit der Zeit bemerkte mein Onkel wohl mein Unverständnis und führte mir Pornofilme vor, sodass ich verfolgen konnte, was die nackten Männer und Frauen treiben.

Ich glaubte, dass es etwas Verbotenes war und empfand das Geschehene als grausig und abstoßend. Doch es blieb nicht bei den Heften und Filmen.

Ich kann dir nicht erklären, warum ich immer wieder zu meinem Onkel ging. Jedes Mal bekam ich den Likör zu trinken und nach einiger Zeit forderte er mich auf, das zu tun, was ich in den Pornofilmen sehen musste.

Bei jedem Besuch passierte immer ein wenig mehr.

Eines Tages begann er mich auszuziehen, streichelte mich zwischen den Beinen und sagte dabei für mich unverständliches Zeug. Alsbald zog er nicht nur mich aus, sondern auch sich, und ich musste seinen Penis angreifen. Ich war mehr als ahnungslos, und er zeigte mir, was ich tun muss, dass er eine Erektion bekam. Jedes Mal, wenn ich nach seinen Übergriffen von ihm wegging, verbot er mir, jemandem davon zu erzählen, denn dann müsste ich fort von zu Hause und käme in ein Heim für schlimme Kinder.

Ich war mit dem, was ich sehen und tun musste, so überfordert, ich kam mir so schmutzig vor, dass ich auch ohne die Drohungen niemandem etwas erzählen konnte.

Ich hatte Angst, dass, wenn ich nicht mehr zu meinem Onkel ginge, nach dem Grund gefragt, alles herauskommen würde.

Eines Tages, ich war wieder bei meinem Onkel und befriedigte ihn mit meiner Hand, als meine Schwester ins Zimmer kam. Sie wollte gleich davonlaufen, aber meinem Onkel gelang es, sie nach einiger Zeit ebenso zu missbrauchen, wie er es mit mir machte. Er steckte seine Finger in uns hinein, aber wir mussten noch andere Sachen ..."

Susanne musste aufhören, denn je detailreicher sie die Missbrauchshandlungen schilderte, desto sichtbarer wurde der Zorn ihres Freundes, der mehrmals sagte, dass er dieses „Schwein" umbringen werde. Dass grausige Geschehen war nach Jahren wieder gegenwärtig.

Er konnte nun verstehen, weshalb seine Freundin so ausrastete und sich tagelang nicht beruhigte. Susanne hatte Angst, dass er ihren Onkel tatsächlich umbringen wird.

Eine Woche später saßen beide Schwestern mit ihren Partnern in einem Gasthaus.

Die Männer tranken reichlich Bier und der Alkohol machte Susannes Freund mutig.

Er fragte Barbara ohne Umschweife, ob sie auch von ihrem Onkel missbraucht wurde.

Sie hatte die sexuellen Übergriffe möglicherweise besser überstanden als Susanne und sprach offen über die Missbrauchshandlungen, die auch sie hatte erdulden müssen.

Barbaras Freund konnte nicht mehr zuhören. Er stand wortlos auf und verließ das Lokal.

Da die Stimmung auf einem Tiefpunkt angelangt war, bezahlte der Partner von Susanne die Zeche und brachte die Frauen nach

Hause. Er gab an, den Freund von Barbara zu suchen, doch dies war gelogen. Durch die Schilderungen von Barbara, was ihr Onkel auch mit ihr gemacht hatte, ist sein immer noch schwelender Zorn auf diesen „Unhold" neu entfacht worden. Er wollte sich dafür rächen, was den beiden im Mädchenalter angetan worden war.

Zu Fuß erreichte der von schwer zu beschreibender Wut Getriebene das Haus, in welchem der „Kinderschänder" wohnte.

Zum Erstaunen des Rachesüchtigen traf er vor dem Haus den Freund von Barbara, der ebenfalls entschlossen war, gewalttätig zu werden.

Ohne sich irgendwie verabreden zu müssen, läuteten die beiden und traten mit ihren Füßen gegen die Haustüre. Da es ungefähr 22 Uhr war, dauerte es eine Zeit lang, bis sich der Kopf des Gesuchten zeigte. Auf die Frage, was die zwei um diese Zeit wollen, teilten sie ihm mit, dass er aufmachen soll und es gleich erfahren werde.

Der drohende Ton blieb dem Angesprochenen nicht verborgen, weshalb er sie aufforderte, zu verschwinden. Die beiden dachten nicht daran und begannen, das in der Mitte der Haustüre eingelassene Glas zu zertrümmern. Durch die entstandene Öffnung konnten sie die Türe mit dem im Schloss steckenden Schlüssel aufsperren und ins Haus kommen.

Mehrere Stufen überspringend, gelangten sie ins Wohnzimmer und beschimpften den zu Tode Erschrockenen mit den wüstesten Schimpfwörtern und kündigten an, mit ihm abzurechnen.

Der Bedrohte fürchtete um sein Leben, floh in sein Schlafzimmer, versperrte und verbarrikadierte die Türe. Sodann begannen die Zornigen die Wohnzimmereinrichtung zu zerstören. Mit abgerissenen Sesselfüßen schlugen sie die Glasscheibe des Schrankes ein, entnahmen das darin befindliche Geschirr, schleuderten es gegen die Wand, zertrümmerten den Fernseher, nahmen die Bilder von der Wand und zerbrachen sie über ihren Knien.

Ob die angerichtete Verwüstung oder die am Boden sitzende, vor Angst wimmernde Gattin des Bedrohten die beiden bewog, von der

Verfolgung des in seinem Schlafzimmer eingesperrten, seinen Tod erwartenden Onkels der Frauen abzusehen, konnte auch später nicht geklärt werden.

Am nächsten Tag erfolgte die Anzeige.

Die einige Zeit später von mir stehenden Beschuldigten sahen ein, dass Selbstjustiz in einer zivilisierten Gesellschaft nicht geduldet werden kann.

Sie waren vollumfänglich geständig und hatten den angerichteten Schaden zur Gänze beglichen. Ich sprach sie wegen Hausfriedensbruch, gefährlicher Drohung und Sachbeschädigung schuldig, und da sie außer dem Geständnis und der Schadensgutmachung unbescholten waren, wurden sie zu einer gänzlich bedingten Geldstrafe verurteilt.

Diese Milderungsgründe waren auch dafür ausschlaggebend, auf die Einvernahme des Zeugen, der den Zorn der Beschuldigten hervorgerufen hatte, zu verzichten.

Er schloss sich dennoch dem Verfahren als Privatbeteiligter an und ließ sich durch einen Rechtsanwalt vertreten. Dieser forderte für seinen Mandanten, der durch den Vorfall Herzbeschwerden erlitten hätte, Schmerzengeld.

Ich kam dem Antrag nicht nach, da hierzu ein umfangreiches Gutachten im Hinblick auf die schon vorher bestehende Herzerkrankung notwendig gewesen wäre. Dieses einzuholen, war nicht Aufgabe des Strafgerichts. Der gegen die Verweisung allfälliger Ansprüche auf den Zivilrechtsweg eingebrachten Berufung wurde keine Folge gegeben.

Damit war das Verfahren zu Ende, dennoch zeigte sich, dass die Anzeige trotz des angerichteten Schadens nicht klug war.

Die Staatsanwaltschaft leitete Ermittlungen gegen den Onkel der Frauen ein, denn nun war der Anlass der nächtlichen Gewaltausübung publik geworden. Die folgenden kriminalpolizeilichen Tätigkeiten waren für den Zustand des herzkranken, mehrerer Verbrechen Verdächtigten nicht förderlich.

Die Taten lagen mehr als fünfzehn Jahre zurück. Doch da die Folgen von sexuellem Missbrauch erst Jahre später auftreten können, hat der Gesetzgeber diesem Umstand Rechnung getragen. Wenn Handlungen gegen die sexuelle Integrität und Selbstbestimmung zur Zeit erfolgt sind, als das Opfer minderjährig war, beginnt die Verjährungszeit erst, wenn es das 28. Lebensjahr vollendet hat. Da beide Frauen noch nicht 28 Jahre alt waren, hatte die Verjährungszeit noch gar nicht begonnen und die Taten konnten verfolgt werden.

Mit einer Hausdurchsuchung begannen die Ermittlungen. Mehr als 700 Pornokassetten, unzählige Pornohefte und auch Gegenstände, welche für Sexualhandlungen verwendet werden, wurden beschlagnahmt.

Dann folgte die Einvernahme der Frauen. Beide gaben an, wie ihr Onkel sie mit Likör für die sexuellen Handlungen irgendwie gefügig machte. Sie erzählten von den Pornoheften und ebensolchen Filmen, die sie ansehen mussten und schilderten, wie der Onkel sie mit den Fingern penetrierte und verschiedene Dinge in ihre Scheiden steckte. Schließlich, in abstoßender Genauigkeit, wie sie ihn mit den Händen aber auch oral befriedigen mussten.

Es war ihnen jedoch nicht möglich, die empfundene Scham in ihrem gesamten Ausmaß zu beschreiben, auch nicht, wie dreckig sie sich fühlten und dass sie niemandem davon erzählen konnten.

Erst nach Jahren war es ihnen möglich, die Kraft aufzubringen, nicht mehr in das Haus ihres Onkels zu gehen.

Insbesondere die ältere der Schwestern konnte sich an Einzelheiten erinnern, welche die Kriminalisten staunen ließen. Auf die Fragen, welche Gegenstände der Verdächtige ihnen vaginal eingeführt hatte, war sie in der Lage, einige zu beschreiben, die bei der Hausdurchsuchung gefunden werden konnten.

Sie erinnerte sich auch an eine ekelerregende Szene, welche sie in einem ihr vorgeführten Film gesehen hatte. Die Beamten mussten sich die Filme ansehen und konnten tatsächlich jenen finden, auf dem die nach eineinhalb Jahrzehnten beschriebene Sequenz zu sehen war.

Der Verdächtige stritt jede Missbrauchshandlungen ab. Die Mädchen hätten öfters etwas angestellt und wären von ihm zurechtgewiesen und als Lügnerinnen überführt worden. Aus Zorn und einer Abneigung gegen seine Person, hätten sie diese unwahren Geschichten erfunden.

Über Vorhalt der Pornofilme, der gefundenen Sexartikel gab er an, diese Dinge für sich und seine Frau gekauft zu haben.

Die Beweislast war erdrückend, wie bildhaft formuliert wird.

Die Staatsanwaltschaft erhob Anklage wegen des Verbrechens der Unzucht mit Minderjährigen.

Aufgrund der schweren psychischen Folgen von Sexualverbrechen an Minderjährigen hat sich auch im gesellschaftlichen Bewusstsein die Einschätzung solcher Verbrechen verschoben. Durch mehrere Gesetzesnovellen wurden vor allem die Deliktsbezeichnungen geändert und die Strafdrohungen erhöht.

Zur Tatzeit gegenständlicher Vorfälle war die alte Gesetzeslage gültig. Es war daher ein Günstigkeitsvergleich anzustellen. Da die alte Rechtslage für den Angeklagten günstiger war anstatt der nunmehrigen Deliktsbezeichnung des schweren sexuellen Missbrauchs von Unmündigen, waren die Tathandlungen dem früheren Delikt, der Unzucht mit Unmündigen, zu unterstellen. Der Unterschied lag nicht nur in der Bezeichnung, sondern auch in der Strafdrohung. Der geltende Strafrahmen beträgt von einem bis zu zehn Jahren, der damals geltende von sechs Monaten bis fünf Jahren Freiheitsstrafe.

Da ich auch für diesen Fall zuständig war, habe ich nach Rechtskraft der Anklage die Verhandlung ausgeschrieben. Die beisitzenden Laienrichter und -richterinnen habe ich jeweils ein wenig früher geladen, um sie vor der Verhandlung auf das anstehende Verfahren ein wenig vorzubereiten. Bevor ich jedoch in gegenständlichem Fall dies tun konnte, hat mir mein Kanzleileiter mitgeteilt, dass eine Person, die ich schon seit zwei Wochen zu erreichen versuchte, angerufen hatte und auf mich warten würde.

Um das Telefonat führen zu können und die beiden Schöffinnen nicht einfach sitzen zu lassen, gab ich jeder eine Anklageschrift zu lesen.

Nach dem Telefonat, das einige Zeit in Anspruch genommen hatte, ging ich wieder ins Beratungszimmer zurück. Ich wartete, bis die Schöffinnen die Anklage zu Ende gelesen hatten. Als es soweit war, sagte eine der beiden, eine sehr couragiert auftretende Dame, zu mir: „Der Angeklagte ist ja ein Monster!"

Meine Antwort war, dass diese Wertung nicht zu unseren Aufgaben zählt, sondern einzig und allein, ob der Angeklagte die ihm zur Last gelegten Taten begangen hat oder nicht.

Die Bezeichnung des Angeklagten als Monster beschäftigte mich, als ich die Strafsache aufgerufen hatte.

Es betrat ein alter, kranker und gebrochener Mann den Verhandlungssaal. Seine gebückte Haltung, der verwirrte Blick, die hervortretenden Tränensäcke und seine fahle Gesichtsfarbe ließen ihn noch älter aussehen, als er tatsächlich war.

Am Gesichtsausdruck der einen Schöffin konnte ich erkennen, dass sie sich ein „Monster" anders vorgestellt hatte.

Der Eindruck, den der Angeklagte vermittelte, von seiner Herzerkrankung wusste ich, veranlasste mich, den Prozess zu vertagen, um seine Verhandlungsfähigkeit überprüfen zu lassen.

Diese wurde nach einigen Wochen gutachterlich attestiert und neuerlich schrieb ich die Verhandlung aus.

Zur Sicherheit habe ich den im Lande renommierten Sachverständigen für forensische Psychiatrie geladen. Ich wollte gutachterlich abklären, ob etwaige Folgen derartiger Missbrauchshandlungen auch nach vielen Jahren auftreten können.

Nach Beeidigung der Schöffinnen, dem einen Eröffnungsplädoyer, da der Verteidiger auf seines verzichtet hatte, folgte die Einvernahme des Angeklagten.

Er bestritt sämtliche Vorwürfe, stellte die Mädchen als Lügnerinnen hin, die sie als Frauen immer noch wären. Alle Vorhalte waren zwecklos und auch die nach mir gestellten Fragen wurden stereotyp dahingehend beantwortet, nichts von alldem, was ihm vorgeworfen wurde, begangen zu haben.

Ich probierte es noch einmal und fragte ihn, welchen Grund die Frauen haben, solche Taten zu erfinden. „Aus Rache, um mich zu vernichten", so seine Antwort. Auf meinen Einwand, dass ihn seine Nichten bis zum heutigen Tag nicht angezeigt haben, was sie wohl gemacht hätten, wenn sie ihn vernichten wollten, zuckte er nur mit den Schultern.

Das Beweisverfahren wurde mit dem Vortrag des Sachverständigen eröffnet. Alle Untersuchungen belegen, so führte er aus, dass Folgen einer Misshandlung erst Jahre später auftreten können, insbesondere, wenn Minderjährige Opfer geworden sind. Er erklärte, warum dies so sein kann und bewertete das Geschehen in jener Nacht als typisch, in der die Zeugin gleich einem Anfall auf die Berührungen ihres Freundes reagiert hatte.

Sodann wurden die beiden Schwestern über ihr Entschlagungsrecht belehrt und beide gaben an, aussagen zu wollen.

Sie wiederholten ihre Angaben vor der Kriminalpolizei und schilderten mit der gleichen beeindruckenden Deutlichkeit wie dort, was ihnen angetan wurde.

Es gab in den Verhandlungssälen am Landesgericht eigentlich keine „Anklagebank". Auf der ersten Sesselreihe haben die Beschuldigten oder Angeklagten Platz genommen. Ich habe sie nicht in der

Mitte der Reihe sitzen lassen, denn dann wurde ihr Gesicht durch die vor ihnen stehenden oder später sitzenden Zeugen verdeckt. Ich wollte jedoch während der Einvernahme der Zeugen und Zeuginnen das Gesicht der möglichen Straftäter sehen.

Bei der Einvernahme seiner Nichten zeigte der Angeklagte keine Regung und saß da, wie am Bahnhof, wartend auf einen Zug. Die belastenden Aussagen der Zeuginnen schienen ihn in keiner Weise zu berühren.

Ich stellte an die ältere Zeugin nur eine Frage, nämlich weshalb sie und ihre Schwester sich niemandem anvertraut, weder den Eltern noch sonst jemandem, und jahrelang die Missbrauchshandlungen erduldet hatten.

„Wir mussten unsere Verwandten schützen. Die Schande in dem Dorf wäre über die ganze Familie hereingebrochen. Durch unser Schweigen ist es ein gemeinsames, wenn auch schreckliches Geheimnis von mir, meiner Schwester und meinem Onkel geworden."

Schließlich wurden jene Kriminalbeamten vernommen, welche die von der älteren Schwester angegebenen Filmausschnitt angesehen und die von der Zeugin beschriebenen Sexartikel bei der Hausdurchsuchung gefunden hatten. Diese Sachen lagen in einer Schachtel auf dem Richtertisch.

Damit war das Beweisverfahren zu Ende und nach den Schlussplädoyers zog sich der Senat zur Beratung zurück.

Nach dem einhelligen Schuldspruch wurde über die Strafe beraten. Das lange Zurückliegen der Taten und der Eindruck, den der Angeklagte hinterlassen hatte, stimmte trotz der vielen und Jahre andauernden Verbrechen den Senat milde. Auch jene Schöffin war bei der Strafbemessung sehr zurückhaltend. Sie hatte, so glaubte ich, im Angeklagten kein Monster mehr gesehen. Die Freiheitsstrafe betrug dreißig Monate.

Der Staatsanwalt gab keine Erklärung ab, der Verteidiger meldete Rechtsmittel an, die er später zurückzog.

Es war allen bewusst, dass der Verurteilte haftunfähig war und von welcher Strafe auch immer keinen einzigen Tag verbüßen wird.

Die schwere Herzerkrankung, die gesellschaftlichen und familiären Folgen der Verurteilung empfand der gebrochene Mann als Fesseln, von denen er sich durch zwei Selbstmordversuche befreien wollte. Diese Fesseln nahmen ihm jede Freiheit, umfassender als es Gefängnismauern bewirken hätten können.

Dschihad

Das nachvollziehbare und allen Bankräubern gemeinsame Ziel ist Geld zu erbeuten. Die Gründe hierfür sind so vielfältig wie die Menschen, die ein solches Verbrechen begehen. Sie reichen von Verzweiflung, die manchmal sogar verständiges Mitleid erweckt, von schicksalhafter oder verschuldeter Not, von Suchtfinanzierung bis zur professionellen Geldbeschaffung. Es gibt aber auch andere Gründe.

Mit einem Messer, das mit einer Klingenlänge von siebzehn Zentimetern recht bedrohlich wirkte, verübte ein Mann im Unterland einen Raubüberfall. Er bedrohte sowohl die Bankangestellten als auch die Kunden, die sich in der Bank aufhielten. Trotz seiner Drohungen gelang es dem Räuber nicht, besondere Furcht zu erzeugen, was an seinem Auftreten und Gehabe gelegen sein musste. Dennoch konnte er mit mehr als 60.000 Schillingen aus der Bank fliehen. Um seine Flucht fortsetzen zu können, benötigte der Räuber ein Fahrzeug. Mit dem Messer wurden von ihm mehrere Personen bedroht mit den Worten: „Autoschlüssel her, du Sau!"

Erst beim vierten Mal gelang es dem Drohenden, einen Passanten einzuschüchtern und den Autoschlüssel zu bekommen. Von einem Autofahrer wurde der Fliehende jedoch verfolgt und dessen Position mittels Handys laufend der Gendarmerie mitgeteilt. Nach zwanzig Minuten war die Flucht zu Ende.

Bei der Vorbereitung des Schwurgerichtverfahrens konnte ich im Akt einiges über das bisherige Leben des Angeklagten erfahren. Als biederer Vorarlberger lebte er eine Zeit lang in Südamerika, wo er sich als Straßenhändler seinen Lebensunterhalt verdiente. Ein Pakistani bekehrte ihn auf seinen Reisen zum Islam. Seither zog der überzeugte Moslem als Prediger durch lateinamerikanische Länder, bis er aus Chile ausgewiesen wurde und nach Vorarlberg zurückkehrte. Weshalb er ausgewiesen wurde, konnte nicht in Erfahrung gebracht werden.

Er war hier fremd geworden.

Sein Ziel war es, in Südamerika eine religiöse Gruppe zu gründen. Was er mit dieser Gruppe vorhatte oder zu bewirken glaubte, konnte ich aus dem Akt nicht entnehmen. Um nach Südamerika zu kommen, brauchte der zum fanatischen Moslem Gewordene Geld. Was lag näher, als es sich von den Ungläubigen zu beschaffen?

Als „ungläubiger" Vorsitzender des Schwurgerichtes blätterte ich vor der Verhandlung im Koran, um nicht ganz unbedarft dem Angeklagten gegenüberzustehen.

Der Prozess begann außergewöhnlich, geradezu exotisch, was auf die Verantwortung des Angeklagten zurückzuführen war. Zur Tat befragt, schilderte er, dass er schon Tage zuvor die Bank überfallen wollte, jedoch von Allah ein Zeichen erhalten hatte, an diesem Tag von seinem Vorhaben abzusehen.

Die Frage, ob der Angeklagte an dem Tag, an welchem er verhaftet wurde, auch ein Zeichen von Allah bekommen hatte, regte ihn sichtlich auf, ohne die Frage zu beantworten.

Er beruhigte sich wieder und schilderte den Raub sowie die auf dem Parkplatz angeklagten Nötigungen. Seine geständige Verantwortung entsprach der Anklageschrift.

Doch für alle überraschend fügte er hinzu, nicht schuldig zu sein.

Der Angeklagte erklärte, dass dies kein Widerspruch sei, denn er hätte aus religiösen Motiven die Bank überfallen, weshalb eine Schuld auszuschließen wäre.

„Das Eintreiben von Zinsen ist nach dem Koran verboten und kann von den ungläubigen Zinsnehmern zurückgefordert werden. Dies kann sogar bis zum Tode gehen."

Ich ließ mich darauf ein und bemerkte, dass das Zinsnehmen im Koran verboten, von erlaubten Banküberfällen und anderen Gewalttaten im Zusammenhang mit dem Zinsverbot jedoch nichts zu finden ist. Meine Bemerkung machte den Angeklagten zornig, doch ich zitierte den Vers 275 aus der zweiten Sure des Korans: „Die, welche Zins verzehren, sollen nicht anders dastehen als einer, den der Satan erfasst und niedergeschlagen hat. Dies, weil sie sagen: Kauf ist das Gleiche wie Zinsnehmen. Allah hat den Kauf erlaubt, aber Zinsnehmen verboten. Wer eine Ermahnung (wie diese) von seinem Herrn erhält und dann (mit Zinsnehmen) aufhört, der darf das Erhaltene behalten. Seine Sache ist bei Allah. Wer es aber von Neuem tut – die sind die Bewohner des Feuers und werden ewig darin verweilen."

Das Vorlesen dieses Verses brachte zutage, dass der Angeklagte doch nicht so korankundig war, wie er vorgab. Seine gegenteiligen Überzeugungen wurden vor allem durch Schreien zum Ausdruck gebracht. Er beruhigte sich kurz und wurde geradezu wütend, als ich den letzten Satz des Verses 279 der zweiten Sure zitierte: „Tut nicht Unrecht, auf dass ihr nicht Unrecht erleidet."

Auf diesen Vers ließ sich der Angeklagte nicht mehr ein, sondern rechtfertigte sich sodann damit, dass er den Dschihad ausgerufen hätte.

Mein beisitzender Richter bemerkte, dass er nicht befugt war, den großen Dschihad auszurufen und der kleine besteht im Schutz des Islam und braucht nicht ausgerufen zu werden.

Der Angeklagte widersprach, wollte sich aber nicht mehr mit der Richterbank über Koran und Dschihad einlassen, da er merkte, dass auch seine angeblich religiöse Motivation nicht auf fundiertem Wissen beruhte. Er bedauerte, den Fehler begangen zu haben, allein in den Kampf gezogen zu sein anstatt mit einer Gruppe.

Schließlich stellte der im Mittelpunkt des Verfahrens Stehende die Frage, wieso er überhaupt vor diesen Götzenbildern aussagen müsste. Der Angeklagte meinte das Kreuz auf der Richterbank und das an der Wand hängende große Relief von Kaiser Franz Josef, unter dessen Regentschaft das Gericht und der davon getrennte, im Jugendstil erbaute Schwurgerichtssaal errichtet wurden.

Der Gerichtspsychiater führte aus, dass beim Angeklagten keine Geisteskrankheit vorliegt, wohl aber ein nicht ungefährlicher Fanatismus.

Wegen schweren Raubes und mehrfacher schwerer Nötigung wurde der Bankräuber zu sechseinhalb Jahren Freiheitsstrafe verurteilt und in eine Anstalt für geistig abnorme Rechtsbrecher eingewiesen.

Inschallah.

Hilfsbereit

Robert N. hatte an diesem Tag mehr als zehn Stunden gearbeitet. Er war Abteilungsleiter in einem größeren Unternehmen, erfolgreich im Beruf und zufrieden mit seiner Lebenssituation.

Ein Anbau am Haus seiner Schwiegereltern war zu einem schmucken Heim geworden, in dem sich die ganze Familie wohlfühlte.

Nach diesem aufreibenden Arbeitstag, es war zudem Freitag, wollte Robert den Tag, die Woche, mit einem Gasthausbesuch abschließen. Seine Frau war verständigt, als er das Dorfgasthaus betrat.

Im „Ochsen" tummelten sich Bekannte, Freunde, Nachbarn, und es war nicht nur unterhaltsam, sondern „feucht-fröhlich".

Robert wusste, dass er mit seinem Auto nach Hause fahren wird, trotzdem folgte eine Runde der anderen.

Kurz vor Mitternacht, er spürte die Wirkung des Alkohols, fühlte sich jedoch fahrtüchtig, stieg in sein Auto ein und fuhr in Richtung seines Hauses. Die Freude auf das Wochenende beflügelten den Wunsch, schnell nach Hause zu kommen. Doch der konsumierte Alkohol an diesem fröhlichen Abend wirkte sich auf seine Konzentrationsfähigkeit und sein Fahrverhalten aus.

Auf einer der letzten Kreuzungen vor seinem Haus krachte es.

Robert hatte die Entfernung der auf der Vorrangstraße auf ihn zukommenden Lichter falsch eingeschätzt und glaubte, noch vor dem herannahenden Fahrzeug die Straße überqueren zu können.

Eine folgenschwere Fehleinschätzung.

Sein Fahrzeug kollidierte mit der Beifahrerseite des anderen Autos. Dieses wurde durch den Aufprall über die Straße gestoßen, überschlug sich und blieb auf dem Dach liegen.

Es konnte nicht mehr festgestellt werden, wer die Rettung und Polizei verständigte.

Robert hatte durch den Unfall ein paar Prellungen erlitten, war jedoch sonst unverletzt. Er half den Rettungsleuten, die schwer verletzte Beifahrerin aus dem total zerstörten Auto zu bergen. Sie wurde in das Rettungsfahrzeug gebracht. Der Lenker des bevorrangten PKWs begleitete sie, er hatte keine schwerwiegenden Verletzungen erlitten. Mit eingeschaltetem Blaulicht raste das Rettungsauto davon.

Die zum Unfall fast gleichzeitig mit der Rettung gekommenen Polizisten begannen den Unfallort abzusichern und von Robert die Personaldaten aufzunehmen.

Währenddessen kam ein weiterer Streifenwagen zur Unfallstelle. Es kam zu einem kurzen Gespräch zwischen den Beamten. Ein vermutlich anderes Ereignis erforderte den Einsatz eines jener Polizisten, die zum Unfall gekommen waren. Ein Beamter stieg in den hinzugekommen Streifenwagen ein, der ebenfalls mit eingeschaltetem Blaulicht die Unfallstelle verließ.

Der am Ort des Geschehens bleibende Polizist ordnete an, dass der Unfalllenker sich in sein Fahrzeug begeben und warten sollte, bis die Unfallörtlichkeiten und Spuren der Fahrzeuge aufgenommen waren.
Robert tat, wie ihm geheißen.

Er war verzweifelt. Die gespürte Alkoholisierung war wie weggeblasen, denn er hatte die furchtbaren Folgen des Geschehens vor Augen.
„Was wird aus meiner Familie, meinem Arbeitsplatz?", fragte er sich halblaut. „Der Verlust des Führerscheines wird mein geringstes Problem, die drohende Freiheitsstrafe eine Katastrophe sein."

Während er mit den Tränen kämpfte und an das ihn erwartende Unheil für sich und seine Familie dachte, begann es zu regnen.

Seine Gedanken galten auch dem Unfallopfer. Er hoffte inständig, dass es nicht sterben wird.

Immer heftiger prasselte der Regen auf sein Auto. Er sah, beleuchtet von den Scheinwerfern des Polizeiautos, wie die Regentropfen aufspritzten, wenn sie auf den Asphalt fielen.

Der Polizist hatte begonnen, mit einem Maßband die Fahrzeuge und deren Spuren, die sie hinterlassen hatten, abzumessen. Er wollte die Autos, deren Abstände voneinander, sowie den Spurenverlauf in eine Skizze der Unfallörtlichkeiten eintragen. Nach jeder Messung setzte er sich in das Polizeiauto, um die gewonnenen Daten festzuhalten. Infolge des immer stärker werdenden Regens war dies außerhalb des Fahrzeuges nicht möglich. Robert sah dieses aufwändige und zeitraubende, vor allem mit Nässe verbundene Bemühen des Polizisten.

Er sah, wie der durchnässte Beamte jedes Mal, wenn er ein Messergebnis hatte, in das Polizeifahrzeug einstieg und sodann die Kappe abnahm. Andernfalls hätte sich von der Dienstkappe ein Wasserschwall auf die Skizze ergossen.

Robert stieg aus dem Auto. Er nahm die Maßbandrolle in die Hand, die der Polizist ihm schweigend überließ. Zu zweit gingen die Messungen schneller vor sich. Der Polizist konnte sofort die Entfernung ablesen, da Robert den Anfang des Maßbandes hielt. So wurden nach und nach die Standorte der Fahrzeuge bezugnehmend auf Fixpunkte wie Kanalgitter oder Bäume eingemessen. Auch die Lage des beschädigten Weidezaunes konnte so festgehalten werden. Das Glassplitterfeld, das von den zerstörten Scheinwerfern von Roberts Auto stammte und vom Regen weggeschwemmt zu werden drohte, fand sich so maßstabsgetreu wieder.

Während die Unfallfolgen so dokumentiert wurden, regnete es nicht nur, es goss geradezu in Strömen. Nach wenigen Minuten war auch Robert, wie schon vorher der Polizist, bis auf die Haut durchnässt.

Endlich waren die Messungen zu Papier gebracht, die Unfallstelle und die Fahrzeuge fotografiert.

Der Polizist wollte nun den in seinen Augen am Unfall Schuldigen zu dessen Einvernahme auf den Posten mitnehmen.

Robert, triefend nass, bat nun den Polizisten, sich umziehen zu dürfen, denn er wohnte nicht weit von der Unfallstelle. Seine Frau würde ihn mit einem anderen Fahrzeug zum Posten bringen.

Der Polizist willigte ein, vielleicht aus Dankbarkeit.

Der durchnässte Unfalllenker erreichte in wenigen Minuten sein Haus. Er duschte, zog sich um, alles ohne besondere Eile. Seine Frau brachte ihn mit dem Auto seiner Schwiegereltern zum Posten. Während der Fahrt vermied er es, lange Erklärungen abzugeben und vertröstete seine Gattin auf „später".

Als Erstes, so der Polizist, er hatte die Uniform gewechselt, muss der Alkotest durchgeführt werden. Robert war willig und blies in das ihm übergebene Röhrchen. Der angezeigte Alkoholgehalt in seiner Atemluft betrug auch bei der zweiten Messung 1,2 Promille.

„Das wird schwerwiegende Folgen haben", meinte der Polizist zum Unfalllenker. Dieser widersprach nicht, sondern erwiderte: „Der Alkohol des zu Hause getrunkenen Schnapses, um eine Verkühlung zu vermeiden, müsste doch vom Messergebnis abgezogen werden?!"

In der Hauptverhandlung konnte sich der Polizist seine Vorgehensweise nicht verzeihen.

Seine Selbstvorwürfe änderten nichts am Verfahrensergebnis. Die Qualifikation der fahrlässigen schweren Körperverletzung unter Alkoholeinfluss fiel weg. Dies ersparte Robert das Gefängnis und auch seinen Führerschein konnte er behalten.

Da er nicht wissen konnte, ob er sich nach seiner Hilfsbereitschaft unmittelbar an der Unfallstelle oder ohne Umziehen auf dem Posten dem Alkotest unterziehen hätte müssen, konnten irgendwelche Mutmaßungen unterbleiben.

Das Talionsprinzip

Das lateinische Wort „talio" bedeutet Wiedervergeltung und die Talionslehre wirkt zum Teil bis heute auf die Strafrechtslehre verschiedener Länder (z. B. Todesstrafe für Mord).
Das daraus abgeleitete Talionsprinzip geht auf das Alte Testament zurück, wo es im zweiten Buch Mose (Exodus, Kap. 21) heißt: „Leben um Leben, Auge um Auge ..." Auch wenn dieses Prinzip heute erschreckend anmutet, so war es ein bedeutender Fortschritt, denn die Rache oder Strafe war nicht grenzenlos, sondern es wurde Gleiches mit Gleichem, also eine spiegelbildliche Vergeltung gefordert.

Durch Leserbriefe wurde ich auf dieses Verfahren aufmerksam. Es war nicht mein Fall, doch weil er außergewöhnlich war, nahm ich ihn in meine Sammlung auf.

Ein Hundezüchter war Besitzer einer reinrassigen Hündin. Diese wurde von einem reinrassigen Rüden gedeckt, und der Wurf wurde mit Stammbaum gewinnbringend verkauft.
Dies gelang jedoch nicht immer.
Der Nachbar des Hundezüchters hatte auch einen Hund. Ein Rüde, weder rassig noch reinrassig, eine Promenadenmischung, wie solche Hunde bezeichnet werden.
Trotz seiner nicht so edlen Herkunft folgte er seinen Instinkten ebenso wie ein Rassehund.
Wenn nun die reinrassige Zuchthündin läufig war und der Nachbarshund dies witterte, dann war er nicht zu halten.
Er sprang über die Einfriedung, die das Grundstück seines Herrn umgab. Wie er dann zu der Hündin kam, konnte nicht festgestellt werden, denn diese war in einem mit Maschendraht umzäunten Bereich gehalten. Ob der Nachbarshund unter dem Zaun gegraben, um

durchschlüpfen zu können, oder ein Loch im Zaun entdeckt hatte, blieb sein Geheimnis. Jedenfalls kam er zu der Rassehündin und konnte seinen Bedürfnissen nachkommen.

Unschwer konnte der Hundezüchter nach dem Wurf erkennen, wer der Erzeuger der Welpen war. Da dies nicht nur einmal passierte, entstand zwischen den Hundehaltern ein heftiger Streit, der vorerst nur verbal ausgetragen wurde. Es blieb bei Beschimpfungen und Drohungen.

Bald war es wieder soweit. Der Hundezüchter wusste, der Nachbarshund witterte, dass die Rassehündin wieder läufig war. Wieder gelang es dem nicht Ebenbürtigen auf unentdeckten Wegen zur Hundedame zu kommen. Nach kurzer schnuppernder Begrüßung bestieg der Nachbarshund die Hündin.

Ob der Hundezüchter darauf gewartet oder zufällig den Eindringling bemerkt hatte, konnte nicht festgestellt werden. Das bereitgehaltene Rasiermesser deutete auf die erste Version hin.

Er näherte sich mit dem Rasiermesser den sich paarenden Hunden und schnitt dem Nachbarshund die Hoden ab.

Das Mitleid mit seinem Hund und der Zorn über das Verhalten des Hundezüchters waren in der Anzeige wegen Tierquälerei und gefährlicher Drohung nachzuvollziehen.

Strafbar wegen Tierquälerei ist vor allem die Misshandlung eines Tieres. Darunter versteht man eine gegen das Tier gerichtete Tätigkeit, die auf das Wohlbefinden des Tieres nachhaltig physisch einwirkt. Diese Tätigkeit wird durch einen erheblichen Angriff verwirklicht und muss zu einer zumindest einmaligen und kurzen Schmerzenszufügung führen.

Um dies feststellen zu können, wurde ein veterinärmedizinisches Gutachten in Auftrag gegeben.

In der Hauptverhandlung erörterte der Sachverständige sein Gutachten.

Zusammenfassend führte er aus: „Die Hingabe", er verwendete das Wort Intensität, „des Nachbarhundes beim Fortpflanzungsgeschehen war derart, dass er bei der Kastration keine, auch keine kurzen Schmerzen verspürte."

Der Richter folgte dem Sachverständigen. Da das objektive Erfordernis der Schmerzzufügung nicht gegeben war, wurde der Kastrierer von der Tierquälerei freigesprochen. Ebenso vom Vergehen der gefährlichen Drohung, da diese als milieubedingte Unmutsäußerung angesehen wurde.

Das Urteil wurde rechtskräftig.

Die Medien berichteten über diesen Fall. Der Aufschrei der Tierliebhaber und besonders der Hundehalter war hörbar und nachhaltig. In den veröffentlichten Leserbriefen wurde das völlige Unverständnis über dieses Urteil noch irgendwie gesittet formuliert.

Nicht so in den direkten Briefen, die mein Kollege bekommen hatte.

Darin wurde neben Beschimpfungen gefordert, dass bei diesem Richter das alttestamentarische Talionsprinzip angewendet werden sollte: „Aug um Aug, Zahn um Zahn ...!!!"

Glauben

Wie weit der Ruf eines Tiroler Arztes reichte, konnte niemand sagen, jedoch sicherlich bis nach Vorarlberg. Seine Heilkunst war außergewöhnlich und Patienten aus nah und fern kamen in seine Praxis. Der Arzt heilte nicht „auf Krankenschein", sondern seine Leistungen waren bar zu bezahlen. Da für die Gesundheit nichts zu teuer ist, brachte der Ansturm der Patienten nicht nur überregionale Anerkennung, sondern auch gefüllte Kassen. Viele Vorarlberger und Vorarlbergerinnen zählten zu seinen Patienten, weshalb die hiesige Presse über ihn und seine Erfolge in medizinischer und finanzieller Hinsicht berichtete.

Drei Männer im mittleren Alter mit wenig oder gar keinem Geld dachten schon längere Zeit darüber nach, wie sie ihre finanzielle Misere beenden könnten. Wer von den dreien auf den Zeitungsartikel über den Tiroler Arzt gestoßen war, konnte nicht in Erfahrung gebracht werden. Jedenfalls brachte dieser Bericht die Männer auf die Idee, den Arzt in Tirol auszurauben.

Die Vorteile gegenüber einem Banküberfall lagen auf der Hand: keine versteckten Kameras oder Alarmknöpfe, keine präparierten Geldbündel, keine sich ständig bewegende Kundschaft und kein auf Überfälle geschultes Personal. Außerdem könnten kranke und alte Menschen leicht in Schach gehalten werden. Der Plan sah vor, die im Warteraum und in der Ordination befindlichen Personen mit einer Waffe zu bedrohen, mit Kabelbindern zu fesseln und mit Klebebändern ihren Mund zu verschließen.

Dadurch könnten, so die Überlegungen der zum Raub Entschlossenen, Gegenwehr, Flucht oder Hilferufe verhindert werden. Mit dem Geld des Arztes, der Barschaft und dem Schmuck der Patienten wollten die Räuber flüchten. Bis sich jemand befreien könnte und in der Lage sein würde, Hilfe herbeizuholen, wären sie im nahen Innsbruck untergetaucht, um am nächsten oder übernächsten Tag mit der Beute ins Ländle zurückzufahren.

Ein gut durchdachter Plan.

Das Trio besorgte sich eine abgesägte Schrotflinte, Kabelbinder, Klebeband und Gesichtsmasken. Außerdem Kleidung, welche die beim Raub getragene ersetzen sollte. Nachdem diese Dinge beschafft und der Tatzeitpunkt fixiert waren, stand dem Raub nichts mehr im Wege.

Die angehenden Räuber fuhren am frühen Abend mit einem PKW nach Tirol in den Ort, wo der berühmte Arzt in einem Mehrparteienhaus tätig war.

Beim Haus angekommen, drückte einer der Männer alle Klingeln, die neben der Haustüre angebracht waren, in der Meinung, dass ihnen irgendein Bewohner die Haustüre öffnen wird.

Da die Haustüre nicht sogleich entriegelt wurde, mussten sie warten und die Klingeln nochmals betätigen.

Ihr Plan schien perfekt, seine Durchführung begann jedoch derart stümperhaft, dass er von vornherein scheitern musste. Die Räuber glaubten, vor dem Haus zu stehen, in welchem der bekannte Arzt ordinierte. Tatsächlich war seine Wirkungsstätte in der Nähe der Wartenden in einem anderen Haus untergebracht.

Plötzlich nahte eine Gendarmeriestreife. In dem Haus, vor welchem die drei Männer Einlass begehrten, befand sich auch eine Apotheke. Sie hätten sich so verhalten können, als würden sie auf ein Medikament warten, das ihnen durch den Nachtschalter gegeben wird.

Die drei glaubten nun zum zweiten Mal das Falsche, nämlich von den Beamten als angehende Räuber entdeckt worden zu sein. Diesem Glauben zufolge verließen sie fluchtartig das Haus, vor dem sie gewartet hatten.

Die Gendarmeriebeamten befanden sich auf einer Streife und hatten beim Anblick der drei wartenden Männer nichts Verdächtiges erkennen können. Doch deren hektische und überhastete Flucht weckte den Jagdinstinkt der Beamten. Sie stellten das Trio mit den Raubutensilien.

Ihrer Festnahme und Verlegung nach Vorarlberg ins landesgerichtliche Gefängnis folgte die Verhängung der Untersuchungshaft.

Nach Rechtskraft der Anklage beraumte ich die Hauptverhandlung vor einem Schwurgericht an, das ich zu leiten hatte.

Während das Vorgehen der drei verhinderten Räuber in der Verhandlung lang und breit mit vielen Fragen der Verteidiger dargelegt wurde, glaubte ich, in den Gesichtern bei manchen der vielen Zuschauer Spott und Schadenfreude erkennen zu können.

Die Aufgabe der Geschworenen war nicht leicht, vielmehr eine für sie schwere Herausforderung.

Kann es überhaupt ein versuchter Raubüberfall sein, wenn die Angeklagten vor einem Haus stehen, in welchem der geplante Überfall gar nicht möglich ist?

Die drei Verteidiger redeten mit juristischen Argumenten und anderen, die sie für solche hielten auf die Geschworenen ein. Die Laienrichter und -richterinnen sollten die an sie gestellten Fragen so beantworten, dass ein Freispruch die Folge sein würde.

Die Geschworenen lösten ihre Aufgabe mit Bravour. Ihre Beantwortung der an sie gerichteten Fragen zog den Schuldspruch über die drei Angeklagten wegen des Verbrechens des versuchten schweren Raubes nach sich. Die Strafen wurden wegen der verschiedenen Vorstrafenbelastungen der Täter unterschiedlich verhängt, in Summe achtzehn Jahre.

Ich konnte nach dem Urteil die Rechtsbelehrung gegenüber den Angeklagten nicht zu Ende bringen. Die Verteidiger unterbrachen mich und meldeten Nichtigkeitsbeschwerde an.

Ob die drei Räuber glaubten, dass der Oberste Gerichtshof das Urteil aufheben und sie im nächsten Rechtsgang freigesprochen werden, konnte außer ihnen niemand wissen.

Sollten sie diesen Glauben gehabt haben, zum dritten Mal den falschen, wurde er mit dem Spruch des Höchstgerichtes durch die Gewissheit ersetzt, die kommenden Jahre hinter Gittern verbringen zu müssen.

Ein Brief

Ich weiß nicht mehr, der wievielte Akt es in diesem Jahr war, der einen Verkehrsunfall mit tödlichem Ausgang zum Inhalt und ich zu verhandeln hatte. Im Strafantrag wurde das Verhalten des Beschuldigten angeführt:

Er war mit einem PKW innerorts bei schlechter Sicht mit weit überhöhter Geschwindigkeit unterwegs. Außerdem hatte er in seinem Blut einen Alkoholgehalt von 1,6 Promille. Er übersah eine vor ihm fahrende Radfahrerin. Trotz Bremsung kollidierte er mit der Frau. Diese wurde durch den Aufprall gegen die Windschutzscheibe und von dort auf die Straße geschleudert, wo sie noch vor Eintreffen des Notarztes gestorben ist.

Nach dem Studium des Aktes setzte ich die Hauptverhandlung an. Ich ließ die Zeugen, die Parteienvertreter als auch den verkehrstechnischen Sachverständigen und den Gerichtsmediziner laden. Letztere sollten ihre Gutachten darlegen und für entsprechende Fragen zur Verfügung stehen.

Mehr als eine Woche vor dem geplanten Termin bekam ich folgenden Brief:

Sehr geehrter Herr Richter!

Mein Name ist N. N. Ich bin jener Autofahrer, der am ... in ... den furchtbaren Verkehrsunfall verschuldet hat.
Sie werden am nächsten Donnerstag mein Richter sein.

Ich weiß, dass ich zwei Kindern die Mutter, dem Vater der Kinder die Gattin genommen habe. Ich weiß auch, dass ich durch meine Tat ein furchtbares

Elend angerichtet habe. Alles würde ich dafür geben, könnte ich die Tat ungeschehen machen.

Ich habe von meinem Anwalt erfahren, dass bei fahrlässiger Tötung unter Alkoholeinfluss unbedingte Freiheitsstrafen verhängt werden. Auch wenn ich mein ganzes Leben ins Gefängnis müsste, würde das die Frau nicht wieder lebendig machen.

Ich will mit Ihnen jedoch nicht über die Rechtsprechung und die Strafpraxis diskutieren, sondern meinen unabänderlichen Beschluss mitteilen:

Wenn ich ins Gefängnis muss, werde ich mich umbringen!!!

Hochachtungsvoll N. N.

Ich verständigte jene Stellen, die mit der Verhinderung von Suiziden befasst waren.

Am folgenden Donnerstag verhängte ich über den Beschuldigten eine unbedingte Freiheitsstrafe von zehn Monaten.

Verzeihen

Frank nahm alles, was er kriegen konnte: synthetische Drogen, Marihuana, Kokain, Heroin und was sonst noch verkauft wurde.

Mit Hepatitis C infiziert und einer Drogenabhängigkeit hatte er mit seinem Leben in gewisser Weise abgeschlossen. Er sah weder einen Ausweg aus seiner Sucht, noch wollte er einen, da er sein Leben ohne irgendeine Perspektive vergeudet hatte.

Nichts mehr erschien ihm erstrebenswert, abgesehen vom Rauschgift, das ihm sein elendes Dasein vergessen ließ.

Frank war in ordentlichen Familienverhältnissen aufgewachsen, war ein guter Schüler, bis er mit Drogen in Kontakt kam. Er wurde vom Gymnasium ausgeschlossen, worauf er eine Lehre als Industriekaufmann begonnen hatte.

Frank fühlte sich Vorgesetzten und Mitarbeitern intellektuell überlegen, war es vermutlich auch, aber sein überhebliches, renitentes Benehmen war für den Lehrherrn Grund genug, das Lehrverhältnis zu beenden.

Die Scheidung der Eltern, seine zeitlich begrenzten Tätigkeiten als Hilfsarbeiter, die daran anschließende monatelange Arbeitslosigkeit und vor allem seine Sucht brachten Frank in einen Teufelskreis, aus dem er nicht mehr loskommen konnte und wollte.

Alle jahrelangen Bemühungen seiner Mutter, die Sucht ihres einzigen Kindes mit allen ihr zur Verfügung stehenden Mitteln zu beenden, waren vergebens. Auch die drei Verurteilungen nach dem Suchtmittelgesetz und die zu verbüßenden Haftstrafen vermochten ebenso wie die Anstrengungen seiner Mutter keine Umkehr im Leben von Frank zu bewirken.

Sein körperlicher Verfall ging mit der Arbeitsunfähigkeit einher und nur die Sozialunterstützungen hielten ihn am Leben.

Er hatte keine feste Unterkunft. Wenn er nicht bei einem seiner süchtigen Freunde übernachten konnte, schlief er auf Bänken, in abbruchreifen Häusern, in Rohbauten oder unter Brücken.

Mit der monatlichen Notstandshilfe konnte Frank seinen Drogenkonsum nur für eine Woche finanzieren. Die übrige Zeit musste er „filtern", was bedeutet, dass er die Filter von den Zigaretten anderer Drogensüchtiger einsammelte, die darin zurückgelassenen Substanzen verflüssigte, mit einer Spritze aufzog und sich selber injizierte.

Fünf Jahre waren vergangen, seit Frank aus der Wohnung seiner Mutter ausgezogen war. Er hatte sie in all den Jahren nicht ein einziges Mal besucht, und sie wusste auch nicht, ob er überhaupt noch lebt.

Es war kalt, Frank litt unter starken Entzugserscheinungen. Möglicherweise brachte ihn dieser qualvolle Zustand auf die Idee, seine Mutter zu besuchen. Als sie die heruntergekommene, abgemagerte Gestalt in ihre Wohnung ließ, konnte sie kaum glauben, dass es ihr Sohn war.

Ihre Tränen über das zu sehende Elend schlossen auch die Freude ein, ihren verloren geglaubten Sohn wieder bei sich zu haben.

Frank wollte nichts essen, war müde und erschöpft. Seine Mutter richtete ihm auf einer Couch ein Bett her, in das er sich sofort samt den Kleidern legte.

Er konnte jedoch nicht einschlafen. Durch die Entzugserscheinungen hervorgerufenen Krämpfe und der mit Schaum bedeckte Mund versetzten die Mutter in Panik.

Sie suchte in der Nacht ihren Hausarzt auf und flehte ihn um Hilfe an. Der Arzt wusste aus ihren früheren Erzählungen um das Drama ihres Sohnes und verschrieb einige Medikamente, welche die Verzweifelte von einer Apotheke holte. In der Wohnung zurückgekehrt, verabreichte sie die Medikation in der vorgeschriebenen Dosis und Zeitspanne ihrem sich auf dem Bett vor Schmerzen krümmenden Sohn.

Die Medikamente zeigten keine Wirkung, und da für die Mutter die Situation ihres Kindes lebensbedrohend war, verständigte sie die Rettung. Frank wurde in ein Krankenhaus gebracht und von dort, vom Hausarzt der Mutter veranlasst, in die psychiatrische Abteilung des dafür zuständigen Krankenhauses zwangseingewiesen.

Nachdem der Patient durch ärztliche Betreuung und Substitutionsmittel einigermaßen wiederhergestellt war, verweigerte er eine Entzugstherapie und floh in der Nacht aus dem Krankenhaus.

Zu Mittag suchte er die Wohnung seiner Mutter auf, um von ihr Geld für Drogen zu bekommen. Seine Mutter öffnete einen Spalt breit ihre Wohnungstüre. Wenn sie eine winzige Hoffnung hatte, dass Frank im Krankenhaus von seiner Sucht befreit werden könnte, so war ihr beim Anblick ihres Sohnes bewusst, dass er nicht bereit war, ärztliche Hilfe anzunehmen.

Aus Enttäuschung und der Hoffnungslosigkeit, Frank helfen zu können, verweigerte sie ihm den Zutritt in ihre Wohnung. Als sie die Türe schließen wollte, stellte Frank seinen Fuß zwischen Türe und Schwelle. Daraufhin drückte er mit Gewalt gegen die Türe. Seine Mutter hielt dagegen, konnte aber nicht verhindern, dass Frank mit überlegener Kraft sich den Eintritt in die Wohnung verschaffte.

Kaum war er in der Wohnung, die Vorwürfe seiner Mutter überhörend, forderte er von ihr Geld.

Sie weigerte sich, was ihren Sohn immer aggressiver machte. Er beschimpfte seine Mutter mit den übelsten, im Rotlichtmilieu gebräuchlichen Schimpfwörtern und fragte, wo sie das Geld versteckt hat.

Seine Mutter reagierte darauf nicht, sondern versuchte, ihren Sohn aus der Wohnung zu bringen. Er begann sie zu stoßen und mit der Hand ins Gesicht zu schlagen. Es blieb nicht bei der Hand, denn es folgten Schläge mit den Fäusten gegen Gesicht und Körper der wehrlosen Frau, seiner Mutter.

Sodann packte er ihren Arm und drehte ihn derart brutal auf den Rücken, dass die Gequälte vor Schmerzen laut schrie.

Er ließ sie los und blutüberströmt ließ sich die weinende Frau auf dem Fußboden nieder.

Mitleid hatte Frank keines, schon gar nicht, da die eingesetzte Brutalität nicht den gewünschten Erfolg brachte. Nun fiel ihm ein, dass die Verständigung der Rettung ihn ins Krankenhaus brachte. Er drohte der am Boden Kauernden, sie derart zusammenzuschlagen, dass sie nicht mehr aufstehen könne, sollte sie nochmals seine zwangsweise Einweisung in ein Krankenhaus betreiben.

Die Nachbarn der geschlagenen Frau hatten deren Schreie gehört und die Gendarmerie verständigt. Als Frank gerade das Haus verlassen hatte, wurde er von den Beamten angehalten und auf den Posten gebracht.

Einer der Beamten suchte die blutig geschlagene Frau auf und verständigte die Rettung, die sie ins Krankenhaus brachte.

Frank wurde auf dem Posten einvernommen.

Er gab zu, seine Mutter deswegen geschlagen zu haben, um von ihr Geld zu bekommen, was sie verweigerte. Auch das gewaltsame Eindringen in die Wohnung sowie die Drohung, seine Mutter zusammenzuschlagen, sollte sie nochmals seine Zwangseinweisung betreiben, umfasste sein Geständnis. Schließlich räumte er ein, Kokain und Heroin besessen zu haben.

Es war Wochenende. Ein Staatsanwalt beantragte die Einleitung der Voruntersuchung und die Verhängung der Untersuchungshaft.

Der Journalrichter folgte am Sonntag den Anträgen der Staatsanwaltschaft, beschloss die Voruntersuchung wegen Hausfriedensbruch, Raub, gefährlicher Drohung sowie wegen des Besitzes von Suchtgift und verhängte die Untersuchungshaft.

Bei der anschließend durchgeführten Einvernahme wiederholte Frank sein Geständnis.

Seine Mutter wurde vorgeladen, doch sie machte von ihrem Entschlagungsrecht Gebrauch und glaubte, damit ihrem Sohn zu helfen. Sie konnte nicht wissen, dass er sämtliche ihm vorgeworfenen Taten zugegeben hatte.

Nach einigen Tagen im Gefängnis wurde Frank bewusst, dass ihm eine mehrjährige Freiheitsstrafe droht, sollte er auch wegen Raubes verurteilt werden. Er ließ sich zum Untersuchungsrichter vorführen und widerrief sein Geständnis hinsichtlich des Raubes.

Die entgegenstehenden Angaben wären auf seine Entzugserscheinungen zurückzuführen und würden nicht der Wahrheit entsprechen.

In der folgenden Zeit kreisten seine Gedanken vor allem um die Frage, wie er vom Raub wegkommen könnte.

Da fiel ihm seine geschlagene Mutter ein, die ihn trotz allem wöchentlich im Gefängnis besuchte. Bei einem der Besuche forderte er seine Mutter auf, auszusagen und zwar dahingehend, dass die Schläge, welche er ihr verabreicht hatte, nicht die Herausgabe von Geld erzwingen sollten.

Als Grund für seine Gewalttätigkeit sollte sie seinen Zorn über die von ihr betriebene Zwangseinweisung angeben.

Abgesehen davon, dass die Zwangseinweisung nicht von der Mutter betrieben wurde, sie hatte nur die Rettung verständigt, war sein Ansinnen eine Anstiftung zur falschen Zeugenaussage.

Die Mutter teilte dem Pflichtverteidiger von Frank mit, dass sie in der Hauptverhandlung aussagen wird und ihre Ladung veranlasst werden soll.

Die Hauptverhandlung wurde von mir anberaumt, und Frank stand aus der Haft vorgeführt als Angeklagter vor dem Schöffengericht. Während die Staatsanwältin die Anklage vortrug, konnten die beiden Schöffinnen ihr Entsetzen nicht verbergen, als sie erfahren mussten, dass der Angeklagte seine eigene Mutter zusammengeschlagen hatte.

Jede Einvernahme eines Angeklagten oder Beschuldigten in der Hauptverhandlung beginnt nach der Rechtsbelehrung, nicht aussagen und nichts zugeben zu müssen – dem Milderungsgrund des Geständnisses –, mit der Frage, ob er sich schuldig bekennt oder nicht.

Der Angeklagte bejahte seine Schuld hinsichtlich der ihm vorgeworfenen Delikte, ausgenommen des ihm zur Last gelegten Raubes.

Mein Kollege und ich wollten mit mehreren Fragen herausbringen, weshalb er seine Mutter derart brutal drangsaliert hatte.

Als Grund führte er an, dass sie seine Zwangseinweisung betrieben hätte, Geld jedoch nicht ursächlich gewesen sei. Sein Geständnis auf dem Gendarmerieposten und vor dem Journalrichter versuchte er mit sowohl wenig überzeugenden Argumenten als auch mit Entzugserscheinungen zu begründen.

Er blieb trotz Vorhalte dabei, dass die Schläge, welche er seiner Mutter zufügte, nicht wegen ihrer Weigerung, ihm Geld zu geben, erfolgt wären.

Dann wurde die Mutter als Zeugin aufgerufen. Ich belehrte sie über ihr zustehendes Entschlagungsrecht, aber auch über die Folgen einer Falschaussage, sollte sie sich zu einer Aussage entschließen. Sie gab an die Belehrungen verstanden zu haben und aussagen zu wollen. Alle Fragen zielten darauf ab, zu erfahren, weshalb sie von ihrem Sohn brutalster Gewalt ausgesetzt war.

Schon allein zugeben zu müssen, vom eigenen Sohn geschlagen worden zu sein, trieben der Zeugin die Tränen in die Augen.

Sie war eine liebende Mutter, die trotz allem ihrem missratenen Sohn helfen wollte.

Grund für die Schläge wäre die herbeigerufene Rettung gewesen, welche die Zwangseinweisung zur Folge hatte. Ob während der Gewalthandlungen Geld gefordert wurde, daran könne sie sich nicht mehr erinnern. Es war ergreifend, wie die Zeugin versuchte, ihrem gewalttätigen Sohn zu helfen und gleichzeitig keine falschen Angaben zu machen.

Aus ihrem Gesicht war ihre Verzweiflung zu erkennen. Hart an der Grenze einer falschen Zeugenaussage war die bemitleidenswerte Frau bemüht, ihren Sohn vor einer längeren Gefängnisstrafe zu bewahren, der nicht davor zurückgeschreckt hatte, seine eigene Mutter zusammenzuschlagen.

Letztlich war ihre Aussage so vergeblich wie alle ihre Bemühungen, ihrem Sohn zu einem anderen Leben zu verhelfen.

Der Schöffensenat befand den Angeklagten auch des Raubes schuldig und verurteilte ihn zu einer mehrjährigen Freiheitsstrafe.

Eine Mutter ist wahrscheinlich die Einzige auf der Welt, die ihrem Kind alles verzeihen kann.

Mit dieser Erfahrung verließ ich den Verhandlungssaal.

Angekettet

Der ursprüngliche Sinn eines Polterabends ist schon längst verloren gegangen, das Bedürfnis jedoch geblieben, diesen Abend irgendwie zu gestalten. Unmäßiger Konsum von alkoholischen Getränken gehört fast immer dazu, verbunden mit Blödheiten aller Art, die oftmals vor Gericht ein Nachspiel haben.

Eine Gruppe von Bekannten, Freunden und Arbeitskollegen des zukünftigen Bräutigams überlegte, wie sie den Polterabend verbringen könnten. Vorerst fiel ihnen nicht mehr ein, als eine Sauftour von Lokal zu Lokal.

Manchen war dies jedoch zu einfallslos und sie strengten sich an, den Alkoholparcours mit etwas Außergewöhnlichem zu verbinden.

Beim Brainstorming, das neudeutsche Wort für gemeinsames Nachdenken, war bald der Unterschied zwischen einem Junggesellen und einem Ehemann das Thema. Mit Ersterem wurden Freiheit und Unbekümmertheit, mit Zweitem Einschränkung und Zwang assoziiert.

Die Frage war, wie man dies ausdrücken könnte. Von Unfreiheit war es zum Gefängnis und dem darin befindlichen Häftling nicht mehr weit. Darauf folgte die Frage, wie man einen Häftling ersichtlich macht, da Sträflingskleider und Ketten längst abgeschafft sind. Doch mit Ketten, so der Einfall, könnte man die Ehesituation gut darstellen, noch dazu, wenn der Häftling an eine Eisenkugel angekettet ist. Kette und Eisenkugel fanden allgemeine Zustimmung. Die Kette konnte leicht besorgt werden, eine Eisenkugel zu bekommen, war weitaus schwieriger. Nun, ein Fußball sollte die Eisenkugel ersetzen.

Dem zukünftigen Bräutigam wurde am Polterabend mit einem Schloss eine Kette um das Bein fixiert, an deren anderem Ende der Fußball befestigt war.

Die feuchtfröhliche Tour begann und der baldige Ehemann musste von Lokal zu Lokal seine Fesselung und den Fußball mittragen.

So konnten auch alle übrigen Gäste in den Lokalen erkennen, dass für den mit Kette und Kugel Geplagten die bisherige Freiheit des Junggesellenlebens bald zu Ende sein wird.

Mit Gegröle zog die Gruppe von einer Wirtschaft zur anderen. Auf dem beleuchteten Stadtplatz hielt der Haufen an. In der Mitte stand der baldige angekettete Bräutigam. Manche der Vorbeigehenden fanden den Einfall gelungen und amüsant.

Der angekettete Fußball brachte einen der Feiernden auf eine Idee.

Wenn Jugendliche belustigt stehen blieben und den Angeketteten fast mitleidig betrachteten, wurde ihnen vom Einfallsreichen ein Angebot gemacht. Der erste Schuss mit dem Fußball kostete zwei Euro, der zweite war gratis. Sollte es jedoch dem Schießenden gelingen, den mit der Kette Angebundenen umzuwerfen, dann konnten zehn Euro gewonnen werden. Die meisten, denen dieses Angebot unterbreitet wurde, lehnten ab. Ob sie sich in der johlenden Gesellschaft nicht wohl fühlten, nicht schießen konnten oder den angehenden Bräutigam nicht zu Fall bringen wollten, mag dahingestellt bleiben.

Doch einer, ein begeisterter Fußballer, ließ sich das Angebot nicht entgehen. Er war in einer Amateurmannschaft Tormann, hatte also eine gewaltige Schusskraft und war sich sicher, die zehn Euro gewinnen zu können. Die Feiernden entfernten sich vom Angeketteten und warteten gespannt auf den kommenden Schuss.

Angefeuert von der Gruppe nahm der Tormann einen großen Anlauf und trat mit Wucht auf den Ball ein. Der Bräutigam fiel nicht um, jedoch der Schütze, denn der Ball, der sich nicht bewegte, war mit Beton gefüllt.

Der Eifrige hatte sich schwer verletzt. Der Mittelfußknochen und mehrere Zehen waren gebrochen. Der vermeintliche Spaß hatte ein jähes Ende genommen, und der Anstifter des Schusses wurde wegen schwerer Körperverletzung angezeigt.

Wieder einmal fand ein Polterabend vor Gericht seine Fortsetzung. Der Staatsanwalt forderte eine unbedingte Bestrafung des Täters auch im Hinblick darauf, dass der verletzte Tormann vielleicht ein Jahr lang für seinen Verein nicht spielen wird können.

Ich sah das Geschehen anders.

Das Anketten des zukünftigen Ehemannes sollte die damit von den Feiernden erwartete Unfreiheit zum Ausdruck bringen. Ein Geld bringendes Schießen des mit Beton gefüllten Fußballs war nicht vorgesehen.

Diesfalls hätte eine Strafe unausweichlich folgen müssen. So war der Einfall eines Einzelnen für die Verletzung ursächlich.

Auch der mit dem Gipsverband zu Gericht gekommene Torwart hatte Verständnis, wollte kein Schmerzengeld, sondern nur eine Entschuldigung. Diese bekam er aufrichtig und mehrmals. Ich hielt daher eine Diversion, also keine Strafe mit einer Eintragung im Strafregister, sondern nur eine Geldbuße als „Denkzettel" ausreichend.

S-Amen

Angesehen, engagiert, erfolgreich. Es gibt wenige Menschen, welche diese Eigenschaften so verkörperten wie der spätere Angeklagte. Es gibt aber noch weniger, von Tüchtigkeit, Ehrgeiz und wohl auch von glücklichen Zufällen getragene Menschen, die ein solches Ansehen, eine derartige Karriere selbst zunichte machten.

Er war verheiratet, hatte mehrere wohlgeratene Kinder, von denen zwei ihrem Studium nachgingen. Das schöne eigene Haus, in welchem er und seine Familie wohnten, gehörte zu einem Dorf, unweit einer großen Stadt. Von seiner Umgebung beneidet und doch beliebt, konnte niemand etwas Nachteiliges über ihn sagen. Seine Hilfsbereitschaft und Freundlichkeit sowie das Fehlen jeglicher Überheblichkeit waren ausschlaggebend für das Ansehen in der Dorfgemeinschaft.

Als engagierter Katholik hatte er die Diakonweihe erhalten und kam vor allem in der Stadt seinen daraus erwachsenen Pflichten zur Zufriedenheit aller nach.

Erfolgreich war der Angesehene vor allem in seinem Beruf. Als Polizeijurist hatte er die Karriereleiter fast bis zur höchsten Sprosse erklommen. Im Rang eines Oberst war er für die Terrorismusbekämpfung und die Sicherheit eines Flughafens verantwortlich.

Die Sicherheitsagenden auf österreichischen Flughäfen wurden vorerst von der Polizei selbst wahrgenommen. Später wurden diese Aufgaben an private Firmen ausgelagert. Die Eignung für die Aufgaben des Sicherheitspersonals ist nach einer österreichisch einheitlichen Ausbildung mit einer zu bestehenden Prüfung festzustellen.

Der erfolgreiche Polizeioffizier war nicht nur für Terrorismusbekämpfung und die Sicherheit des Flughafens zuständig, sondern er unterrichtete auch das angehende Sicherheitspersonal. Außerdem war er Mitglied der Prüfungskommission und konnte so ein ansehnliches Nebeneinkommen lukrieren. Zusammen mit seinen amtlichen Aufgaben hatte er auf dem Flughafen eine Machtfülle, die größer nicht sein konnte.

Die Personen, welche für die Sicherheit des Flughafens sorgten, wurden regelmäßig auf ihre Tauglichkeit überprüft und vermutlich ist dies auch heute noch so. Zuständig hierfür ist das Bundesministerium für Inneres. Die Überprüfungen betreffen vor allem jene Frauen und Männer, welche sowohl für die Kontrollen der Passagiere als auch deren Handgepäck zuständig sind.

Besonders wichtig, aber ebenso anstrengend ist die Beobachtung der Bildschirme, auf denen der Inhalt des Handgepäcks zu sehen oder zu erahnen ist. Die dazu eingeteilten Personen müssen hochkonzentriert auf die Monitore schauen, um im Gepäck versteckte Waffen, Munition, Sprengstoff und dergleichen zu identifizieren und damit verhindern, dass diese Gegenstände ins Flugzeug gebracht werden. Diese Personen haben genaue Anweisungen, wie sie sich verhalten müssen, wenn verdächtige Dinge erkannt werden oder wenn durch sogenannte Dichteplatten Gegenstände nicht erkannt werden können.

Um die fortlaufende Eignung und Aufmerksamkeit der hierfür Zuständigen zu überprüfen, werden vom Ministerium Koffer oder andere Behältnisse mit versteckten Waffen, Munition oder Sprengstoff präpariert. Dem Personal unbekannte Personen versuchen sohin mit dem präparierten Handgepäck die Kontrollen zu passieren.

Dieser Vorgang wird von einem Beamten des Ministeriums beobachtet und das Verhalten der überprüften Person aufgezeichnet. Werden die versteckten Gegenstände nicht erkannt oder übersehen, hat der Bericht des beobachtenden Beamten entsprechende Folgen. Nachschulungen sind obligatorisch, es sei denn, dass das Übersehen genannter Gegenstände von der überprüften Person bereits früher vorgekommen ist. Diesfalls wird die mangelnde Eignung für diese Tätigkeit festgestellt und, wenn nicht anderswo einsetzbar, als Konsequenz die Kündigung des Arbeitsverhältnisses mit all den sozialen Folgen ausgesprochen.

Die Berichte über den beschriebenen Vorgang werden nicht direkt dem Ministerium übermittelt, sondern dem zuständigen Polizeioffizier, in gegenständlichem Geschehen dem späteren Angeklagten. Dieser hatte nun die Möglichkeit, die Berichte zu kommentieren und eigene Stellungnahmen anzuschließen. Keinesfalls durften die Berichte abgeändert werden. Diese Zusätze und Erklärungen können derart sein, dass die versteckten Gegenstände auf eine Weise verborgen waren, dass sie gar nicht gesehen werden konnten. Auch persönliche Umstände der oder des Betroffenen waren, falls gegeben, dem Bericht anzuschließen, um das Versagen verständlicher erscheinen zu lassen. Auch unvorhergesehene Ereignisse wie Tätlichkeiten, kollabierende Passagiere usw., welche die Aufmerksamkeit gravierend beeinträchtigen, waren dem Bericht hinzuzufügen.

Jahrelang wurden die Berichte über die Überprüfungen mit und ohne Stellungnahmen des Sicherheitsoffiziers an das Ministerium geschickt und, falls erforderlich, die entsprechenden Maßnahmen gesetzt.

Alles schien korrekt vor sich zu gehen, bis eine Mitarbeiterin der für die Sicherheit zuständigen Firma eine Lawine auslöste.

Deren Folgen beschäftigten nicht nur mehrere Gerichte, sondern zogen darüber hinaus gravierende Auswirkungen nach sich.

Ob das Gespräch, das die Mitarbeiterin mit ihrem Vorgesetzten führte, eine Beschwerde, eine Mitteilung oder was immer war, konnte nicht festgestellt werden. Der Inhalt dieser Aussprache war, dass der für den Flughafen zuständige Polizeioffizier sich sehr um die Mitarbeiterin bemüht und dieses Bemühen letztlich mit sexuellen

Übergriffen geendet hatte. Der Geschäftsführer der Sicherheitsfirma wollte keine Einzelheiten wissen, sondern zeigte den ihm geschilderten Sachverhalt bei der Polizei an.

Staatsanwaltschaft und Polizei arbeiten eng zusammen. Um sowohl mögliche Befangenheiten als auch unkorrektes Verhalten auszuschließen, und um die zukünftige Zusammenarbeit nicht zu gefährden, besteht die gesetzliche Möglichkeit, die Leitung der Ermittlungen einer anderen als der zuständigen Staatsanwaltschaft zu übertragen. Soll die Staatsanwaltschaft eines anderen Oberlandesgerichtssprengels mit den Ermittlungen betraut werden, so entscheidet darüber die Generalprokuratur, die höchste Anklagebehörde der Republik.

Da Vorarlberg über keinen großen Flughafen verfügt, wurde der Staatsanwaltschaft Feldkirch die Leitung des Ermittlungsverfahrens übertragen. Nach Abschluss derselben, die mehr als ein Jahr dauerten, wurde die Anklageschrift beim Landesgericht Feldkirch eingebracht.

Bis es soweit war, wurden vielfältige Erhebungen durchgeführt und auch der Polizeioffizier als Verdächtiger einvernommen. Mit den Anschuldigungen konfrontiert, bestritt er alle Vorwürfe energisch und zwar in einer Weise, dass diese geradezu einer Majestätsbeleidigung gleichkamen.

Die ermittelnden Beamten hörten sich routinemäßig beim Flughafenpersonal um und konnten hinter vorgehaltener Hand erfahren, dass der Verdächtige sexuellen Ausschweifungen nicht abgeneigt war. Nun wurde die Spurensicherung eingeschaltet und das Büro des Polizeioffiziers gründlich untersucht. Zum Erstaunen der Beamten wurden auf dem Schreibtisch, auf den Clubsesseln, als auch auf der Couch Spermaspuren gefunden. Da das dort stattgefundene sexuelle Treiben nicht zu den Aufgaben des Verdächtigen gehörte, wurden die Mitarbeiterinnen des Flughafens einvernommen.

Einige Frauen, die für die Sicherheitskontrollen eingesetzt waren, gaben zu, mit dem Verdächtigen in seinem Büro sexuell verkehrt zu haben, ohne von ihm dazu genötigt worden zu sein.

Warum, so dachten sich die Beamten, haben hübsche Frauen mit dem mehr als ein Jahrzehnt älteren Mann sexuell verkehrt? Noch dazu, dass manche dieser Frauen verheiratet und auch mehrfache Mütter waren, und der Verdächtige George Clooney in keiner Weise ähnelte. Die Polizisten stellten fest, dass alle Frauen, mit denen der Verdächtige seine Triebhaftigkeit auslebte, vor den Monitoren der Sicherheitsschleusen eingesetzt waren. Es war naheliegend, dass ihre Arbeit mit den sexuellen Diensten in Zusammenhang stand. Daraufhin wurden die Berichte von den Überprüfungen der Personen, die vor den Monitoren saßen, angefordert. Die vom Verdächtigen an das Ministerium geschickten Berichte wurden mit jenen der die Vorgänge überwachenden Beamten verglichen. Gravierende Differenzen waren das Ergebnis dieser Vergleiche.

Der Verdächtige hatte die ihm übermittelten Berichte abgeändert. Er ließ beispielsweise von mehreren versteckten Gegenständen, welche die überprüfte Person übersehen hatte, einige weg, sodass der Aufmerksamkeitsfehler geringer als tatsächlich war. In einem anderen Fall erfand er nicht stattgefundene Ereignisse, wie das plötzliche Auftauchen einer länger abwesenden Flugbegleiterin, welche für das Übersehen ursächlich sein sollte. Er hatte auch andere Ideen, um die Berichte zu verfälschen und zeichnete sie elektronisch mit dem Namen des überprüfenden Beamten des Ministeriums ab. Die Frauen, deren sie betreffenden Berichte der Verdächtige verfälschte, hatten mit ihm sexuellen Verkehr oder er erwartete sich zumindest solchen.

Mit diesen Fakten konfrontiert, stritt der in Bedrängnis Geratene dennoch jegliche sexuellen Kontakte mit diesen Frauen ab, auch dann noch, als ihm deren Aussagen vorgehalten wurden. Als er dann mit den festgestellten Spermaspuren in seinem Büro konfrontiert wurde, konnte er nicht anders, als zuzugeben, mit diesen Frauen sexuell verkehrt zu haben. Die Frauen hätten dies freiwillig gemacht, wie er wiederholt betonte.

Es war jedoch weder frei noch willig.

Nachdem bei den Überprüfungen das Übersehen der versteckten Gegenstände festgestellt war, fürchteten die Frauen, ihre Anstellung zu verlieren. Da es sich unter ihnen herumgesprochen hatte, dass der Verdächtige sexuellen Abenteuern in keiner Weise abgeneigt war, sahen sie sich gezwungen, mit ihren Körpern andere, geschönte Berichte an das Ministerium zu erreichen. Der Verdächtige war zu klug, um die Frauen zu nötigen, er stellte ihnen auch nicht in Aussicht, gegen Sex die Berichte abzuändern.

Das Verhalten der Frauen entsprach eher einer konkludenten Handlungsweise, wie sie im Zivilrecht vorkommt. Darunter ist zu verstehen, dass durch eine Handlung auf den Zweck, die Absicht geschlossen werden kann. In gegenständlichem Fall mittels Sex zu einem anderen oder gelinderen Bericht zu kommen, auch ohne Worte.

Die Frauen hofften, mit sexueller Gefügigkeit abgeänderte Berichte zu erwirken und mit ihrem Job die finanzielle Existenz ihrer Familien erhalten zu können.

Wie dieses Verhalten des Angeklagten zu bewerten war, haben Gerichte nicht zu beurteilen, da es strafrechtlich nicht fassbar war und auch in der Anklageschrift keinen Niederschlag gefunden hatte.

Es blieb bei der Anzeige der einen Frau, deren Erlebnis als sexuelle Nötigung von der Staatsanwaltschaft gesehen wurde, und dem Vorwurf des mehrfachen Amtsmissbrauchs. Dem entsprach auch der Tenor der Anklageschrift.

Das Verfahren zog sich mehr als ein Jahr hin, da die Zeugin, die sexuelle Nötigung betreffend, infolge gesundheitlicher Probleme nicht in der Lage war, vor Gericht auszusagen. Als sie dann nach Monaten dazu imstande war, konnten ihre Aussagen das Schöffengericht nicht überzeugen, sodass der Angeklagte in diesem Punkt, zumindest im Zweifel, freizusprechen war.

Hingegen wurde er wegen Amtsmissbrauchs für schuldig befunden und zu einer bedingten Freiheits- und zu einer unbedingten Geldstrafe verurteilt.

Die Verteidigung war der Meinung, dass kein Amtsmissbrauch vorlag und brachte gegen mein Urteil Nichtigkeitsbeschwerde ein. Zur Sicherheit auch eine Strafberufung, sollte der Oberste Gerichtshof die Rechtsmeinung des Erstgerichts teilen und den Schuldspruch bestätigen.

Der Angeklagte war vom Dienst suspendiert, konnte jedoch als Diakon weiter tätig sein, da die Diözese auf die Rechtskraft des Urteils wartete.

Der Oberste Gerichtshof wies die Nichtigkeitsbeschwerde zurück, das Oberlandesgericht verringerte die Strafe wegen der langen Verfahrensdauer.

Was nach Rechtskraft des Urteils geschah, blieb mir verborgen.

Wachrütteln

Zwischen einer attraktiven Frau und einem gut verdienenden, angesehenen Mann bestand eine eheähnliche Gemeinschaft. Es war keine Erlebnispartnerschaft und die Zweisamkeit glich eher einem geschwisterlichen Verhältnis als einer von Gefühlen und Leidenschaften bestimmten Beziehung.

Eines Tages kam mit der Post ein an den Mann gerichteter Brief. Als er ihn geöffnet hatte, bemerkte er die Parfümierung des Briefpapiers und begann den mittels Computer geschriebenen Text zu lesen. In pathetischen Worten wurde die Liebe der Unbekannten zum Angesprochenen umschrieben, welche Gefühle sie für ihn empfindet und mit anzüglichen Hinweisen schloss das unterschriftslose Schreiben. Der so Geliebte zerriss den Brief, nachdem er ihn überflogen hatte und warf ihn gelangweilt in den Papierkorb.

Es folgten weitere Briefe und unzählige Mails, die er überflog und gleich löschte.

Die Liebeserklärungen wurden immer schlüpfriger und romantische Orte beschrieben, an denen die Leidenschaften überwältigend und grenzenlos ausgelebt werden könnten.

Mit pornografischen Anleitungen sollte die Liebeslust bis zur Erschöpfung gesteigert werden.

Die schmachtenden Liebesbriefe berührten den zur Zärtlichkeit und zum Lesen Aufgeforderten ungefähr so wie der Fahrplan der Bundesbahnen. Es stieg jedoch mit jedem Brief seine Neugier, wer wohl die Briefeschreiberin sein könnte.

Er zog seine Partnerin zu Rate und übergab ihr einen Brief, um mit ihrer Hilfe die Schreiberin identifizieren zu können. Geradezu leidenschaftlich begann seine Gefährtin, den ihr gegebenen Brief laut vorzulesen. Dies konnte ihr Partner schon gar nicht vertragen und nahm ihr den Brief wieder weg. Sie sollte ihn nicht vorlesen, schon gar nicht so affektiert, sondern ihm helfen die Verfasserin der Briefe zu ermitteln. Die Angesprochene, um das Vergnügen des Vorlesens gebracht, dachte eine Zeit lang nach und meinte, dass nur seine frühere Freundin als Briefschreiberin infrage käme.

Seiner früheren Freundin traute er die gewählte Wortwahl und Ausdrucksweise zwar nicht zu, andererseits aber war die Beziehung unter anderem wegen deren aufdringlichem Kuschelbedürfnis auseinander gegangen.

Er war sich ziemlich sicher, dass seine ehemalige Freundin die zügellose Briefschreiberin sein musste.

Da er nun einen Namen hatte, konnte er die Schreiberin mit gerichtlichen Schritten zwingen, es zu unterlassen, ihm die als aufdringlich, seine Privatsphäre störende, als obszön empfundenen Briefe und Mails zu schicken.

Es kam zur Anzeige seiner früheren Freundin wegen beharrlicher Verfolgung, und er führte seine Lebenspartnerin als Zeugin an, da diese nicht nur seinen Verdacht begründete, sondern auch die Verflossene kannte.

Sie wurde im Rechtshilfeweg an einem Bezirksgericht als Zeugin, sohin unter Wahrheitspflicht vernommen. Dort gab sie zu Protokoll, dass nur die Angezeigte als Stalkerin infrage komme und begründete dies im Wesentlichen damit, dass sie die Frau kannte und auch ihren Charakter beurteilen könnte, dem solche Briefe nicht fremd wären.

Die Angezeigte wehrte sich und konnte nachweisen, dass sie zu manchen Zeiten, als die Mails gesendet und die Briefe abgestempelt wurden, nicht im Land aufhältig war.

Die darauffolgenden Ermittlungen ergaben schließlich, dass die Lebenspartnerin des Betroffenen die schwülstige Briefeschreiberin war.

Sodann erhielt sie einen Brief, der überhaupt nicht romantisch war, nämlich einen Strafantrag wegen falscher Beweisaussage und Verleumdung und die Ladung zur Hauptverhandlung.

Die akademisch gebildete Beschuldigte war in der Verhandlung vollumfänglich geständig.

Obwohl die Briefe an sich nicht Gegenstand des Verfahrens waren, konnte ich nicht umhin, nach dem Grund des Briefeschreibens zu fragen.

„Mein Mann ist ein Sexmuffel, Zärtlichkeit ist für ihn ein Fremdwort und sein Hund bekommt mehr Zuwendung als ich. Ich bin ein emotionaler Mensch, ausgehungert habe ich mich nach Liebe gesehnt. Er ist auf meine Bedürfnisse nicht eingegangen und ich konnte mit ihm darüber auch nicht reden. Die Briefe sollten ihn animieren, unser Liebesleben in Schwung zu bringen."

Als sie ihre vergeblichen Verführungskünste schildern wollte, habe ich sie unterbrochen und wegen der angeklagten Delikte schuldig gesprochen und bestraft.

Da Delikte gegen die Rechtspflege auch bei Unbescholtenen zumindest zum Teil unbedingte Strafen nach sich ziehen, entsprach die empfindliche Geldstrafe einer angemessenen Sanktion. In der Urteilsbegründung führte ich zur Strafbemessung aus, dass Gerichte von Zeugenaussagen abhängig sind, sodass falsche Angaben, die noch dazu eine Verleumdung verwirklichen, entsprechende Sanktionen erforderlich machen.

Die Verurteilte nahm sichtlich bewegt das Urteil an und meinte: „Ich wollte ihn doch nur wachrütteln."

„Seit Lazarus", so schloss ich die Verhandlung, „ist dies nur in ganz seltenen Fällen gelungen."

Verzweiflung

Sind Anständigkeit und Verbrechen zwei Begriffe, deren Gegensätzlichkeit nicht größer sein könnte?

Ein „anständiger Verbrecher" wäre daher dieser Unvereinbarkeit zufolge ein Paradoxon, also eine (scheinbar) widersinnige Aussage. Ist sie wirklich widersinnig?

Was ein Verbrechen ist, wird im Strafgesetzbuch und in strafgesetzlichen Nebengesetzen definiert. Anständigkeit hingegen wird von moralischen, sittlichen Kriterien bewertet. Ihr liegt ein Werturteil zugrunde, das von vielen Faktoren abhängig ist: von der Geschichte, dem Ort des Geschehens, der Tradition usw. sowie vor allem vom Betrachter und seinen individuellen Voraussetzungen.

Aus heutiger Sicht scheinen in den meisten Fällen Verbrechen die Anständigkeit auszuschließen.

Doch das war und ist nicht immer so. Nicht erst seit Robin Hood werden oftmals Verbrechen als ehrenhaft, ein anderes Wort für anständig, gesehen. In manchen Kulturen wird sogar Mord als ein Mittel gesehen, die (Familien-)Ehre wiederherzustellen.

Kriege und ihre Gräuel seit Menschengedenken, Revolutionen, gewaltsame Forderungen nach Gerechtigkeit und anderen Unerreichbarkeiten, Rachsucht, Wut, Schadenfreude und nicht zuletzt politische Einstellungen haben Taten und Geschehnisse als alles Mögliche scheinen lassen, nicht jedoch, was sie oft auch waren, nämlich Verbrechen.

Das waren und sind sie auch dann, wenn der Gesetzgeber den Menschenrechten zuwider solche Taten nicht als Verbrechen festgelegt hatte und hat, auch dann, wenn sie als gerechtfertigt erscheinen.

Was ein Verbrechen ist, wird in einer Diktatur durch Diktat bestimmt, in einer Demokratie durch Mehrheitsentscheid. Im Rechtsstaat werden durch die Verfassung und die Menschenrechtskonvention parteilicher Willkür Grenzen gesetzt.

Die unterlegene Minderheit muss sich beugen, was jedoch nichts daran ändert, dass sich ihr Verbrechensbegriff vom oktroyierten unterscheiden kann.

Zu erinnern ist an die Auseinandersetzung um die Abschaffung des alten Paragrafen 144, dem „Abtreibungsparagrafen" und der damit verbundenen Fristenlösung.

Auch ein zeitnahes Beispiel ist anzuführen.

Von vielen werden die Verbrechen nach dem Verbotsgesetz (Wiederbetätigung im nationalsozialistischen Sinn) nicht als solche, sondern vielmehr als Einschränkung der Meinungsfreiheit gesehen.

Was ein Verbrechen ist oder nicht, ändert sich im Laufe der Zeit ebenso wie die sittliche Bewertung, was anständig ist oder nicht.

Lassen wir nun alle rechtsphilosophischen Ausflüge, alle Interpretationen, geschichtlichen Ereignisse sowie politische und gesellschaftliche Entwicklungen außer Acht.

Fragen wir, ob auch ein von der überwältigenden Mehrheit der Bevölkerung als ein Verbrechen gesehenes und in einem Rechtsstaat vom Gesetzgeber normiertes Delikt dennoch mit Anständigkeit in Verbindung gebracht werden kann.

Ein Mann, mehr als fünfzig Jahre alt, konnte am Arbeitsmarkt nicht mehr vermittelt werden. Er wollte arbeiten, aber die wirtschaftlichen Bedingungen verhinderten eine Anstellung.

Um seine Familie ernähren zu können, glaubte er, mit der Gründung einer Transportfirma und seinem Fleiß ein zum Leben notwendiges Einkommen zu erlangen. Mittels Kredites schaffte er einen Lkw an und führte damit in ganz Europa Transportaufträge durch.

Um an größere Aufträge heranzukommen, benötigte er einen zweiten und dritten Lkw. Auch diese wurden mit Krediten finanziert.

Er war nun gezwungen Chauffeure, anzustellen. Einer seiner Fahrer verursachte mit dem Lkw einen Totalschaden. Eine Betriebsversicherung konnte sich der Selbstständige nicht leisten, weshalb er ein Fahrzeug abzahlen musste, das nicht mehr eingesetzt werden konnte. Es lag auf dem Balkan in einer Schlucht.

Der Unermüdliche glaubte, mit seinem Einsatz den Ausfall ausgleichen zu können.

Sein Fleiß und sein Wille, aus seiner finanziellen Misere herauszukommen, haben zu einer schweren Herzkrankheit geführt.

Dennoch fuhr er mit den verbleibenden Lkws Tag und Nacht, bis er aufgrund permanenter Übermüdung einen schweren Unfall verursachte. Dieses tragische Geschehen, das beinahe seinem Leben ein Ende gesetzt hätte, brachte auch den finanziellen Ruin mit sich. Mit 40.000 Schillingen hätte er das Konkursverfahren erreichen können, doch diese Summe hatte er nicht, weshalb der Konkurs mangels Masse abgewiesen wurde.

Der kranke, mit der Selbstständigkeit gescheiterte Mann war arbeitsunfähig geworden und saß auf einem Schuldenberg in Millionenhöhe.

Verlassenheit könnte nicht besser beschrieben werden.

Es nahte Weihnachten, doch der Unglückliche konnte weder seinem Sohn noch seiner Gattin etwas schenken. Zu allem Ungemach kam die drohende Delogierung, da er seine Miete nicht mehr bezahlen konnte. Seine Frau war ebenfalls schwer krank. Sie hatte in all den Jahren zu ihrem Gatten gehalten und wollte, dass ihr weniger Schmuck verkauft wird, um wenigstens die Delogierung abzuwenden.

Doch dies brachte ihr Mann nicht übers Herz und seine Verzweiflung erreichte menschenmögliche Grenzen.

In dieser ausweglosen Situation lernte er jemanden kennen, dessen finanzielle Lage mit seiner vergleichbar war.

Nach der beiderseitigen Darlegung des finanziellen Elends schlug der neue Bekannte nach einiger Zeit vor, einen Banküberfall durchzuführen. Er war erfahren und hatte wegen eines solchen Deliktes schon mehrere Jahre im Gefängnis verbracht. Doch dies hatte er wohlweislich verschwiegen.

Es schien einfach, wie die Ausführung der Tat geplant war. Dies interessierte den Verzweifelten nicht, denn er war als Fahrzeuglenker vorgesehen, der mit dem Auto zur Bank fahren und von dort fliehen sollte.

Nach langen und nächtelangen Überlegungen sah der arbeitslose und kranke Mann keinen anderen Ausweg, um aus seinem Elend herauszukommen und stimmte dem Plan zum Banküberfall zu.

Mit einer Gaspistole stürmte der Haupttäter in die Bank, bedrohte die Angestellten, die ihm mehr als 500.000 Schillinge ausfolgten. Mit der Beute rannte der Räuber zum wartenden Auto, das in rasanter Fahrt davonfuhr. Ein couragierter Passant verfolgte die Flüchtigen und nach dreizehn Minuten wurden die Bankräuber gestellt.

Wie ein Häuflein Elend saß der Zweitangeklagte, der Fahrer des Fluchtautos, der als Unternehmer und auch als Räuber gescheitert war, auf der Anklagebank. Ein Schwurgericht, das ich zu führen hatte, sollte über sein weiteres Leben entscheiden.

Mit einem lückenlosen Geständnis und den Schilderungen seiner trostlosen Situation war das Beweisverfahren bald zu Ende, da auch der Planer des Banküberfalles alles zugegeben hatte.

Das Plädoyer des Staatsanwaltes hätte jedem Verteidiger zur Ehre gereicht. Er schilderte die ausweglose Situation des Zweitangeklagten so drastisch und elendsnah, dass sowohl die Geschworenen als auch die Berufsrichter die Strafe unter das Mindestmaß von fünf Jahren mit vier Jahren festsetzten. Ob der Staatsanwalt deshalb berufen musste, weiß ich nicht. Jedenfalls hat das Oberlandesgericht Innsbruck die Strafe auf fünf Jahre erhöht.

Die strafrechtlichen Voraussetzungen eines Deliktes, sofern sie erfüllt sind, ziehen notwendigerweise die Verurteilung nach sich. Ein moralisierendes Werturteil ist damit nicht verbunden, in keinem Fall, auch nicht in diesem.

Die moralische Bewertung einer Tat steht einem Richter nicht zu, schließt aber die Betrachtung aus einem menschlichen Blickwinkel nicht aus.
Der Verurteilte war für mich ein „anständiger Verbrecher".

Deshalb habe ich mich nach Rechtskraft des Urteils für ihn eingesetzt. Ein Richter, der jemanden verurteilt und sich anschließend für diesen einsetzt – auch paradox …

21 Minuten

Gemeinsam, mit Mut und Zuversicht, wollte sich ein frisch vermähltes Paar den Herausforderungen des Lebens stellen.
Dies gelang den beiden auch einige Jahre ganz gut.

Er war leitender Angestellter in einem Betrieb, der medizinische Geräte herstellte, sie Disponentin einer Spedition. Beider Einkommen lag weit über dem Durchschnitt und ohne auf jährliche ausgedehnte Urlaubsreisen verzichten zu müssen, konnte Jahr für Jahr eine ansehnliche Summe gespart werden, welche bestmöglich angelegt wurde.

Ein eigenes Haus war der langersehnte Traum des Paares und nach dem Kauf eines geeigneten Grundstückes stand seiner Verwirklichung nichts mehr im Wege. Als Hubert, so hieß der Tüchtige, seinen zukünftigen Erbteil von seinem Bruder, der das Elternhaus übernehmen sollte, erhalten hatte, wurde mit dem Hausbau begonnen. Nach einem Jahr und wenigen Monaten konnten Hubert und seine Gattin ihr neues elegantes Heim beziehen. Die Freude über das Geschaffene war riesengroß.

Die Rückzahlung der auf dem Grundstück lastenden Hypothek entsprach dem früheren Sparvolumen.

Dem Hausbau folgte der Kinderwunsch, den sich das Paar erfüllen wollte.

Nach der Geburt des Kindes ergab sich für den stolzen Vater die Möglichkeit, selbstständig zu werden. Im zu übernehmenden Werk wurden mehrere Komponenten angefertigt, welche in Huberts Unternehmen zur Herstellung der medizinischen Geräte nötig waren.

Er kannte die Branche, traute sich zu, ein solches Unternehmen zu führen, dennoch waren damit einige Risiken verbunden. Diese konnte er bestenfalls abschätzen aber keineswegs ausräumen, auch nicht nach wochenlangem Studium der Buchhaltung und der Bilanzen.

Eines der Probleme war die Abhängigkeit des Zulieferers vom abnehmenden Unternehmen, in welchem er angestellt war. Dies würde eine Zeit lang so bleiben, vorausgesetzt die Firmenleitung würde sein Ausscheiden nicht als Verrat ansehen.

Ein weiteres war die Finanzierung des Kaufpreises, die nur mit einem entsprechenden Unternehmenserfolg möglich sein würde. Dieser wäre auch deshalb notwendig gewesen, da die Frau von Hubert mit dem zweiten Kind schwanger war und aus dem Erwerbsleben ausscheiden wollte.

Es würde ein finanzielles Abenteuer sein, dessen Erfolg nicht nur von seiner Tüchtigkeit, sondern auch von Unwägbarkeiten abhängen könnte. Gespräche mit den Verantwortlichen seines Arbeitgebers konnten nicht alle Zweifel ausschließen, ebenso wenig die Vorstellungen bei den Banken und auch nicht die nächtelangen Gespräche mit seiner Frau. Sie machte ihm jedoch Mut, das Wagnis einzugehen.

Hubert hatte viele „Kollegen", wie sie heute sinnwidrig genannt werden, jedoch die Lücke zwischen Bekannten und Freunden ausfüllen.

Er hatte aber auch einen wirklichen Freund. Bis zur Matura hatten sie gemeinsam die Schulbank gedrückt. Auch wenn ihre Studienrichtungen verschieden waren, Hubert studierte Betriebswirtschaft, sein Freund wollte Arzt werden, so blieben sie auch während der Zeit ihres Studiums eng verbunden.

Der Arzt war Trauzeuge bei Huberts Hochzeit und Taufpate des ersten Kindes. Wanderungen, Schitouren und Urlaube zu viert wurden unternommen, denn die Partnerin des Freundes war auch dabei. Es war eine herzliche Männerfreundschaft, die weit mehr zusammenhielt als gemeinsame Erlebnisse. Sie war nicht nur von einer gleich geteilten Weltanschauung und Lebenseinstellung geprägt, sondern von einer innerlichen Verbundenheit, die Seltenheitswert hatte.

Um für sich, insbesondere für seine Familie die richtige oder bessere Entscheidung zu treffen, beriet sich Hubert mit seinem Freund sehr lange.

Zum wirtschaftlichen und finanziellen Risiko konnte der Arzt mit eigenem Wissen nicht viel beitragen, stärkte jedoch die Zuversicht seines Freundes, verbunden mit dem Glauben, dass er es schaffen wird.

Hubert kündigte, nahm einen größeren Kredit auf, um den Kaufpreis bezahlen zu können, und stürzte sich mit Feuereifer auf seine neue Aufgabe.

Anfängliche Erfolge schienen der Beweis für die Richtigkeit seiner Entscheidung zu sein. Hubert war jeden Tag und einen Großteil der Nächte in seinem Unternehmen, denn jeder Tag sollte seinen Erwartungen entsprechen.

Wenn er deswegen seine Familie vernachlässigen musste, so sah er dies als vorübergehende Anfangsschwierigkeiten.

Die Geburt des zweiten Kindes wurde nicht nur groß gefeiert, sondern unterbrach, wenn auch nur für kurze Zeit, den Arbeitseifer des nunmehrigen Unternehmers. Seine Gattin hatte ihr Arbeitsverhältnis aufgegeben, um für ihre Kinder ausreichend sorgen und ihn im Betrieb unterstützen zu können.

Es verging mehr als ein Jahr.

Der Hausarzt und Freund der Familie bat Hubert eines Tages zu ihm zu kommen. Dieser freute sich auf den Abend, da er auch für die Pflege der Freundschaft in der Vergangenheit wenig Zeit gehabt hatte.

Nach einer herzlichen Begrüßung teilte der Arzt Hubert mit, dass dessen Frau schwerst erkrankt war. Krebs war die niederschmetternde Diagnose. Diese schreckliche Mitteilung zog dem Geschockten den Boden unter den Füßen weg. Die Hoffnung auf medizinische Fortschritte änderte nichts an seiner Verzweiflung.

Im folgenden Jahr verbrachte Hubert viel Zeit mit seiner kranken Frau. Zwischen Chemotherapien und Operationen, zwischen Zuversicht und Elend hin und her gerissen, vernachlässigte er gezwungenermaßen auch sein Unternehmen.

Die Bemühungen, das Leid seiner Gattin mitzutragen, hatte finanzielle Folgen.

Die wirtschaftliche Situation des Unternehmens hätte die permanente Anwesenheit von Hubert erfordert. Notwendige Entscheidungen blieben aus und dem familiären Drama schien ein unternehmerisches zu folgen.

Die fälligen Kreditraten für Haus und Firma konnten nicht mehr pünktlich bezahlt werden und es drohte die Insolvenz.

Dazu kam, dass der Freund und Arzt Hubert mit dem Gedanken vertraut machte, dass seine Frau sterben wird. Sie ahnte es schon länger und beschwor ihren Mann, Haus und Betrieb für die Kinder zu retten.

Huberts Freund half mit einem größeren Geldbetrag aus, um die dringendsten Schulden zu begleichen.

Der Verzweifelte war überfordert und dennoch gezwungen, sich mit dem Sterben seiner Gattin auseinanderzusetzen und in seiner Hilflosigkeit das Unabänderliche anzunehmen.

In einer Nacht hat seine Frau den Kampf gegen die Krankheit verloren. Nicht nur er, sondern auch sein Freund waren dabei, als sie starb.

Der mittlerweile auch als Gemeindearzt Tätige stellte den Totenschein aus. Er war nicht nur in den schweren Stunden, sondern auch in der folgenden Zeit für Hubert Halt und Trost gebend, forderte ihn aber auch auf, sich um seine Kinder und seinen Betrieb zu kümmern.

Er brauchte einige Zeit, bis sich Hubert so weit gefasst hatte, dass er in der Lage war, sein Unternehmen vor dem Konkurs zu retten.

Er konnte mit den Banken Stundungen vereinbaren und mit der fälligen Lebensversicherung seiner verstorbenen Gattin hoffte er, die kommenden Monate finanziell überleben zu können.

Seine Frau hatte vor Jahren eine Lebensversicherung abgeschlossen, die das Erleben jenes Tages zur Bedingung machte, der für die Fälligkeit zusätzlicher Gewinnbeteiligung vereinbart war. Hubert beantragte die Auszahlung der fälligen Versicherung samt Gewinnbeteiligung und übersandte die geforderten Unterlagen, so auch den Totenschein.

Dieser, genauer gesagt, der angeführte Todeszeitpunkt stieß bei den zuständigen Versicherungsangestellten auf Misstrauen.

Ein Rechtsanwalt wurde zu Rate gezogen. Ebenso wenig wie die für die Bearbeitung des Antrages Zuständigen hatte der Anwalt auch nur den geringsten Anhaltspunkt, dass der Sterbezeitpunkt falsch war. Dem Advokaten war bewusst, dass eigene Recherchen nicht erfolgversprechend waren, sodass er sich, ohne jede Grundlage, auf seinen Instinkt verlassend, eine Sachverhaltsdarstellung an die Staatsanwaltschaft schickte.

Die Strafverfolgungsbehörde ordnete die Einvernahme des Antragstellers und des Arztes an, also der beiden Freunde.

Hubert konnte sich nach Erhalt der Ladung nicht vorstellen, weshalb gegen ihn wegen Betruges ermittelt wird. Nach längerem Grübeln glaubte er, dass seine Einvernahme mit der beantragten Versicherungsleistung zu tun haben könnte.

Nach Studium der Unterlagen sah er sich erstmals den Totenschein genauer an.

Der Todeszeitpunkt seiner Gattin war weit nach Mitternacht angegeben, somit an jenem Tag, den seine Frau nach den Versicherungsbedingungen erleben musste.

An ihrem Totenbett bereitete die grausame Tatsache ihres Sterbens furchtbare Schmerzen, die keine Zeit zu erfassen vermochten.

Er wusste nicht genau, wann sie verstorben war und glaubte, dass der Zeitpunkt des Todes korrekt festgestellt wurde. Aufgrund der Vorladung suchte Hubert den Arzt, seinen Freund auf, um mit ihm die Situation zu besprechen.

Zu keiner Zeit und von niemandem hätte die Richtigkeit des festgestellten Todeszeitpunkts widerlegt werden können. Der Arzt hätte die Versicherung oder auch das Gericht, wenn es zu einem Prozess gekommen wäre, erfolgreich anlügen können, doch seinen Freund nicht.

Er gab zu, den Todeszeitpunkt um einige Stunden später festgehalten zu haben.

Tatsächlich war die Frau von Hubert 21 Minuten vor Mitternacht verstorben.
Der Arzt wusste von der Lebensversicherung und den darin enthaltenen Vereinbarungen.
Seine krebskranke Patientin hatte ihm die Einzelheiten des Versicherungsvertrages mitgeteilt, mit der Hoffnung, den Fälligkeitstag zu erleben.
Er kannte die Bedeutung der auszuzahlenden Summe und wollte seinem Freund helfen.

Da der Geständige nicht wollte, dass auch gegen Hubert vorgegangen wird, stellte er klar, dass dieser nichts von der Verfälschung des Totenscheines wusste, weswegen der Arzt allein wegen versuchten schweren Betruges angeklagt wurde.
Ich habe den Arzt schuldig gesprochen und zu einer gänzlich bedingten Geldstrafe verurteilt. Die milde, jedoch unausweichlich zu verhängende Strafe war mit dem Wortlaut des Gesetzes zu begründen: „Bei der Bemessung der Strafe hat das Gericht ... abzuwägen ... und vor allem zu berücksichtigen ..., inwieweit die Tat auf äußere Umstände und Beweggründe zurückzuführen ist, durch die sie auch einem mit den rechtlich geschützten Werten verbundenen Menschen naheliegen könnte."

Beneidenswert, einen solchen Freund zu haben.

Brotsäcke

Als ich die Strafsache aufgerufen hatte, betrat eine eingeschüchterte Frau, beinahe siebzig Jahre alt, mit ihrer Verteidigerin den Verhandlungssaal.

Die Angeklagte musste sich vor einem Schöffengericht verantworten und an ihrem Gesicht konnte man schon während der Vereidigung der Schöffen ihre Anspannung erkennen.

Mit aufgeregter Stimme begann sie aus ihrem Leben zu erzählen: „Es waren harte, entbehrungsreiche Jahre mit täglich schwerer Arbeit von früh bis spät. Ein kleiner Bergbauernhof konnte die vielköpfige Familie gerade noch ernähren."

Die Not der Nachkriegsjahre hatte ihre Jugend geprägt.

„Armut und Not haben mir nichts ausgemacht, denn mein Elend hat erst mit der Heirat begonnen."

Mit 24 Jahren hatte die Angeklagte ihr erstes Kind bekommen. Es wurde durch eine im Babyalter vorgenommene Pockenimpfung geistig und körperlich schwerst beeinträchtigt.

Der wirtschaftliche Aufschwung der Sechzigerjahre ging mit der seelischen Vereinsamung der Angeklagten einher.

Ihr Gatte unterstützte sie bei der Betreuung ihres behinderten Kindes nicht nur in keiner Weise, sondern für ihn war sein Sohn nicht existent.

Die Ehe war von Lieblosigkeit, Demütigungen und tätlichen Auseinandersetzungen geprägt, welche bei der Angeklagten nicht nur körperliche Narben hinterlassen hatten.

Es kamen noch zwei weitere Kinder zur Welt.

Die tägliche Arbeit und die aufwändige erforderliche Pflege des behinderten Sohnes brachten die Angeklagte oftmals an die Grenzen ihrer Belastbarkeit.

„All diese Arbeit hätte mir nichts ausgemacht, wenn diese Gefühllosigkeit, diese seelische und körperliche Grausamkeit nicht gewesen wären."

Nach mehr als drei Jahrzehnten konnte sich die Angeklagte aufraffen, ihre Ehe zu beenden.

Sie hatte eine kleine Pension aufgebaut und konnte mit den daraus erzielten Einnahmen auskommen. Ihr Sohn war in einer betreuten Wohnung gut aufgehoben, die zwei anderen Kinder von zu Hause ausgezogen. Die Angeklagte führte mit ihrem Lebensgefährten die Pension.

Der geschiedene Gatte wohnte nach der Scheidung in einem ihm allein gehörenden Hause am anderen Ende des Ortes. Fünf Jahre nach Beendigung der Ehe verkaufte er sein Haus. Er vereinbarte mit dem Käufer ein lebenslanges Wohnungsgebrauchsrecht und konnte mit dem erhaltenen Geld ein sorgloses Leben führen.

Die Angeklagte konnte es nicht fassen. Das Haus war das Erbe ihrer Kinder und vor allem sollte der behinderte Sohn damit finanziell abgesichert sein, wenn sie nicht mehr lebte.

Wut, Enttäuschung und Zorn ließen die Narben zurückliegender Verletzungen wieder aufbrechen.

Neben dem Haus, in welchem die Angeklagte ihre Pension betrieb, befand sich ein Landwirtschaftsgebäude, das grundbücherlich in zwei Parzellen unterteilt war. Der östliche Teil stand in ihrem Eigentum, der westliche gehörte dem Bruder ihres geschiedenen Mannes.

Das Gebäude bestand aus einer Tenne und einem Stall, war mehr als 100 Jahre alt und ohne elektrischen Strom. Der geschiedene Gatte hatte einen Teil des Stalles als Garage für sein Auto verwendet und weitere ihm gehörende Gegenstände dort untergebracht.

Da er nach wie vor den Stall benutzte, wollte seine geschiedene Frau ihm vor Augen führen, dass er mit dem Verkauf seines Hauses ihre gemeinsamen Kinder verraten hatte.

Brotsäcke dienten in früheren Jahren dazu, das darin verwahrte Brot aufzuhängen, um es vor Austrocknung, Schimmelbefall und Mäusen zu schützen.

Diese aus Leinen bestehenden Säcke haben ihre ursprüngliche Verwendung meist verloren, doch die Angeklagte gab ihnen eine neue, sinnbildliche Bedeutung. Sie schrieb auf diese hellen Säcke, dass ihr geschiedener Mann ihre Kinder schamlos betrogen hatte, dass Schande über ihn kommen soll. Auch andere Geschehnisse, die sie ihm vorwerfen konnte, hielt sie darauf fest. Die beschriebenen Brotsäcke hängte sie im landwirtschaftlichen Gebäude auf, damit ihr ehemaliger Gatte lesen und erfahren konnte, was sie von ihm hält, ihm vorwirft und wünscht. Ob er jedoch die Aufschriften gelesen hatte, konnte nicht festgestellt werden.

In den Brotsäcken wurde Lebensnotwendiges aufbewahrt und geschützt, die leeren beschrifteten Säcke sollten darauf hinweisen, dass er sein Vermögen nicht für die Kinder aufbewahrt und geschützt hatte, sondern für sich verbraucht. Die symbolhafte Verwendung der Brotsäcke ist dem geschiedenen Gatten mit an Sicherheit grenzender Wahrscheinlichkeit verborgen geblieben, hätte aber andernfalls auch keine Umkehr zu bewirken vermocht.

Die Angeklagte brachte die Räumungsklage gegen ihren früheren Ehemann ein. Dieser wurde stattgegeben und er war gezwungen, im Laufe eines Sommers den Stall zu räumen. Der Erfolg vor Gericht hatte eine größere Wirkung als die aufgehängten Brotsäcke. Ihr geschiedener Gatte war zornig und an einen versöhnlichen Umgang war ohnehin nicht zu denken.

Die Angeklagte versperrte nach der Räumung sämtliche Türen, um den Zutritt des Zornigen zu verhindern.

Dann kam jene Nacht, deren Geschehnisse die Angeklagte vor Gericht brachte.

Am Nachmittag besuchte sie ihren behinderten Sohn. Es ging ihm nicht gut und dies bedrückte seine Mutter. Als sie wieder zu

Hause war, wurden ihre trübsinnigen Gedanken am Abend mit der Ankunft eines Gastes unterbrochen. Die Angekommene war mehr als ein Gast, da mit der Angeklagten jahrelang durch enge Freundschaft verbunden.

Der Begrüßungstrunk geriet zum geselligen Beisammensein, währenddessen die Angeklagte Bier und zwei Schnäpse konsumierte.

Es war nach Mitternacht. Ihre Freundin und der Lebensgefährte gingen zu Bett, während sie noch aufräumen wollte. Dabei stieß sie auf einen Brief, in welchem ihrer Tochter mit einer Klage gedroht wurde, sollte sie nicht so handeln, wie es der Rechtsanwalt haben wollte. Dieses Schriftstück regte die Angeklagte dermaßen auf, dass sie handschriftliche Vermerke auf dem Brief des Rechtsanwaltes anbrachte und wiederum in ihre trübsinnige Stimmung fiel, die sie schon am Nachmittag quälte. Da auch zwei weitere Schnäpse ihre Gemütslage nicht verbesserten, nahm sie eine und dann eine zweite Tablette eines Antidepressivums und noch dazu eine Schlaftablette ein. Der Brief des Rechtsanwaltes, der gesundheitliche Zustand ihres Sohnes, Schnaps und Medikamente führten dazu, dass ihr Leid während der Ehe als auch der Verkauf des Hauses durch ihren geschiedenen Mann gegenwärtig wurden.

Diese für sie bedrohliche Situation, verbunden mit dem Gefühl, allein gelassen zu sein, war kaum zu ertragen. Um einen Ausweg aus ihrer Seelenpein zu finden, suchte sie das landwirtschaftliche Gebäude auf. Was auf den herabhängenden Brotsäcken stand, konnte sie wegen der Dunkelheit nicht lesen, brauchte sie auch nicht, denn das Geschriebene hatte sie verinnerlicht.

Sodann beschloss die Angeklagte, ein Feuer zu entfachen, vielleicht um ihre sie so belastenden Erinnerungen zu verbrennen. Sie zündete Holzspäne an, die auf dem Boden gelegen waren, sah die kleinen Flammen, die das Holz verzehrten, verließ den Stall und legte sich zu Hause schlafen.

Durch einen lauten Knall wurde die Angeklagte aus dem Schlaf gerissen. Das landwirtschaftliche Anwesen brannte lichterloh. Die Angeklagte verständigte die Feuerwehr, die jedoch schon informiert war. Sechs Löschfahrzeuge und sechzig Feuerwehrmänner konnten die vollständige Zerstörung des Gebäudes nicht verhindern, wohl aber, dass die Flammen die Nachbargebäude erreichten, deren Fensterscheiben durch die Hitze zerbarsten.

Da das Gebäude nicht nur eine eigene, sondern auch eine fremde Sache war, hatte die Angeklagte eine Feuersbrunst, worunter ein ausgedehntes Schadensfeuer zu verstehen ist, verursacht und verschuldet, weshalb sie wegen des Verbrechens der Brandstiftung angeklagt wurde.

Die Angeklagte hatte gegenüber zwei Personen zugegeben, das Feuer gelegt zu haben: ihrem Lebensgefährten und ihrem Versicherungsagenten – Letzterem, um einen Versicherungsbetrug auszuschließen.

Ihre Erinnerungslücken in der Hauptverhandlung waren wohl nicht auf ihre eigene Eingebung zurückzuführen.

Der psychiatrische Sachverständige hat der Angeklagten durch den Alkoholkonsum und die Medikamenteneinnahme eine eingeschränkte Zurechnungsfähigkeit zugestanden, diese an sich jedoch nicht ausgeschlossen.

„Unter allen Phänomenen ist das Feuer wahrhaft das einzige, dem sich mit der gleichen Bestimmtheit die beiden entgegengesetzten Werte zusprechen lassen: das Gute und das Böse. Feuer kann zu sich selbst in Widerspruch stehen: Es ist also ein Prinzip universeller Deutungsmöglichkeit" (aus Gaston Bachelard, *Psychoanalyse des Feuers*).

Das Feuer war für das Schöffengericht die wahrnehmbare gewollte Zerstörung, um ihren Zorn, ihre Verzweiflung und Verlassenheit sichtbar zu machen.

Da alle Voraussetzungen erfüllt waren, wurde die Angeklagte schuldig gesprochen. Der Strafrahmen dafür beträgt von einem bis zehn Jahre Freiheitsstrafe.

Da bei der Strafbemessung außerordentliche Milderungsgründe zu berücksichtigen waren, ist die bedingte Freiheitsstrafe unter der Untergrenze des Strafrahmens festgesetzt worden.

Das Katapult

Der Strafantrag war kurz und schlüssig: Ein Mann hat seiner Ehefrau mit einer Tranchiergabel in deren Gesäß gestochen und dadurch das Vergehen der schweren Körperverletzung begangen, wofür er zu bestrafen war.

Ich setzte die Hauptverhandlung für fünfzehn Minuten an. Die Verletzung war fotografisch festgehalten und medizinisch ausführlichst beschrieben. Die Verletzte hatte ausgesagt, obwohl der Beschuldigte ihr Ehemann war. Ihre Angaben waren überzeugend, widerspruchsfrei, sodass auch ohne Vernehmung des Beschuldigten – er verweigerte sich vor der Polizei – ein schnelles Ende des Prozesses naheliegend war. Weit gefehlt.

Nach der üblichen Frage jedes Strafrichters, nachdem sowohl der Staatsanwalt als auch der Verteidiger auf ein Eröffnungsplädoyer verzichtet hatten, ob sich der Beschuldigte schuldig bekenne, antwortete dieser mit selbstbewusster Überzeugung: „Mitnichten."

Bevor ich ihm die Ermittlungsergebnisse vorhalten konnte, begann er eloquent und ausführlichst seine Ehesituation zu schildern.

Sie, so bezeichnete der Beschuldigte seine Angetraute, verkörpere in keiner Weise, was man sich gemeinhin unter einer verständnisvollen, partnerschaftlichen Ehegattin vorstellt.

Abgesehen von intellektuellen Defiziten, hysterischen Ausbrüchen, bestehe seiner Person gegenüber ein grenzenloses Unverständnis.

Sodann wollte er all diese negativen Eigenschaften seiner Gattin mit Beispielen belegen. Daraufhin unterbrach ich ihn.

Ich versuchte, verständlich zu erklären, dass weder seine Ehe noch die Wesensmerkmale seiner Ehegattin Gegenstand des Strafverfahrens sind, sondern vielmehr das ihm vorgeworfene Verhalten.

Mein Versuch, den Prozess zu straffen, war vergeblich, der Redefluss des Beschuldigten nicht zu bremsen.

„Ihr", er meinte den Verteidiger, den Staatsanwalt und mich, „müsst die Situation verstehen", und zu mir gerichtet, „nur dann und nur dann, kann eine richtige Entscheidung getroffen werden."

Er fuhr fort, das Verhalten seiner Gattin bei besonderen Vorfällen zu schildern. Ich unterbrach ihn neuerdings und forderte den Beschuldigten auf, endlich zur Sache zu kommen.

Ich benötigte mehrere Anläufe, bis der Beschuldigte bereit war, den Abend des Vorfalles zu schildern.

Er und seine Frau hatten Gäste eingeladen. Seine Kollegen, zwei Ärzte mit ihren Gattinnen und ein befreundetes Paar. „Selbstverständlich", so ließ er wissen, „waren alle akademisch gebildet." Die Konversation hätte daher ein bestimmtes Niveau vorausgesetzt, dem seine Frau nicht entsprechen hätte können.

Es habe ein mehrgängiges Menü gegeben, ein hervorragendes Essen, denn seine Frau, das müsste er zugeben, wäre eine ausgezeichnete Köchin.

Nach dem fünften Gang wären Digestifs angeboten worden. „Damit auch das Gericht versteht, was ich meine", erklärte der Beschuldigte, dass verdauungsanregende alkoholische Getränke so bezeichnet werden.

Den fachlichen medizinischen Gesprächen, so seine Ausführungen, wäre ein politischer Meinungsaustausch gefolgt.

„Ich habe mich bei der politischen Debatte über völlig unpassende Kommentare meiner Frau geradezu geschämt. Aber es sollte noch schlimmer kommen."

Nach dem sozusagen intellektuellen Teil der Konversation, so fuhr der Beschuldigte fort, wären beim Konsum angeführter Digestifs auch Witze gemacht und herumgealbert worden. „Natürlich auf akademischem Niveau", wie er versicherte.

Als dann ein Gast, an welchen konnte er sich nicht erinnern, einen Witz über einen sexmüden Ehemann erzählte, habe seine Frau völlig deplatziert laut gelacht. Lachend fragte sie, dass dies wohl keine Anspielung auf ihren Ehemann gewesen sei.

Dem betretenen Schweigen wäre der Aufbruch der Gäste gefolgt.

In der Küche, so die Schilderung des Beschuldigten, wären unzählige Teller, Gläser und Töpfe gestanden, auf der Anrichte, auf den Arbeitsflächen. Auch das Abwaschbecken wäre voll von schmutzigem Geschirr gewesen und – endlich war es soweit – obenauf eine Tranchiergabel gelegen.

Er habe nun seine Frau wegen des anzüglichen Vergleichs des sexmüden Ehemanns mit ihm zur Rede gestellt. Daraufhin wäre ein heftiger Streit entbrannt mit wüsten Beschimpfungen abseits jedes akademischen Niveaus. Das Verfahren erreichte nun den „springenden Punkt", im wahrsten Sinne der Redewendung.

„Aus Zorn", der Beschuldigte verbesserte sich sofort, ahnend, dass diese Wortwahl seiner Version nicht zuträglich war, „nein, vielmehr aus Enttäuschung, ja, aus Enttäuschung nahm ich ein Schneidebrett, das auf der Anrichte lag. Ich warf dieses Schneidebrett, entrüstet über die mir zugedachte Demütigung, mit einem Schwung in das mit Geschirr gefüllte Abwaschbecken. Das Schneidebrett hat die Tranchiergabel getroffen, die dadurch eine derartige Energie erhalten hat, dass sie katapultartig aus der Abwasch flog und im Gesäß meiner Frau stecken blieb."

Die Fragen der Parteienvertreter hielten sich ob der mittelalterlich ballistischen Erklärung in Grenzen.

Nachdem die Ehegattin des Beschuldigten trotz ihres möglichen Entschlagungsrechtes bei ihren Angaben vor der Polizei geblieben war, schloss ich das Beweisverfahren.

Die Schlussplädoyers waren äußerst kurz. Der vom Staatsanwalt geforderten Bestrafung folgte das Ersuchen des Verteidigers um ein mildes Urteil, nachdem er die Milderungsgründe dargelegt hatte.

Das Verfahren wurde mit einem Schuldspruch und einer dem akademischen Niveau angepassten Geldstrafe beendet, die den Beschuldigten augenscheinlich katapultartig getroffen haben musste.

Casino Royal

Nicht bezahlte Rechnungen und Forderungen in der Höhe von einer halben Million Schillingen sowie anhängige Exekutionen und Rückstände an Unterhalt für zwei minderjährige Kinder haben sich zu einem sprichwörtlichen Schuldenberg aufgetürmt. Es war mehr oder weniger aussichtslos, dass der dreißigjährige Mann seiner finanziellen Misere entkommen konnte.

Seine Ehe war geschieden, trotzdem konnte er bei seiner früheren Gattin wohnen. Sie betrieb einen Kiosk und ermöglichte ihm in diesem zu arbeiten. Der von Schulden Geplagte war weder polizeilich gemeldet noch in einem sozial- und finanzrechtlichen Beschäftigungsverhältnis. Er wollte so seinen ihn verfolgenden Gläubigern verborgen bleiben.

Alles, was im Kiosk zu tun war, ging ihm leicht von der Hand, dauerte seine amtlich geheim gehaltene Anstellung doch schon mehrere Jahre.

Josef war Hilfsarbeiter in einem gemeindeeigenen Bauhof. Seine geistige Behinderung hatte es ihm ermöglicht, einen geschützten Arbeitsplatz zu bekommen. Er wurde von den Arbeitern, die auf dem Bauhof beschäftigt waren, oft gehänselt, aber nur von ihnen, denn gegenüber Außenstehenden wurde Josef beschützt und verteidigt. Er fühlte sich anerkannt und war mit dem Arbeitsplatz und seinem Umfeld sehr zufrieden.

Josef hatte weder Laster noch Leidenschaften, Zigaretten und Rubbellose fielen nicht darunter. Mindestens einmal pro Woche kaufte er sich Rubbellose verschiedener Sorten. Er kannte sich aus und wusste mit Sicherheit, welche Gewinn brachten oder Nieten waren.

Als Beifahrer saß er an einem Tag im Lastwagen, um zu einer Baustelle zu gelangen, wo er irgendwelche Arbeiten durchzuführen hatte. Der Lkw kam an dem Kiosk vorbei, in welchem der Schwarzarbeiter tätig war. Josef bat den Fahrer, stehen zu bleiben, lief sodann zum Kiosk und kaufte eine Schachtel Zigaretten und mehrere Rubbellose verschiedenster Sorten. Im Lastwagen zurückgekehrt, begann er, die einzelnen Lose zu rubbeln.

Dieser Tag war sein Glückstag.

Mit einem Los hatte er zwanzig Schillinge gewonnen, mit einem anderen sogar hundert Schillinge.

Mehr als zufrieden mit diesem Glück rubbelte Josef sein letztes Los. Es war eines der Sorte „Casino Royal".

Bei diesen Losen war linksseitig ein Roulettekessel abgebildet und in den einzelnen Kreissegmenten schienen Zahlen auf. Auf der rechten Seite des Loses waren die Rubbelfelder angebracht. Diese waren geteilt. Auf der inneren Seite war nach dem Rubbeln eine Zahl ersichtlich, auf der äußeren die damit verbundene Gewinnsumme. Wenn nun auf der gerubbelten Fläche eine Zahl hervorkam, die mit einer auf dem abgebildeten Roulettekessel identisch war, dann hatte der Loskäufer gewonnen.

Um keine Zweifel aufkommen zu lassen, stand auf dem Los folgender Text: „Finden sie im Roulettekessel eine der gesetzten Zahlen, haben sie den Betrag neben dieser Zahl gewonnen. Sofortgewinne bis 300.000 Schillinge!"

Josef brauchte den Text nicht zu lesen, er fand sich aus Erfahrung ohne diesen zurecht.

Als er das letzte Los gerubbelt hatte, jenes der Sorte „Casino Royal", glaubte er seinen Augen nicht trauen zu können. Im unteren Feld erschien die Zahl 11 und diese fand sich auch im Roulettekessel wieder.

Neben der 11 stand die Gewinnsumme: 300.000 Schillinge.

Die Freude von Josef war unbeschreiblich. Er zeigte das Los einem Arbeitskollegen auf der Baustelle, die sie mittlerweile erreicht hatten. Auch dem Lenker des Lastwagens hielt er es jauchzend vor die Nase.

Der Satz, dass der dümmste Bauer die größten Kartoffeln hat, war nicht zu verhindern.

Der Lastwagenfahrer konnte auf dem ihm flüchtig gezeigten Los den Gewinn nicht erkennen, Rubbellose waren ihm außerdem fremd. Dennoch glaubte er Josef und fuhr mit ihm zum Kiosk zurück, um die weitere Vorgangsweise zu erfahren.

Im Kiosk übergab Josef das Los dem, der es ihm verkauft hatte. Mit kurzem, geübtem Blick erkannte der sich in argen finanziellen Nöten Befindliche sofort, dass das Los tatsächlich einen Gewinn von 300.000 Schillingen repräsentierte. Ebenso schnell wie er dies feststellte, sah er die Chance, mit diesem Geld seine finanzielle Situation schlagartig verbessern zu können.

Josef hatte in diesem Kiosk schon oft Lose und Zigaretten gekauft, deshalb kannte ihn der Verkäufer und wusste um dessen geistige Beeinträchtigung. Es sollte ein Leichtes sein, den Zurückgebliebenen zu übertölpeln.

Er nahm das Los zu sich, gratulierte Josef zu seinem Gewinn von 300 Schillingen und hielt ihm drei Hundertschillingscheine entgegen.

Josef weigerte sich, das Geld anzunehmen, und beharrte auf seinem Gewinn von 300.000 Schillingen. Er blieb dabei, auch als der Lastwagenfahrer ihn aufforderte, die 300 Schillinge zu nehmen, da er an der Aufrichtigkeit des Verkäufers nicht zweifelte.

Dieser scannte das Los ein, worauf angezeigt wurde, dass die Auszahlungsgrenze der Annahmestelle überschritten und eine Gewinnanforderung zu stellen ist. Weder Josef noch sein Begleiter konnten diesen Text lesen. Zum einen, weil der Bildschirm für die Kunden zu weit weg war, zum anderen, weil der zum Betrüger gewordene Verkäufer sofort die Totaltaste drückte, um am Bildschirm eine Null aufscheinen zu lassen.

Auch das half nicht.

Josef weigerte sich standhaft, die drei Hunderter anzunehmen und forderte ebenso hartnäckig seinen Gewinn von 300.000 Schillingen ein. Dem Lastwagenfahrer wurde es nun zu viel und er verlangte das Los vom verhinderten Betrüger, um sich selbst überzeugen zu können, wie hoch die Gewinnsumme tatsächlich ist.

Doch plötzlich, zur Überraschung aller, war das Los verschwunden.

Der Verkäufer begann nun vorzutäuschen, nach dem verloren gegangenen Los zu suchen.

Er zählte mehrere Möglichkeiten auf, wo es sein könnte, und suchte auch an diesen Orten, wissend, dass das Los dort nicht gefunden werden konnte.

Im Verkaufstisch war ein kreisrundes Loch ausgespart, durch welches Kabel geführt wurden. Dort hätte es seiner Meinung hinein und hinunter fallen können. Darunter liegende Zeitungsstapel wurden beiseite geräumt – vergebens.

Als Josef aufgefordert worden war, eine Schachtel mit Nieten zu durchsuchen, und auch darin das Los nicht zu finden war, begann der Lastwagenfahrer an der Redlichkeit des Verkäufers zu zweifeln.

Die Gendarmerie wurde verständigt.

Als der gerufene Inspektor den Kiosk betreten hatte und vom verschwundenen Los informiert war, das einen Gewinn von 300.000 Schillingen garantieren sollte, begann die amtliche Nachschau nach dem begehrten Stück Papier. Auch die obrigkeitliche Suche brachte kein Ergebnis, doch der Beamte schlug eine andere Lösung vor. Die Lotteriegesellschaft sollte verständigt werden, dass unter Anführung des Namens und der Adresse von Josef dieser ein Los mit einem Gewinn von 300.000 Schillingen gekauft hatte. Die Adresse des Kiosks, in dem das Los gekauft wurde, und der Tag des Kaufes sollten ebenfalls bekannt gegeben werden.

Der Vorschlag des Gendarmeriebeamten machte nun dem Losversteckter bewusst, dass der Gewinn an seine Person niemals ausbezahlt werden wird.

Aufgrund dieser Erkenntnis konnte das Los ebenso plötzlich wie es verschwunden war, aufgefunden werden.

Der Beamte bestätigte, dass das Los einen Gewinn von 300.000 Schillingen repräsentierte. Josef war glücklich, als er das Los wieder in Händen hielt, und noch viel glücklicher, als ihm der Gewinn von 300.000 Schillingen ausbezahlt wurde.

Das Verstecken des Loses hatte ein gerichtliches Nachspiel.

Der Sachverhalt wurde angezeigt und der kriminelle Angestellte mit Strafantrag wegen Vergehens des versuchten schweren Diebstahls angeklagt.

Er war nicht geständig und hatte zur Verhandlung einen bekannten Strafverteidiger mitgebracht. Der Beschuldigte leugnete, versucht zu haben, Josef einen Gewinn von 300 Schillingen auszuzahlen, trotz entgegenstehender Aussage des Lastwagenfahrers.

Dies war für seine Verteidigung eine notwendige Lüge, da unzweifelhaft feststand, dass das Los einen Gewinn von 300.000 Schillingen garantierte.

Die wenigen Zeugen bestätigten ihre Angaben vor der Gendarmerie.

Josef war sehr nervös, als er im Zeugenstand befragt wurde. Aufgrund seiner geistigen Beeinträchtigung und Aufgeregtheit verstand er manche Frage nicht und seine Antworten korrespondierten nicht mit dem, was der Verteidiger wissen wollte.

Dies änderte jedoch nichts am angezeigten Sachverhalt.

Die Verteidigung schoss einige „Nebelgranaten" ab. Doch jedes Mal, wenn sich die Nebel gelichtet hatten, blieb die einzig relevante Frage bestehen: „Kann ein möglicher Durchzug im Kiosk oder die Schwerkraft allein ausreichen, um das papierene Los in einem millimeterbreiten Spalt zwischen Tresor und Wand verschwinden zu lassen?"

Ich fand es besonders verwerflich, einen beeinträchtigten Menschen bestehlen zu wollen. Nur die Unbescholtenheit des Beschuldigten bewahrte ihn vor dem Gefängnis, weshalb ich die bedingte Freiheitsstrafe mit einer unbedingten Geldstrafe kombinierte.

Diese, verbunden mit einer Eintragung im Strafregister, den Anwaltskosten als auch dem Verstoß gegen das Meldegesetz, und die Folgen der jahrelangen Schwarzarbeit haben das finanzielle Desaster des Verurteilten nicht kleiner werden lassen.

Ein Schulversuch

Es kam oft vor, dass Schulklassen zu meinen Verhandlungen kamen. Diese Besuche fanden im Rahmen des Philosophie- oder Ethikunterrichtes statt, aber auch ohne besondere Fachbeziehung.

Manche Schulen hatten geradezu ein Abonnement und die Lehrpersonen kamen zu meinen Verhandlungen mit ihren Klassen mindestens einmal im Jahr.

Um den Schülerinnen und Schülern einen kleinen Einblick in die Strafjustiz zu ermöglichen, wurde Monate zuvor ein Termin vereinbart. So konnte ich verschiedene Fälle an dem fixierten Tag verhandeln und von der Klasse eine gewisse Vorbereitung in Form von Fragen verlangen. Das war nicht immer möglich.

Manche Lehrer und Lehrerinnen kamen unangemeldet und pochten auf die Öffentlichkeit der Verfahren. Wenn dann die Öffentlichkeit, insbesondere bei Sexualdelikten, ausgeschlossen wurde, mussten die enttäuschten Jugendlichen samt ihren Lehrpersonen den Saal verlassen.

Es kam auch vor, dass den ganzen Vormittag ein Finanzdelikt verhandelt wurde. Weder die Lehrpersonen noch die Schüler und Schülerinnen verstanden überhaupt, worum es ging. Letztere begannen dann zu schwätzen, und wenn meine Ermahnungen nichts nützten, verwies ich die Klasse samt Begleitung aus dem Saal. Großer Frust war die Folge.

Ich besuchte auch Schulklassen. Meine Motivation war nicht nur, die Strafjustiz den Schülerinnen und Schülern ein wenig näherzubringen, sondern vielleicht die eine oder den anderen von einer kriminellen Karriere mit unumkehrbaren Folgen abzuhalten.

Ich war auf dem Weg ins Gymnasium. Die Maturaklasse hatte eine Woche zuvor meine Verhandlungen besucht und die mir persönlich bekannte Lehrerin ersuchte mich, die einzelnen Fälle nochmals durchzugehen. Insbesondere sollte ich die verhängten Strafen erläutern, die in der Klasse zu divergierenden Diskussionen geführt hatten.

Bis ich das Gymnasium erreicht hatte, dachte ich darüber nach, wie ich die zwei Stunden gestalten sollte, und wie es mir gelingen könnte, unterschiedliche Strafen verständlicher zu machen.

Unter den am Vormittag neu angefallenen Akten, die ich zu bearbeiten hatte, befand sich einer, in dem ein Strafantrag gegen einen jungen Mann gestellt wurde. Ihm wurde vorgeworfen, in alkoholisiertem Zustand ein Auto in Betrieb genommen und ein sechsjähriges Mädchen, das auf einem Zebrastreifen die Straße überqueren wollte, niedergestoßen und getötet zu haben.

Ich wollte diesen Fall hernehmen, um aufzuzeigen, wie unterschiedlich Strafen ausfallen können.

Nach der Begrüßung in der Klasse erklärte ich das Delikt der fahrlässigen Tötung unter besonders gefährlichen Verhältnissen mit einer Strafandrohung bis zu drei Jahren Freiheitsstrafe. Ich zeigte die Möglichkeit auf, anstatt der Freiheitsstrafe eine Geldstrafe zu verhängen, die Strafen zu kombinieren und schließlich diese ganz oder zum Teil unter Bestimmung einer Probezeit bedingt nachzusehen.

Ich teilte die Klasse in zwei Gruppen. Jede sollte sich nach dem von mir geschilderten Fall auf eine Strafe einigen und diese auf einem Blatt Papier festhalten. Die eine Gruppe verließ mit ihrer Lehrerin das Klassenzimmer und ich trug der zweiten den zu beurteilenden Sachverhalt vor.

Ein Ehepaar war glücklich verheiratet. Beide waren beruflich sehr erfolgreich, gebildet und in der Welt weit gereist. Sie bewohnten ein wunderschönes Haus, das während der Ehe gebaut worden war. Alles sah nach Glück aus, von dem viele nur träumen können.

Doch das schien nur so, denn zu ihrem großen Glück fehlte ein Kind. Da auf natürlichem Weg eine Schwangerschaft der Frau nicht möglich war, wurden Ärzte im In- und Ausland aufgesucht, um sich mit medizinischer Hilfe den sehnsüchtigen Kinderwunsch zu erfüllen. Jahrelange Bemühungen blieben erfolglos, so auch ein Aufenthalt in einer Klinik in Nordamerika. Die vergeblichen medizinischen Bemühungen führten zu einer Niedergeschlagenheit der Eheleute, und sie glaubten selbst nicht mehr daran, ein Kind zu bekommen.

Doch der medizinische Fortschritt brachte die Wende und mit einer künstlichen Befruchtung gelang die Schwangerschaft. Die Freude war grenzenlos, und das Warten auf die Ankunft des Kindes wurde von einer großen Dankbarkeit begleitet.

Die Geburt verlief problemlos und das auf die Welt gekommene Mädchen machte das Glück der Eheleute vollkommen. Das Kind wuchs heran und hatte mit seinen blauen Augen und den blonden Locken nicht nur ein engelsgleiches Aussehen, sondern auch ein liebenswertes Wesen, dem auch die Umwelt nicht widerstehen konnte. Im Herbst sollte seine Schulzeit beginnen.

Die Großmutter schenkte eine Schultasche, die das Mädchen von seiner Oma holte. Der Weg von der Großmutter zum Elternhaus war nicht weit.

Glücklich mit ihrer Schultasche ging das Mädchen nach Hause. Sie hatte schon im Kindergarten gelernt, sich im Straßenverkehr richtig zu verhalten.

Es hatte zu regnen begonnen, als das Mädchen auf dem Zebrastreifen die gegenüberliegende Straßenseite erreichen wollte. Ein betrunkener Autofahrer übersah das die Straße überquerende Kind. Durch die Kollision wurde das Mädchen auf die Motorhaube und von dort auf die Straße geschleudert. Noch bevor die Rettung am Unfallort eintraf, war das Kind gestorben.

Die Gruppe verließ geradezu betroffen das Klassenzimmer und die zweite hörte eine anders gefärbte Version des Geschehens.

Ein junger Mann, der Stolz seiner Eltern, hatte gerade die Matura bestanden, ganz knapp an einer Auszeichnung vorbei. Er war ein sehr guter Schüler, ohne ein Streber zu sein. Christian, so hieß der junge Mann, spielte Handball, war mit seinem Saxofon in einer Band engagiert und gestaltete so mit Sport und Musik seine Freizeit. Er wollte nach dem Zivildienst Medizin studieren und sein Berufswunsch, verbunden mit seinem Ehrgeiz, ließen ihm keine Zeit für Partys oder eine feste Freundin. Ein Sohn also, wie ihn sich Eltern wünschen.

Christian wurde an einem späten Nachmittag von seinem Vater gebeten, Schriftstücke zu einem Geschäftsfreund zu bringen. Der junge Mann nahm die Unterlagen und wollte mit dem Fahrrad losfahren. Sein Vater forderte ihn geradezu auf, das Auto zu nehmen, da es regnerisch und kalt war. Dies ließ er sich nicht zweimal sagen und fuhr mit dem Auto zur angegebenen Adresse. Als die Türe nach seinem Läuten geöffnet worden war, wurde er von einer kreischenden Schar junger Damen empfangen. Sie hatten zwar jemand anderen erwartet, hießen aber auch den unverhofften Besuch willkommen. Die Tochter des Hauses feierte ihren achtzehnten Geburtstag. Christian übergab die Unterlagen und wurde aufgefordert, auf der Party zu bleiben. Aus Höflichkeit gab er dem Drängen nach, wollte jedoch nur eine kurze Zeit verweilen. Er lehnte alle alkoholischen Getränke, die ihm angeboten wurden, kategorisch ab.

Christian kannte einige der Partygäste und bald gehörte er zur feiernden Gesellschaft.

Als Monika, das Geburtstagskind, ihn aufforderte, mit ihr anzustoßen, wollte er die hübsche Gastgeberin nicht beleidigen. Es wurde ihm ein Cocktail gegeben, der wie eine Limonade schmeckte, doch keine war, sondern ein hochprozentiges Getränk. Dem ersten Glas folgte ein zweites und auch Christian war bald in Partystimmung. Als er beim dritten Glas die Wirkung des Alkohols spürte, stand er, ohne sich zu verabschieden, auf und wollte so schnell wie möglich nach Hause. Christian glaubte, fahrtüchtig zu sein und fuhr mit dem Auto nach Hause. Es hatte zu regnen begonnen und die einbrechende Dunkelheit verschlechterte die Sichtverhältnisse.

Dadurch übersah er ein die Straße überquerendes Kind, das durch sein Fahrzeug niedergestoßen wurde und aufgrund der schweren Verletzungen noch auf der Straße verstarb.

Nun sollte auch diese Gruppe eine der Tat entsprechende Sanktion finden.

Nach fünfzehn Minuten trafen beide Gruppen in der Klasse zusammen.

Ich nahm die Zettel entgegen, auf denen die Strafen standen. Die erste Gruppe fand eine zweijährig unbedingte Haft angemessen, hingegen die zweite Gruppe mit einer teilbedingten Geldstrafe das Auslangen zu finden glaubte.

Nach dem Verlesen der Strafen entbrannte eine Diskussion, in der sich die Gruppen gegenseitig Unverständnis, Rache statt Strafe, unangemessene Milde usw. vorwarfen.

Ich beendete die Diskussion und erläuterte, dass ich denselben Tathergang völlig unterschiedlich ausschmückte und die von mir gewollt hervorgerufenen Emotionen so differenzierte Strafen zur Folge hatten.

Wenn Medien solche Emotionen bedienen, so führte ich aus, kann man sich vorstellen, wie Strafen, aber auch die Strafjustiz insgesamt mit Unverständnis, Misstrauen, das bis zum Vertrauensverlust reicht, gesehen werden.

Die zwei Stunden waren längst vorbei, als mich die Schülerinnen und Schüler fragten, wie ich den Fall entscheiden werde. Ich antwortete, dass ich dies zum jetzigen Zeitpunkt nicht weiß. „Erst nach genauem Aktenstudium und der Hauptverhandlung werde ich meine Entscheidung treffen."

„Was ich jedoch sicher weiß", so mein Schlusswort, „Emotionen werden nicht dabei sein."

... unfassbar

Es kam selten vor, dass ein Schwurgerichtsprozess dermaßen die Gemüter erregte.

„Hängt das ... auf", war die oft gehörte Aufforderung, ich hatte sie auch schriftlich bekommen.

Der Schwurgerichtssaal war bis auf den letzten Platz besetzt und auch stehend wollten viele Menschen wohl eher ein reales Schauspiel erleben, als einen Prozess verfolgen. Der Angeklagte wurde in der Presse als „Monster vom Rheintal" bezeichnet. Das Bedürfnis, ein solches aus der Nähe zu sehen, das nicht von Drehbuchautoren geschaffen, sondern real existierte, füllte den Saal, aber auch die Zeitungsseiten hier und jenseits der Grenze.

Ich machte vor dem Prozess klar und deutlich, dass ich den Saal räumen lassen werde, sollten Zwischenrufe oder andere Kundgebungen das Verfahren stören. Diese Drohung wäre vielleicht gar nicht nötig gewesen, denn als der Staatsanwalt die Einzelheiten der Verbrechen aufzählte, wurde es im Saal bedrückend still.

Es gibt nicht viele Ausdrucksmöglichkeiten für das dem Verstand nicht Zugängliche, weshalb das Wort „unfassbar" den zweitägigen Prozess begleitete.

Während der Staatsanwalt sein Eröffnungsplädoyer hielt, konnte ich in die Gesichter der Zuschauer sehen und auch den Angeklagten beobachten. Regungslos saß er da, und ich war mir nicht sicher, ob er den Ausführungen des Anklägers überhaupt zuhörte.

Wenige Meter hinter ihm saß eine junge Frau. Sie war die Geliebte des Angeklagten.

Ihre vom Weinen geröteten Augen blickten so zu mir, als ob sie um Gnade für den bitten würden, dem sie alles verziehen hatte.

Verziehen, sein Schweigen darüber, verheiratet zu sein, verziehen, all die furchtbaren Verbrechen, die der Staatsanwalt aufzählte.

Fast genau fünf Jahre waren es her, dass in einem Wald, wenige Kilometer vom Schwurgerichtssaal entfernt, ein grausames Geschehen die Öffentlichkeit schockierte.

Der Unhold blieb mit seinem Fahrzeug stehen, als er auf einer durch den Wald führenden Straße ein elfjähriges Mädchen bemerkt hatte. Er stieg aus seinem Auto, packte das Mädchen und zog es in den Wald hinein. Als die beiden von der Straße aus nicht mehr gesehen werden konnten, zog der Gewalttätige ein Messer aus der Tasche und drohte dem völlig verängstigten Kind, dass ihm nichts passieren werde, sollte es tun, was er verlangt. Das Mädchen spürte das Messer und nach einem Oralverkehr wurde das Kind brutal vergewaltigt.

Die Todesangst, der Ekel und die Schmerzen können nur erahnt werden, für eine Beschreibung fehlen die Worte, „unfassbar" muss notgedrungen ausreichen.

Nach diesem grauenvollen Geschehen fesselte der Vergewaltiger das Mädchen an einen Baum und überließ es seinem Schicksal. Was immer mit seinem Opfer geschehen sollte, ließ ihn unberührt.

Er konnte den Tatort unbemerkt verlassen. Das Mädchen biss die Stricke ihrer Fesselung durch und konnte schwerst traumatisiert ihr Elternhaus erreichen.

Trotz kriminalpolizeilicher Bemühungen konnte der Täter nicht gefunden werden. Die Todesangst, die das Mädchen erleiden musste, verhinderte eine Personenbeschreibung und auch ihre sonstigen Angaben konnten nicht zielführend verwertet werden.

Die Hose, die ihr der Täter heruntergerissen, den Strick, den sie durchbissen hatte, ebenso ein am Tatort gefundenes Taschentuch wurden nach Spuren untersucht, die jedoch keiner Person zugeordnet werden konnten. Die asservierten Gegenstände als auch der Akt gegen den unbekannten Täter blieben fünf Jahre lang liegen.

Der Gesuchte war als Grenzgänger nicht nur in Liechtenstein beschäftigt, sondern hatte sich dort auch ein Liebesnest eingerichtet. Er arbeitete im Schichtbetrieb, sodass nach der Frühschicht ein freier Nachmittag zur Verfügung stand. Vom Arbeitsplatz als auch von seiner Freundin fuhr er oft nicht direkt nach Hause, sondern benützte Wald- und Wiesenwege, um ein Opfer zu finden, das seiner Abartigkeit entsprechen konnte.

Noch in Liechtenstein befuhr er einen durch Wiesen führenden, an einem Kanal gelegenen Weg.

Vor ihm fuhr auf einem Fahrrad ein Mädchen, das von der Schule kommend nach Hause wollte. Sekundenschnell beschloss der spätere Angeklagte seine Trieb- und Gräuelfantasien in die Realität umzusetzen. Er fuhr mit seinem Auto gegen das Fahrrad, worauf das Mädchen zu Boden stürzte.

Der Skrupellose stieg aus seinem Fahrzeug, um sich nur dem Schein nach um das Mädchen zu kümmern. Er hob sein Opfer auf und brachte es in sein Auto. Mit einem Messer bedrohte der Verbrecher die zu Tode Erschrockene, sollte sie nicht das geschehen lassen, was er von ihr wollte. Das Mädchen begriff in bemerkenswerter Weise, dass ihr Leben zu Ende sein würde, sollte sie sich dem gewalttätigen Ansinnen widersetzen. Ohne Gegenwehr ließ sie das Grausame mit sich geschehen. Dem Oralverkehr folgten zwei Vergewaltigungen.

Was dem Mädchen geschah, die Todesangst und Gräuel, die es erdulden musste, entziehen sich einer Schilderung, die auch nur annähernd den Verbrechen zu entsprechen vermag.

„Unfassbar" ist das einzige Wort, das die Beschreibung ersetzen kann.

Der Täter hatte während der Vergewaltigungen dem Mädchen eine Mütze über das Gesicht gezogen. Er wusste, dass seine Beschreibung vom Opfer, das er vor fünf Jahren vergewaltigt hatte, nur deshalb nicht zu seiner Verhaftung führte, weil die Todesangst des Mädchens ihre Wahrnehmungsfähigkeit ausgeschlossen hatte.

Ob es auch diesmal so sein würde, konnte er nicht wissen, weshalb er jedes Risiko ausschließen wollte. Vorerst befragte er sein Opfer über sein Aussehen, sein Auto und dergleichen. Nach dem grausamen Geschehen, das dem Mädchen widerfahren war, zeigte ihr auf die Fragen folgendes Verhalten eine unerwartete, erstaunliche Reaktion. Trotz der unbeschreiblichen Gewalt, die ihr angetan wurde, gab sie ihrem Peiniger Beschreibungen zu hören, die mit ihren Wahrnehmungen in keiner Weise übereinstimmten.

Möglich, dass gerade diese mit der Wirklichkeit krass in Widerspruch stehenden Schilderungen den Täter zum Entschluss brachten, das Mädchen zu ermorden. Er zog das Mädchen aus dem Auto, nahm einen Gurt und kreuzte ihn um den Hals seines Opfers. In Tötungsabsicht zog der zum Mord bereit gewordene Vergewaltiger den Gurt so fest zu, bis er glaubte das Mädchen getötet zu haben. Um sicher zu sein, dass sein Opfer tot war, leuchtete er mit einer Taschenlampe in die Augen der Regungslosen. Er hob sie auf, ließ sie fallen und war nun sicher, das Mädchen für immer zum Schweigen gebracht zu haben. Der Verbrecher zündete sich eine Zigarette an, um eine Zeit lang zu warten. Als sich das Mädchen auch während der Dauer einer Zigarettenlänge nicht rührte, war er gewiss, den Mord vollendet zu haben und stieß sein Opfer in den neben dem Tatort befindlichen Kanal.

Sodann warf er noch ein paar Steine der Totgeglaubten nach.

Das Mädchen war nicht tot, sondern hatte durch die Strangulation das Bewusstsein verloren. Das kalte Wasser brachte sie wieder zu sich, jedoch neuerlich in Lebensgefahr. Die Geistesgegenwart des Mädchens war so außergewöhnlich wie die Verbrechen selbst.

Sie stellte sich tot, bis sie den Grund des Kanals erreicht hatte und ließ sich von der Strömung forttreiben.

Zwischendurch musste sie immer wieder Luft holen, verbunden mit der Todesangst, von ihrem Peiniger entdeckt zu werden. Schließlich war die Mutige so weit vom Ort der Verbrechen weg, dass sie aus dem Wasser stieg und sich mit letzter Kraft nach Hause schleppen konnte.

Trotz ihres Martyriums konnte das Mädchen den Mann, der ihren Tod gewollt hatte, als auch sein Auto beschreiben, sodass die ausgelöste Alarmfahndung an der Grenze erfolgreich war. Der Teil des Fahrzeuges, der beim Aufprall auf das Fahrrad abgebrochen war, passte zum beschädigten Auto, mit welchem der Täter die Grenze passieren wollte. Sein grausames Treiben war nun zu Ende.

Der Angeklagte hatte, als Erster befragt, die Vergewaltigungen und auch den Oralverkehr zugegeben, nicht jedoch den versuchten Mord und auch nicht die vor fünf Jahren begangenen Taten, die ihm nunmehr ebenfalls zur Last gelegt wurden. Trotz aller Vorhalte und Spuren blieb der Angeklagte bei seinen Aussagen.

Es folgte der prozessentscheidende Auftritt der Gerichtsmediziner. Die Sachverständigen aus der Schweiz und aus Innsbruck sahen die Würgemale des Mädchens nicht so, wie sie der Angeklagte glaubhaft machen wollte, nämlich, dass das Mädchen in den Gurt gefallen wäre.

Die Würgemale stimmten mit der Darstellung des Opfers und den medizinischen Folgen des Würgens überein. Darüber hinaus entsprachen die Spuren der Intention des Täters und all seinen Handlungen, die er durchführte, um sich vom Tod seines Opfers zu überzeugen.

Der fünf Jahre zurückliegende Fall beschäftigte das gerichtsmedizinische Institut der Universität Innsbruck, die Rechtsmedizin St. Gallen, das kriminaltechnische Labor in Zürich und die kriminaltechnische Zentralstelle in Wien.

Fasern, die am Pullover des Täters und in seinem Auto nach fünf Jahren gefunden wurden, passten zur Hose, die das Mädchen zum Tatzeitpunkt getragen hatte.

Eine andere Hose als Spurenverursacherin war mehr als unwahrscheinlich. Schließlich brachte die Untersuchung des am Tatort gefundenen Taschentuches ein überzeugendes Ergebnis. An diesem haftete das Sekret des Angeklagten. Der Wahrscheinlichkeitsfaktor, dass das Genmaterial vom Angeklagten stammte, betrug 1:81 Milliarden. Ich machte dieses Ergebnis deutlicher: Es bräuchte vierzigmal die gesamte männliche Weltbevölkerung, um ein derartiges Muster ein zweites Mal zu finden.

Der Einwand des Verteidigers, dass der Angeklagte das Taschentuch achtlos aus dem Fenster seines Fahrzeuges geworfen haben könnte, zeugte nicht von besonderer Aktenkenntnis. Das Taschentuch wurde 137 Meter von der Straße weg gefunden und außerdem bestritt der Angeklagte, auf dieser Straße jemals gefahren zu sein. Ein Einwand, weder hilfreich noch besonders klug.
Die Einvernahme der Opfer wurde den Geschworenen in einem Video gezeigt.

Schließlich erörterte der Gerichtspsychiater sein Gutachten. Er führte aus, dass der Angeklagte weder pädophil war noch an einer Geisteskrankheit litt, jedoch einen Sexualkomplex hatte und eine geistige Abartigkeit konstatiert werden konnte. Der Sachverständige sprach von einem Schlüsselerlebnis, das durch junge mädchenhafte Gestalten ausgelöst, durch Aggressions- und Sexualdelikte entladen wurde. Dabei brachte, so der Gutachter, die Todesangst der kindlichen Opfer die vom Angeklagten gewollte Befriedigung.

Nach zwei Tagen war das Beweisverfahren zu Ende und der Staatsanwalt hielt seinen Schlussvortrag. Wiederum zählte er die grausamen Einzelheiten der Taten auf. Er führte aus, wie die Schilderungen der Opfer durch gesicherte Spuren und Gutachten belegt waren.
Die angeklagten Verbrechen mit den schrecklichen Details, die Ausführungen über die geistige Abartigkeit, wurden nicht nur von den Geschworenen, den Zuschauern und den Eltern der Opfer gehört, sondern auch von der im Schwurgerichtssaal anwesenden Geliebten des Angeklagten.

Das Wort „unfassbar" wurde in diesem Verfahren mehr als strapaziert, denn es sollte für die Sprachlosigkeit stehen, die diesen grauenhaften Verbrechen gegenübergestanden war.

Dieses Wort musste dennoch über die Verbrechen hinaus herhalten, um neuerlich etwas zu beschreiben, das dem Verstand nicht zugänglich ist.

In einem Interview beschrieb die Geliebte des Angeklagten ihn als einen liebenswerten und verständnisvollen Menschen und zum Schluss: „Ich will ihn heiraten."

Die Geschworenen beantworteten die an sie gestellten Fragen so, dass der Angeklagte der Verbrechen des versuchten Mordes, der mehrfachen Vergewaltigung, wegen der dem Beischlaf gleichzusetzenden geschlechtlichen Handlungen als auch der Freiheitsentziehung schuldig gesprochen wurde.

Sie verneinten die Frage nach der Zurechnungsunfähigkeit.

Die Strafe fiel mit fünfzehn Jahren Freiheitsentzug und der Einweisung in eine Anstalt für geistig abnorme Rechtsbrecher relativ milde aus. Sie sollte nicht dem Rachegeschrei entsprechen und war der reißerischen Berichterstattung geschuldet.

Das Oberlandesgericht Innsbruck hatte der Strafberufung des Staatsanwaltes Folge gegeben und die Strafe auf achtzehn Jahre erhöht.

Es war und ist mehr als außergewöhnlich, dass ich fünf Jahre nach dem Prozess vom Verurteilten diesen Brief erhielt:

Garsten, den ...

Herr
Dr. Peter Mück
Landesgericht Feldkirch
Abteilung 23

Betrifft: zu Stbl. 23/96 in Verwahrung genommene Gegenstände

Sehr geehrter Herr Vorsitzender Dr. Peter Mück

Da ich kein Interesse und keine Verwendung mehr an diese VHS-Videofilme habe, auch von anderen evtl. gelagerten Gegenständen keine Verwendung mehr habe und auch Abstand davon haben möchte, ersuche ich Sie höflichst dies in die Wege zu Leiten das sämtliche Gegenstände die meiner Person betreffen zur gänze Vernichtet werden.
    Ich bedanke mich für Ihr Bemühen und verbleibe mit freundlichen Grüßen

Hochachtungsvoll
N. N.

PS: Ein seit vielen Jahren persönliches Anliegen hätte ich noch an Sie, nur habe ich mich nie getraut es Ihnen irgendwann mal zu sagen oder zu schreiben.

Mit meiner Verurteilung von 1997 wo Sie ja der Vorsitzender waren, möchte ich Ihnen noch gerne sagen, das Sie vollkommen richtig gehandelt haben und mich in allen Anklagepunkten zurecht für Schuldig gesprochen haben. Auch die Höhe der Strafe ist Angemessen und richtig Entschieden worden.
    Es tut mir sehr Leid, das ich Sie, die Staatsanwaltschaft, die Geschworenen und die Opfer samt Ihren Angehörigen schamlos belogen habe und ich mich der Verantwortung entziehen wollte.
    Ich möchte Ihnen Danken sehr geehrter Herr Vorsitzender Dr. Mück das Sie mir auf diese Art die Chance gegeben und ermöglicht haben, aus meinen vielen Fehlern die ich machte zu Lernen und ich jetzt die Verantwortung für mein damaliges und jetziges Handeln Übernehmen kann und darf.
    Für mich ist das eine neue Chance!

Hochachtungsvoll
N. N.

Der Poltergeist

Poltern ist ein anderes Wort für Lärmen, für das Verursachen von allerlei Geräuschen. Am Abend vor einer Hochzeit wurde früher der Lärm durch Zerschlagen von Porzellan vor der Haustüre der Brauteltern erzeugt. Dieser Abend war der „Polterabend" und die entstandenen Scherben sollten dem Brautpaar Glück bringen. Diese ursprüngliche Bedeutung des Polterabends ist schon längst verloren gegangen und einem kollektiven Besäufnis gewichen.

Der Klopf- oder Poltergeist scheint dennoch gelegentlich sein Unwesen zu treiben.

In einem Gasthaus, der heutigen Gestaltung eines Polterabends entsprechend, trafen sich Freunde, Arbeitskollegen und Nachbarn des Bräutigams, um seine bevorstehende Hochzeit zu begießen. Kurt war einer der Feiernden, und wenn seine späteren Angaben richtig waren, so hatte er an diesem Abend acht bis elf Schnäpse, ebenso viele Flaschen Pils und ein paar Wodkas in sich hineingeschüttet. Er war stark alkoholisiert, aber trotzdem noch so orientiert, dass er beschloss, sein Auto an diesem Abend, in dieser Nacht nicht mehr in Betrieb zu nehmen.

Kurt stand an der Bar und hörte, wie zwei junge Männer darüber redeten, ein anderes Lokal aufzusuchen. Ob es ihnen zu laut, zu langweilig oder ob andere Gründe dafür ausschlaggebend waren, konnte nicht festgestellt werden. Einer der beiden, Mathias, war mit dem Auto seines Vaters zum Polterabend gekommen, in dem er seinen Freund mitführte.

Mathias und sein Begleiter waren auch alkoholisiert, jedoch nicht annähernd so stark wie Kurt, der den beiden nach draußen folgte. Auch die beiden Burschen wollten aufgrund ihres Alkoholkonsums das Auto stehen lassen und nur ihre Jacken aus dem

Fahrzeug holen, denn es war ein kalter Wintertag und frisch gefallener Schnee bedeckte die Landschaft.

Kurt, der die beiden nicht kannte, wollte mit ihnen das andere Lokal aufsuchen. Als er begriffen hatte, dass dies zu Fuß geschehen sollte, das andere Lokal war nur 300 Meter entfernt, bot er sich an, das Fahrzeug zu lenken. Mathias und sein Begleiter bemerkten aufgrund ihrer eigenen Alkoholisierung nicht den Rauschzustand desjenigen, der sich ihnen als Chauffeur angeboten hatte.

Was Kurt bewegte, sein Auto wegen seiner Fahruntüchtigkeit stehen zu lassen, ein anderes jedoch zu lenken, konnte nur mit dem „Poltergeist" erklärt werden.

Mathias und sein Freund waren froh, nicht durch die kalte Nacht gehen zu müssen und stiegen in das Fahrzeug ein, das Kurt in Betrieb nahm und davonfuhr. Die Straßen waren durch den gefallenen Schnee rutschig und glatt. Die winterlichen Straßenverhältnisse und auch der reichliche Alkoholkonsum von Kurt ließen das Auto hin und her schleudern. Die schlangenartige Fahrweise fiel einer Sektorenstreife auf, die das Fahrzeug stoppte.

Mathias zeigte den Gendarmeriebeamten die von ihnen geforderten Fahrzeugpapiere, seinen Führerschein konnte Kurt nicht vorweisen. Er erklärte den Beamten, dass das von ihm gelenkte Auto nicht seines ist und versuchte damit das Fehlen seines Führerscheins zu begründen. Während er damit die Beamten zu überzeugen versuchte, konnten diese seine Alkoholfahne wahrnehmen, worauf sie ihn aufforderten, sich dem Alkotest zu unterziehen. Kurt wollte verhindern, dass der Grad seiner Alkoholisierung festgestellt wird und verließ fluchtartig den Ort, an dem dies geschehen sollte.

Einer der Beamten rief dem Fliehenden nach, dass seine Flucht einer Verweigerung gleichkomme und entsprechende Folgen nach sich ziehen werde. Ob Kurt das Nachgerufene gehört hatte, konnte nicht mit Sicherheit festgehalten werden.

Wegen Verweigerung des Alkoholtests erhielt der Geflohene von der Bezirkshauptmannschaft eine Strafe von 40.000 Schillingen. Doch das war nicht alles.

Mit Mandatsbescheid der Bezirkshauptmannschaft wurde ihm die Lenkerberechtigung für die Dauer von vier Monaten entzogen.

Kurt benötigte aus beruflichen Gründen den Führerschein, weshalb er sich eines Rechtsanwaltes bediente, der gegen den Mandatsbescheid eine Vorstellung einbrachte. In dieser wurde ausgeführt, dass Kurt als Lenker des Fahrzeuges uneingeschränkt fahrtüchtig gewesen sei und keineswegs von den Beamten davongelaufen wäre. Er hätte doch nur den Führerschein von zu Hause holen wollen.

Wie er nunmehr angeben konnte, fahrtüchtig gewesen zu sein, da er später aussagen wird, acht bis elf Schnäpse und ebenso viele Flaschen Pils und einige Wodkas getrunken zu haben, konnte wiederum nur auf den „Poltergeist" zurückgeführt werden. Doch dieser übte weiterhin einen folgenschweren Einfluss aus.

In der Vorstellung wurden Mathias und sein Freund als Zeugen angeboten, welche die Fahrtüchtigkeit von Kurt bestätigen sollten. Kurt wusste, dass Mathias und sein Begleiter keine Angaben über sein Trinkverhalten machen konnten. Die beiden waren erst später zu diesem Polterabend gekommen, kannten Kurt nicht und hielten sich auch nicht in seiner Nähe auf.

Aus diesen Gründen suchte der „Fahrtüchtige" Mathias auf und forderte von ihm, zu bezeugen, dass er während des ganzen Abends ein oder zwei Radler getrunken habe. Seine Bestimmung zur falschen Beweisaussage war nicht geglückt, denn Mathias und sein Begleiter weigerten sich, ein falsches Zeugnis abzugeben.

Mit Bescheid der Bezirkshauptmannschaft wurde Kurt der Führerschein für vier Monate endgültig entzogen. In der Begründung wurden die Verweigerung des Alkotests und die nicht bestätigten Behauptungen durch die angebotenen Zeugen angeführt.

Mit den Verteidiger- und Verfahrenskosten wurde das Verwaltungsstrafverfahren beendet.

Der Versuch, Mathias zu einer falschen Beweisaussage vor der Verwaltungsbehörde anzustiften, war erfolglos, blieb aber nicht ohne Folgen.

Die Staatsanwaltschaft klagte Kurt wegen Bestimmung zu einer falschen Beweisaussage vor der Verwaltungsbehörde beim Landesgericht Feldkirch an. Er hatte nicht nur eine „saftige" Geldstrafe zu bezahlen, war den Führerschein mit all den beruflichen Konsequenzen los, musste Anwalts- und Verfahrenskosten bezahlen und hatte nunmehr auch ein Strafverfahren vor dem Landesgericht „am Hals", dessen Ausgang weitere Konsequenzen mit sich bringen sollte.

All dies musste Kurt ertragen. Was er nicht ertragen konnte, war, dass Mathias, der von ihm – wenn auch nur kurz – chauffiert worden war, in seinen Augen der „Nutznießer" des Abends war. Er hingegen Strafen und Kosten zu bezahlen sowie den Führerschein verloren hatte und nunmehr noch mit einem Strafverfahren konfrontiert werden sollte.

Die Rachegedanken des Betroffenen gegen Mathias waren mit nichts zu begründen, es sei denn, man hielt den „Poltergeist" für den Urheber des folgenden charakterlosen Vorgehens.

Kurt brachte in Erfahrung, dass Mathias ein „Gendarmerieaspirant" war. So nannte man Gendarmerieschüler mit abgeschlossener Ausbildung und bestandener Prüfung bis zu ihrer Ernennung zum Beamten. Mit dem Wissen, durch eine Anzeige die Berufslaufbahn als Gendarmeriebeamten zerstören zu können, zeigte Kurt den nichts ahnenden Mathias wegen Beihilfe zur Lenkung eines Fahrzeugs in einem durch alkoholbeinträchtigten Zustand an.

Bemerkenswert, wie sich die Alkoholisierung des Bestraften änderte. In der Vorstellung, gegen den Mandatsbescheid fahrtüchtig gewesen zu sein, wurde es zuletzt eine schwere Alkoholbeinträchtigung. In der Anzeige behauptete Kurt, trotz seines alkoholbedingten Zustandes von Mathias genötigt worden zu sein, das Fahrzeug zu lenken.

Mathias hatte den Anzeiger weder überredet noch genötigt, das Fahrzeug zu lenken und dessen Alkoholisierung infolge der eigenen Beeinträchtigung nicht wahrgenommen. Er war sich aber bewusst, dass mit einer erfolgreichen Anzeige seine Karriere als Gendarmeriebeamter zu Ende sein könnte, bevor sie begonnen hatte.

Doch der zum gerichtlichen Straftäter Gewordene hatte eine Lösung. Sollte Mathias ihm 25.000 Schillinge bezahlen, könnte er die Anzeige zurückziehen, denn dies hätte er mit dem Postenkommandanten vereinbart.

Mathias wusste, dass ein Zurückziehen einer Anzeige wegen eines von Amts wegen zu verfolgenden Deliktes nicht möglich ist, konnte aber vorerst nicht ausschließen, dass eine derartige „Vereinbarung" getroffen wurde.

Schließlich konnte sich der Angezeigte nicht vorstellen, dass sich der Postenkommandant des Verbrechens des Amtsmissbrauchs schuldig macht. Mathias verweigerte die Zahlung des geforderten Geldbetrages, und Kurt handelte sich die nächste Anzeige ein, diesmal wegen versuchten Betruges.

Im durchgeführten Strafverfahren wurden die versuchte Bestimmung zur falschen Beweisaussage vor einer Verwaltungsbehörde und der versuchte Betrug verhandelt.

Kurt wurde von mir schuldig gesprochen und zu einer teilbedingten Geldstrafe verurteilt. Damit waren die Geschehnisse am und um den Polterabend Geschichte, nicht aber die Folgen, die dem Polternden noch lange erhalten blieben.

Kinderwunsch

Turan war ein junger Türke mit 22 Jahren, der sich wie manch anderer seiner gleichaltrigen Landsleute mit der Kultur seiner Eltern nicht identifizieren wollte und es mit den hiesigen Gegebenheiten nicht konnte.

In der Türkei geboren, kam er mit vier Jahren nach Vorarlberg. Die Schulzeit war für ihn zumindest nach der Volksschulzeit ein Übel und mangels Unterstützung seiner Eltern nach zwei Klassenwiederholungen auch schon zu Ende.

Die Lehre brach er nach einem halben Jahr ab und nach einiger Zeit als Hilfsarbeiter kam er zur Überzeugung, für solche Arbeiten, noch dazu für Österreicher, nicht geschaffen zu sein.

Turan kam schon früh mit dem Gesetz in Konflikt. Bereits in seiner Hauptschulzeit war er für die örtlichen Gendarmeriebeamten kein Unbekannter: Diebstähle, Sachbeschädigungen, Fahren ohne Führerschein, Körperverletzungen gehörten für den Heranwachsenden ebenso zu seiner Lebensgestaltung wie Erfahrungen mit Suchtgiften aller Art.

Die Milde der ersten Verurteilungen durch die Gerichte sollte Turan dazu bringen, ein sozial angepasstes Leben zu führen. Sie waren ebenso erfolglos wie die bedingten Freiheitsstrafen. Schließlich sollte er mit zu verbüßenden Haftstrafen zur Räson gebracht werden. Aber auch diese konnten keine Umkehr bewirken, denn die fehlende familiäre Bindung und die soziale Verwahrlosung hatten nach und nach charakterformende Ausmaße angenommen.

Während seiner Inhaftierungen konnte er noch einiges dazulernen, was er in Freiheit umzusetzen gedachte.

Mit Rauschgiftgeschäften wollte er nicht nur seinen Unterhalt verdienen, sondern sich einen Lebenswandel ermöglichen, der seinen Vorstellungen entsprach. Seine Geschäfte begannen in bescheidenem Umfang. In der Schweiz wurden Kokain und Cannabiskraut gekauft, nach Vorarlberg geschmuggelt, zum Teil selbst konsumiert, zum größten Teil jedoch mit ansehnlichem Gewinn verkauft.

Schon in den ersten zwei Wochen seiner kriminellen Tätigkeit überstieg sein Gewinn bei Weitem den Monatslohn eines Hilfsarbeiters. Mit einem gebrauchten Mercedes und dem dazu passenden Auftreten konnte er all jenen imponieren, die so sein wollten wie er, oder denen, welche keine Ahnung von seinem Treiben hatten.

Zu Letzteren gehörte Aysha. Sie verliebte sich in den gut aussehenden Geschäftsmann. Er war auch einer, doch womit geschäftig, wusste sie nicht und wollte es vermutlich auch nicht wissen.

Aysha war nicht nur verliebt, sondern von ganz konkreten Vorstellungen angetan, wie ihr zukünftiges Leben mit dem Umschwärmten aussehen könne.

Turan hatte andere, wollte kein inniges Verhältnis und stellte sie entgegen türkischer Tradition auch nicht seinen Eltern vor. Er sah in Aysha nicht einmal eine Freundin, vielmehr eine junge Frau, mit der er gelegentlich das Bett – aber nicht mehr – teilen wollte.

Aysha wurde schwanger. Ob zufällig oder von ihr gewollt, war nicht von Bedeutung und konnte auch nicht geklärt werden. Jedenfalls sah sie nun die Möglichkeit, den Vater des Kindes an sich zu binden und eine gemeinsame Zukunft aufbauen zu können.

Sie täuschte sich, denn Turan wollte keine feste Bindung, weder für ein Kind sorgen noch dadurch gezwungen sein, seine Lebensweise zu ändern.

Die Hoffnung der angehenden Mutter, bald eine eigene Familie zu haben, zerstörte er durch die emotionslose Erklärung, das Kind nicht zu wollen, verbunden mit der Aufforderung, es abzutreiben. Es gab keinen Raum für ein klärendes Gespräch oder Ähnliches, es war auch kein Versuch dazu möglich, sondern das Gewollte entsprach einem nachzukommenden Befehl.

Bei einem im Land ansässigen Arzt wurde ein Termin für die Abtreibung festgesetzt. Als dieser verstrichen war, wollte Turan wissen, ob das von ihm Geforderte durchgeführt worden war. Aysha teilte ihm wahrheitswidrig mit, dass die Zeit, in welcher eine Abtreibung legal durchgeführt werden konnte, überschritten war, weshalb sie der Arzt wieder fortgeschickt hätte.

Tatsächlich suchte sie den Arzt trotz vereinbartem Termin gar nicht auf. Sie wollte das Kind gegen den Willen seines Vaters. Es sollte vielleicht jene Liebe ersetzen, die sie so innig empfunden und nunmehr verloren hatte. Aysha war bewusst, wie schwer es sein würde, als alleinstehende Türkin ein Kind aufzuziehen. Dennoch war sie zuversichtlich, dass ihr dies gelingen könnte.

Turan forderte die werdende Mutter auf, in die Türkei zu fahren, denn dort könnte die Abtreibung immer noch durchgeführt werden.

Aysha machte keine Anstalten, dorthin zu fahren, worauf Turan sie wissen ließ, wozu er bereit war. Er drohte ihr, sie so zu verprügeln und in den Bauch zu treten, dass sie das Kind mit Sicherheit verlieren werde, sollte sie sich weiterhin weigern, die Abtreibung durchzuführen.

Zwischen Angst und der schmerzvollen Erkenntnis, mit dem Gewalttätigen niemals eine Familie gründen zu können, blieb Aysha dennoch bei ihrem Entschluss, das Kind zur Welt zu bringen.

Die Schwangerschaft wurde von ihrer Familie bemerkt, und ihre Eltern waren ebenfalls der Meinung, nur mit einer Abtreibung die verworrene Situation lösen zu können. Um dem Druck ihrer Familie zu entkommen, mietete Aysha ein Zimmer in einer anderen Ortschaft. Die Drohungen ihres früheren Geliebten wurden immer häufiger, deren Inhalt immer grausamer, jedoch war er noch nicht bereit, diese selbst zu verwirklichen.

Einer seiner Kunden konnte schon mehrmals das Gift, das er bezogen hatte, nicht bezahlen. Turan stellte ihm in Aussicht, seine Schulden zu erlassen, wenn er die werdende Mutter so zusammenschlägt, dass sie das Kind verliert. Der Süchtige nahm das Angebot nicht an.

Sodann probierte es Turan bei einer früheren Freundin von Aysha. Er bot ihr eine größere Geldsumme an, wenn sie die Schwangere eine Stiege hinabstößt, um deren Kinderwunsch zu verhindern. Aber auch diese vorgeschlagene Brutalität wurde verweigert.

Nachdem Aysha erfahren hatte, dass ihr ehemaliger Schwarm nicht nur drohte, sondern andere anstiftete, gewalttätig gegen sie vorzugehen, damit sie das Kind verliert, beschloss sie, für das Ungeborene zu kämpfen. Ihre frühere Liebe schlug in Hass um.

Mittlerweile hatte sie erfahren, womit Turan sein Geld verdiente, und zudem wusste sie, dass er trotz Waffenverbots eine Pistole, Schlagringe und dergleichen besaß. In ihrer Anzeige führte sie den Suchtgifthandel, den verbotenen Waffenbesitz und die Drohungen und Nötigungen an. Während er im Gefängnis sitzen würde, so ihre Überlegungen, werde ihr heranwachsendes Kind in Sicherheit sein.

Aufgrund der Vielzahl der angezeigten Delikte und der Vorstrafenbelastung wurde Turan tatsächlich in Untersuchungshaft genommen.

Vor ihm war ihr ungeborenes Kind sicher, aber nicht vor Turans Eltern, die nunmehr erfuhren, dass ihr Sohn Aysha geschwängert hatte. Während eines Treffens von Aysha mit der Familie des Inhaftierten wurde sie aufgefordert, ihre Angaben vor der Gendarmerie zurückzunehmen, sie als Irrtum oder Rache hinzustellen, damit er aus der Untersuchungshaft entlassen wird.

Es wurden keine verbalen Drohungen ausgesprochen, aber Aysha wusste, was ihr nach türkischen Gebräuchen passieren würde, sollte sie sich weigern. Sie tat das von ihr Verlangte und Turan wurde aus der Untersuchungshaft entlassen.

Es kam zu einem Treffen zwischen ihm und Aysha. Dass sie ihn ins Gefängnis gebracht hatte, deswegen wollte er später mit ihr abrechnen, wichtiger war ihm die Abtreibung. Er wiederholte seine Drohungen, ihr etwas anzutun, sollte sie sich seinem Wollen widersetzen.

Aysha nahm all ihren Mut zusammen, unterdrückte ihre große Angst vor dem Gewalttätigen und seiner Familie und teilte ihm unter Tränen mit, dass sie mit ihrem Leben das Kind beschützen werde.

Einige Tage später wollte sich Aysha mit ihrer Freundin treffen und holte sie deshalb von deren Arbeitsplatz ab. Die beiden Frauen wollten sich in der Wohnung der Freundin austauschen, weshalb diese Nachschau hielt, ob ihr Mann zu Hause war. Sie wollten allein sein.

Während dieser Zeit, als Aysha vor dem Wohnblock wartete, stieg Turan aus seinem Auto, das er in der Nähe abgestellt hatte. Er war ihr gefolgt, sah sie allein und rannte auf die Erschrockene zu, versetzte ihr einen heftigen Stoß, sodass sie auf den Asphalt stürzte. Sodann trat er auf die am Boden Liegende ein und versuchte, ihren Unterleib zu treffen. Dies glaubte Aysha dadurch zu verhindern, dass sie die Arme um ihren Bauch presste, um die Tritte abzuwehren. Als ihre Freundin aus dem Haus gekommen war, musste sie mitansehen, wie Turan auf die Wehrlose eintrat. Auf das Schreien der Freundin ließ der Skrupellose von Aysha ab, die weinend und mit Abschürfungen verletzt in die Wohnung gebracht wurde.

Aysha konnte ihr ungeborenes Kind nicht schützen. Sie erlitt eine Spätfehlgeburt in der 20. Schwangerschaftswoche. Ursächlich für diesen Fruchtabgang war eine Plazentalösung, die typischerweise durch aufsteigende Entzündungen durch die Scheide eintritt. Eine posttraumatische Einblutung hinter dem Mutterkuchen, wodurch es zu einer Lösung desselben gekommen war und die für die mechanische Gewalteinwirkung sprechen würde, war nicht dokumentiert. Daher konnten die Tritte nicht als Ursache für den Spätabort festgestellt werden. Auch wenn dies nicht möglich war, für Aysha waren die Tritte, die ihr Turan versetzte, der Grund, dass sie ihr Kind verloren hatte. Ihr Kampf war vergebens gewesen und tiefe Verzweiflung und Traurigkeit ließen sie in der folgenden Zeit nicht los.

Für Turan war das unerwünschte Kind aus der Welt geschafft und nun ging es ihm im anhängigen Strafverfahren um Schadensbegrenzung, nämlich zu verhindern, eingesperrt zu werden.

Sein süchtiger Schuldner, den er angestiftet hatte, gegen Aysha gewalttätig vorzugehen, gab dies vor der Gendarmerie wahrheitsgemäß an. Turan wollte von ihm nunmehr, dass er in der kommenden Verhandlung seine Aussage damit erklären sollte, von den Beamten unter Druck gesetzt worden zu sein. Er wäre geschlagen worden, weshalb er solche Angaben gemacht hätte.

Der zur falschen Zeugenaussage Angestiftete weigerte sich, vor Gericht zu lügen. Turan drohte ihm, dass er in diesem Fall den Eltern des Widerwilligen Schlimmes antun werde. Da auch diese Drohung ihre Wirkung verfehlte, setzte Turan nach und versprach, dass mit dem kleinen Bruder des Süchtigen Furchtbares geschehen werde. Die Angst um seinen Bruder war größer als die, vor Gericht zu lügen, und tatsächlich sagte er später aus, wie Turan es wollte. Mit dieser Aussage sagte er nicht nur die Unwahrheit, sondern verleumdete auch die Gendarmeriebeamten dahingehend, ihn geschlagen zu haben.

Diese Falschaussage war dem Drohenden deshalb wichtig, weil er entgegen seinem mitleidlosen Vorgehen glauben machen wollte, er hätte die Geburt des Kindes kaum erwarten können. Würde man ihm dies abnehmen, so seine Überzeugung, wären keine Motive für die Drohungen, Anstiftungen und Brutalitäten gegeben. Damit wären den belastenden Angaben die Ursache der Gewalttätigkeiten entzogen und sie daher nicht glaubwürdig.

35 Personen wurden in 84 Vernehmungen in eineinhalb Jahren vernommen, bis ich das Urteil verkünden konnte.

Ich sprach ihn wegen Vergehens nach dem Suchtmittelgesetz, dem Waffengesetz, wegen des Vergehens des versuchten Schwangerschaftsabbruches ohne Einwilligung der Schwangeren, der Körperverletzung, der falschen Beweisaussage und der Verleumdung als Bestimmungstäter (Anstifter) und schließlich wegen des Verbrechens der schweren Nötigung schuldig.

Niemals bin ich mit einem konkreten Strafmaß in eine Verhandlung gegangen. Zum einen hätte auch ein Freispruch nicht ausgeschlossen werden können, ebenso wenig wie eine Vertagung der Verhandlung. Es könnten Delikte ausgeschieden werden, weil sie nicht spruchreif waren oder neue Milderungs- oder Erschwerungsgründe hätten Berücksichtigung finden müssen.

Während der Plädoyers war genug Zeit, über die Strafe nachzudenken. Dabei fiel mir in gegenständlichem Fall der Satz aus Goethes *Faust. Der Tragödie zweiter Teil* ein: „Ein Richter, der nicht strafen kann, gesellt sich endlich zum Verbrecher."

Die mehrjährige Freiheitsstrafe, die ich über den Beschuldigten verhängte, begründete ich nicht mit Goethes *Faust*, sondern mit den im Gesetz anzuwendenden Bestimmungen.

Der Raubritter

Das Festzelt war bis auf den letzten Platz gefüllt. Die Musikgruppe spielte sehr laut, sie musste den Lärm des Publikums übertönen. Zigarettenrauch, Bierdunst und der Dampf heißen Fettes vermischten sich zu nebelartigen Schwaden, die über den Festgästen hingen. Es war Kilbi (Kirtag).

Auf einer der Bänke saß Walter, der mit seinem zwölfjährigen Neffen das Volksfest besuchte. Während er biertrinkend die gespielten Schlager mitgröllte, vergnügte sich sein Neffe mit Karussell und Autodrom.

Als Walter das vierte Bier geholt hatte, merkte er, dass er das nächstfolgende nicht mehr bezahlen wird können.

Während die Musik eine längere Pause machte, konnte er sich mit seinem ihm unbekannten Tischnachbarn besser unterhalten, als dies vorher möglich war. Auch dieser war von Bierseligkeit umfangen, konnte aber den Übertreibungen und Lügen von Walter folgen. Als Reitlehrer würde er in einem großen Pferdegehöft arbeiten, darüber hinaus den Pferdehof organisieren und leiten.

Tatsächlich arbeitete er auf einem Pferdehof, jedoch weder als Reitlehrer noch als Organisator, sondern als Hilfsarbeiter. Auch diese Tätigkeit konnte er nur deshalb ausüben, weil er mit dem Betreiber des Unternehmens verwandt war. Dieser beschäftigte ihn vermutlich nur aus diesem Grund.

Walter bekam keinen Lohn, sondern nur freie Kost und Unterkunft. Bargeld konnte er nur durch Gelegenheitsarbeiten verdienen. Dieses magere Einkommen besserte er durch Gaunereien aller Art auf.

Die Lügen im Festzelt seinem beeindruckten Nachbarn gegenüber gipfelten darin, dass er behauptete, sofort, trotz Sonntag, mit zwei Pferden zur Kilbi kommen zu können. Soweit reichte jedoch der

Glaube seines angetrunkenen Nachbarn nicht, weshalb Walter eine Wette vorschlug. 100 Schillinge sollten der Einsatz sein, wenn ihm dies nicht in einer guten Stunde gelänge. Der Tischnachbar nahm die Wette mit Handschlag an.
Walter stand sofort auf und trank sein Bier im Stehen aus. Er bat seinen Neffen mitzugehen, der gerade mit einem Teddybären zum Tisch gekommen war, den er mit Schießen gewonnen hatte.
Nun war ein Telefon gefragt. In dem Kassahäuschen des Autodroms sah Walter eines, und er bat die Kassiererin, ihm ein Taxi zu bestellen, das am Ausgang des Festgeländes warten sollte. Sie tat ihm den Gefallen und kurze Zeit später fuhr der Onkel mit seinem Neffen zum Pferdestall.

Das Taxi konnte Walter nicht bezahlen. Er gab dem zornigen und mit einer Anzeige drohenden Taxifahrer seinen Personalausweis mit der Zusage, den offenen Betrag am nächsten Tag zu begleichen. Schließlich willigte der Taxifahrer ein.

Im Stall sattelte Walter einen Hengst und da die Wette zwei Pferde umfasste, band er ein Seil um den Hals eines Ponys. Das zweite Pferd sollte so mitgeführt werden. Er stieg aufs Pferd, setzte seinen Neffen vor sich, der das Seil mit dem Pony halten sollte. So ritten die beiden zur Kilbi. Die Pferde wurden in der Nähe des Festgeländes angebunden.
Walter suchte seinen Tischnachbarn auf, den er zuvor kennengelernt hatte. Dessen Überraschung war groß, denn damit hatte er nicht gerechnet. Der Erstaunte kam der Aufforderung nach, die Pferde zu besichtigen. Während dieser Zeit hatte der Neffe die Sitzplätze zu reservieren.
Bei den Pferden angekommen, löste der Verlierer die Wette ein. Ob er die Zahlung leistete, weil er sie als „Ehrenschuld" betrachtete, mag dahingestellt sein. Viel wahrscheinlicher war, dass aus Angst gezahlt wurde, um bei Verweigerung nicht der Gewalttätigkeit seines Gegenübers ausgesetzt zu sein. Dies konnte nicht festgestellt

werden, da der Name des Mannes, der die Wette verloren hatte, nicht zu eruieren war.

Walter hatte nunmehr 100 Schillinge, der Abend war gerettet. Sein Neffe konnte sich mit den „Kilbi-Attraktionen" den Abend vertreiben, sein Onkel mit Bier und „Gesang". Als die Band aufgehört hatte zu spielen, und sich das Festzelt langsam leerte, drängte der Neffe, nach Hause zu gehen, oder genauer gesagt, nach Hause zu reiten. Der Onkel war betrunken, wollte vorerst noch bleiben, willigte dann aber doch ein. Er hatte große Mühe auf das Pferd zu kommen. Als es gelungen war, saßen beide Reiter wie vorher auf dem Hengst, auch das Pony wurde wie zuvor mitgeführt.

Kurze Zeit nachdem der Heimritt begonnen hatte, führte der Weg durch eine Unterführung.

Innerhalb derselben saß ein Mann, der sich an die Betonwand angelehnt hatte. Er war vermutlich genauso betrunken wie Walter. Dieser erkannte trotz seiner Alkoholisierung seine Chance und sprang vom Pferd, um sie auch zu nützen. Er versetzte dem Sitzenden einen heftigen Faustschlag ins Gesicht, ohne ein Wort zu verlieren. Bevor der Geschlagene reagieren konnte, trat ihn Walter brutal gegen die Rippen, sodass sein Opfer auf dem Boden seitwärts zu liegen kam. Aus der Gesäßtasche des Malträtierten zog der Räuber die Geldtasche, entnahm daraus eine 100-Franken-Note und warf die Geldbörse auf den Boden. Sodann stieg er auf das Pferd und ritt mit seinem Neffen weiter. Dieser empörte sich über das brutale Geschehen. Walter versuchte den Verständnislosen damit zu beruhigen, dass er so etwas schon öfter gemacht hätte.

Sein Vorstrafenregister war hierfür die Bestätigung, achtzehn Eintragungen, wobei sich Gewalt- und Eigentumsdelikte die Waage hielten. Walter hatte schon viele Jahre in Österreichs Gefängnissen verbracht.

Vermutlich durch die Schläge und den damit verbundenen Schmerzen begriff der Beraubte, was mit ihm geschehen war. Er rappelte sich auf und suchte, so schnell er konnte, einen Gendarmerieposten auf. Er zeigte das ihm Widerfahrene an, konnte jedoch keine Täterbeschreibung liefern. Zum einen, weil er als Türke sprachliche Probleme hatte, zum anderen, weil es dunkel und er betrunken war. Eines konnte er jedoch den Beamten mitteilen, nämlich, dass der Räuber auf einem Pferd her- und nach der Tat davongeritten war. Dies wollten und konnten die Gendarmen nicht glauben, vielmehr schrieben sie diese Beobachtung dem Alkoholkonsum des Anzeigers zu. Auf mehrmaliges Nachfragen beharrte der Mann auf Pferd und Reiter, auf Pferd und Räuber. Die sichtbaren Verletzungen des Opfers, sein Gesicht schwoll mehr und mehr an, überzeugten die Beamten mehr als seine Pferdegeschichte. Jedenfalls wurde eine Alarmfahndung eingeleitet.

Der ausgeraubte Gastarbeiter hatte lange gebraucht, zum Gendarmerieposten zu kommen, aber nicht so lange wie der Raubritter, um den Pferdestall zu erreichen.

Er wurde kurz davor auf dem Pferd reitend angetroffen. Die Pferde wurden vom Neffen in den Stall, der Räuber von den Beamten in die Justizanstalt gebracht.

Dort wartete er auf seinen Prozess, der dann nach einiger Zeit mit einer mehrjährigen Freiheitsstrafe endete.

Schubertiade

Der Konzertzyklus mit diesem Namen wird jedes Jahr an zwei Orten Vorarlbergs aufgeführt und gehört zu den bekanntesten musikalischen Ereignissen des Landes. Die hochkarätige Künstlerbesetzung lockt nicht nur Besucher aus ganz Europa an, sondern, wenn auch vereinzelt, aus Übersee.

Ein in die Jahre gekommener Mann aus einem Nachbarland wollte sich diese musikalischen Höhepunkte klassischer Musik nicht entgehen lassen und war eifriger Konzertbesucher.

Vielleicht stand ein Liederabend auf dem Programm der *Schubertiade*, als der elegante, wortgewandte und seriöse Konzertbesucher eine einheimische Liebhaberin klassischer Musik kennen lernte.

Es wäre möglich, dass an jenem Abend der Liederzyklus *Die schöne Müllerin* dargeboten wurde. Ein darin vorkommendes Gedicht, das von Franz Schubert vertont wurde, trägt die Überschrift „Der Jäger" (c-Moll). In den ersten Zeilen heißt es:

> *Was sucht denn der Jäger am Mühlbach hier?*
> *Bleib, trotziger Jäger, in deinem Revier!*
> *Hier gibt es kein Wild zu jagen für dich.*
> *Hier wohnt nur ein Rehlein, ein zahmes, für mich.*

Ob dieses Lied an jenem Abend des Kennenlernens vorgetragen wurde, ist reine Spekulation, obwohl der Text dieser Zeilen in den kommenden Gerichtsverhandlungen als durchaus passend angesehen wurde.

Nun, der Herr war kein Jäger und seine neue Bekannte kein Rehlein. Sie war schwer gehbehindert, musste einen Rollstuhl benützen und war, wie es ihre Verwandten sahen, nicht nur klassischer Musik zugetan, sondern auch dem Alkohol.

Die betagte Frau hatte eine kleine Rente, mit der sie kaum das Auslangen finden konnte, vor allem war es ihr nicht möglich, anstehende, notwendige Reparaturarbeiten an ihrem Haus durchführen zu lassen.

Sie war nicht nur misstrauisch, sondern geradezu davon beherrscht, niemandem zu trauen, am allerwenigsten ihrer Verwandtschaft. Der Grund für dieses Misstrauen lag darin, dass sie der Meinung war, ihre Sippschaft hätte es nur auf ihr Haus abgesehen, und um dieses bald zu bekommen, fürchtete sie, in ein Altersheim abgeschoben zu werden.

Ein Altersheim war für die betagte Frau mehr als ein Gräuel und trotz ihrer beginnenden Verwahrlosung vermied sie den Kontakt zur Verwandtschaft, der sie die Gier nach ihrem Haus unterstellte. Ob diese Angst zu Recht bestand, war nicht Gegenstand der folgenden gerichtlichen Auseinandersetzungen.

Der charmante, gut gekleidete Herr, den sie nach einem Konzert kennengelernt hatte, konnte nach mehreren Besuchen das Vertrauen der Misstrauischen nicht nur gewinnen, sondern sie sah in ihm den Garanten dafür, nicht in ein Altersheim abgeschoben zu werden.

Das seriöse Gehabe des Bekannten ließ nicht erahnen, dass er wegen versuchten Raubes und mehrerer Diebstähle vorbestraft war. Diese Taten lagen schon eine Zeit lang zurück und eine durch die Strafen erfolgte Läuterung konnte nicht ausgeschlossen werden.

Der elegant Auftretende war bald so etwas wie ein beratender Freund, ein Beschützer der alleinstehenden behinderten Frau.

Er begann, sich um Reparaturarbeiten im Haus zu kümmern, bezahlte diese teilweise mit seinem Geld, und wenn dies nicht ausreichte, erhielt er die Vollmacht, vom Konto der Eigentümerin des Hauses den fehlenden Betrag abzuheben.

Mit ihrem Einverständnis wechselte er die Bank, auf welcher Geld und Aktien deponiert waren, und nach und nach wurde er zu ihrem Verwalter und Betreuer, der nicht nur die Geldgeschäfte durchführte und Pflegedienste organisierte, sondern alle Angelegenheiten für die von ihm umsorgte Frau regelte. Jede Warnung ihrer Pflegerin oder ihres Arztes hielt sie nicht für gerechtfertigt, denn ihr Freund war für sie der Garant, bis zu ihrem Tod im Haus bleiben zu können.

Ihr Beschützer und Vertrauter hatte von allem Anfang an zu erkennen gegeben, dass er an ihrem Haus interessiert war und im Zuge des durch nichts gestörte Vertrauen kam es zu einem Vertrag zwischen den beiden. Die pflegebedürftige Frau verkaufte ihr Haus an ihren zum Freund gewordenen Bekannten unter Einräumung eines lebenslangen Wohn- und Nutzungsrechtes. Außerdem hatte der Käufer die Verpflichtung, entsprechende Reparaturen am Haus vorzunehmen, einen monatlichen Betrag als auch eine monatliche Rücklage für kommende Pflegeleistungen zu bezahlen. Der Vertrag hatte keine Übervorteilung der Verkäuferin zum Inhalt. Die Leibrenten- und Rücklagenvereinbarung entsprachen der statistischen Lebenserwartung der Betroffenen. Wer den Vertrag aufgesetzt hatte, blieb im Dunkeln, er war jedoch nicht verbücherungsfähig, weshalb eine Nachtragsvereinbarung geschlossen wurde, die grundbuchstauglich war. Die grundbücherliche Durchführung des Vertrages war wohl aus Geheimhaltungsgründen vorerst unterblieben.

Der neue Eigentümer leistete die vereinbarten Zahlungen, sorgte für Reparaturen am und im Haus, die nicht vertraglich festgelegt waren, und hob die dafür notwendigen Beträge mit schriftlichem Einverständnis seines Schützlings von der Bank ab.

Kaum ein Jahr, nachdem der Vertrag abgeschlossen war, verstarb die Frau, ohne ein Testament zu hinterlassen. Die gesetzlichen Erben waren wie vom Blitz getroffen, als sie erfahren mussten, dass das Haus der Verstorbenen nicht zum Nachlass gehört. Der neue Eigentümer hatte schon vor Eröffnung des Verlassenschaftsverfahrens dem Verlassenschaftsgericht den Kaufvertrag übermittelt.

Nun begann die Jagd auf den vermeintlichen Jäger.

Auf dem Zivilrechtsweg wurde als Erstes die Aufhebung der geschlossenen Verträge eingeklagt mit der Begründung, dass die Verstorbene geschäftsunfähig gewesen wäre. Ihr Hausarzt, als Zeuge vernommen, gab an, dass die Verstorbene trotz einer fortschreitenden Verwahrlosung und ihrer Alkoholsucht voll geschäftsfähig war. Der Mediziner gab Gespräche zwischen ihm und seiner Patientin wider, die er in seinen Unterlagen festgehalten hatte und konnte so dokumentieren, dass eine Geschäftsunfähigkeit auszuschließen war. Mit dieser Aussage wurde die Klage abgewiesen, der Berufung gegen das erstrichterliche Urteil keine Folge gegeben.

Das Haus war damit für die Verwandten verloren, aber sie wollten weiterkämpfen. Da der zivilrechtliche Weg nicht zum Ziel führte, sollten strafrechtliche Überlegungen helfen, dem neuen Hauseigentümer beizukommen. Er wurde wegen schweren Betruges angezeigt und deswegen auch angeklagt. Der Angeklagte konnte die schriftlichen Vollmachten der von ihm Betreuten vorlegen, somit dieses Strafverfahren mit einem Freispruch endete.

Doch die verhinderten Erben gaben nicht auf. Wegen weiterer Abhebungen vom Konto der Verstorbenen, die der nunmehr Verfolgte vorgenommen hatte, wurde er neuerlich vor Gericht gezerrt, diesmal wegen Veruntreuung, Untreue und Urkundenfälschung. Der Angeklagte konnte nicht jede Kontobehebung mit einer Vollmacht belegen, dennoch konnte seine Verantwortung, diese mündlich bekommen zu haben, nicht widerlegt werden.

Die Urkunde, welche der Angeklagte gefälscht haben sollte, hatte die juristischen Voraussetzungen einer solchen nicht erfüllt, denn es war eine Kopie ohne Unterschrift mit sinnlosem Inhalt.

Auch die letzten vier Zeilen im vertonten Gedicht „Der Jäger" haben zufälligerweise das gerichtliche Ende des Falles getroffen:

Die Eber, die kommen zur Nacht aus dem Hain
Und brechen in ihren Kohlgarten ein
Und treten und wühlen herum in dem Feld.
Die Eber, die schieß, du Jägerheld!

Ich sprach den Angeklagten von allen gegen ihn erhobenen Vorwürfen frei.

1488

Nur bis zu seinem vierten Lebensjahr war Mario bei seinen Eltern aufgewachsen. Nach deren Scheidung überließ die Mutter von sich aus dem Kindesvater das Sorgerecht für den gemeinsamen Sohn. Bis zum fünfzehnten Lebensjahr wohnte Mario bei seinem Vater, danach in mehreren Wohngemeinschaften. Aus der letzten wurde er wegen einer Rauferei ausgeschlossen und in das LKH Rankweil (Jugendpsychiatrie) eingewiesen. Einen Beruf hatte er nie erlernt, doch zumindest teilweise als Leasingarbeiter in verschiedenen Betrieben gearbeitet.

Dietmar war in geordneten Familienverhältnissen aufgewachsen und schloss eine Lehre als Anlagenelektriker ab. Nach seiner Zeit beim Bundesheer wollte er irgendwann als Hilfsarbeiter am Bau tätig werden, doch dazu kam es nicht.

Seit seinem fünfzehnten Lebensjahr war Dietmar in und mit der Skinhead-Szene unterwegs. Seine Bekannten gehörten fast alle dazu, so auch Mario, für den dieses Umfeld die Familie ersetzte.

Die Gesinnung der beiden oder was sie dafürhielten, bestimmte nicht nur ihr Dasein, sie war auf ihnen selbst zu erkennen. Dietmar hatte sich auf der rechten Kopfseite in einer antiken Schrift die Buchstaben „ACAB" („All Cops Are Bastards") tätowieren lassen. Da er einen kurzen Haarschnitt trug, waren die Buchstaben gut sichtbar.

Mario trug mehrere Tätowierungen mit sich herum. Den rechten Unterschenkel „schmückte" ein stilisierter Adler, den rechten Oberarm außen ein naturalisierter Adler, der ein Hakenkreuz in seinen Fängen hält. Auf dem linken Unterarm war der Kopf eines Wikingers oder Ähnlichem und daneben die „Doppel-Sig-Rune" tätowiert. Über der rechten Brustwarze ließ sich Mario das Konterfei von Adolf

Hitler stechen. Am Bauch war der bogenförmig angeordnete Schriftzug „WHITE POWER" zu lesen und auf den Fingerrücken der rechten Hand die Zahlen „1, 4, 8, 8" verewigt.

Die Zahl 14 steht für die „Fourteen Words" („Vierzehn Worte") und ist eine besonders in den USA, mittlerweile aber auch in Europa häufig gebrauchte verschleiernde Umschreibung für einen verbreiteten Glaubenssatz weißer Neonazis und Rassisten: „We must secure the existence of our people and a future for white children" („Wir müssen die Existenz unseres Volkes und die Zukunft für weiße Kinder sichern"). Als Schöpfer der „Fourteen Words" gilt der US-amerikanische Rechtsextremist, Ku-Klux-Klan-Anhänger und Gewalttäter David Eden Lane.

Die „Fourteen Words" werden häufig durch die Zahl 14 ersetzt, sodass dieses „Glaubensbekenntnis" nur für Eingeweihte erkennbar ist. Häufig wird die Zahl mit anderen Codes kombiniert, insbesondere mit der Zahl 88. Der achte Buchstabe im Alphabet ist das „H" und die doppelte Acht steht für „Heil Hitler".

Mario und Dietmar waren nicht nur der rechten Szene zugehörig. Sie identifizierten sich auch mit rassistischem und rechtsradikalem Gedankengut, schlossen sich jedoch keiner bestimmten Gruppierung an. Sie hassten Ausländer, Punks und „Linke", ohne zu wissen, wofür Letztere stehen und woran diese zu erkennen sind.

Nicht nur die neonazistischen Ansichten hatten Mario und Dietmar gemein, sondern auch ihre Vorstrafenbelastung. Mario wurde achtmal verurteilt, obwohl er erst 23 Jahre alt war. Mit Ausnahme eines versuchten Einbruchdiebstahls erfolgten die anderen Verurteilungen wegen gefährlicher Drohung, Körperverletzung, versuchter Nötigung und wegen Vergehen nach dem Waffengesetz. Auch die Strafkarte von Dietmar wies mehrere Eintragungen auf. Wegen versuchten Einbruchdiebstahles, Hehlerei und Körperverletzung wurde er verurteilt.

Während der Woche steigerte sich die Gewaltbereitschaft der beiden dermaßen, dass sie am Wochenende dafür meist umso heftiger zum Ausbruch kam. Exzessives Trinkverhalten löste oft die latente Aggressionsbereitschaft aus.

Ende Juli fand in Feldkirch an einem Wochenende ein Konzert statt. Mario war mit Gleichgesinnten unterwegs, Dietmar war an diesem Abend nicht dabei.

Die Gruppe gehörte zumindest zeitweise zum Konzertpublikum, unter welchem die Gewaltbereiten „linksorientierte" Typen wahrgenommen hatten. Dies führte dazu, dass Roman, einer der Gruppe, schon während des Konzertes mehrere Auseinandersetzungen hatte. Mario, Roman und ihre Begleiter verließen das Konzert, um in einem Lokal ein Saufgelage zu veranstalten. Der Wirt verweigerte den Eintritt, und dies steigerte die Gewaltbereitschaft der Abgewiesenen.

Während sie laut brüllend den Wirt aufs Unflätigste beschimpften, gingen an ihnen eine junge Frau und ihr Begleiter vorbei. Keine Auseinandersetzung, nicht einmal ein Wortwechsel fand zwischen der Gruppe und dem Paar statt. Vielleicht war gerade diese Friedfertigkeit des Burschen und seiner Freundin dafür ausschlaggebend, dass sie von dem schreienden Haufen als Punks identifiziert wurden, ohne nur den geringsten Anhaltspunkt dafür zu haben.

Da sich die Gruppe auf ein gemeinsames Unternehmen nicht einigen konnte, entfernten sich die vermeintlichen Punks so weit, dass sie dem Blickfeld der Gewaltbereiten entkommen waren. Die Streiterei um das weitere Geschehen des Abends führte dazu, dass sich die Gruppe auflöste. Roman wollte mit dem Zug nach Hause fahren und Mario ihn begleiten.

Auf dem Weg zum Bahnhof sahen sie das Paar wieder, das sie vorher passiert hatte und auch zum Bahnhof gehen wollte. Augenblicklich wurde Mario und Roman bewusst, dass sie nun ihrem Hass und

Frust entsprechen konnten. Sie beschlossens das Paar, das ihnen nicht das Geringste getan hatte, zusammenzuschlagen. Dieses Vorhaben wollten die beiden noch auf der Reichstraße durchführen, da sie befürchteten, in der Nähe des Bahnhofes von Taxilenkern oder Reisenden gesehen zu werden. Der junge Mann und seine Begleiterin mussten also erwischt werden, bevor sie zum Bahnhof abbiegen konnten. Mario und Roman mussten rennen, um die Ahnungslosen noch auf der Reichstraße zu erreichen.

Mario war als Erster bei der jungen Frau. Er versetzte ihr einen heftigen Tritt gegen den Rücken, sodass sie auf den Boden stürzte und dort liegen blieb. Sodann schlug er auf ihren Begleiter mit den Fäusten ein. Nun erreichte auch Roman, der nicht so schnell gelaufen war, den Ort, an welchem die Gewaltexzesse geschehen sollten. Er versetzte mit seinen Stahlkappenschuhen vorerst einen Tritt gegen den Hinterkopf der auf dem Boden liegenden Frau, um dann zusammen mit Mario auf den Mann einzuschlagen. Durch die Wirkung der Schläge, die auf den jungen Mann geradezu einprasselten, stürzte er zu Boden und verlor das Bewusstsein. Mit unbeschreiblicher Brutalität traten die sich geradezu in einem Gewaltrausch Befindlichen gegen Kopf und Körper ihres blutenden, ohnmächtigen Opfers. Roman hatte Stahlkappenschuhe der Marke „Doc Martens" getragen und dennoch wurde durch die Tritte gegen den Wehrlosen die große Zehe gebrochen.

Die beiden hätten den auf dem Asphalt Liegenden vielleicht zu Tode getreten, wäre es der Frau nicht gelungen, unbemerkt aufzustehen und laut zu schreien. Aus ihren Schreien, die von einer durchdringenden Intensität waren, konnte Schreckliches erahnt werden. Der Wirt eines nahegelegenen Cafés konnte diese Verzweiflung der jungen Frau wahrnehmen und ging auf die Straße. Er konnte die entmenschlichten Täter sehen, wie diese auf den am Boden Liegenden eintraten. Auch er brachte sein Entsetzen durch Schreien zum Ausdruck, worauf die feigen Gewalttätigen die Flucht ergriffen.

Der schwerverletzte junge Mann wurde mit der Rettung ins Spital gebracht. Dort musste er einige Tage bleiben, denn unzählige

Prellungen, Rissquetschwunden und eine starke Gehirnerschütterung bedurften ärztlicher Hilfe. Ein Auge musste geklebt werden und es blieben schmerzempfindliche Narben, langandauernde Nackenschmerzen und Schlafstörungen zurück.

Trotz allem hatte er Glück. Ohne die Hilfeschreie seiner Freundin und das dadurch bewirkte Eingreifen des Wirtes, hätten die Verrohten dem Mann schwere, irreparable Hirnverletzungen zugefügt oder ihn gar zu Tode getreten. Die junge Frau wurde leicht verletzt und kam mit einer Rissquetschwunde glimpflich davon.

Das Verfahren gegen Roman wurde abgesondert durchgeführt, da die Brutalität von Mario abseits jeder Vorstellungskraft noch weit größer war.

Es war wieder Wochenende.

Dietmar hatte schon in der Nacht von Freitag auf Samstag Unmengen alkoholischer Getränke konsumiert und bis zu Mittag seinen Rausch ausgeschlafen. Den Nachmittag verbrachte er mit Biertrinken, bis er von Mario angerufen wurde, der ihm den Vorschlag machte, am Abend eine Diskothek in Friedrichshafen zu besuchen. Noch ein Bursche sollte mitgenommen werden, die Freundin von Mario das Fahrzeug lenken, das ihre Bekannte zur Verfügung stellte und die mit von der Partie sein wollte.

Mario und Dietmar wussten, dass sie mit dem Skinhead-Outfit nicht in die Diskothek eingelassen werden. Sie tauschten ihre Springerstiefel mit Turnschuhen und statt der schwarzen Hosen zogen sie sich farbige Jeans an.

Sie fuhren zu der Diskothek in Friedrichshafen und ihnen wurde trotz ihres veränderten Aussehens der Zugang verweigert. Ihren Frust spülten sie mit Bier hinunter, das ihnen von Unbekannten spendiert wurde, die ebenfalls die Diskothek betreten wollten, wenngleich vergeblich.

Die Fünfergruppe fand sich in einem anderen Lokal wieder und neuerlich wurde Bier getrunken.

Von Friedrichshafen ging die Fahrt nach Lindau. Im ersten Lokal, in dem sie ihre Sauftour fortsetzen wollten, war die Sperrstunde angebrochen, weshalb keine Getränke mehr ausgeschenkt wurden. Es war bereits halb zwei Uhr, als die Fünf eine Wirtschaft gefunden hatten, in der sie trotz fortgeschrittener Zeit Bier und andere Getränke erhalten konnten.

Nach dem Aufenthalt in diesem Lokal sollte die Heimfahrt angetreten werden. Doch Dietmar und Mario hatten immer noch nicht genug und suchten eine weitere Gaststätte, die noch geöffnet war. Die anderen Drei gingen zum Parkplatz und waren gezwungen, auf die Abwesenden zu warten.

Mario und Dietmar waren mittel bis stark berauscht, aber ihre Zurechnungsfähigkeit war keineswegs ausgeschlossen und auch ein qualitativ oder quantitativ abnormer Rauschzustand hat bei keinem von ihnen vorgelegen.

Auf der Suche nach einem Ort, an dem sie weiter saufen konnten, kamen sie an einem McDonald's-Restaurant vorbei. Auf einem breiten Gehsteig waren Tische sowie ein Sonnenschirm aufgestellt, und ein am Rand stehender Baum sollte in der Sommerzeit Schatten spenden.

Unter diesem Baum schlief ein junger Bursche, nicht einmal sechzehn Jahre alt, seinen Rausch aus. Während der Lehrling schlief, hatte er gleich einem Baby den Daumen im Mund. Mario und Dietmar fanden dies lustig und einer der beiden machte ein Foto vom Schlafenden.

Der Bursche sah viel jünger aus als seinem Alter entsprach, und man konnte glauben, eher einen Schüler als einen Lehrling vor sich zu haben. Das kindliche Aussehen allein schloss jede Zugehörigkeit zur Punk- oder Sandlerszene aus. Doch da nach Meinung der Gewaltbereiten nur Punks oder Sandler auf der Straße schlafen, stieß Dietmar mit dem Fuß den Schlafenden an, um zu erfahren, weshalb er die Nacht auf der Straße verbringe. Der Anstoß zog keinerlei Reaktionen nach sich, zu tief und fest war der Schlaf des Berauschten.

Daraufhin trat Mario gegen den Kopf des am Boden Liegenden. Dessen unverständliches Gemurmel versetzte die beiden dermaßen in Wut, dass sie begannen auf den schlafenden, regungslos liegenden Burschen mit den Füßen einzutreten. Sie traten nicht gegen den Körper, sondern nur gegen den Kopf des Wehrlosen. Mario und Dietmar standen sich gegenüber und traten abwechslungsweise gegen den Kopf ihres Opfers, der hin und her gerissen wurde. Sie benützten mit unbeschreiblicher Brutalität den Kopf wie einen Ball, den sie sich gegenseitig zutraten. Die Tritte waren dermaßen laut, dass eine Nachbarin des Lokals, vor dem sich die Tragödie abspielte, aufwachte. Sie glaubte, dass jemand in der Nacht Fußball spielt und konnte aus ihrem Fenster die kickenden Gewalttäter wahrnehmen.

Ihr Schreien veranlasste Mario, dem blutüberströmten Kopf noch einen Tritt zu verpassen. Dietmar zog ihn von ihrem Opfer weg und beide flohen vom Ort ihres Verbrechens. Auf dem Weg rief Dietmar die Freundin von Mario an, ihnen entgegenzufahren, um möglichst rasch nach Vorarlberg zu kommen. Während der Fahrt erzählten die Grausamen, dass sie einen daumenlutschenden, auf dem Gehsteig liegenden Punk verprügelt hatten.

Der Schwerverletzte wurde am nächsten Morgen gefunden und mit der Rettung ins Spital gebracht. Die Verletzungen aufzuzählen und die medizinische Behandlung anzuführen, würde mehrere Seiten in Anspruch nehmen.

Die Kopfverletzungen erforderten die Verlegung des Patienten in eine chirurgische Klinik und Entzündungsreaktionen erforderten umfangreiche medizinische Eingriffe. Erst zwei Monate nach dem Verbrechen konnte der Getretene undeutlich erste Worte äußern. Beim Patienten standen nach monatelangen Behandlungen erhebliche neuropsychologische Beeinträchtigungen mit emotionalen Störungen und hierdurch bedingte Verhaltensprobleme im Vordergrund.

Dieses Verhalten war gekennzeichnet durch eine erhebliche Reduktion des Antriebes, der Motivation und des Interesses, aber auch durch aggressive Durchbrüche, die durch Schlagen mit den Armen und Treten mit den Beinen gegen Pflegende zum Ausdruck kamen. Notwendige Hygienemaßnahmen wurden mit Schlägen, Kratzen, Beißen und Zwicken verbunden. Der so Schwerverletzte, war nach wie vor stuhl- und harninkontinent.

Die orale Nahrungsaufnahme und Flüssigkeitszufuhr waren manchmal möglich, an anderen Tagen mussten jedoch mithilfe von Sonden Flüssigkeiten und Kalorien zugeführt werden.

Der Getretene erlitt durch die unfassbare Brutalität eine bleibende schwere Hirnverletzung, die vor allem die frontalen und temporalen Hirnabschnitte beiderseits betrafen. Hieraus erklärte sich das schwere hirnorganische Psychosyndrom mit Beeinträchtigung kognitiver Funktionen und emotionaler Störungen, die zu Verhaltensproblemen mit Neigung zu aggressiven Abwehr- und Verweigerungsverhalten führten.

Eine berufliche Eingliederung war und wird für immer ausgeschlossen sein. Es wird eine lebenslängliche Pflege- und Betreuungsbedürftigkeit bestehen.

In der Hauptverhandlung gegen die Angeklagten waren die Geschehen an sich nicht strittig. Der Blutrausch, in dem sich die beiden befunden hatten, wurde vom Sachverständigen vielschichtig erklärt, was allerdings ein letztes Unverständnis nicht verhindern konnte.

Die Verteidigung zielte auf die Unzurechnungsfähigkeit oder auf einen Vollrausch ab. Der Sachverständige schloss beides aus, was durch das beschriebene Vorgehen bei und nach der Tat und der Alkoholgewöhnung auch für Laien einsichtig war. Stundenlang dauerten die Vorträge der medizinischen Gutachten, beide Vorfälle betreffend, und zum Schluss hatte das Schöffengericht Recht zu sprechen.

Es war meinem beisitzenden Kollegen, den Schöffen und auch mir, wie ich schon zu oft erfahren musste, bewusst, dass keine Strafe der Welt dem Opfer sein verlorenes Leben zurückgeben wird können.

Neun Jahre Freiheitsstrafe wurden über den Erstangeklagten Mario, acht über den Zweitangeklagten verhängt, Letztere wurde später vom Oberlandesgericht auf sechseinhalb Jahre herabgesetzt. Die Angeklagten wurden darüber hinaus zur Zahlung von 100.000 Euro an Schmerzengeld verurteilt. Es war geradezu zynisch, doch musste dem Gesetz Genüge getan werden, auch wenn die Verurteilten diese Summe niemals bezahlen werden können.

Gerade dieser Fall machte deutlich, dass weder mit dem Strafrecht noch sonst irgendwie einer solchen menschlichen Tragödie beizukommen war.

Die Schwester des Opfers gab in einem Interview an, dass sie den Tätern wünscht, nur einen Tag im Körper ihres geschundenen Bruders zu verbringen.

In Zeitungskommentaren wurden den Prozess betreffend Fragen nach der ausbleibenden Gerechtigkeit gestellt. Wie diese konkret aussehen sollte, blieben die Kommentatoren schuldig.

In dieser Welt, in einer anderen mag dahingestellt bleiben, wird diese allumfassende Gerechtigkeit von niemandem verwirklicht werden können, auch nicht von einem Strafgericht.

D'r Oanzig

Landläufig versteht man unter einer Familie eine Gemeinschaft, welche von Liebe, Zuneigung, gemeinsamen Zielen oder Aufgaben und gegenseitiger Fürsorge geprägt ist.

Der folgende Fall handelt nicht von einer solchen.

Im ererbten Haus lebte ein Pensionist mit seiner Frau, die ein Mädchen in die Ehe mitgebracht hatte. Der Mann war nicht im Pensionsalter, bezog aber aufgrund seiner Berufsunfähigkeit eine Rente. Auf einem ihm gehörenden Grundstück war ein gut gehender metallverarbeitender Betrieb errichtet worden. Die monatliche Pacht und die Pension ergaben ein mehr als ausreichendes Einkommen. Dieses wurde durch den Lohn seiner Gattin vermehrt, die in drei Unternehmungen nach Büroschluss Reinigungsarbeiten durchführte.

Das Glück oder die Zufriedenheit der Eheleute bestand nicht in der sorgenfreien, finanziell abgesicherten Existenz und auch nicht darin, im eigenen, schuldenfreien Haus mit Garten leben zu können. Ebenso wenig trugen Zweisamkeit oder das liebe, brave, achtjährige Kind dazu bei. Das gemeinsame Glück oder was sie dafürhielten, war in Flaschen abgefüllt, in Bier-, Wein- und Schnapsflaschen. An fast jedem Abend wurde gefeiert, nachdem die Gattin von ihrer Arbeit heimgekehrt war. Selten ging es ruhig zu. Immer häufiger arteten die Saufgelage derart aus, dass der Lärm, den die Betrunkenen machten, für das scheue, zurückgezogene Mädchen immer unerträglicher wurde.

Monika, so ihr Name, sperrte sich in ihrem Zimmer ein und drehte ihre Musikanlage so laut auf, dass sie das Schreien, das Zerschlagen von Geschirr und Gläsern nicht hören musste. Wenn sie zu Bett gegangen war, wurde sie trotz der über ihren Kopf gezogenen Bettdecke durch das laute Treiben ihrer Eltern oftmals aus dem Schlaf gerissen. Wenn das Besäufnis manchmal zu einem wüsten Streit führte, so waren die Eltern am nächsten Tag dennoch wieder friedlich. Nachdem sie ihren Rausch ausgeschlafen hatten, konnten sie sich nicht mehr an den Grund des Streites erinnern. Die alkoholbedingten Exzesse waren für das Kind schon schlimm genug, aber sie gingen mit Lieblosigkeit und Vernachlässigung der Fürsorge einher. Monika hatte immer mehr das Gefühl, allein und verlassen zu sein. Ihre Traurigkeit war zu einem Teil ihres jungen Lebens geworden.

Diese Niedergeschlagenheit fiel auch ihrer Lehrerin auf. Den Grund dafür verschwieg das Mädchen, sie schämte sich zu sehr für ihre Eltern. Die von der Lehrerin vorgeladene Mutter wollte aus verständlichen Gründen die tatsächlichen Ursachen nicht preisgeben. Sie meinte, dass der verstorbene leibliche Vater und gelegentliche Probleme mit dem Stiefvater das Verhalten ihres Kindes erklären könnten. „Mit der Zeit wird diese Traurigkeit schon vergehen."

In der Nähe des Hauses, in welchem Monika mit ihren Eltern wohnte, hatte der Bruder ihres Stiefvaters sein Haus errichtet. Die beiden Brüder hätten unterschiedlicher nicht sein können. Der eine ein lauter, geselliger Trunkenbold, der andere ein stiller, zurückgezogener, alleinlebender Mann. Dieser einsame, fleißige Onkel von Monika hatte das Mädchen sehr lieb. Wenn sie an seinem Haus vorbeiging und er davor auf einer Bank saß oder im Garten arbeitete, kam es fast immer zu einem Gespräch zwischen den beiden. Er fragte Monika, wie es in der Schule war, bot ihr oft selbst gemachten Kuchen an und hörte vor allem zu, wenn das Mädchen von ihren Erlebnissen und Eindrücken erzählte. Er gab Monika ein Gefühl der Geborgenheit, das sie zu Hause so sehr vermisste.

Ihr Onkel richtete für das Mädchen ein Beet in seinem Garten her, in welchem sie Blumen setzen oder Gemüse anbauen konnte. Sie hatte eine eigene Katze, die im Hause des Fürsorgenden lebte, der nach und nach die Lieblosigkeit ihrer Eltern ersetzte.

Monika erzählte ihm auch von den nächtlichen Gelagen, von ihrer Angst, wenn der Lärm sie nicht schlafen ließ. Auch davon, dass sie sich weder ihrer Mutter noch ihrem Stiefvater anvertrauen konnte.

Es fehlte jedes Bedürfnis der Eltern, mit dem Kind auch nur stundenweise Zeit zu verbringen, und für Monika wurde es immer schwerer, ihr Alleinsein zu ertragen.

Nicht nur aus den Erzählungen, sondern auch durch die spürbare Traurigkeit konnte der Onkel erfahren, mit welcher Lieblosigkeit und Vernachlässigung das Kind aufwachsen musste.

Mehrmals suchte er seinen Bruder auf, um ihm und seiner Frau das herzlose Verhalten dem Kind gegenüber vorzuwerfen.

Er verlangte von den beiden, sich endlich um ihr Kind zu kümmern. Der zurechtgewiesene Bruder reagierte auf die mehrmals erhobenen Vorwürfe mehr oder weniger emotionslos. Er verbiete sich jede Einmischung in seine Lebensführung, so seine Antwort, und forderte den Bruder auf, zu verschwinden. Die Mutter von Monika, die ihren Schwager ohnedies nicht leiden konnte, beschimpfte ihn in gehässiger Weise und verbot ihm, nochmals ihr Haus zu betreten.

Doch dieser hielt sich nicht daran und sagte seiner Schwägerin wiederholt ins Gesicht, dass sie die mieseste Mutter im ganzen Land wäre. Mit den wiederholten Vorwürfen entstand bei der Gescholtenen ein sich von Mal zu Mal steigender Hass auf ihren Schwager.

Es war nicht schwer zu erraten, woher der Verhasste sein Wissen über die Trinkgelage und anderes hatte. Die Mutter verbot daher Monika, zu ihrem Onkel zu gehen, drohte ihr Schläge, Fernsehverbot und andere Strafen an, sollte sie sich nicht daranhalten.

Sie zog über ihren Schwager vor ihrem Kind her, versuchte ihn mit ordinärsten Worten schlecht zu machen, die auch erklären sollten, warum er niemals eine Frau finden würde.

Bei Monika kam nun eine weitere Angst hinzu. Sie fürchtete sich nicht vor den angedrohten Strafen, sondern den Menschen zu verlieren, der für sie da war.

Das Mädchen bat daher den Onkel, ihren Eltern keine Vorhalte mehr zu machen, denn dann würde ihre Mutter mit allen denkbaren Mitteln weitere Treffen verhindern. Da er seiner Schwägerin alles zutraute, hielt er sich zurück, um Monika nicht zu verlieren.

Der Hass, den ihre Mutter auf den Schwager hatte, wurde nicht geringer, doch da die Vorwürfe aufhörten, beruhigte sich die Situation. Dies auch deshalb, da die Lieblose glaubte, Monika würde sich an ihr Verbot halten. Doch sie täuschte sich.

Da die Mutter weder der Stundenplan ihrer Tochter noch die Termine beim Turnverein interessierten, auch nicht, welche Freundinnen Monika vorgab, zu treffen, ergaben sich viele Möglichkeiten, den Onkel zu besuchen.

Das Mädchen hatte von ihm einen Haustürschlüssel bekommen und konnte, wann immer sie wollte, sein Haus betreten. Er arbeitete im Schichtbetrieb und war daher oft tagsüber zu Hause. Monika machte bei ihm ihre Hausaufgaben. Sie sahen gemeinsam fern, spielten zusammen, sodass nach und nach eine enge Bindung entstand, die einzige, die das Mädchen hatte. Monika fühlte sich im Hause ihres Onkels frei und gleichzeitig behütet, in ihrem Elternhaus hingegen ängstlich und allein gelassen.

Die nächtlichen Alkoholorgien ihrer Eltern hatten nie aufgehört und das Mädchen empfand sie immer abscheulicher. Auch deshalb, weil sie erfahren hatte, wie ein liebevoller Umgang sein konnte.

In einer Nacht war es besonders schlimm. Ein befreundetes Paar ihrer Eltern war gekommen und der Lärm, das Gegröle der Trunksüchtigen wurde mehr als verdoppelt. Monika konnte nicht schlafen und ihre Angst ließ sie zum Entschluss kommen, die Nacht bei ihrem Onkel zu verbringen.

Vor ihrem Zimmer war ein kleiner Balkon, an dem sie schon seit Langem eine Leiter angelehnt hatte, um ohne ihre Eltern sehen zu müssen, ins Haus gelangen zu können.

Sie zog über ihren Pyjama eine Jacke an, die Zimmertüre hatte sie wie immer abgesperrt, verließ über die Leiter das Haus und rannte zu ihrem Onkel. Dieser war schon zu Bett gegangen und nicht wenig erschrocken, als das Mädchen zu ihm ins Bett gekrochen kam. Monika war müde und bevor sie die Erklärungen zu Ende bringen konnte, schlief sie an ihren Onkel gedrückt ein.

In der Früh ging sie zu ihrem Elternhaus, das sie unbemerkt über die Leiter wieder betreten konnte. Die Eltern schliefen ihren Rausch aus und da Monika ihr Frühstück ohnedies immer selbst zubereiten musste, blieb unbemerkt, dass sie die Nacht nicht in ihrem Zimmer verbracht hatte.

In der folgenden Zeit kam es immer wieder vor, dass das Mädchen während der Nacht im Bett ihres Onkels schlief. Monika war ihm ans Herz gewachsen und es gefiel ihm, wenn sie sich Schutz suchend in der Nacht an ihn schmiegte.

Doch ohne es zu wollen, wurde er durch den zarten, an ihn gepressten Körper sexuell erregt. Nach einiger Zeit konnte er sich nicht mehr beherrschen und begann das schlafende Mädchen zu streicheln, auch dort, wo er nicht durfte. Je öfter Monika bei ihm schlief, desto intensiver wurden seine Berührungen, die nicht nur mit der Hand erfolgten. Manchmal waren diese so intensiv, dass das Mädchen aufwachte.

Sie wusste nicht, was ihr Onkel gemacht hatte, und war mehr verwundert als erschrocken. Sie spürte seine Erektion, die sie sich ebenso wenig erklären konnte wie die Flecken an ihrem Pyjama, die mit einem für sie eigenartigen Geruch verbunden waren.

Ihr Onkel hatte nicht die Kraft und vielleicht auch nicht den Willen, für das Mädchen ein eigenes Bett herzurichten. Es kam mehrmals in den Nächten, während Monika im Bett ihres Onkels schlief, zu den für sie unerklärlichen Geschehnissen.

An einem Nachmittag, ihre Mutter war ein wenig fürsorglich, begann Monika Fragen über jene Körperteile zu stellen, welche die Geschlechter unterscheiden. Nach wenigen stotternd vorgebrachten Worten, fuhr die Mutter Monika an: „Du warst bei deinem Onkel!"

Das Mädchen sagte nichts und begann zu weinen. Instinktsicher hatte die Mutter die richtigen Schlüsse gezogen.

Nicht die Sorge, dass ihr Kind missbraucht worden sein könnte, hielt sie an, sondern die Rache, es nunmehr ihrem Schwager heimzahlen zu können. Sie wollte keine Einzelheiten von ihrer Tochter wissen, denn sie glaubte zu Recht, dass diese ihren Onkel schützen wird. Die Mutter packte das Mädchen, brachte es in ihr Auto und fuhr auf den Polizeiposten. Dort, so ihre Vermutung, würde sie ihren Onkel nicht schützen können.

Die verständigte Kriminalabteilung übernahm den Fall. Die durchgeführte Erstbefragung des Mädchens ergab sehr wenig. Zum einen, weil das Mädchen bei den Übergriffen geschlafen und nichts gemerkt hatte, zum zweiten, weil sie auch im aufgewachten Zustand, im Halbschlaf, nur bruchstückhafte Angaben machen konnte.

Ihr Onkel wurde zur Einvernahme abgeholt. Er hätte die Berührungen an dem Mädchen, deren Anzahl nicht zu ermitteln waren, als nicht sexuell tendierend oder mit unruhigem Schlaf erklären, Ejakulationen mit Träumen oder anderen Ursachen plausibel machen können. Mit den unzusammenhängenden, wenig konkreten Angaben des Mädchens und einer so gewählten Verantwortung wäre es nie zu einem Verfahren gekommen und wenn doch, hätte es mit einem Freispruch geendet.

Der Verdächtige wollte aber keine plausiblen Erklärungen abgeben. Von seinem Tun selbst angeekelt, schilderte er in allen Einzelheiten seine Übergriffe. Er konnte sich nicht verzeihen, was er dem Mädchen, das er so liebte, angetan hatte.

Da der Haftgrund der Verdunkelungs- und Wiederholungsgefahr nicht ausgeschlossen werden konnte, wurde der Verdächtige in Untersuchungshaft genommen.

Nach Rechtskraft der Anklage schrieb ich die Verhandlung aus. Das Mädchen war kontradiktorisch, also vor der Hauptverhandlung im

Beisein von Verteidiger und Staatsanwältin einvernommen worden. Die Aufzeichnung dieser Einvernahme hätte, wenn nötig oder beantragt, vorgespielt werden können.

Das Geständnis war umfassend, durch nichts zu widerlegen und glaubhaft.

Die Mutter wäre als Zeugin über das ihr Mitgeteilte infrage gekommen. Da die Tochter ihr über die Übergriffe nichts erzählt hatte, sie auch keine Details wissen wollte, gab es außer dem Mädchen keine weiteren Zeugen, die geladen werden mussten.

Der Angeklagte, begleitet von zwei Justizwachebeamten, wurde mit Handschellen gefesselt in den Verhandlungssaal gebracht. Bevor ich die Verhandlung eröffnete, kam der Verteidiger zu mir vor den Richtertisch. Er erzählte mir, dass vor dem Verhandlungssaal die Mutter mit ihrer Tochter wartet. Das Mädchen, so sein Bericht, weinte, als der Angeklagte gefesselt vorgeführt wurde, hingegen der Anwalt im Gesicht der Mutter triumphierende Schadenfreude zu erkennen glaubte. Ich war entsetzt, dass dem Kind, das so viel mitmachen musste, auch noch dieses angetan wurde.

Zum Verteidiger sagte ich, dass ich die Mutter nicht als Zeugin aufrufen werde. Zum einen, weil sie nichts wusste, zum anderen, weil ich ihr keine Bühne für ihre Rache bieten wollte. Der Verteidiger würde sich hüten, die Mutter als Zeugin zu beantragen, und auch die Staatsanwältin, die ich ins Gespräch eingebunden hatte, war meiner Meinung und so konnte die Verhandlung beginnen.

Nach der Beeidigung der Schöffinnen, dem Anklagevortrag und der Rechtsbelehrung habe ich den Angeklagten gefragt, ob er sich schuldig bekenne. Ich sah in den Jahrzehnten meiner Tätigkeit viele Männer weinen, aber niemals einen, der so geschluchzt hatte wie dieser Angeklagte.

Er wiederholte, wenn auch durch Gefühlsausbrüche unterbrochen, sein Geständnis verbunden mit der Erklärung, dass er sich seine Taten niemals verzeihen wird können.

Fragen wurden von niemandem gestellt, der gesamte Akt als verlesen protokolliert und das Beweisverfahren geschlossen.

Die Schlussplädoyers waren kurz wie selten. Die Staatsanwältin beantragte den Schuldspruch laut Anklageschrift und eine angemessene Bestrafung. Der Verteidiger schilderte die Vernachlässigung des Kindes durch die Eltern und führte alle Milderungsgründe an, die bei der Strafbemessung zu berücksichtigen wären.

In der Beratung des Senates konnte das Mitleid der Schöffinnen mit dem Angeklagten keine Berücksichtigung finden.

Der Angeklagte wurde wegen sexuellen Missbrauchs von Unmündigen schuldig gesprochen. Da die ihm zur Last gelegten Taten weder Beischlaf noch beischlafähnliche Handlungen waren, umfasste die Strafandrohung sechs Monate bis fünf Jahre.

Bei Berücksichtigung der Milderungsgründe wurde über den Angeklagten eine unbedingte Freiheitsstrafe von zwei Jahren verhängt. Sowohl der Angeklagte als auch die Staatsanwältin nahmen das Urteil an, und ich teilte den Justizwachebeamten mit, dass der Verurteilte in Strafhaft zu übernehmen ist. Die Schöffinnen wurden entlassen und alle sonst anwesenden Personen verließen den Saal.

Während ich in meinem Verhandlungskalender Schuldspruch und Strafe eintrug, öffnete sich ganz langsam, einen Spaltbreit die Türe zum Verhandlungssaal. Ich wollte schon aufstehen, um die Ursache zu ergründen, als ich den durch die Öffnung hereingestreckten Mädchenkopf sehen konnte.

Mit verweinten Augen sah mich ein hübsches Mädchen an und sagte zu mir: „Jetzt heascht d'r Oanzig igsperrt, der zu mir liab gsi ischt" („Jetzt hast du den Einzigen eingesperrt, der zu mir lieb gewesen ist").

Das Ziegenfell

Die Woche, in der ich Journaldienst hatte, war wenig aufregend, weder nach Dienstschluss noch in den Nächten wurde ich angerufen, also nicht gebraucht.

Am Sonntagabend jedoch war es soweit. Ein Gendarmeriebeamter rief mich an und teilte mir folgenden Sachverhalt mit.

Ein Reisebus, voll mit belgischen, Französisch sprechenden Touristen hatte vor einem Kiosk Halt gemacht. Manche der Reisenden wollten noch vor der Heimreise Souvenirs kaufen. Die meisten jedoch „heimische Getränke" wie Jagatee und Strohrum.

Der Verkaufsraum des Kiosks war nicht groß und es herrschte dichtes Gedränge. Vor dem Kiosk waren fahrbare Ständer aufgestellt, auf denen hunderte Souvenirs angeboten wurden. An der Außenwand des Kiosks waren Kuhglocken, Wanderstöcke und Schnitzereien angebracht, die ebenfalls die Touristen zum Kauf animieren sollten.

Zum Sortiment an der Wand gehörte auch ein Ziegenfell.

Trotz beengter Verhältnisse im Verkaufsraum des Kiosks konnte die Frau des Kioskbetreibers sehen, wie einer der Touristen das ausgestellte Ziegenfell von der Wand nahm und damit hinter dem Bus verschwand.

Der Beobachterin war bewusst, dass sie ohne französische Sprachkenntnisse und der Vielzahl der Verdächtigen nicht in der Lage sein würde, den Diebstahl selbst aufzuklären. Sie rief die Gendarmerie an, machte den Diebstahl amtlich und begehrte Hilfe.

Kurz darauf fuhren zwei Beamte mit ihrem Dienstfahrzeug zum Tatort. Sie stellten ihr Fahrzeug vor den Reisebus, um diesen an einer Weiterfahrt zu hindern.

Da der Reiseleiter nur ein paar Brocken Deutsch konnte, war es sehr schwierig, ihm den Grund des polizeilichen Einschreitens zur Kenntnis zu bringen. Nach dem Zeigen eines Ziegenfells, verbunden mit dem international gebräuchlichen Handzeichen für Stehlen, war dem Reiseleiter bewusst, weshalb die Gendarmeriebeamten gekommen waren. Diese verstanden zwar nicht, was der Reiseleiter zu seinen Landsleuten sagte, jedenfalls nahmen alle im Bus Platz.

Die Gendarmeriebeamten vermuteten, dass sich durch die folgende Rede des Reiseleiters der Dieb melden sollte. Dies schlossen sie aus der der Ansprache folgenden Stille.

Da sich der Dieb nicht zu erkennen gab, rief mich einer der Beamten an, um mit mir abzuklären was zu tun wäre.

Ich überlegte kurz.

Zur Lösung schlug ich vor, dass der Beamte seine Dienstkappe abnimmt, um sie umgedreht als Körbchen zu verwenden. So sollte der Preis des Ziegenfells von der ganzen Gruppe eingebracht werden.

Der Gendarmeriebeamte protestierte. Er sei kein Mesner, der mit einem Klingelbeutel Geld einsammelt.

Ich konnte seinen Unmut über meinen Vorschlag verstehen.

Sodann beschrieb ich das weitere Vorgehen.

Alle Reisenden sollten einzeln mit ihrem Gepäck vor die Beamten treten. Mit einem beizuschaffenden Dolmetscher waren die Personalien der Touristen samt Wohnadressen aufzunehmen und deren Gepäck zu durchsuchen. Sollte dies kein Ergebnis bringen, weil das Ziegenfell vielleicht im Bus versteckt wurde, so …

Der Gendarmeriebeamte unterbrach mich und sagte: „Okay, ich mach's."

Als er seine Dienstkappe vom Kopf nahm und umdrehte, ergriff der Reiseleiter erneut das Wort, denn er verstand, was nun folgen sollte.

Auch diese Rede konnten die Einheimischen nicht verstehen. Höchstwahrscheinlich bestand ihr Sinn darin, dass er in Aussicht stellte, anstatt der erhofften Heimreise die kommende Nacht auf der Polizeistation zu verbringen.

Der Gendarmeriebeamte ging nun durch den Bus, jede und jeder warf Münzen, aber auch Geldscheine in die Dienstkappe. Als das gesammelte Geld gezählt wurde, ergab sich beinahe der dreifache Betrag, um den das Ziegenfell verkauft werden sollte.

Das gesammelte Geld wurde dem hocherfreuten Kioskbetreiber übergeben. Das Dienstauto verließ seinen Standplatz und der Bus konnte mit etwas Verspätung die Heimreise antreten.

Die Blutspur

Um diesen Fall verständlich zu machen, muss ich ein wenig juristisch ausholen, grundsätzlich und grob vereinfacht.

Dem Strafrecht zufolge kann jemand nur dann bestraft werden, wenn seine Schuld rechtskräftig in einem Urteil festgestellt worden ist. Schuld ist nicht im moralischen Sinn zu verstehen, sondern als eine normative Voraussetzung eines strafbaren Verhaltens. Dieses kann in vorsätzlichem oder fahrlässigem Handeln aber auch im Unterlassen bestehen.

Im Zivilrecht knüpfen Schadenersatzforderungen ebenfalls an ein schuldhaftes Verhalten an, das gegeben sein muss, um erfolgreich Schadenersatzansprüche geltend zu machen. Grundsätzlich gilt auch hier, dass ohne Schuld keine Haftung entstehen kann.

Seit mehr als hundert Jahren benützen Menschen von Motoren angetriebene Fahrzeuge, vom Flugzeug angefangen bis zum Moped.

Die Masse, welche durch die Motoren beschleunigt wird, bringt eine hohe Unfallwahrscheinlichkeit mit sich. Aus der jährlich veröffentlichten Unfallstatistik ist zu entnehmen, dass hunderte Tote, tausende Verletzte und ein ungeheuer großer Schaden die Folgen des motorisierten Verkehrsaufkommens sind.

In vielen Fällen kann nach einem Unfall den Lenkern der Fahrzeuge keine Schuld nachgewiesen werden. Dies deshalb, weil keine Spuren abgezeichnet worden sind, widersprechende Verantwortungen bestehen, die nicht verifiziert werden können, oder weil sich die verletzten Opfer nicht mehr an das Unfallgeschehen erinnern können. Es gäbe noch weitere Gründe aufzuzählen.

Da die Schuld eine unabdingbare Voraussetzung für die Verurteilung oder/und die Haftung für die bei einem Unfall entstandenen Schäden ist, wäre weder das eine noch das andere möglich.

Die strafrechtliche Verurteilung wäre vielleicht manchmal entbehrlich, nicht jedoch die verhinderte Schadensgutmachung. Verletzte hätten keinen Anspruch auf Ersatz ihrer Heilungskosten, auf Schmerzengeld, Verdienstentfall, auf eine Invalidenrente usw.

Um dies dennoch möglich zu machen, hat der Gesetzgeber das Eisenbahn- und Kraftfahrzeughaftpflichtgesetz (EKHG) – ein zungenbrechendes Wort – geschaffen.

Dieses bestimmt unter anderem, dass auch dann eine Haftung bestehen kann und in der Regel auch besteht, wenn der Nachweis einer Schuld nicht möglich ist. Das Gesetz normiert eine Halterhaftung. Die einfache und einleuchtende Begründung: Wer ein Kraftfahrzeug hält, also ein an sich „gefährliches Gerät", haftet auch ohne Verschulden für die mit der Benutzung des Kraftfahrzeuges entstandenen Schäden. Was und wer sein Halter ist, ist für viele nicht verständlich. Umgangssprachlich wird von einem „Zulassungsbesitzer" gesprochen, eine irreführende Bezeichnung.

Halter ist, auf den das Fahrzeug zugelassen ist. Der Lenker eines Kraftfahrzeuges haftet nur für Verschulden, der Halter auch ohne diese Voraussetzung.

Wenn nun, wie im privaten Bereich, häufig der Lenker auch gleichzeitig der Halter ist, dann haftet diese Person auch dann, wenn kein Verschulden festgestellt werden kann.

Dies wird dann fälschlicherweise so kommentiert: „Der Autofahrer ist immer schuld."

Wenn Lenker und Halter zwei Personen sind, denken wir an einen Lkw-Fahrer eines Unternehmens, dann ist die unterschiedliche Position leichter zu erkennen.

Da die Haftung aber auch ohne Verschulden bei fast allen im Schadensfall die Vernichtung der wirtschaftlichen Existenz mit sich bringen würde, hat der Gesetzgeber eine obligatorische Haftpflichtversicherung angeordnet. Es gibt Ausnahmen.

Das EKHG beschäftigt Juristen und Juristinnen aller Art: Anwaltskanzleien, Versicherungen und Gerichte müssen sich damit herum-

schlagen. Den meisten Menschen ist jedoch die Bedeutung dieses Gesetzes, auch wenn sie davon betroffen sind, nicht bewusst.
Aber nicht jedem.

Ein strahlend blauer wolkenloser Himmel wölbte sich über Vorarlbergs Bergwelt und die Sonne spiegelte sich in Milliarden Schneekristallen wider. Mit „Kaiserwetter" werden solche Tage beschrieben.
Es war Februar und man konnte sich keinen schöneren Tag zum Schifahren vorstellen.
Der Schnee hatte in der Nacht aufgefirnt und eine große Zahl von Wintersportlern genoss die herrlichen Wetter- und Pistenverhältnisse.
Diese nutzte auch ein Schifahrer, der aus einem Nachbarland kam und bei uns seinen Urlaub verbrachte. Sein schifahrerisches Können reichte aus, um ohne Schwierigkeiten die örtlichen Hänge befahren zu können
Dennoch, eine Unaufmerksamkeit, die falsche Belastung, eine Verkantung, oder was auch immer, führten zum Sturz dieses Schifahrers.
Er fiel so unglücklich, dass ein offener Schienbeinbruch die Folge war.

Sofort blieben einige Schifahrer beim Gestürzten stehen und boten ihre Hilfe an.
Doch dieser verneinte wahrheitswidrig eine Verletzung und wollte nur ein wenig „verschnaufen", wie er sich ausdrückte. Darauf setzten die hilfsbereiten Schifahrer ihre Fahrt fort.

Der Verletzte befreite nun sein gebrochenes Bein vom Schi, denn die Bindung war trotz des Sturzes nicht aufgegangen. Sodann schleppte er sich, den einen Schi noch am Schuh, den anderen mit der Hand nachziehend in Richtung der naheliegenden Trasse des Schleppliftes.

Mühsamst, furchtbare Schmerzen leidend, näherte er sich dem Schlepplift.

Bei jeder Anstrengung schaffte er weniger als einen halben Meter. Schließlich erreichte er die Trasse des Schleppliftes und begann lauthals um Hilfe zu rufen. Herbeigeeilte Schifahrer, es gab noch keine Handys, fuhren ins Tal, um die Rettungsleute zu verständigen.

Bald darauf kamen zwei Männer mit einem Ackja, in das der Verletzte gelegt und ins Tal gebracht wurde. Dort übernahm ihn ein Rettungsfahrzeug, das ins Krankenhaus fuhr, wo der Verletzte noch am selben Tag operiert wurde.

Gegenüber jener Stelle, von welcher der Schifahrer um Hilfe gerufen hatte, befand sich ein kleiner Hügel. Von dort aus konnte ein anderer Schifahrer einen Teil des Geschehens beobachten.

Er hatte gesehen, wie sich eine Person unter großen Anstrengungen zur Lifttrasse quälte und erst dort angekommen um Hilfe schrie. Der Schreiende, so dachte der Beobachter, hätte schon vor der Querung des Hanges Hilfe erhalten können, wenn er verletzt war. Worin lag der Sinn dieses umständlichen, sich selbst quälenden Verhaltens?

Die Person, die das Geschehen verfolgen konnte, war ein Gendarmeriebeamter und auch Mitglied der Bergrettung. Er fuhr nun zu der Stelle, wo der Verunfallte weggebracht wurde und konnte staunend eine Blutspur wahrnehmen, die zweifelsfrei vom Verletzten stammte. Die Verletzung musste also zumindest am Beginn dieser Blutspur entstanden sein.

Damit ergab das vorher Unverständliche plötzlich einen Sinn. Der verletzte Schifahrer wollte vortäuschen, vom benützten Bügel des Schleppliftes zu Sturz gekommen zu sein.

Dies deshalb, weil er wusste, dass auch Seilbahnen, Schlepplifte und dergleichen vom EKHG umfasst sind und somit auch ohne Verschulden haften.

Der Gendarmeriebeamte war nicht im Dienst, fotografierte dennoch die Blutspur.

Seinen später verfassten Bericht samt den Lichtbildern übermittelte er der Seilbahngesellschaft. Der verletzte Schifahrer wurde nach mehr als einer Woche mit einem Gipsverband und Krücken aus dem Krankenhaus entlassen. Er ließ einige Monate nichts von sich hören.

Doch dann erreichte das Schreiben eines Rechtsanwaltes die Seilbahngesellschaft.

Darin wurde behauptet, dass der Schifahrer infolge Vereisung und Verspurung aus der Schispur des Schleppliftes gekommen wäre, was einen folgenschweren Sturz zufolge hatte.

Die Dauer des Krankenhausaufenthaltes, die Verletzungen und Schmerzperioden waren aufgelistet, Bestätigungen beigelegt.

Anschließend wurden die Forderungen bekannt gegeben. Das Schmerzengeld und der Verdienstausfall waren die größten Positionen, hinzu kamen Fahrkosten, Kleiderschäden usw.

Der Schaden überstieg insgesamt 200.000 Schillinge, eine damals stattliche Summe.

Diese sollte die Seilbahngesellschaft binnen vier Wochen bei sonstiger Klagsandrohung zahlen.

Gestützt wurde dieses Begehren im Allgemeinen auf das Gesetz, im Besonderen auf das EKHG.

Die Verantwortlichen der Seilbahngesellschaft schickten das Forderungsschreiben zusammen mit den Lichtbildern und dem Bericht des Gendarmeriebeamten an die Staatsanwaltschaft Feldkirch.

In ihrem Strafantrag wurde die Bestrafung wegen versuchten schweren Betruges gefordert.

Ich setzte die Hauptverhandlung an. Der verletzte Schifahrer war nun Beschuldigter, der mich vor der Verhandlung anrief. „Ich denke nicht daran, zu dieser Verhandlung zu kommen. Als Ausländer können Sie mich nicht vor ein österreichisches Gericht zerren."

Ich gab ihm recht, aber zu bedenken, dass ich einen Haftbefehl erlassen werde. Dieser werde dafür sorgen, dass er, der Beschuldigte, jahrelang ganz Österreich nicht betreten könne, ohne zu riskieren, verhaftet und eingesperrt zu werden. Mein Gegenüber wollte daraufhin die mögliche Strafe in Erfahrung bringen. Ich verweigerte dies bezüglich jedes Gesprächs und meinte, bevor ich den Hörer auflegte, dass er der österreichischen Justiz vertrauen könne.

Er kam zur Hauptverhandlung.

Ich verhängte über den Beschuldigten eine bedingte Freiheits- und unbedingte Geldstrafe.

In der Urteilsbegründung führte ich aus, dass man Wissen auch kriminell einsetzen kann. Sein Vorgehen wäre fast erfolgreich gewesen, hätte nicht der aufmerksame Gendarmeriebeamte die Blutspur gesehen und fotografisch festgehalten.

Nach der Rechtsbelehrung meinte der Verurteilte, dass das Urteil in seinem Heimatland „billiger" ausgefallen wäre.
Er nahm das Urteil und somit die Strafe „zähneknirschend" an wie er sagte: „Denn ich will nicht auf meine geplanten Österreichurlaube verzichten."

Heimweh

Ein junger Iraner glaubte nicht nur an seine Zukunft, sondern verfolgte mit jugendlichem Elan konsequent seine Ziele. Er schloss im Iran ein Informatikstudium ab und war anschließend zwei Jahre im Hotel seines Onkels beschäftigt.

Während dieser Zeit fiel ihm eine in der Nähe des Hotels wohnende verheiratete Frau auf.

Er sah sie manchmal wochenlang nicht, wenn, dann nur flüchtig und ganz selten konnte er ihr auf der Straße begegnen.

Da sie einen Gesichtsschleier trug, konnte er ihr Gesicht nur erahnen, was geradezu engelsgleiche Vorstellungen auslöste. Seine Gedanken drehten sich Tag und Nacht um diese Frau, in die er sich verliebt hatte. Seine Liebe war jenseitig von der Welt, in welcher er lebte, denn sowohl aus gesellschaftlichen, vor allem aus politischen Gründen, musste sie unerfüllt bleiben.

Er liebte die Frau in seiner Fantasie und doch gelang es ihm irgendwie, der Angebeteten mitzuteilen, was er für sie empfindet.

Seine Gefühle wurden erwidert, aber die virtuell erlebte Leidenschaft ließ keine romantische Zukunft erwarten, vielmehr eine todbringende Gefahr. Trotz widrigster Umstände gelang es den beiden, einmal real zusammenzukommen. Die aufgestaute gegenseitige Begehrlichkeit fand in einem Bett ihre kurze Erfüllung, aber auch das abrupte Ende.

Die Mutter der Frau hatte die leidenschaftliche Begegnung beobachtet und kundgemacht. Den Liebenden drohte der Tod.

Die Frau entging der Steinigung dadurch, dass sie wahrheitswidrig behauptete, vergewaltigt worden zu sein, er seiner Hinrichtung durch Flucht, die sein Onkel finanzierte.

Der Weg des jungen Mannes führte über die Türkei nach Wien und von dort nach Vorarlberg.

Furchtbares Heimweh befiel den Angeklagten in einem für ihn fremden Land, in dem er sich nicht verständigen konnte. Ihm war bewusst, dass er seine Familie nie wiedersehen wird und in seinem Heimatland der Henker auf ihn wartet. Diese Situation führte zu unüberwindbaren Anpassungsschwierigkeiten.

Er konnte sich mit anderen Asylanten nicht verständigen und trotz seiner Bemühungen, Deutsch zu lernen, fiel er immer mehr in eine lebensbedrohende Aussichtslosigkeit.

Es folgten stationär psychiatrische Behandlungen, um seiner depressiven Anpassungsstörung, verbunden mit Selbstmordgefährdung, zu begegnen.

Der junge Mann versuchte gegen seine psychische Erkrankung anzukämpfen, lernte intensiv die deutsche Sprache und bestand die Zulassungsprüfung für Mechanik und Elektronik an der Fachhochschule Dornbirn. Er konnte jedoch den Vorlesungen nur teilweise folgen.

Seine Deutschkenntnisse waren ungenügend, weshalb er die Studienrichtung wechselte und einen Lehrgang für Informatik belegte. Dies schien ihm einfacher, da er ein Informatikstudium im Iran erfolgreich absolviert hatte.

Die sprachlichen Barrieren blieben bestehen und auch in diesem Studienfach konnte er den Vorlesungen nicht immer folgen. Das Heimweh wurde immer unerträglicher und seine Isolation nahm bedrohliche Ausmaße an. Hinzu kam, dass er die ihm verschriebenen Medikamente absetzte, da sie seiner Meinung nach die Konzentrationsfähigkeit beeinträchtigten.

Seine Persönlichkeitsstörung, die Erschöpfungsdepression, seine posttraumatischen Belastungsstörungen, die Isolation, in der er sich befand, und sein unüberwindbares Heimweh ließen ihn sein Studium abbrechen. Er vergrub sich in der von ihm empfundenen Sinnlosigkeit seines Seins und war dem Selbstmord nahe.

In dieser für ihn ausweglosen Situation borgte er sich ein Feuerzeug aus, verschloss seine Zimmertüre und zündete seine Bücher, Lernunterlagen und Kartonagen an.

Der Brand konnte von einem Betreuer gelöscht werden, doch nun folgte die strafrechtliche Konsequenz seines Tuns.

Der junge, lebensmüde Mann wurde wegen versuchter Brandstiftung vor einem Schöffengericht angeklagt.

Der hinzugezogene Sachverständige attestierte dem Angeklagten aufgrund seiner schon vorher diagnostizierten Störungen eine Minderung des Dispositionsvermögens, schloss jedoch die Zurechnungsfähigkeit nicht aus.

Meine beisitzende Richterin und ich hielten die Voraussetzungen für eine Brandstiftung als nicht erfüllt. Tatbestandsmerkmal ist unter anderem die Verursachung einer Feuersbrunst, worunter man ein ausgedehntes Schadensfeuer versteht, was wir nicht verwirklicht sahen.

Der Angeklagte wurde anstatt des versuchten Verbrechens der Brandstiftung wegen des Vergehens der schweren Sachbeschädigung verurteilt, daher konnte mit einer geringen bedingten Geldstrafe unter Bestimmung einer Probezeit von drei Jahren das Auslangen gefunden werden.

Das Urteil wurde am Tag der Verhandlung rechtskräftig.

Einige Tage später schickte mir der Verteidiger des jungen Iraners diese berührenden Zeilen:

Wenn man sich selbst hasst und hält es nicht mehr aus, sich selbst im Spiegel zu sehen,
wenn man die Angst im Blut bis auf die Knochen spürt,
wenn die Fantasie stirbt und man sich keine Zukunft mehr vorstellt,
wenn das Heimweh mehr Qualen verursacht als tiefste Wunden, die man hat,
wenn man viel ausdrücken möchte, aber es gibt keine Ohren, um es zu hören,
wenn die Einsamkeit vernichtet,
wenn „Sein" oder „Nichtsein" gleich sind,
wenn man gar keinen Rückweg hat,

wenn alle Türen geschlossen sind,
wenn man alle und alles satt hat,
wenn man sich vor anderen versteckt,
wenn man die Emotionen und die Gefühle in sich verdrängt,
wenn das Schicksal seinen Dolch in den Körper des Mannes steckt,
wenn die Kraft zu Ende geht,
wenn man körperlich irgendwo, aber geistig woanders ist,
wenn man lange Zeit von seiner Familie fernbleibt,
wenn man lange Zeit allein ist,
wenn man lange Zeit Papa und Mama und ... nicht sagt,
wenn man lange Zeit mit tausenden Gedanken ins Bett geht,
wenn man unter solchen Umständen lange Zeit danach strebt, ein Ziel zu erreichen, aber auf einmal alles ...
dann macht man was, was man nicht machen sollte.

N. N.

Schwitzen

Aus drei gescheiterten Ehen stammten acht Kinder, vier davon lebten bei ihrer Mutter. Der Betrieb ihres Lebensgefährten schlitterte in den Konkurs, und mit dem Kindergeld allein konnte die Familie wirtschaftlich nicht überleben. Die achtfache Mutter wollte nicht von staatlichen Almosen abhängig sein. Sie war tüchtig, risikobereit, unternehmungslustig nicht nur im wirtschaftlichen Sinn und kein Kind von Traurigkeit.

Claudia, so ihr späterer Künstlername, dachte lange darüber nach, was für ein Betrieb von ihr aufgestellt und geführt werden könnte, der zufriedenstellenden Gewinn bringen würde. Entschlossenheit ersetzte die berufliche Ausbildung, und die kaufmännische Begabung musste wohl in ihren Genen gelegen sein. Hinzu kam, dass Claudia trotz ihrer achtfachen Mutterschaft mit einer nicht leicht zu beschreibenden Attraktivität, verbunden mit Charme und bestimmendem Auftreten, keineswegs nur Männer zu überzeugen vermochte.

All diese Eigenschaften und Voraussetzungen ergaben, dass eine Sauna die Erwartungen von Claudia erfüllen könnten. Es sollte keine gewöhnliche Sauna sein, sondern eine „Animiersauna".

Zwischen der behördlichen Vorstellung und jener von Claudia, wozu animiert werden sollte, bestanden unterschiedliche Auffassungen, die jedoch nicht thematisiert wurden. Jedenfalls wurde die Animiersauna bei der Gewerbebehörde angemeldet.

Es war nicht einfach, ein geeignetes Gebäude zu finden, in welchem animiert werden konnte. Claudia und ihr Partner empfanden es als eine glückliche Fügung, ein leerstehendes Haus am Anfang eines Tales, abseits von Stadt und Dorf, gefunden zu haben.

Nach dem Abschluss des Mietvertrages konnte mit dem Umbau begonnen werden. Mit Fleiß, Geschick und einem Kredit wurde die Sauna samt Nebenräumen und auch die Gaststube eingerichtet. Der Eröffnung stand nichts mehr im Wege.

Die Lage des Hauses hatte sich vom Beginn des Betriebes an als sehr vorteilhaft erwiesen.

Da abseits jedes geschäftigen Treibens gelegen, wurde die Sauna nicht nur von Städtern, sondern auch von den ländlichen Bewohnern besucht. Zu den gern gesehenen Gästen zählten auch jene, die in dem Tal wohnten, an dessen Anfang das Etablissement stand.

Einzuschränken wäre jedoch insoweit, dass die Kundschaft nur dem männlichen Geschlecht zugerechnet werden konnte.

Der Geschäftserfolg nahm stetig zu. Man(n) konnte nämlich nicht nur in der Sauna schwitzen, sondern auch in einem Séparée schweißtreibend tätig sein. In diesem bot Claudia amouröse Dienste an, während ihr Partner die Gäste vor und nach dem Schwitzen bediente.

Die rustikale und irgendwie heimelige Atmosphäre der genannten Sauna sprach sich herum, und bald konnte Claudia ihre vielseitigen Aufgaben nicht mehr allein schaffen. Die kaufmännische Leitung, die Sorge für Sauberkeit, frische Wäsche und die persönliche Betreuung der Gäste überforderte die Fleißige.

Sie suchte daher eine Frau, welche die Reinigungsdienste besorgen sollte. Auf das Inserat hin meldete sich eine Frau, um die dreißig Jahre alt, die bei kollektivvertraglicher Entlohnung ihre Tätigkeit aufnahm.

Jene von Claudia blieb ihr nicht lange verborgen.

Die Reinigungskraft verglich ihr Einkommen und ihre oft mit Schwitzen verbundene Tätigkeit mit den Erträgnissen von Claudia, welche diese ohne besondere Anstrengung im Liegen erzielen konnte. Des Saubermachens überdrüssig, wollte auch die Putzfrau ohne zu schwitzen mehr Geld verdienen. Claudia war mit dem Begehren einverstanden, denn so verblieb ihr die Zeit, welche sie nicht im Séparée verbringen musste.

Doch wenn die Nachfrage es verlangte, musste Claudia nach wie vor den Gästen zur Verfügung stehen.

Die Preise, welche die Neue zu kassieren hatte, betrugen 100 Euro für die halbe Stunde, 150 Euro, wenn die doppelte Zeit gebucht wurde. Lediglich zwanzig Euro pro Freier betrug der Anteil von Claudia. Sie übte keinen Zwang aus und ob die Kollegin arbeiten wollte oder nicht, konnte sie selbst entscheiden. Außerdem wurden Bettwäsche, Handtücher und Kondome vom Haus gestellt und für Getränke, die sie selbst konsumierte, brauchte sie nicht zu bezahlen. Der Neuzugang wurde sogar angemeldet, wenn auch nicht mit der tatsächlichen Beschäftigung.

Franziska, so hieß die verhinderte Putzfrau, hatte keinen Führerschein und wurde deshalb von ihrer Freundin von und zur Sauna gegen Entgelt gefahren. Es dauerte eine Weile, bis Franziska von ihrer Tätigkeit als Prostituierte erzählte. Ihre Freundin war keineswegs schockiert, sondern fragte, von ihrem Ehemann vernachlässigt, gedemütigt und geschlagen, bei Claudia an, ob auch sie in der Sauna arbeiten könne. Unter denselben Bedingungen wie Franziska begann auch ihre Freundin mit der Sexarbeit.

Da nun drei Frauen den Kundenwünschen nachkamen, musste in der Küche eine Couch aufgestellt werden, um den benötigten Arbeitsplatz zu schaffen.

Aus der Animiersauna wurde ein Bordell. Dies war in der Absicht von Claudia gelegen, wenn sie auch nicht mit einem solchen Zulauf gerechnet hatte.

Die Atmosphäre in der Sauna hatte nichts mit der Anonymität eines Laufhauses oder ähnlicher Einrichtungen gemein. Die beschäftigten Damen wurden nicht genötigt, ihr Gewerbe auszuüben und konnten selbst bestimmen, ob sie wollten oder nicht. Sie wurden auch nicht bedroht oder geschlagen und hatten nur ein Fünftel ihres Schandlohnes abzuliefern. Claudia bezahlte ihre Arztrechnungen und lud ihre Mitarbeiterinnen öfters zum Essen ein. Die Stimmung in der Sauna war von Freiwilligkeit und fürsorglichem Verhalten der Chefin getragen.

In früheren Jahrzehnten war die Situation im Rotlichtmilieu in Vorarlberg eine andere. Blutige Zuhälterkriege brachten mancher Prostituierten viel Leid. Sie wurden oft bedroht, geschlagen, verkauft und bisweilen schwer verletzt mit bleibenden Folgen, vor allem aber ausgebeutet.

Aber nicht nur die in der Sauna Tätigen haben zu einer gewissen Harmonie beigetragen.
    Auch die Gäste wurden nicht „ausgenommen". Es bestand kein Konsumationszwang und da einige Besucher aus dem Tal kamen, konnten sie nach dem Schwitzen, wo immer es stattgefunden hatte, sich über landwirtschaftliche und sonstige Probleme austauschen.

Der Betrieb forderte von Claudia ein immer größer werdendes Engagement. Um den Anforderungen entsprechen zu können, suchte sie eine Betreuerin für ihre Kinder. Ein Gast brachte eine junge Rumänin mit und Claudia bot an, sie für die Betreuung ihrer Kinder anzustellen. Doch daraus wurde nichts, denn anstatt die Kinder zu hüten, wollte sie als Prostituierte tätig sein. Sie brauchte dringend Geld.
    Auch ihr wurde von Claudia die Tätigkeit in der Sauna ermöglicht mit denselben Bedingungen, die ihre Kolleginnen einzuhalten hatten.
    Durch diesen Zuwachs musste Claudia nur noch einspringen, wenn eine der Damen freihaben wollte.

Als schließlich eine weitere junge Rumänin als Liebesdienerin in der Sauna tätig wurde, sie war aus eigenem Antrieb zu Claudia gekommen, war die betriebliche Auslastung mehr als erreicht und der geschäftliche Erfolg hatte alle Erwartungen weit übertroffen.

Die Mundpropaganda über die Annehmlichkeiten, die in der Sauna geboten wurden, hatten nicht nur einige männliche Bewohner des Tales und auch viele andere erreicht, sondern auch die Behörden.

Die Sauna wurde von Amts wegen geschlossen und Claudia und ihr Lebensgefährte unter anderem wegen des Vergehens der Zuhälterei angezeigt und angeklagt.

Ich schrieb die Verhandlung aus und wollte nur jene Zeuginnen und Zeugen hören, welche die Staatsanwaltschaft beantragt hatte. Dabei waren auch zwei Männer, deren Namen bekannt waren und die in der Sauna verwöhnt wurden.

Ungefähr zwei Wochen vor der Verhandlung rief mich eine Frau an und fragte mich, welches Delikt Paragraf 216 des Strafgesetzbuches unter Strafe stellt. Ich erklärte, dass diese Gesetzesstelle die Zuhälterei betrifft. Sie bedankte sich und legte auf.

Zwei Tage später erhielt ich wiederum einen Anruf, der dieselbe Frage zum Inhalt hatte.

Nun war ich neugierig geworden.

Nach meinen kurzen Ausführungen zum Paragrafen 216 des Strafgesetzbuches fragte ich die Anruferin, welche Gründe ihr Interesse geweckt hatten. Sie erklärte mir, dass ihr Gatte eine Zeugenladung bekommen habe und auf dieser die Namen der Beschuldigten als auch Paragraf 216 des Strafgesetzbuches angeführt ist.

Nach dieser Auskunft wusste ich mehr.

Als ich gefragt wurde, was ihr Mann mit Zuhältern zu tun habe, berief ich mich auf die Amtsverschwiegenheit und beendete das Gespräch.

Es dauerte nicht lange, bis ich in dieser Sache neuerlich angerufen wurde. Diesmal war es ein Mann. Er redete von unzusammenhängenden, für mich unverständlichen Geschehnissen, sodass ich ihn aufforderte, endlich zur Sache zu kommen. Der Unbekannte teilte mir mit, dass er und seine Freunde Gäste in besagter Sauna waren. Sie wollten sich als Zeugen zur Verfügung stellen, verbunden mit der Bitte, keine schriftlichen Ladungen zu bekommen.

Ich wüsste schon warum.

Sie erklärten sich bereit, durch den Anrufer repräsentiert, zum Verhandlungstermin ohne Ladungen zu kommen. Ich antwortete, dass ich sie nicht hindern kann, ins Gericht zu kommen, ob ich sie jedoch als Zeugen brauchen werde, war zur Zeit des Telefongespräches nicht abzusehen. Nun war mir bewusst geworden, dass manche Männer auch ohne Saunabesuch ordentlich zum Schwitzen gebracht wurden.

Der Verhandlungstag war gekommen, an dem über Claudia und ihren Lebensgefährten gerichtet werden sollte. Als ich mit meinen Akten zum Verhandlungssaal ging, sah ich fünf Männer in einiger Entfernung auf dem Gang stehen. Einer gab mir ein Zeichen, zu ihnen zu kommen. Bevor ich diesem Ansinnen entsprechen konnte, passierte die Beschuldigte mit Partner und ihren Mitarbeiterinnen die Gruppe. Claudia winkte den Männern, verbunden mit einem charmanten Lächeln, zu. Mit versteinerten Mienen bemühten sich die Angelächelten, davon keine Notiz zu nehmen. Ihre Frage, ob sie bei der Verhandlung dabei sein könnten, musste ich verneinen. Da sie, wie angegeben, als Zeugen infrage kamen, hatten sie außerhalb des Saales zu warten.

Der Grundtatbestand des Paragrafen 216 des Strafgesetzbuches stellt auf das Ausnützen der Prostituierten ab. Darüber hinaus wird die Ausbeutung und Einschüchterung unter Strafe gestellt.

Da auch die Mitarbeiterinnen von Claudia als Zeuginnen bestätigten, dass weder von Ausnützen noch von Ausbeutung oder Einschüchterung gesprochen werden konnte, habe ich Claudia und ihren Lebensgefährten freigesprochen.

Mehr als Glück hatten nicht nur die vor dem Saal wartenden Männer. Ganz selten werden von den Medien Zuhälterprozesse ausgelassen, konnte doch mit der Berichterstattung über das Rotlichtmilieu mehr als nur das Informationsinteresse bedient werden.

Ein zur selben Zeit wie der Prozess stattgefundenes Ereignis, das medienwirksamer war, musste wahrscheinlich das Kommen der Journalisten verhindert haben.

Die Berichterstattung über diesen Prozess hätte manche Frauen im Tal und anderswo erkennen lassen, was ihre Männer mit dem Paragrafen 216 des Strafgesetzbuches in Verbindung brachten.

Sie hatten Glück gehabt, nicht so der Staatsanwalt, der mit seiner Berufung gegen mein Urteil erfolglos blieb.

Wenn er mich wirklich liebt ...

Behütet und umsorgt erlebte Katja eine unbeschwerte Kindheit. In der Schule gehörte sie zu den Besten und im Gymnasium sollte ihr Bildungsweg fortgesetzt werden.

Ihre Eltern waren stolz auf ihre folgsame, brave Tochter, die auch in der Unterstufe des Gymnasiums sehr gute Noten nach Hause brachte.

Doch dann änderte sich das Mädchen.

Sie schwänzte immer öfter den Unterricht, kam erst spät nach Hause, trieb sich mit Burschen herum, die andere oder gar keine Vorstellungen von ihrem zukünftigen Leben hatten. Die Eltern von Katja wurden in die Schule geladen, um zu ergründen, weshalb sich der Teenager so veränderte. Sie waren verzweifelt, ratlos und weder Zureden noch Strafen konnten eine Umkehr bewirken. Geradezu das Gegenteil wurde erreicht. Katja war frech, aufsässig und es dauerte nicht lange, bis sie ihren Eltern mitteilte, nicht mehr in die Schule gehen zu wollen. Alles wäre ...

Jegliche Bemühungen ihrer Eltern und Lehrer waren erfolglos. Katja beendete ihre Schulzeit.

Nachdem sie eine Zeit lang jeden Tag mehr oder weniger mit Schlafen verbrachte, um in der Nacht fit zu sein, sahen ihre Eltern keine andere Möglichkeit, sie zur Einsicht zu bringen, als ihr jede finanzielle Zuwendung einzustellen.

Alkohol und Drogen kosteten Geld und nachdem sie von ihrer Gruppe nicht mehr ausgehalten wurde, erklärte sie sich bereit, eine Lehre zu beginnen. Ihre Eltern waren über diese Einsicht mehr als froh und organisierten für Katja eine Lehrstelle als Kosmetikerin.

Die Lehrherrin duldete weder die grüngefärbten Haare von Katja noch die verschiedenen Piercings, die ihre Lippen, Nasenlöcher und

Ohren zierten. Es fiel Katja schwer, ihr bisheriges Outfit zu ändern, doch sie unterwarf sich dem Terror, wie sie es nannte.

Die Lehrzeit begann jeden Morgen pünktlich und ordentlich gekleidet. Katja musste entfernte Hornhaut und abgeschnittene Nägel zusammenkehren und leicht erregbaren Damen Fuß- und Fingernägel lackieren. Für Katja wurde es immer unerträglicher und nach einigen Monaten beendete sie die Lehre.

Ein junger Mann trat in ihr Leben und sie zog in seine Wohnung. Katja brach nicht nur die Lehre ab, sondern auch jede Beziehung zu ihren Eltern und Geschwistern, deren Gram und Kummer sie nicht berührten.

Ihr Freund war gelernter Dekorateur, arbeitete jedoch als Kellner oder Hilfsarbeiter und auch das nicht durchgehend, sondern nur dann, wenn die finanzielle Misere ihn dazu gezwungen hatte.

Zwischen seinen Arbeitsverhältnissen lebte er vom Arbeitslosengeld, von Gelegenheitsarbeiten und von staatlicher Versorgung während seiner Gefängnisaufenthalte. Katjas Freund war gutaussehend, humorvoll und in seinen Kreisen gern gesehen. Ihr gefiel das von einem auf den anderen Tag plan- und ziellos geführte Leben ohne Verpflichtungen, ohne Stress in permanenter Feierlaune.

Nach einiger Zeit forderte ihr wieder einmal arbeitsloser Gefährte, dass sie auch etwas zum gemeinsamen Lebensunterhalt beitragen sollte. Als Hilfsarbeiterin war sie sich zu schade, doch als Kellnerin fand sie eine Anstellung. Zur Frühschicht kam sie regelmäßig zu spät, hatte bald Streit mit ihren Kolleginnen und schließlich warf sie der Gastwirt hinaus.

Ihr Leben war nicht nur strukturlos geworden, sondern ließ jede Perspektive vermissen.

Geld zu verdienen, auf welche Weise auch immer, war unumgänglich geworden, und der Streit mit ihrem Freund darüber war bald ein jeden Abend füllendes Programm. Er hatte, vielleicht schon länger, eine lukrative Idee. Sie sollte es auf dem Strich versuchen, wenn auch nur „vorübergehend", bis er eine ordentliche Arbeit gefunden hätte.

Katja wehrte sich schon allein gegen einen derartigen Gedanken, aber das fehlende Geld und der täglich darüber stattfindende Streit ließen ihren Widerstand immer kleiner werden.

Als sie sich bereit erklärt hatte, es zu versuchen, machte eine Bekannte ihres Freundes Katja mit dem Rotlichtmilieu vertraut.

Ihr anfänglicher Ekel vor sich selbst wurde im Alkohol ertränkt, doch bald sah sie in ihrer Tätigkeit als Prostituierte die einzige Möglichkeit, der finanziellen Not zu entkommen. Ihr Freund dachte nicht mehr daran, zu arbeiten, denn die Einkünfte von Katja ermöglichten ein sorgenfreies Dasein. Bis nach Mittag wurde geschlafen und während Katja am späten Nachmittag begann, sich den Männern anzubieten, verbrachte ihr zum Zuhälter gewordene Freund die Nächte mit Kartenspielen und Alkoholexzessen.

Er machte in dem Milieu, in welchem er sich Nacht für Nacht aufhielt, Bekanntschaft mit Ganoven aller Gattungen, von Kleinkriminellen bis zu Berufsverbrechern. Eines Abends wurde ihm ein Geld bringender Job angeboten. In einem eigens präparierten Auto sollten Drogen von Kroatien nach Österreich gebracht werden.

Ein „todsicherer" Job, den der Auftraggeber, wie er vorgab, nur deshalb nicht selbst übernehmen konnte, da ihm der Führerschein abgenommen worden wäre.

Als Katjas Freund die Grenze passieren wollte, wurde sein Fahrzeug untersucht und eine übergroße Menge von verschiedenen Drogen gefunden. Ob die Grenzer einen Tipp bekommen hatten, konnte nicht in Erfahrung gebracht werden. Der Lenker wurde verhaftet und zu einer mehrjährigen Freiheitsstrafe verurteilt. Katja war nun allein und wollte nicht schutzlos in der Stadt bleiben, in welcher sie ihr Gewerbe ausübte.

So kam sie nach Vorarlberg.

Sie mietete eine kleine Wohnung und versuchte, auf dem Straßenstrich ihrer Profession nachzugehen. Doch es war nicht so einfach, sich an bestimmten Orten anzubieten, denn die Reviere waren zwischen den Zuhältern aufgeteilt. Die Konkurrenz war groß und es blieb nicht bei verbalen Auseinandersetzungen. Katja hatte einer ihren Standplatz verteidigenden Prostituierten einen verschobenen Nasenbeinbruch, somit eine schwere Körperverletzung, zugefügt.

Diese Tätlichkeit, die folgende Anzeige und der Strafantrag brachten sie vor Gericht und so lernte ich Katja kennen.

Ich hatte ihre Lebensgeschichte gelesen, eine, die vielen ähnlich und doch wiederum mit Unverständnis verbunden war. Wie konnte aus einem behüteten, umsorgten Kind, das in einem intakten Elternhaus aufgewachsen war, dem alle Zukunftschancen offen standen, ohne Not und ohne Gewalt eine Prostituierte werden?

In der Hauptverhandlung stand mir eine groß gewachsene schlanke Frau mit einem hübschen Gesicht gegenüber. Trotz hoffnungsvollen Lebensbeginns war sie auf dem Straßenstrich angekommen.

Mir fielen die Worte meines Strafrechtsprofessors auf der Universität ein: „Es ist nicht nur die Tat vorwerfbar, sondern das schuldhafte So-geworden-Sein."

Die Beschuldigte hatte einige milieubedingte Vorstrafen wegen Widerstandes gegen die Staatsgewalt, Drohungen, Nötigungen und Körperverletzungen.

Ich glaubte dennoch, dass sie eine Chance verdiente und verhängte über sie eine mehrere Monate dauernde Freiheitsstrafe, bedingt auf drei Jahre und ordnete die Bewährungshilfe an.

Das Urteil wurde rechtskräftig und Katja bekam eine der besten, engagiertesten Bewährungshelferinnen des Landes zugeteilt. Diese bewundernswerte Person erreichte, was im bisherigen Leben von Katja niemandem gelungen war.

Es war keine Entwicklung von heute auf morgen, doch das Einfühlungsvermögen, das Verständnis und die ausbleibenden Schuldzuweisungen erreichten, dass Katja aufhörte, als Prostituierte tätig zu sein.

Sie wurde in einer Wohngemeinschaft untergebracht und es gelang der Bewährungshelferin, eine Lehrstelle als Kosmetikerin zu finden.

Katja konnte ihr bisheriges Leben tatsächlich hinter sich lassen. Sie war um einiges älter, aber auch tüchtiger als andere Lehrlinge, und nahm die Chance wahr ein neues Leben beginnen zu können.

Die Freude über das Erreichte berührte nicht nur die Bewährungshelferin.

Die Chefin von Katja war mit ihr nicht nur zufrieden, sondern bot ihr eine Anstellung nach der Lehrzeit an. Katja blühte auf, sie konnte sich wieder freuen und ihre Lebenslust war für viele spürbar. Sie versuchte, mit ihrer Familie wieder in Kontakt zu kommen, auch wenn es vorerst nur beim Briefeschreiben blieb, es war ein Anfang gemacht.

So war ein Jahr im neuen Leben von Katja vorübergegangen, als sie sich in einen bodenständigen Burschen verliebte. Ihre gesamte Lebenssituation war so anders geworden, dass sie Gefühle verspürte, die für sie vorher unbekannt waren. Ihr Verliebtsein war für sie wundervoll, da sie lange Zeit ohne jede Liebe gelebt hatte. Sie war glücklich, doch nicht nur sie, denn ihr Glück wurde geteilt. Ihr Freund war „verrückt" nach ihr und wollte jede freie Minute mit Katja verbringen.

Als ihr Freund von Heirat sprach, und das immer öfter, drohte das Glück an ihrer Vergangenheit zu zerbrechen. Nächtelang quälten sie die Fragen, ob sie ihrem Freund von ihrer Vergangenheit erzählen sollte. Hätten sie Kinder, wäre das Auseinandergehen nicht so einfach, sollte er es später, wenn überhaupt erfahren, so ihre pragmatischen Überlegungen. Andererseits würde ihr Glück auf Dauer halten, wenn es auf einer Lüge aufgebaut ist? Hatte ihr Freund nicht das Recht, ihre Vergangenheit zu kennen? Was würde geschehen, wenn er es doch erfahren sollte? Quälende Fragen, Grübeln und Nachdenken brachten keine Antwort.

Schließlich fasste sie den Entschluss, ihre Vergangenheit mitzuteilen, verbunden mit der Hoffnung, dass die Liebe stärker sein würde, als der Schmutz der vergeudeten Jahre.
„Wenn er mich wirklich liebt, wird er bei mir bleiben."

Nach einem Abend in der Disco, nicht weit von ihrer Wohnung, zog sie ihren Freund, der ihre Hand hielt, auf eine Bank und nach einigem Stottern erzählte sie von ihrem früheren Leben.

Ihr Freund war wie vom Blitz getroffen. Er zog den Arm, den er um ihre Schultern gelegt hatte, zurück, stand plötzlich auf, sagte, dass er über das Erzählte nachdenken müsste und ging grußlos fort.

Katja blieb noch lange auf der Bank sitzen, weinte und tröstete sich damit, dass er Zeit brauchen würde, um sich entscheiden zu können.

Die Gedanken, die ihr Freund in den folgenden Tagen beschäftigten, waren unschwer nachzuvollziehen.

„Was werden seine Eltern sagen, was seine Freunde, sollten sie das erfahren? Eine Hure als Mutter seiner Kinder, wenn sie überhaupt Kinder bekommen kann. Ob er bei jeder Umarmung und Zärtlichkeit an die vielen Freier denken wird?"

Es war noch mehr, was ihm durch den Kopf ging.

Ob er Katja einen Brief schreiben wollte, wusste ich nicht, auch nicht, falls er begonnen hätte, einen zu schreiben, ob er ihn nach kurzer Zeit wieder zerrissen hätte. Er konnte keine Worte finden, die seine eigene Zerrissenheit auszudrücken vermochten.

Katja bekam keinen Brief, sondern nur ein Blatt Papier auf dem stand: „Es tut mir leid, ich kann mit deiner Vergangenheit nicht leben."

Sie konnte es mit ihrem zerbrochenen Glück auch nicht.

Katjas kurzes Leben endete auf den Bahngleisen.

Rückenschmerzen

In wenigen Supermärkten kann man Champagner kaufen, und wenn überhaupt, dann meist irgendeine Marke. In seltenen Fällen „Dom Pérignon", den König der Champagner, die Flasche beinahe um 200 Euro. Nur zwei bis drei Flaschen der edlen Marke standen in den Regalen. Heute werden sie meist hinter verschlossenen Glastüren angeboten.

Als diese hochpreisigen Champagner noch frei zugänglich waren, schien es, als ob sich die Vorarlberger vermehrt diesen Luxus gönnten. Doch dies war eher unwahrscheinlich.

Als festgestellt worden war, dass der „Dom Pérignon" in mehreren Märkten, in denen er angeboten wurde, fehlte, suchten die Geschäftsleitungen nach einer Erklärung. Die Kassierinnen konnten sich nicht erinnern, derart teure Flaschen auf dem Laufband gesehen zu haben, weshalb der Verdacht naheliegend war, dass sie gestohlen wurden. Doch, so wurde gerätselt, wie konnten derart voluminöse Flaschen unbemerkt aus den Geschäften gebracht werden?

Auch das Personal wurde stillschweigend verdächtigt und so wurden die Hausdetektive angewiesen, die Champagnerflaschen mit dem klingenden Namen besonders im Auge zu behalten.

Auf der Lauer stehend, bemerkte ein Detektiv zwei in weite Mäntel gehüllte Männer, die sich verdächtig vor dem Regal mit dem edlen Champagner aufhielten. Nach einer kurzen Unaufmerksamkeit des Aufpassers musste dieser feststellen, dass einer der Männer und zwei Champagnerflaschen verschwunden waren. Nun stürzte sich der Detektiv auf den vor dem Regal Verweilenden und glaubte, den Dieb gestellt zu haben. Der Verdächtige, der deutschen Sprache nur beschränkt mächtig, tat so, als ob er die Aufforderung, ins Büro zu kommen, nicht verstehen würde. Die umständliche Erklärung des Detektivs zeigte erst Wirkung, als dieser mit der Polizei drohte.

Im Büro wurde der Betretene aufgefordert, den Mantel auszuziehen, was dieser strikt verweigerte. In der Meinung, dass unter dem Mantel die Champagnerflaschen versteckt wären, wurde die Polizei zu Hilfe gerufen. Die zwei herbeigerufenen Uniformierten wiederholten in strengem Ton die Aufforderung an den nun Eingeschüchterten, den Mantel auszuziehen. Sodann kam dieser dem amtlichen Befehl nach.

Die Polizisten und der Detektiv staunten nicht schlecht, obwohl sie keinen Champagner sehen konnten, dass der mantellose Mann einen engen, einteiligen Badeanzug für Damen trug.

Auf die Frage, weshalb er als Mann in einem Geschäft eine solche Bekleidung anhat, erklärte dieser, dass er starke Rückenprobleme mit fürchterlichen Schmerzen habe. Aus diesem Grund hätte ihm der Arzt empfohlen, ein derartiges Kleidungsstück zu tragen.

Die Beamten fragten nicht nach dem Namen des Arztes, sondern nach der Adresse des seltsam Gekleideten. Wenn auch der haarige Mann mit dem Badeanzug einen lächerlichen, aber auch erbärmlichen Eindruck hinterließ, so war den Beamten bewusst, weshalb der einteilige Badeanzug ein passendes Kleidungsstück war.

Nicht wegen der angeblichen Kreuzschmerzen, sondern um die Champagnerflaschen unter den Badeanzug zu stecken. Dadurch trugen diese so wenig wie möglich am Körper auf, waren vom Herunterfallen sicher und unter dem großen Mantel unsichtbar. Darüber hinaus waren die Hände frei und nach der Bezahlung einer Kleinigkeit an der Kassa konnte das wertvolle Getränk unbemerkt aus dem Geschäft gebracht werden.

Bei der sofortigen telefonisch angeordneten Nachschau in der Wohnung des Angehaltenen wurden mehrere Flaschen des teuren Champagners gefunden, aber auch einige weibliche Bademoden, mit denen bandenmäßig die Diebstähle durchgeführt wurden. Da Fingerabdrücke des von Rückenschmerzen Geplagten auf mehreren Flaschen festgestellt werden konnten, wurde über ihn die Untersuchungshaft verhängt.

Der folgende Strafantrag warf dem Häftling gewerbsmäßigen Diebstahl vor. Er bestritt, mit den Diebstählen etwas zu tun zu haben, was mit gerichtsalltäglicher Gleichmut zur Kenntnis genommen wurde.

„Treibt der Champagner das Blut erst im Kreise, dann wird's ein Leben, herrlich und frei!", schrieb der italienische Literat Lorenzo Da Ponte. Das Blut trieb beim Staatsanwalt auch ohne Champagner im Kreise, als der Beschuldigte dabei geblieben ist, den Badeanzug aufgrund ärztlichen Rates getragen zu haben.

Mit einem Schuldspruch und einer entsprechenden unbedingten Freiheitsstrafe endete das Verfahren.

Trotzdem war allen bewusst, dass die Auftraggeber der Diebesbande den gestohlenen, außer Landes gebrachten Champagner genossen, weit weg von der österreichischen Gerichtsbarkeit.

Älplerische Kost

Alwin, in der Mitte der Dreißiger, groß gewachsen und von kräftiger Statur, verbrachte jedes Jahr den Sommer auf der Alpe. Er war auf dem Bauernhof aufgewachsen, den sein Bruder nach dem Tod des Vaters übernommen hatte. Beinahe das ganze Jahr hielt sich der Naturbursche im Freien auf.

Im Winter und den größten Teil des Frühlings bei den Schiliften tätig, im Sommer auf der Alpe und in den Wochen, die dazwischen lagen, half er seinem Bruder oder ging auf Reisen. Alwin war im Regenwald Brasiliens, in Alaska, in den Everglades in Florida, im indischen Dschungel und an anderen exotischen Orten.

Mit Tieren von Kindesbeinen an vertraut, konnte er besser umgehen als mit Menschen. Alwin liebte das Leben auf der Alpe, die Verbundenheit mit der Natur, die Freiheit, die Tiere, seine Arbeit und vor allem das Fernsein von Konventionen und Zivilisation.

In diesem Sommer war alles etwas anders. Seine Neffen, acht und zehn Jahre alt, wollten mit ihm die Ferien auf der Alpe verbringen. Er mochte die beiden Buben und sie ihren Onkel.

Sein Umgang mit Tieren, seine Kraft und Tüchtigkeit, den Humor nicht zu vergessen, imponierte ihnen und sie liebten es, wenn er ihnen von fremden Ländern, seltsamen Menschen und Tieren erzählte. Auch wenn manche Abenteuer der Fantasie ihres Onkels entsprangen, die Buben waren begeistert.

An die vierzig Rinder, einige Alpschweine und ein paar Hühner waren auf der Alpe zu betreuen, außerdem musste Alwin vor allem für seine Neffen kochen – morgens, mittags und abends.

Beide Buben waren fleißig und die Arbeit, welche sie ihrem Onkel abnahmen, ließen ihm jene Zeit, die er für das Kochen brauchte. Es gab „älplerische Kost".

Morgens und abends: Riebel. Die dazu verwendete Grießmischung und die besondere Zubereitung, das Braten in einer eisernen Pfanne auf offenem Feuer, war in verflossenen Zeiten das bäuerliche Hauptgericht. Heute so selten, sodass der Riebel zu einer heimatverbundenen Köstlichkeit zählt und der Vergleich mit einem Grießschmarren bei jedem Riebelbegeisterten für Empörung sorgt. Zu Mittag gab es Kartoffeln mit Speck, Käse oder Schüblingen. Diese sind Knackwürsten nur äußerlich ähnlich. Schüblinge haben weniger Kollagen, weshalb sie im österreichischen Lebensmittelkodex extra angeführt und daher „gesünder" sind.

Ab und zu gab es auch Käsknöpfle. Diese brauchen nicht erklärt zu werden, denn jeder Gast, Freund oder wer immer nach Vorarlberg kommt, wird dazu eingeladen. Dies führt zur irrigen Meinung, dass diese speziellen Knöpfle hierzulande die Haupternährung sind.

Zu all den angeführten Speisen, die Alwin zubereitete, gab es reichlich Milch, die er mit dem Bergkäse von einer benachbarten Alpe holte.

Dass Rinder keine Milch geben, musste er oft ausländischen oder aus Städten kommenden Wanderern erklären, die Alpenmilch kaufen und trinken wollten. Seine Vergleiche mit Jungfrauen waren nicht immer jugendfrei.

Grieß, Mehl, Kartoffeln waren also die hauptsächlich verwendeten Ingredienzen, die Alwin für das bodenständige Essen verwendete.

Nicht die sich ständig wiederholende abwechslungsarme Küche war Grund für das folgende Geschehen, sondern die nicht mehr länger zu unterdrückende Leidenschaft des Jagens.

Alwin hatte ein passables Jagdgewehr, das er weder besitzen noch führen durfte, kein Revier, wo er jagen hätte können, und auch keine Jagdprüfung. Die fehlenden Berechtigungen ersetzte er durch seine Leidenschaft, die vermutlich stärker war als bei manchem Weidmann.

Alwin log seine Neffen an einem Abend an, auf eine andere Alpe gehen zu müssen, teilte ihnen die Arbeit zu, denn er werde schon sehr früh aufbrechen.

Vom Jagdfieber unwiderstehlich befallen, verließ der Wildschütz noch in der Dunkelheit die Alphütte. Er kannte im gesamten Alpgebiet jeden Wildwechsel, wusste wann und wo die kapitalen Hirsche austraten, wo die Gämsen vormittags bergabwärts äsen, wann sie wieder aufsteigen und wo die Murmeltiere zu finden waren.

Alwin war ein Jäger, der keiner sein durfte.

Wie die Jagd verlief, konnte nicht überzeugend geklärt werden, war jedoch vom strafrechtlichen Standpunkt aus nicht relevant. Das Ergebnis war entscheidend. Alwin hatte einen prächtigen Gamsbock erlegt, was aus den Krickeln geschlossen werden konnte.

Der Wildschütz schilderte jedoch das außergewöhnliche Jagdgeschehen in beeindruckendem Jägerlatein.

Er habe ein Murmeltier schießen wollen und dies nur deshalb, um die Buben mit einem Braten zu erfreuen. Dies hätten sie verdient und wäre geradezu notwendig gewesen, des eintönigen Speiseplans wegen. Ausgerüstet mit Gewehr, Feldstecher und einem großen Rucksack habe er sich an einen Murmeltierbau herangepirscht und in einer für den Schuss entsprechenden Entfernung auf die Lauer gelegt.

Mit den ersten Sonnenstrahlen wäre der Bär aus dem Bau gekommen, wie man das männliche Murmeltier nennt. Alwin war auch ohne Jagdprüfung der Weidmannssprache mächtig.

Als die Äffchen, die jungen Murmeltiere, ans Tageslicht gekrochen wären, hätte sich der Bär aufgerichtet, um seine Familie vor herannahenden Gefahren zu warnen.

Als Alwin schussbereit angelegt gehabt hätte, sei plötzlich ein Gamsbock vor das Murmeltier getreten. Der Schuss hätte die Gämse tödlich getroffen und das Tier wäre den Abhang hinunter gerade vor seine Füße gestürzt.

Ob der Gamsbock in selbstmörderischer Absicht oder sich selbst aufopfernd, um dem Murmeltier das Leben zu retten, in seinen Schuss hineingelaufen war, konnte Alwin bei seiner Vernehmung auf dem Gendarmerieposten nicht beantworten.

Der Wildschütz packte die Gämse in den mitgebrachten Rucksack und eilte zur Alpe. Er versteckte Gams und Gewehr und bereitete den Buben ihren Riebel zu, auf den diese schon hungrig warteten.

Was er auf der Alpe gemacht hatte, wollte er den Neugierigen später erzählen.

Nach dem Frühstück schickte Alwin die Buben zum äußersten Ende der Alpweide mit dem Auftrag, den dortigen Zaun zu überprüfen, der die Rinder vom Abstürzen bewahren sollte. Kaum hatten die Folgsamen die Hütte verlassen, holte der Wilderer den Gamsbock aus dem Versteck. Er sägte die Krickel fachgerecht vom Kopf des Tieres und brach es sodann auf. Er entnahm nur die Leber, obwohl noch andere Teile zum Verzehren geeignet gewesen wären. Alwin wollte keine Spuren hinterlassen. Die Gämse gab er in einen festen Nylonsack. Nachdem er sich vergewissert hatte, keine Spuren hinterlassen bzw. solche beseitigt zu haben, schulterte er den Sack mit dem toten Gamsbock und ging in den der Alpe angrenzenden Wald. Er kannte eine Felsspalte, die tief genug war und von oben nicht eingesehen werden konnte. Mit einem Messer schnitt er den Sack auf und warf das Tier in den Abgrund. Die Füchse würden bald von der Gämse nichts mehr übrig lassen. Seine Vorsicht war notwendig, denn es könnte ein Jäger seinen Schuss gehört haben.

Zur Hütte zurückgekehrt, heizte er den Herd an und vor der Zubereitung der Gamsleber wurde der Nylonsack verbrannt.

Als die Buben zur Mittagszeit zurückgekehrt waren und auf das Mittagessen warteten, staunten sie nicht schlecht, als ihnen ihr Onkel Fleisch mit Kartoffeln servierte. Auf der aufgesuchten Alpe wäre ein Schwein geschlachtet worden und man hätte ihm ein Stück Leber geschenkt, so seine Erklärung.

Anders als dem Koch schmeckte den Buben die Leber nicht und sie ließen mehr stehen, als sie gegessen hatten. Die Schweine erhielten das Zurückgelassene. Da für das Abendessen noch genug übrig war, gab Alwin die Leber in eine Schüssel, deckte sie mit einem Teller zu und ließ diese auf dem Herd stehen. Sodann machte er sich an seine Arbeit.

Der Schuss, der das Leben des Gamsbocks beendet hatte, wurde tatsächlich von einem Jäger gehört, der auf seinem Ansitz den Morgen verbrachte. Er musste ins Büro, um seinem Beruf nachzugehen, informierte aber den zuständigen Jagdaufseher vom gehörten Knall.

Dieser hegte nicht nur das Wild, sondern schon länger den Verdacht, dass Alwin ein Wilderer sei, doch wurde dieser bisher weder erwischt noch konnte ihm irgendetwas nachgewiesen werden.

Vielleicht, so hoffte er, könnte er diesmal den Verdächtigen überführen, da der Schuss im Bereich der Alpe gehört wurde, auf der Alwin den Sommer verbrachte.

Am späten Nachmittag fuhr der Jagdaufseher mit seinem Geländewagen in die Nähe der Alpe, die er dann zu Fuß erreichte.

Niemand war anzutreffen und so war die Suche ungestört möglich, um Spuren zu finden, die von einem gewilderten Tier stammten. Weder im Stall noch in der Umgebung der Hütte war nur der kleinste Hinweis auf ein erlegtes Tier zu finden. Pech gehabt, dachte sich der Spurensucher und ging zuletzt in die Küche. Dorthin trieb ihn nur die Neugier, denn er war sich sicher, nichts zu finden, was seinen Verdacht begründete.

Als der Aufseher den Teller von der auf dem Herd abgestellten Schüssel nahm, stieg der Geruch der Leber in seine Nase. Nach einigen Bissen war er sich sicher, eine Gamsleber gefunden und gekostet zu haben. Mit ein paar eingepackten Leberstücken konnte der Wildschütz nun endlich überführt werden.

Der Jagdaufseher setzte sich zufrieden vor die Alphütte und genoss die letzten Strahlen der untergehenden Abendsonne.

Schon von Weitem sah Alwin jemanden vor der Hütte sitzen. Er vermutete den Jagdaufseher, war sich jedoch sicher, dass dieser nichts finden würde.

Mit frechem Blick begrüßte er den ungebetenen Gast und bot ihm einen Schnaps an. „Ich hätte lieber eine Gamsleber", ließ dieser den Verdutzten wissen.

Noch bevor Alwin antworten konnte, forderte der Jagdaufseher die Krickel, ansonsten würde die Gendarmerie die Hütte durchsuchen. Der Überwachte hätte Gewehr und Trophäe so im Wald verstecken können, dass sie auch für die Beamten nicht zu finden wären. Aber die Aussage des Aufsehers, die Gamsleber gesehen und vielleicht sogar gekostet zu haben, konnte er durch nichts aus der Welt schaffen. Alwin dachte auch an die Buben, die man befragen würde. Widerwillig übergab der Wildschütz die Krickel, worauf der Aufseher meinte, dass er sich die Gamsleber schmecken lassen könne.

Wegen Eingriff in fremdes Jagdrecht stand Alwin als Beschuldigter vor mir. Vermutlich aufgrund der Empfehlung seines Verteidigers hatte er seine Jagdversion nicht aufrechterhalten und war geständig.

Mit einer teilbedingten Geldstrafe, der Verpflichtung, den Schaden zu ersetzen und der Belehrung, dass die Strafe empfindlich höher sein werde, sollte es ein nächstes Mal geben, endete die Verhandlung.

Alle nahmen das Urteil an. Der Verurteilte wollte mir nach der Urteilsverkündung erzählen, weshalb er von der Jägerschaft angefeindet und ausgeschlossen wäre, worin der Grund für das Wildern gelegen sei.

Wilderergeschichten haben eine lange Tradition, sind kulturell interessant und oft romantisch verpackt. Dennoch musste ich darauf verzichten, da die prozessbeteiligten Personen des nächsten Falles in den Verhandlungssaal kamen.

Eiskalt

Gasthaus war für das Lokal die falsche Bezeichnung. Es fehlte an jeder Tradition und die nüchterne Ausstattung ließ die erwartete Gemütlichkeit vermissen. Gaststätte war wohl die treffendere Bezeichnung.

Am Rande eines neuangelegten Wohngebietes, in welchem schmucklose Wohnblöcke errichtet waren, stand das eingeschoßige Haus, dessen Wirtin auf Gäste wartete.

Die Sonne konnte, abhängig von ihrem Stand, durch die großen Fenster jeden Winkel des Lokals erreichen. Auf dem verfliesten Boden standen aus hellem Holz gefertigte rechteckige Tische und dazu passende Stühle.

Manche Sitzgruppe war durch eine, einen Meter hohe Mauer von der anderen getrennt. Darauf standen Blumenkisten, aus denen sich Kletterpflanzen an Bambusstangen bis zur Decke rankten.

In der Nähe der Theke befand sich ein großer runder Tisch, der wohl als Stammtisch gedacht war. Doch es gab keine solche Stammkundschaft, die diesen Tisch gebraucht hätte. Das Lokal war sauber, wirkte steril, es fehlte die Atmosphäre eines Gasthauses und mit ihr das Publikum.

Die Erwartungen der Wirtin hatten sich nicht erfüllt. Daher waren die jeden Freitag am späten Nachmittag kommenden Bauarbeiter herzlich willkommen, auch wenn deren Ausbleiben absehbar war.

Da in der Nähe der Gaststätte zwei weitere Wohnblocks errichtet wurden, ließen einige der dort Tätigen ihre Arbeitswoche in diesem Lokal zu Ende gehen. An einem Freitag war es wieder soweit.

Sieben Mann setzten sich lautstark um den großen runden Tisch. Nachdem die Wirtin die erste Runde Bier gebracht hatte, drehte sich das gemeinsame Thema um die Arbeit auf der Baustelle. Vorkommnisse wurden berichtet, der Bauleiter wie auch der Architekt beschimpft, die Anordnung des Poliers infrage gestellt und der Baufortschritt kritisiert.

Nach der zweiten Runde Bier war das Baugeschehen besprochen und es wurde über Autos, Fernsehprogramme, Sportereignisse, Freundinnen, Wochenendpläne und anderes mehr berichtet, erzählt und gelacht. Die Gespräche fanden zwischen den Sitznachbarn statt und erregten nur dann das allgemeine Interesse, wenn deftige Witze und Sprüche gemeinsam Spaß hervorriefen.

Nachdem auch die dritte Runde Bier in den durstigen Kehlen verschwunden war, bestellte der Partie- und Wortführer an dem hereinbrechenden Abend, die nächste.

„Nicht für mich", fiel ihm Andreas ins Wort, der zuvor heimlich unter dem Tisch den Inhalt seiner Geldbörse inspiziert hatte.

Dies hatte Gerri, so wurde der Partieführer gerufen, beobachtet, unterließ jedoch jeden Kommentar. Er wusste vom Polier, dass Andreas finanzielle Schwierigkeiten hatte und mehrmals im Monat einen Vorschuss wollte. Gerri hatte sehen können, dass Andreas abseits von den anderen die Mittagspause verbrachte. Sie sollten nicht sehen, was er zum Essen mitgebracht hatte, denn Bestellungen, die der Lehrling besorgen musste, wurden von ihm nicht aufgegeben.

Der frühe Abend wurde lauter, lustiger, doch Andreas fehlte diese Unbeschwertheit. Er wusste, dass seine Frau für das Wochenende einkaufen sollte, die Miete seit zwei Monaten nicht bezahlt und die Versicherung für das Auto fällig war. Die finanziell düsteren Aussichten machten ihm zu schaffen.

Gerri entging auch nicht das Grübeln von Andreas und er wollte es zur Gaudi aller beenden.

Aus seiner Geldbörse entnahm er eine ungebrauchte 200-Euro-Banknote und legte sie in die Mitte des Tisches. Der die finanzielle Misere von Andreas Ausnützende sagte zu ihm, dass dieses Geld ihm gehöre, wenn er seinen Penis, Gerri gebrauchte ein anderes Wort, eiskalt auf den Tisch legt. Nur eine Sekunde lang, fügte er hinzu. Das Gejohle über dieses Angebot erfüllte die Gaststube, doch es endete, als die Spannung anstieg, ob Andreas den Vorschlag annehmen würde.

Der so Herausgeforderte überlegte und seine Gedanken brachten seine Tischgenossen zum erwartungsvollen Schweigen. Mit dem Geld, so dachte Andreas, konnte nicht nur für das Wochenende, sondern für die ganze kommende Woche eingekauft werden. Es würde ausreichen, um einen Teil der Versicherung zu bezahlen. Dieses Geld würde wirklich helfen, seine finanzielle Situation zu verbessern.

Doch, so seine Überlegungen, war dieser Geldschein es wert, sich vor seinen Kollegen so zu erniedrigen. Dann wieder sagte er zu sich, dass seine Scham nur eine Sekunde dauern sollte. Außerdem wäre bei Verrichtung notwendiger Bedürfnisse dieser Körperteil ohnedies schon von den anderen gesehen worden. Andreas blickte sich im Gastraum um.

In einer Ecke saß ein über die Zeitung gebeugter Mann und in einer anderen unterhielten sich angeregt zwei Frauen, die ihn von ihrem Sitzplatz aus gar nicht beobachten konnten. Da die Wirtin nicht zu sehen war, wurde er zwischen finanzieller Not und seinem Schamgefühl hin- und hergerissen. Doch der auf dem Tisch liegende Geldschein schien nur darauf zu warten, ihm zu gehören.

Die Aufforderung seiner Kollegen, sich zu trauen, aber auch die Bemerkungen, dass er hierzu zu feige wäre, trugen dazu bei, dass Andreas begann, langsam den Reißverschluss seiner Arbeitshose hinunterzuziehen. Vom Lärm der um den Tisch Sitzenden begleitet, schob er seine Unterhose so zurecht, dass er das geforderte Geschehen sekundenschnell durchführen konnte.

Die Zurufe der ihn Anfeuernden und das höhnische Grinsen von Gerri gaben schließlich den Ausschlag.

Andreas vergewisserte sich nochmals, ob sich die im Gastlokal anwesenden Personen so verhielten, wie er das schon beobachtet hatte, und als auch die Wirtin immer noch nicht zu sehen war, stand sein Entschluss fest. Er stand blitzschnell auf, nahm seinen Penis aus der Hose und legte ihn auf den Tisch. Ebenso schnell wie er sein

Gemächt herausgenommen und präsentiert hatte, verschwand es wiederum in seiner Hose.

Das Gejohle war nun derart, dass die anderen Gäste nach der Wirtin riefen, um nach dem Bezahlen das Lokal verlassen zu können.

Das ohrenbetäubende Geschrei wurde durch das Klatschen der Hände verstärkt, das mehr dem eigenen Spaß als dem vermeintlichen Mut von Andreas galt. Dieser war nicht stolz auf seine Tat, aber doch irgendwie froh, das Unangenehme gemacht, sich überwunden zu haben. Langsam, wie bei einer Siegerehrung, griff er nach dem Preisgeld. Bevor der mit sich Zufriedene den Geldschein mit seiner Hand erreicht hatte, nahm ihn Gerri zu sich und steckte ihn in seine Brusttasche.

Dem Lärm folgte eine Stille, die den Belustigten gar nicht zuzutrauen war. Aber sie konnten ebenso wenig wie der Getäuschte sich auf das Verhalten von Gerri einen Reim machen. Dieser erklärte nun allen, aber besonders dem mit unverständlichem Gesichtsausdruck dasitzenden, um das Geld gebrachten Andreas: „Du solltest deinen ... eiskalt auf den Tisch legen, und ich wette, dass er nicht so kalt gewesen ist."

Darauf folgte ein nicht enden wollendes Gelächter. Andreas fühlte sich betrogen. Er hatte sich überwinden, sein Schamgefühl unterdrücken müssen, sich erniedrigt, um sein finanzielles Desaster ein wenig lindern zu können. Er war hineingelegt worden, und es überkam ihn augenblicklich eine unbändige Wut.

So schnell wie er das schamlose Tun gemacht hatte, so schnell sprang er auf, umrundete den Tisch und schlug seine Faust mit großer Wucht ins Gesicht von Gerri, der sich vor lauter Lachen nicht erfangen konnte. Der heftige Schlag traf die Nase und ebenso die ausgelassene Stimmung der Gesellschaft. Als Gerri den Schmerz durch das zertrümmerte Nasenbein verspürte und sein eigenes Blut schmecken musste, sprang er auf, stürzte sich auf Andreas, und es begann eine wilde Schlägerei zwischen den beiden.

Die Heftigkeit der Auseinandersetzung ließ vorerst kein Eingreifen derer zu, denen das Lachen vergangen war. Erst als die Schlagenden auf dem Boden zu liegen gekommen waren, konnten sie getrennt und festgehalten werden, um ein neuerliches Aufeinandertreffen zu verhindern.

Es dauerte nicht lange, bis die verständigte Polizei eintraf und die Gewaltausbrüche endgültig beendete. Die herbeigerufenen Rettungswagen brachten die beiden Schwerverletzten ins Krankenhaus.

Noch vor ihrer endgültigen Genesung saßen sie vor mir, beide angeklagt wegen schwerer Körperverletzung. Einem Jochbeinbruch, einer zertrümmerten Nase und zwei eingedrückten Rippen auf der einen Seite, standen ein mehrfacher Kieferbruch, zwei ausgeschlagene Zähne und eine Sehnenverletzung an der Hand einander gegenüber, abgesehen von den Hämatomen und Prellungen, die sich beide zugefügt hatten.

Mit den erlittenen Verletzungen, den Krankenständen, den finanziellen Folgen und den drohenden Schadenersatzforderungen waren die zwei eigentlich schon genug bestraft.

Da das eigene Leid nur einen Milderungsgrund erfüllen kann und es eine Schuldkompensation im Strafrecht nicht gibt, musste ein Schuldspruch hinsichtlich beider Kontrahenten gefällt werden.

Mit den verhängten Strafen war jedoch nur der strafrechtliche Teil der Auseinandersetzung zu Ende.

Was noch folgte, war ungewiss, ich war jedoch überzeugt, dass die weiteren Folgen beide nicht eiskalt lassen werden.

Weidmanns Heil(iger Abend)

24. Dezember: Der Ort des Geschehens war tief verschneit und über ihm wölbte sich ein strahlend blauer Himmel. Die Sonne spiegelte sich in Myriaden von Schneekristallen wider und die weitere Beschreibung der Landschaft hätte der schriftlichen Umsetzung einer kitschigen Postkarte entsprochen.

Nicht nur das winterliche Panorama passte zu diesem Tag, sondern auch die Stille und der Friede, die über dem Tal und den darin verstreuten Bauernhöfen gelegen waren.

Einige hundert Meter vom Wald entfernt tollten zwei Huskies und es schien, dass sie sich über den Schnee und das Wetter so freuten, wie alle Kinder auf das am Abend kommende Christkind.

Die Hunde konnten durch ein offen gelassenes Tor auf jene Wiese kommen, die ihnen das winterliche Vergnügen möglich machte.

Das Gebell bei ihrem Spiel hörte auch ein nächst wohnender Jäger. Ob er von den Vorbereitungen gelangweilt oder genervt war, die für den Heiligen Abend notwendig waren, blieb im Dunkeln. Jedenfalls war das Hundegebell ein willkommener Anlass jener Stille und Beschaulichkeit zu entkommen, die der Festtag mit sich brachte.

Als er die tollenden Hunde gesehen hatte, holte er sein Gewehr und schoss „kniend am Bergstock anstreichend" auf einen der Hunde in einer Entfernung von ca. 130 Metern. Der Hund „brach im Schuss zusammen" und war sofort tot. Der zweite Hund blieb auf den Knall hin erschrocken stehen, worauf der Jäger nachlud und auch diesen mit einem Schuss niederstreckte.

Nachdem er auf seine Art das lustige Treiben der Hunde beendet hatte, holte er seinen Traktor, lud die Kadaver in die Frontlademulde und brachte sie zu einer Metzgerei. Von dort sollten sie entsorgt werden.

Die Freude an diesem Tag erfüllte viele Menschen. In dieser ländlichen Gegend werden Brauchtum und Tradition, aber auch der christliche Glaube hochgehalten. Es wird der Geburt Christi gedacht. Besinnlichkeit und der Besuch der Mette sind bedeutsamer als die willkommene Gelegenheit, gut zu essen und Geschenke auszutauschen. Die brennenden Kerzen auf den geschmückten Christbäumen erfreuten nicht nur die Kinder, auch Erwachsene bewegte der Zauber der Heiligen Nacht.

Nicht alle Erwachsenen in dem Ort konnten sich an diesem Abend freuen. Die Halterin der beiden Huskies hatte mit ihrem Freund den ganzen Tag nach ihren geliebten Tieren gesucht. Sie konnten die Hunde nicht finden, da die Kadaver für die Tierkörperverwertung in irgendeinem Eck lagen.

Erst drei Tage nach dem Heiligen Abend – die diesem folgenden Feiertage sollten durch die Hundetötung nicht gestört werden – ist der Jagdpächter vom Jäger über das Geschehen informiert worden. Es wurde bekannt, wem die Hunde gehörten und mit den Trauernden Kontakt aufgenommen. Sie wussten nicht, was mit ihren Huskies geschehen war, ahnten jedoch nach drei Tagen, dass sie nicht mehr am Leben waren. Als sie erfahren hatten, was geschehen war, wurde ihre Trauer nur noch von Wut und der Unbegreiflichkeit der Tötung ihrer Tiere übertroffen.

Sie konnten nicht verstehen, weshalb der Jäger die Hunde erschossen hatte, und er konnte es ihnen am wenigsten erklären. Die Huskies wurden nach seinen eigenen ersten Angaben nicht beim Jagen angetroffen, was ihre Tötung noch unverständlicher machte.

In einer Umfrage des Dr. Fessel-GfK-Institutes vom Oktober/November 1988 (der dem Geschehen nächst liegenden Umfrage) gaben 56 zu 41 Prozent der Befragten an, dass Jagen viel zu oft aus purer Lust am Töten betrieben wird. Die Mehrheit der Befragten muss nicht recht haben. Aber welcher Grund hätte sonst das „Warum" erklären können, wobei hinzukommt, dass das Töten der Hunde mit dem Jagen an sich unmittelbar nichts zu tun hat.

Nach Paragraf 285a des Allgemeinen Bürgerlichen Gesetzbuches sind Tiere keine Sachen und werden durch besondere Gesetze geschützt. Jedoch sind für Sachen geltende Vorschriften auf Tiere insoweit anzuwenden, als dass keine abweichenden Regeln bestehen.

Der Jäger wurde wegen Vergehens der schweren Sachbeschädigung angezeigt und mit einem der Anzeige entsprechenden Strafantrag vor Gericht gebracht.

In seiner ersten Einvernahme vor der Gendarmerie gab der Jäger an, dass es ihm leid tue, so gehandelt zu haben. Doch nach und nach änderte sich seine Einsicht. Er führte als Grund für seine Vorgangsweise die Tollwutgefahr und hierzu erlassene bürgermeisterliche Schreiben an. Später wollte er ein „Schrecken" eines Rehes mit dem Hundegebell verwechselt haben, woraus zu schließen gewesen wäre, dass sich die Hunde auf der Jagd befanden. Als Nächstes wollte er die Hunderasse nicht erkannt haben. Immerhin hatte er Wölfe ausgeschlossen. Schließlich habe er, entgegen seiner ersten Schilderung der Hundehalterin gegenüber, die Hunde aus dem Wald kommen gesehen, sie also jagend angetroffen und damit zu Recht erschossen.

Seine Verantwortung war beschämend – nicht nur für ihn, sondern für jeden selbstbewussten Weidmann.

Doch es ist das Recht jedes Beschuldigten, sich so zu verantworten, wie er glaubt, das Gericht überzeugen zu können, aber auch rechtens, gar nichts sagen zu wollen.

Ich sprach den Jäger wegen der ihm zur Last gelegten Tat schuldig und verurteilte ihn zu einer Geldstrafe und auch zum Schadensersatz.

Der Berufung des Beschuldigten wurde vom Oberlandesgericht Folge gegeben und mein Urteil aufgehoben. Im zweiten Rechtsgang wurde der Jäger freigesprochen.

Ich konnte beide Entscheidungen nicht nachvollziehen, dennoch entsprachen sie den erforderlichen juristischen Kriterien.

Begründen lässt sich Vieles, doch nur ein Schelm hätte gedacht, dass ein als Richter tätiger Jäger beim Oberlandesgericht die Entscheidung traf und der nach mir judizierende Richter einmal von einem Hund gebissen wurde.

Im „Bühnenweihfestspiel", Richard Wagner nannte seinen *Parsifal* so, erschoss der Held im Heiligen Hain einen Schwan. Die dazugehörige Textstelle, nur ein wenig auf gegenständlichen Fall abgeändert, lautet: „Du konntest morden? Hier am Heiligen Abend, der stille Friede dich umfing?"

Sonnenschein

Wenige verstreute Häuser standen in einem armseligen Dorf in Serbien an der Grenze zu Montenegro. Manche standen leer und niemand kümmerte sich um löchrige Dächer oder zerborstene Fensterscheiben, durch die Regen, Schnee und der Wind eindringen konnten.

Die Trostlosigkeit dieser dem Wetter überlassenen Gebäude hatte auch die verbliebenen Dorfbewohner umfasst. Sowohl die Armut als auch die fehlende Aussicht auf Verbesserung der wirtschaftlichen Situation bestimmten ihr Leben. Nur die Jungen konnten sich entscheiden, nämlich ihr Sein zu ertragen oder das Land zu verlassen.

Eine Familie trotzte einige Zeit den widrigen Bedingungen. In ihrem Stall stand eine Kuh und zu der kleinen Landwirtschaft gehörten noch zwei Schweine, einige Ziegen, Gänse und Hühner. Manchmal konnte die Bäuerin auf dem Markt in der nächstgelegenen Stadt Gemüse und Eier verkaufen und ihr Mann als Taglöhner ein wenig Geld verdienen. Trotzdem war die finanzielle Lage bedrückend.

Miroslav, so hieß der Bauer, Ehegatte und Vater der Kinder, war mit seinem Leben schon längere Zeit mehr als unzufrieden. Er hatte eine große, kräftige Statur und sein Aussehen entsprach der Derbheit seines Wesens. Der Grobschlächtige gehörte nicht zu den Männern, die mit ihren Frauen mögliche Veränderungen und zukünftige Pläne besprechen, denn die Ehegattin hatte, wie auch die Kinder, ohne Widerrede zu gehorchen.

Es zählte nur sein Wille, den er gegebenenfalls mit brutaler Gewalt durchsetzte. Schläge bekamen nicht nur die Kinder, sondern auch seine Frau, wenn seinen Anordnungen nicht Folge geleistet wurde. Die Kinder mussten wiederholt erleben, dass ihre Mutter nicht nur geschlagen, sondern oftmals zusammengeschlagen wurde, auf den Boden stürzte und dort liegenblieb, nicht selten in einer

Blutlache. Durch die erduldeten Brutalitäten war die Frau von einer Angst erfüllt, die sie nicht nur devot, sondern eher zu einer Sklavin ihres Mannes machte.

Da Miroslav nicht länger in seiner Heimat bleiben wollte, verkaufte er seine Tiere und zog mit seiner Familie nach Vorarlberg.
    Er und seine Frau fanden Arbeit und Unterkunft. Das brutale Verhalten seiner Frau und seinen Kindern gegenüber fand auch hier seine Fortsetzung. Wenn seine Gattin schwanger wurde, fuhr sie in ihre Heimat, brachte dort das Kind zur Welt, mit dem sie wieder nach Vorarlberg zurückkehrte.
    Die Wohnverhältnisse, in denen die Familie leben musste, waren grauenhaft. Alle Zimmer des alten Hauses wurden an Gastarbeiter vermietet und zwölf Personen stand eine einzige Toilette zur Verfügung.
    Zur Wohnung der serbischen Familie gehörte eine kleine Küche, sofern man sie als solche bezeichnen konnte. Das dort befindliche Waschbecken war nicht nur für den üblichen Gebrauch vorgesehen, sondern auch die einzige Möglichkeit, sich waschen zu können. Dennoch war für Miroslav das Leben in der Fremde jenem in seiner Heimat vorzuziehen.
    Der Platz in der Wohnung war sehr beschränkt, sodass die zwei ältesten Mädchen gezwungen waren, in einem Bett zu schlafen.
    Die Zeit verging und die Gewalttätigkeiten des Vaters und Ehemannes wurden von allen Familienmitgliedern schicksalshaft ertragen. Eine Steigerung der Brutalität und Gewaltintensität schien nicht vorstellbar, doch sie sollte die Vorstellbarkeit weit übersteigen.

Es begann damit, dass sich der Vater zwischen seine beiden Töchter legte, nachdem diese zu Bett gegangen waren. Sie wagten es nicht, ihren Ekel kundzutun, insbesondere wenn er betrunken war und ihnen kaum einen Platz gelassen hatte. Die Mädchen konnten oft nicht einschlafen, da sie an die Ränder des Bettes ausweichen mussten, um nicht mit ihrem Vater in Körperkontakt zu kommen. Dieser nutzte diese Zeit, seiner älteren Tochter – sie war erst dreizehn Jahre alt – in perversester Weise Sexualität zu „erklären", insbesondere den Geschlechtsverkehr mit den ordinärsten Worten zu beschreiben.

Das Mädchen schämte, ekelte sich und glaubte anfänglich, diese für sie neue Gemeinheit ihres Vaters nicht aushalten zu können. Sie lief weinend zu ihrer Mutter, die sie mit der Aufforderung, nicht zu lügen, wieder ins Bett schickte, wo ihr Vater auf sie wartete.

Wie hilflos und verlassen das Kind war, entzieht sich jeder Beschreibung.

Diese grauslichen Schilderungen sexuellen Verhaltens hatten jedoch einen Grund, denn sie sollten vorbereiten, was letztlich in der Absicht des Despoten gelegen war. Nicht jede Nacht schlief der Vater bei seinen Töchtern, oft konnten sie eine Woche und mehr die Nacht allein in ihrem Bett verbringen. Doch wenn ihm danach war, schlief er zwischen ihnen, um wie zuvor der Älteren in abartiger Weise über sexuelle Praktiken zu erzählen. Auch dieses Verhalten wie auch die anderen Gewalttätigkeiten mussten die Mädchen jahrelang erdulden.

In einer Nacht schrie die ältere Tochter auf, sie war keine sechzehn Jahre alt, als sie einen heftigen Schmerz im Unterleib verspürte.

Ihr Vater hatte sie entjungfert.

Das laute Schreien und Weinen weckte alle auf, und die Mutter konnte das Blut auf der Pyjamahose ihrer Tochter sehen. Sie sagte kein Wort, zu groß war die Angst und schon längst hatte der Tyrann nicht nur ihren Willen gebrochen.

Das vergewaltigte Kind erzählte einer Hausbewohnerin, was ihr widerfahren war. Als diese aufgebracht den Schänder des eigenen Kindes zur Rede gestellt hatte, nahm er den Gürtel von seiner Hose und schlug damit auf seine missbrauchte Tochter ein. Ihr Körper war von unzähligen Striemen, Blutunterlaufungen und sonstigen Spuren von Gewalt gezeichnet. Während dieser unsagbaren Brutalität teilte er seiner Frau mit, die den Wutausbruch miterleben musste, dass er jede seiner Töchter entjungfern und alle töten werde, die sich ihm in den Weg stellten.

Nach drei Monaten, so lange ließ der Vater seiner Tochter Zeit, begann für die Jugendliche ein jahrelanges Martyrium, das nicht einmal erahnt werden konnte.

In der einen Hand hielt er ein Messer, dessen Klinge er aufklappte, mit der anderen riss er das Nachthemd vom Körper der aus dem Schlaf Gerissenen herunter. Sodann vergewaltigte er sein eigenes Kind.

Beinahe jede Nacht suchte er seine Tochter auf, nachdem er das Ehebett verlassen hatte. Wenn die verbalen Drohungen und das offene Messer nicht ausreichten, um den Widerstand zu brechen, warf sich der Brutale auf den schlanken Körper seines Kindes, sodass sein Gewicht allein jede Gegenwehr unmöglich machte. Dann vollzog er den Geschlechtsverkehr.

Weder das versuchte Wehren, noch das Flehen, Weinen und auch nicht das Bitten und Betteln der Schwester, welche die Vergewaltigungen neben sich erleben musste, konnten die sich wiederholenden Gewaltexzesse verhindern.

Noch furchtbarer konnte es nicht werden, doch es wurde, als der Vergewaltiger seine Frau mit den kleinen Kindern in die Heimat geschickt hatte, um dort die Sommerferien zu verbringen. Er blieb mit den jugendlichen Töchtern im Lande, und was die Ältere der beiden mitmachen musste, könnte nur mit biblischen Qualen umschrieben werden.

Durch eine der Vergewaltigungen wurde seine Tochter schwanger. Die zurückgekehrte Mutter, die ihrem Kind nie beigestanden war, versuchte nun „das Ergebnis" des grauenhaften Missbrauchs zu beseitigen. Sie suchte mehrere Ärzte auf, um eine Abtreibung durchführen zu lassen. Selbst wenn sie zur damaligen Zeit einen Arzt gefunden hätte, der Abtreibungen durchführte, war die Zeit eines legalen Schwangerschaftsabbruchs längst überschritten. Ohne jede Emotion wurde daher eine Adoption angedacht.

Die zur werdenden Mutter vergewaltigte Tochter verfiel in grenzenlose Verzweiflung. Diese ging in einen apathischen Zustand über, in welchem sie die ihr angetanen Vergewaltigungen, die bis zum siebten Schwangerschaftsmonat andauerten, unfähig sich zu wehren, über sich ergehen ließ.

Das Kind kam auf die Welt. Es war ein Mädchen und bekam den Namen Manuela. Der das Kind untersuchende Arzt stellte den grauen Star fest. Da dies bei Neugeborenen äußerst selten ist und den Verdacht eines Inzests begründet, teilte er den zuständigen Behörden seine Diagnose samt den damit verbundenen Mutmaßungen mit.

Warum diese Mitteilung keinerlei Behördentätigkeit auslöste, konnte nach 25 Jahren nicht mehr aufgeklärt werden. Wer für dieses Versagen verantwortlich war, blieb im Dunkeln und war mitursächlich, dass das Drama seine Fortsetzung fand.

Nachdem das Kind geboren war, konfrontierte die Tochter ihren Vater damit, nunmehr beweisen zu können, dass er das Kind gezeugt hatte. Ihr Peiniger reagierte auf diese Mitteilung in der Weise, dass er seine Tochter brutalst schlug, um ihr seine immanente Gewaltbereitschaft wieder bewusst zu machen, verbunden mit der Ankündigung, sie umzubringen, sollte er ins Gefängnis müssen. Sofern ihm dies nicht mehr möglich wäre, würde er dafür sorgen, dass sie andere für ihn töten werden.

Manuela wurde von der Jugendwohlfahrt zu einer Pflegefamilie gegeben, die trotz liebevoller und verantwortungsvoller Betreuung nicht verhindern konnte, dass das Kind nicht überlebte.

Eine Zeit lang konnte die schwer traumatisierte junge Frau an einem anderen Ort wohnen, musste jedoch wieder zu ihrem gewaltsüchtigen Vater ziehen.

Es dauerte nicht lange, bis dieser wieder anfing, seine Tochter regelmäßig zu vergewaltigen. Weder die Schwangerschaft, die Geburt des Kindes, dessen Tod, noch die schwere psychische Erkrankung seines Opfers konnten ihn davon abbringen.

Es war wie vor der Geburt des Kindes. Mit Drohungen und Schlägen wurden die Vergewaltigungen erzwungen und jeder Versuch, sich zu wehren, mit brutalsten Gewaltanwendungen beendet.

Alsbald wurde die Tochter erneut schwanger. Daraufhin verlor die Gepeinigte jede Hoffnung auf ein menschenwürdiges Leben. Sie hasste ihr Dasein, wollte es beenden und glaubte nur im Tod jenen Frieden zu finden, der ihr im Leben verwehrt war. Die Verzweifelte schluckte Unmengen von Tabletten, sprang aus dem dritten Stock und schnitt sich die Pulsadern auf. Sie blieb am Leben, oder besser, ihre physische Existenz blieb erhalten und mit ihr das Ertragen von unzähligen Vergewaltigungen, die wiederum bis zum siebten Schwangerschaftsmonat andauerten. Dieses Ausgesetztsein jahrelanger unbeschreiblicher Gewalt ließ die Schwangere seelisch zugrunde gehen.

Schwere psychische Belastungs- und Anpassungsstörungen führten zu einer andauernden Persönlichkeitsstörung als chronisch irreversible Folge der erlittenen Extrembelastungen.

Fünfzehn Monate nach der Geburt von Manuela gebar die psychisch schwerkranke Frau ihr zweites Kind. Die kleine Dunja kam blind, taub, mit entstelltem Gesicht, schweren hirnorganischen Defekten und einem verkrüppelten Körper zur Welt.

Die Jugendwohlfahrt nahm die Geburt des schwerst beeinträchtigten Kindes zur Kenntnis und suchte für das Mädchen einen Pflegeplatz. Die Ärzte glaubten, dass das Kind nicht mehr als drei Jahre überleben wird.

Die Kindesmutter wurde vorgeladen, doch ihre Angaben zum Kindesvater schienen den Befragenden zu widersprüchlich. Doch wie hätten sie anders sein können.

Von einer schwerst traumatisierten, in ständiger Todesangst lebenden Frau konnten keine anderen Angaben erwartet werden. Und wiederum war nicht zu eruieren, ob überhaupt – insbesondere nach der zweiten Geburt und den damaligen Verdachtsmomenten – auch nur die geringsten Anstrengungen unternommen wurden, die Ursache dieses unbeschreiblichen Elends zu erfahren.

Für Dunja wurde trotz ihrer Behinderung und entgegen aller Erwartungen ein Pflegeplatz gefunden.

Sechs Jahre hatte die zweifache Mutter erdulden müssen, was mit „unfassbar" auch nicht annähernd ausgedrückt werden kann.

Als die gesamte Familie des Vergewaltigers in ihrer Heimat zum Sommerurlaub angekommen war, sah die verzweifelte Tochter eine Chance, ihrem Vater zu entkommen. Sie heiratete spontan einen im Dorf als Säufer bekannten Mann und konnte so ein zukünftiges Martyrium vermeiden.

Nach diesem Aufenthalt in Serbien beschloss der Vater der Familie, der diesen Namen nur biologisch verdiente, mit nur einer Tochter nach Vorarlberg zu fahren.

Die anderen Kinder sollten mit seiner Frau in Serbien bleiben und mit der wieder aufzunehmenden Landwirtschaft das Auslangen finden.

Er wollte die Tochter mitnehmen, welche in Vorarlberg mit ihrer Schwester das Bett teilen und deren unzähligen Vergewaltigungen, das Schreien, Weinen und die ihr angetane unsagbare Brutalität hautnah miterleben musste.

Als die Unglückliche erfahren hatte, dass sie mit ihrem Vater mitfahren muss, wollte sie von zu Hause weglaufen. Das gleiche Elend wie ihre unglückliche Schwester erleiden zu müssen, versetzte die Siebzehnjährige in panische Angstzustände, und sie hoffte, sich mithilfe ihrer Mutter weigern zu können.

Der darüber tobende Vater kündigte an, die ganze Familie umzubringen, sollte die Tochter nicht mitkommen. Daraufhin schickte die Mutter ihr flehendes, verzweifeltes Kind mit ihrem Mann nach Vorarlberg.

Es dauerte nicht lange, bis dieser der Tochter sein Wollen unmissverständlich bewusst machte.

Ein aufgeklapptes Messer in der Hand haltend, zeigte er mit dessen Spitze auf seinen erigierten Penis: „Entweder den oder das Messer werde ich in dich reinstecken." Unter dem Vorwand, auf die Toilette gehen zu müssen, konnte die zu Tode Erschrockene zu einer Tante fliehen, von der sie Hilfe zu erwarten glaubte.

Doch diese schickte die Verzweifelte zurück mit der Begründung, dass sie bei einer Weigerung um ihr Leben fürchten müsse.

Der Vater holte seine Tochter von ihrer Tante ab und sodann wiederholte sich, was er an ihrer älteren Schwester verbrochen hatte.

Er hielt sein eigenes Kind wie eine Sexsklavin.

Um eine Schwangerschaft zu verhindern, drang er nur teilweise in seine Tochter ein, vollzog unzählige Male den Analverkehr und forderte Sexpraktiken ein, die zu beschreiben die Zumutbarkeit der diese Zeilen Lesenden übersteigen würde.

Mit Schlägen führte er der Tochter seine permanente Gewaltbereitschaft vor und ließ auch dann nicht von ihr ab, als diese krank und bettlägerig geworden war.

Die Geschändete suchte Arbeit und glaubte so den Gräueltaten ihres Vaters entkommen zu können. Ihre Verstörtheit am Arbeitsplatz blieb nicht lange verborgen, wurde jedoch auf Drogenkonsum zurückgeführt.

Als sie sich endlich ihrem Arbeitgeber anvertraut hatte, stellte dieser ihr ein Zimmer zur Verfügung. Doch ihr Vater suchte sie an den Wochenenden auf, um auch dort sein perverses Treiben fortzusetzen.

Erst als sie das Unvorstellbare Frauen ihrer Umgebung geschildert hatte, bekam sie Unterstützung, die dazu führte, energischer gegen ihren Vater aufzutreten.

Dieses Verhalten versetzte den verkommenen Menschen in derartige Wut, dass er seine Tochter krankenhausreif zusammenschlug und sie anschließend vergewaltigte. Sechs lange Jahre musste sie dieses Elend ertragen und die andauernden Angstzustände haben zu Depressionen, quälenden Schmerzen körperlicher und seelischer Art geführt, die ihr jeden Lebenswillen nahmen. Nur durch den Tod glaubte sie diesen Qualen, diesem Leidensweg zu entgehen.

Mehrere Selbstmordversuche scheiterten.

Diese sechs, für die Jugendliche unendlich langen Jahre, waren von unvorstellbarer Gewalt, unzähligen Vergewaltigungen und solchen gleichzusetzenden Handlungen geprägt. Psychische Störungen, die schweren Körperverletzungen entsprachen, machten mehrere Aufenthalte im Krankenhaus notwendig.

Noch während des ersten Aufenthaltes in der Psychiatrie und den dabei erfolgten Berichten über ihr durchgemachtes Elend, tauchte der zur personifizierten Brutalität Gewordene unter.

Sechs Jahre in den Achtzigerjahren war die ältere Tochter und sechs Jahre im folgenden Jahrzehnt die zweitälteste grauenvoller Gewalt ausgesetzt, und erst nach diesen zwölf Jahren begannen die polizeilichen Ermittlungen, die das Vorstellungsvermögen übersteigende Geschehen zutage brachte.

Die Erhebungen führten zur Anzeige, sodass gegen den Flüchtigen ein internationaler Haftbefehl erlassen wurde.

Fünfzehn Jahre lang war der Haftbefehl nicht mehr als ein Stück Papier, ein Eintrag im Computer, worauf die furchtbaren Taten in Kurzform zu lesen waren, aber keine Konsequenzen nach sich zogen.

Der Gesuchte war längst in seine Heimat zurückgekehrt und konnte von seiner Pension, den Ersparnissen und auch von den Einkünften aus der Landwirtschaft in bescheidenem Wohlstand leben.

Er soll im Dorf angesehen gewesen sein, da niemand die dunkelsten Seiten dieses Mannes auch nur erahnen konnte.

Da sein Wohnsitz nahe der Grenze gelegen und er den dort tätigen Beamten bekannt war, war es ihm möglich, von einem Land ins andere ohne besondere Kontrollen zu kommen. Nachdem der Haftbefehl fünfzehn Jahre lang erlassen war, fiel einem Grenzbeamten der im Computer gespeicherte Haftbefehl auf. Ob dies auf Langeweile oder besondere Eifrigkeit zurückzuführen war, konnte nicht in Erfahrung gebracht werden.

Der Verdächtige wurde verhaftet, nach Vorarlberg überstellt und im landesgerichtlichen Gefangenenhaus in Untersuchungshaft genommen.

Es wurden die kontradiktorischen Vernehmungen der Opfer durchgeführt, die gegen ihren Vater aussagen wollten, mehrere Zeugen vernommen und über ihre Wahrnehmungen befragt. Eingeholte Gutachten sollten über die erlittenen Verletzungen, die bleibenden Störungen und Persönlichkeitsveränderungen durch Untersuchungen und Krankengeschichten Auskunft geben. Schließlich wurde ein Gutachten in Auftrag gegeben, das die Vaterschaft der noch lebenden Dunja klären sollte, der die Ärzte drei Jahre Lebenszeit gegeben hatten.

Die Vaterschaft des Einsitzenden konnte eindeutig festgestellt werden.

Nach all diesen Ermittlungen erhob die Staatsanwaltschaft Anklage wegen mehrfacher Verbrechen der teils vollendeten, teils versuchten Vergewaltigung mit besonders schweren Folgen, wie schwere Körperverletzungen, qualvolle Zustände, Erniedrigungen in besonderer Weise als auch Schwangerschaften. Darüber hinaus sollte er auch wegen vielfacher sexueller Nötigung bestraft werden.

Dieser stritt alle Vorwürfe kategorisch ab. Trotz der ihm vorgehaltenen Gutachten, den DNA-Untersuchungen und deren Ergebnis blieb er dabei, ein liebevoller Vater gewesen zu sein und nichts von dem getan zu haben, was ihm in der seitenlangen Anklageschrift vorgeworfen wurde.

Die zuständige Staatsanwältin beantragte den Sachverständigen zu laden, der die psychiatrischen Gutachten über die Folgen der Gewalttätigkeiten erstattet hatte.

Mit der Erörterung sollten die dramatischen, lebensbedrohenden und gesundheitlich bleibenden Folgen den Laien im Schöffensenat eindringlich bewusst gemacht werden. Denn sollte davon ausgegangen werden, dass die erlittene Gewalt für jede der Frauen sechs Jahre gedauert hatte, so war auch für einen medizinisch Unbedarften nachzuvollziehen, dass diese andauernde Brutalität psychische Schäden geradezu nach sich ziehen musste. Auch das DNA-Gutachten, das die Vaterschaft des Angeklagten von Dunja bestätigte, war nicht zu widerlegen.

Bei den Ausschreibungen der Hauptverhandlungen war auch deren voraussichtliche Dauer zu berücksichtigen.

Es wurden keine Zeugen beantragt, die Opfer waren kontradiktorisch einvernommen worden, weshalb sie nicht geladen wurden. Da es wahrscheinlich schien, dass auf die tatsächliche Verlesung der Protokolle verzichtet würde, so meine Gedanken, könnte die Verhandlung in nicht einmal einer Stunde zu Ende sein.

Zwölf Jahre brutalste Gewalt mit schrecklichen Folgen in einer Stunde verhandelt, war irgendwie nicht angemessen. Daher lud ich die Pflegemutter von Dunja als Zeugin zur Verhandlung.

Ich war mir sicher, dass sie über die inkriminierten Taten nichts aussagen wird können, glaubte aber, mit der Beschreibung der Pflege und des Zustands von Dunja eine gewisse Vollständigkeit des Verfahrens und eine längere Dauer desselben erreichen zu können.

Von den Laienrichtern und -richterinnen musste eine(r) dem Geschlecht des Opfers angehören. Um eine Verschiebung des Prozesses zu vermeiden, ordnete ich an, eine Frau als Hauptschöffin und eine andere als deren Ersatz zu laden, und zwar schon eine Stunde vor Verhandlungsbeginn.

Sollte nichts von den Vernehmungen und Gutachten tatsächlich verlesen werden, so könnten die Laienrichterinnen, der männliche Schöffe fiel aus, ihrer ohnedies schwierigen Aufgabe keinesfalls nachkommen können.

Ich gab ihnen am Tage des Prozesses die Vernehmungsprotokolle, Gutachten als auch die Anklageschrift zu lesen und nach gut einer Stunde rief ich die Verhandlung auf.

Die Öffentlichkeit wurde wie bei derartigen Verfahren üblich, ausgeschlossen.

Der Angeklagte blieb nach der Rechtsbelehrung dabei – ein Dolmetscher war anwesend –, ein liebevoller Vater gewesen zu sein. Über Vorhalt des DNA-Gutachtens meinte er, dass es sich um einen Irrtum handeln müsste. Alle Fragen prallten an ihm ab, sodass es bald auch der Verteidiger genervt aufgab, weitere zu stellen.

Nach Eröffnung des Beweisverfahrens trug der Sachverständige seine psychiatrischen Gutachten vor. Aufgrund der Schlüssigkeit derselben wurden auch an ihn keine weiteren Fragen gestellt.

Auf die tatsächliche Verlesung des DNA-Gutachtens als auch der Vernehmungsprotokolle wurde einvernehmlich verzichtet, und ich rief die Pflegemutter von Dunja als Zeugin in den Saal.

Die nicht besonders große Frau nahm Platz, wurde belehrt und gab ihre Personalien an. Sie konnte wie erwartet über die zu beurteilenden Taten nichts sagen.

Plötzlich zog sie aus ihrer Handtasche ein Blatt Papier heraus, auf dem Fotos von Dunja kopiert waren. Sie stand schnell auf, ging ohne jede Scheu zu dem zwischen zwei Justizwachebeamten sitzenden Angeklagten, hielt ihm die Bilder vor und forderte ihn barsch auf: „Schau her, das ist dein Kind!"

Ich weiß nicht, ob der Angeklagte auf das Blatt geschaut hatte, denn er drehte gleich seinen Kopf zur Seite. Daraufhin kam die allen imponierende Zeugin zu mir vor den Richtertisch, gab mir dieses Blatt, auf dem Dunja zu sehen war und sagte: „Das ist unser Sonnenschein!"

Ich sah auf den Bildern das kindliche, entstellte Gesicht, die großen blinden Augen und ihren kleinen, im Wachstum stehengebliebenen, zusammengekrümmten Körper. Sie sah auf den Bildern wie ein schwer behindertes Kind aus, war jedoch schon mehr als zwanzig Jahre alt – der Sonnenschein der Familie.

Ich war tief beeindruckt und die folgende Stille ließ mich beinahe vergessen, dass ich ein Strafverfahren zu leiten hatte. Diese Frau und ihre Familie hatten über Jahrzehnte Dunja mit einer Liebe aufgezogen, die alle im Saal sprachlos machte. Eine Liebe zu einem Menschen, mit dem man weder reden, spielen noch sonst irgendetwas tun konnte, außer ihn mit Wärme und Fürsorge zu umgeben.

Die bewundernswerte Frau weckte mich geradezu auf, als sie mir im breitesten Dialekt sagte: „Wir haben nichts davon, wie und ob du den", sie zeigte auf den Angeklagten, „bestrafen wirst, aber was wir brauchen, ist einen Rollstuhl für Dunja. Vielleicht kannst du uns einen besorgen." Ich sicherte ihr zu, den Rollstuhl zu beschaffen und entließ diese außergewöhnliche Frau.

Die furchtbaren Verbrechen, es waren die grausamsten, über die ich je zu entscheiden hatte, waren trotz der Verhandlung in einer Weise in den Hintergrund getreten, dass ich mich zusammenreißen musste, um meiner Aufgabe nachkommen zu können.

Ich schloss das Beweisverfahren und nach den Plädoyers zog sich der Senat zur Beratung zurück. Auch diese dauerte nicht lange.

Anschließend wurde die Öffentlichkeit wie vor jeder Urteilsverkündung wieder zugelassen. Ich fällte das Urteil und verkündete die Höchststrafe von fünfzehn Jahren.

Da sich während der Vergewaltigungen das Strafgesetz mehrfach geändert hatte, mussten die Verbrechen mit den zur Zeit ihrer Begehung geltenden Bestimmungen beurteilt werden. Dies komplizierte den Tenor (Spruch) des Urteils und wurde vom Verteidiger zum Anlass genommen, eine Nichtigkeitsbeschwerde wegen unrichtiger Gesetzesanwendung, verbunden mit einer Strafberufung zu erheben. Er war Pflichtverteidiger und hielt dies, amtswegig bestellt, für seine Pflicht.

Das Urteil und seine öffentliche Begründung hatten medialen Staub aufgewirbelt und mehrere Medien berichteten über den Fall und die Untätigkeit der Behörden.

Während des Rechtsmittelverfahrens kam ein Ehepaar zu mir, entfernte Verwandte des Verurteilten. Sie waren selbst Gastarbeiter gewesen, sprachen einwandfrei Deutsch und wollten mit mir über den Fall reden. Sie konnten nicht glauben, dass der Verurteilte, von dem sie nur Gutes wussten, solche Verbrechen begangen hatte.

Es war nicht das erste Mal, dass Verwandte oder Freunde von Tätern nicht erkannten, wahrhaben wollten oder konnten, dass sich hinter einer freundlichen, oft hilfsbereiten Fassade ein Abgrund an verbrecherischer Grausamkeit verbarg.

Ich teilte den um ihren Verwandten besorgten Personen mit, dass mich das Amtsgeheimnis hindert, über die Taten und ihre Verurteilung zu reden, machte ihnen, wie auch anderen, die an der Richtigkeit von Urteilen zweifelten, aber folgenden Vorschlag: „Ich werde das Urteil kopieren und veranlassen, dass es dem Verurteilten ausgefolgt wird. Außerdem werde ich Ihnen, da Sie von weit her kommen, einen außerordentlichen Besuch ermöglichen. Bei diesem sollen Sie den Verurteilten auffordern Ihnen die Urteilskopie zu überlassen. Wenn Sie dann das Urteil sorgfältig gelesen haben, wäre ich bereit, nötige Erklärungen zu geben."

Ich hatte den Besuch mit der Leitung der Justizanstalt organisiert und gebeten, mir mitzuteilen, ob der Verurteilte seinen Verwandten die ihm zugekommene Urteilsausfertigung übergeben hatte.

Er tat es ebenso wenig wie alle anderen, denen ich den gleichen Vorschlag machte.

Seine Verwandten sind auch nicht mehr zu mir gekommen.

Noch bevor der Oberste Gerichtshof die Nichtigkeitsbeschwerde verworfen hatte, konnte ich mithilfe der zuständigen Landesrätin den Rollstuhl organisieren.

Das Oberlandesgericht Innsbruck, zuständig für die Strafberufung, schloss sich der Senatsentscheidung über das Strafmaß an.

Die Milderungsgründe, manche Taten waren beim Versuch geblieben, als auch das lange Zurückliegen der Verbrechen, hielten die Richter des Oberlandesgerichtes bei den gegebenen Erschwerungsgründen für dermaßen unbedeutend, dass es bei der Höchststrafe blieb.

Das Urteil war somit rechtskräftig und der Verurteilte wurde zur Strafverbüßung in eine im Osten Österreichs gelegene Justizanstalt gebracht.

Das Verfahren war schon längst Geschichte, als mich die Pflegemutter von Dunja anrief.

Das Bett, so ihr Kummer, in welchem ihr Sonnenschein lag, entsprach in keiner Weise der erforderlichen Pflege. Deshalb ersuchte sie mich, ob ich es möglich machen könnte, für Dunja ein entsprechendes Bett zu besorgen.

Die Vorarlberger Pfadfinder und Pfadfinderinnen bringen jedes Jahr am 23. und 24. Dezember das Friedenslicht von Bethlehem von Haus zu Haus. Die dabei erhaltenen Spenden werden für soziale Projekte im In- und Ausland, auch für in Not geratene Familien verwendet. Mit dem aus dieser Aktion erhaltenen Geld konnte ich das damals modernste, aus Holz angefertigte Pflegebett bestellen.

Bevor ich die Zahlung leistete, wollte ich mich vergewissern, ob ordnungsgemäß und mängelfrei geliefert wurde.

Ich suchte zu diesem Zweck das Haus der Familie auf, die zwischenzeitlich Dunja adoptiert hatte.

Ich stand neben dem Bett der schwerst eingeschränkten Frau, die wie ein Kind aussah. Ich war ergriffen, sie so nahe sehen zu können und von der für mich spürbaren Liebe und Sorge, mit welcher Dunja in der Familie behütet und umsorgt war.

Meine Berührtheit und gleichzeitige Bewunderung für die alles umfassende Betreuung von Dunja ließ mich vergessen, was ich eigentlich vorhatte.

Als ich mich später danach telefonisch erkundigte, wurde mir die auftragsgemäße Ausführung des Pflegebettes bestätigt und ich konnte die Rechnung begleichen.

Es war einige Zeit vergangen, als ich eine Einladung bekam. Dunja, der die Ärzte eine Lebensdauer von höchstens drei Jahren vorausgesagt hatten, war dreißig Jahre alt geworden. Ich war eingeladen, zur Geburtstagsfeier zu kommen.

Dort angekommen, konnte ich Dunja zum zweiten Mal sehen. Luftballons waren aufgehängt, Girlanden verzierten die Räume und Blumen schmückten den Tisch, auf denen Torten und Kuchen standen.

Ich konnte die Dunja begleitende Krankenschwester und den Arzt kennenlernen, der für die medizinische Betreuung sorgte und die umhertollenden Kinder beobachten, wie sie manchmal die im Bett Liegende streichelten, wenn sie an ihr vorbeiliefen. Ich wollte den Arzt nicht fragen, sondern vielmehr glauben, dass Dunja irgendwie etwas von der sie umgebenden Freude und Liebe spüren konnte.

Einige Monate später bekam ich von der Familie erneut eine Einladung. Diesmal sollte ich Dunja auf ihrem letzten Weg begleiten können.

Es waren nicht viele Menschen zum Gottesdienst gekommen, die verwitwete Adoptivmutter, deren Kinder mit ihren Familien sowie einige Bekannte und Freunde.

Ich konnte, in einer anderen Bankseite sitzend, die Trauer in den Gesichtern der Familie und ihre Tränen sehen.

Nicht einmal zwei Meter vor mir stand die mit Blumen geschmückte Urne und ich ließ alles, was ich in diesem Fall erfahren hatte, gedanklich vorüberziehen.

Die furchtbaren Verbrechen waren unabänderlich geschehen, doch deren Unbegreiflichkeit, die mich lange beschäftigt hatte, verblasste und war nicht mehr wichtig.

Es war etwas Neues entstanden, eine großartige Liebe.

Vielleicht, so dachte ich, kann man sich so vorstellen, was unter Auferstehung gemeint ist.

Epilog

Mein Richtersein prägte mich, und ich übte es auch leidenschaftlich aus. Ich hielt es mit dem heiligen Augustinus, der meinte, dass ein Mensch ohne Leidenschaft ein Steinbild ohne Leben ist und: „Keine gute Tat geschah, deren Mutter sie nicht war!"

Diese Leidenschaft galt meinem Beruf, nicht meinen Entscheidungen. Es war mir immer bewusst, dass Gerechtigkeit letztlich nicht zu erreichen ist und Gerechtigkeit und Milde sich mehr oder weniger ausschließen. Meine Abscheu vor grauenhaften Verbrechen war kein Erschwerungsgrund, ebenso wenig mein Mitgefühl einen Milderungsgrund verwirklichen konnte.

Ich wollte kein juristischer Erbsenzähler und auch keine Urteilsmaschine sein. Letzteres wird nicht leicht zu glauben sein, wenn man bedenkt, dass die von mir beschriebenen Fälle nicht einmal ein Prozent meiner Urteile wiedergeben, die ich in den 35 Jahren als Richter fällte, abgesehen von den tausenden Anträgen, die mit Beschlüssen zu erledigen waren.

Nicht einmal zehn Richter und Richterinnen waren in meiner Zeit im Strafbereich am Landesgericht Feldkirch tätig und die Namensnennung in den Medien brachte eine gewisse landesweite Bekanntheit mit sich, ob man wollte oder nicht.

Durch diese Öffentlichkeit meiner Person als auch durch mein pfadfinderisches Engagement und die Verbundenheit mit der Dorfgemeinschaft meiner Heimatgemeinde wurde ich oft mit Meinungen, Vorwürfen, Unverständnis oder gar Ablehnung meiner Entscheidungen konfrontiert.

Ich hatte meine Urteile nur vor mir und der nächsten Instanz, sonst vor niemandem zu rechtfertigen, versuchte jedoch, verständlich zu machen, dass das Wissen aus der Zeitung oder durch Fernsehberichte nicht jene Kenntnis des Geschehens ersetzt, die für eine Kritik unabdingbar gewesen wäre.

Wenngleich ursprünglich in einem anderen Zusammenhang entstanden, erfuhr ich den Spruch „Vox populi vox Dei" („Des Volkes Stimme [ist] Gottes Stimme") eher als Stimme des Teufels. Insbesondere bei Sexualverbrechen,. Ohne irgendetwas über das tatsächliche Geschehen zu wissen, wurden mir Strafen „empfohlen", die an Grausamkeiten mittelalterliche Halsgerichtsordnungen übertroffen hätten.

Mein Erstaunen über dieses Rachegeschrei war ebenso groß, wie mich oftmals ungleiche Wertungen der gleichen Straftaten verblüfften. Einem Betrüger, der einen Menschen um sein Geld brachte, wurde der mieseste Charakter unterstellt. Einem Steuerbetrüger, der nicht nur einen, sondern uns alle betrogen hatte, wurden derartige Charakterdefizite nicht zugerechnet. Völlig unverständlich war es, wenn die Strafwürdigkeit einer Gewalttat mit der Straffreiheit der Abtreibung verglichen wurde. Wenn sofortige Abschiebungen von ausländischen Tätern gefordert waren und ich dagegen hielt, dass in manche Länder nicht abgeschoben werden kann, dann blieb meine anschließende Frage, ob diese Personen vom Flugzeug aus ins Meer gestoßen werden sollten, unbeantwortet.

Spektakuläre Überfälle auf Banken, Geldtransporte usw. haben oft Bewunderung für die cleveren Räuber mit sich gebracht, ohne hier Mitleid für traumatisierte, manchmal mit lebenslangen Folgen betroffene Angestellte der überfallenen Institutionen hervorzurufen.

Ich konnte auch Verständnis für kriminelle Taten erfahren, zumindest wenn sie einen nicht selbst betroffen hatten. Wenn ich zu überzeugen versuchte, dass Gesetze generelle Normen sind, die manchmal im Einzelfall nicht die gefühlte Gerechtigkeit herzustellen vermögen, aber uns alle vor Willkür schützen und auf demokratischem Weg zustande kamen, so konnte ich dennoch oftmals Unverständnis nicht verhindern.

Hin und wieder gelang es mir, eine breitere, hintergründige Sicht zu erreichen, und wenn dies der Fall war, wurde ich aufgefordert, ein Buch zu schreiben.

Ich nahm dieses Ansinnen vorerst nicht ernst, zog es dann doch wieder in Erwägung, um vielleicht eine Sichtweise zu ermöglichen, die nicht nur die Tat, sondern auch den Täter, seinen Lebensbereich, seine Herkunftsgeschichte, seine Beziehungen usw. in die Beurteilung miteinzubeziehen.

Es gibt den Spruch: „Einem Juristen ist nichts Menschliches fremd." Für Strafrichter und Strafrichterinnen müsste er erweitert werden, dass ihm/ihr auch nichts Unmenschliches fremd ist.

Seelische Abgründe, die sich einem Strafrichter oder einer Strafrichterin auftun, das manchmal unendliche Leid kennenzulernen, die Zerstörung ihres eigenen Lebens von Tätern erfahren zu müssen, Verzweiflung, Hoffnungslosigkeit, Hass aber auch Liebe, Treue, Verzeihung und Einsicht gehören zum beruflichen Alltag. Im Grunde nichts Außergewöhnliches, aber die Strafgerichtsbarkeit ist näher dran an Gewalt, Gier und Rache, verbunden mit dem Leid und Elend der Menschen. Sie spiegelt all das wider, was Menschen tun, unterlassen, sind, sein wollen oder niemals sein werden.

Wenn mich diese Gedanken beschäftigt hatten, fiel mir wieder ein, dass ich aufgefordert wurde, ein Buch zu schreiben. Manchmal gab es Zeiten, in denen ich schreiben wollte, dann verwarf ich das Vorhaben wieder, schob es zumindest auf und verbrachte meine Zeit mit anderen Dingen.

Dann kam Corona.

Meine persönlichen Kontakte wurden eingeschränkt, meine Reisefreude gänzlich verhindert und so wurde der Gedanke wieder lebendig, ein Buch zu schreiben.

Ich wollte weder juristische noch psychologische Überlegungen anstellen, hierzu gibt es Berufenere, sondern den Lesern und Leserinnen ermöglichen, sich von den beschriebenen und von mir verhandelten Fällen selbst ein Bild – ein breites, offenes, über die eigene Befindlichkeit hinausgehendes – machen zu können.

Wenn mein kleiner Teil Vorarlberger Kriminalgeschichte dazu beitragen könnte, mehr sehen zu wollen als nur die Taten selbst, war es vielleicht nicht vergeblich, dieses Buch geschrieben zu haben.

Anhang

1. „Ich will Gerechtigkeit!"

Diese Forderung haben oftmals Angeklagte, Beschuldigte, deren Opfer, Angehörige usw. an mich gestellt.

Ich habe ihnen geantwortet, dass sie von mir ein Urteil aufgrund der bestehenden Gesetze bekommen, das ich nach bestem Wissen und Gewissen fällen werde.

Ob es gerecht sein wird, habe ich verschwiegen.

Die Frage nach der Gerechtigkeit wird seit Menschengedenken völlig unterschiedlich diskutiert. Sie ist universell geradezu undenkbar und auch im beschränkten Umfeld letztlich nicht zu erlangen.

Ist es gerecht, dass wir im siebtreichsten Staat der Erde leben, und während Sie diesen Satz lesen, zwei Kinder auf dieser Welt an Hunger gestorben sind? Ist es gerecht, dass manche gesund, viele jedoch krank und elend sind? Ist es gerecht, dass manche einen Intelligenzquotienten von, sagen wir, 115 haben, wogegen andere zumindest den Eindruck vermitteln, grenzdebil zu sein? Ist es gerecht, dass einige unserem Schönheitsideal entsprechen, andere hingegen in einem Gruselfilm mitspielen könnten? Die Liste könnte fortgesetzt werden.

Generationen von Philosophen haben sich über die Gerechtigkeit den Kopf zerbrochen, und je nach dem Standpunkt ihrer Betrachtungen und kulturellen Herkunft unterschiedliche Gerechtigkeiten formuliert.

Das Problem beginnt schon mit der Gegenüberstellung von Gesetz und Recht. Besonders im Strafrechtsbereich war der Unterschied zwischen Gesetz und Recht von historischer Bedeutung und hat auch in der heutigen Zeit nichts von der möglichen, gedachten oder tatsächlichen Widersprüchlichkeit verloren.

Liegt die Berufung auf das Recht jenseitig der Gesetze, also auf das „richtige", „natürliche", „gerechte", „billige" Recht, kurz, auf die Rechtsidee oder den Einsatz, nicht nur auf übergesetzliche, sondern

sogar überrechtliche Wertungen, wie die Berufung auf das Sittengesetz, die Menschenwürde oder das Gemeinwohl, außerhalb der Kompetenz von Juristen? (Karl Engisch, *Einführung in das juristische Denken*, S. 193)
Wohl nicht, aber tatsächlich geraten wir so in den dornigen Bereich rechtsphilosophischer Gedanken.

Die rechtsphilosophische Problematik hat schon Aristoteles beschäftigt und in seinen logischen Schriften, zusammengefasst im *Organon* den Begriff der „Topik" verwendet. Darunter verstand er Schlussfolgerungen, die sich nicht auf „wahre", sondern vielmehr auf plausible Prämissen stützen.

Im Laufe der Geschichte haben diese vielfachen Wandel erfahren und statt der Topik wird heute von spezifisch zugeordneten Gesichtspunkten eines zu erörternden Problems gesprochen.

Dazu gehören Interesse, Verhältnismäßigkeit, Zumutbarkeit, Unerträglichkeit, Gerechtigkeit, Unbilligkeit, Natur der Sache (Karl Engisch, *Einführung in das juristische Denken*, S. 195).

Diese Gesichtspunkte und Argumente sind dienlich, bedürfen aber zur Ergänzung eines Wertesystems wie die Grundrechte in der Verfassung und der Menschenrechtskonvention.

Diese Wertesysteme sind kulturbezogen so unterschiedlich wie die Kulturen selbst.

Ehre wird zum Beispiel in unserem Wertesystem an unterster Stelle rangieren, hingegen in der islamischen Werteordnung an vorderster Stelle aufscheinen.

Unser Wertesystem, das in unseren Gesetzen zum Ausdruck kommt, widerspricht anderen oder hat zumindest einen unterschiedlichen Stellenwert, woraus verschiedene Ansichten von Gerechtigkeit resultieren.

Aber auch weltanschauliche Haltungen lassen die Vorstellung von Gerechtigkeit differenziert sehen. Denken wir an die Diskussion über die Strafwürdigkeit von Abtreibung, Blutschande oder Euthanasie.

Letztlich kann auch im Einzelfall ohne grundlegende Wertediskussion die Vorstellung von Gerechtigkeit nicht gegensätzlicher sein. Ich erinnere mich an die Mutter eines Opfers und die Mutter des Täters, deren Gerechtigkeitsempfinden nicht unterschiedlicher erfahren werden konnte.

Der Satz: „Das Gesetz den Juristen, das Recht den Rechtsphilosophen", soll nicht verhindern, dass Juristen über das Recht intensiv nachdenken und es in Gesetze einfließen lassen. Dennoch darf nicht vergessen werden, dass Richter und Richterinnen auf die Einhaltung der Gesetze ihren Amtseid geleistet haben.

Dieser kurze Ausflug in die Rechtsphilosophie und Rechtsethik kann und soll nicht die vielen Bücher und Betrachtungen ersetzen, die darüber geschrieben bzw. über sie angestellt worden sind.

Ich will vielmehr zeigen, dass Gerechtigkeit bestenfalls Orientierung – wenn auch unterschiedliche – vorgeben kann und soll, gleich Sternen, die wir letztlich nicht erreichen können.

2. Sinn und Aufgabe des Strafrechts

Das materielle Strafrecht ist jener Teil des öffentlichen und daher unabdingbaren Rechts, das die Merkmale einer strafbaren Handlung bestimmt und an die sie Strafen oder vorbeugende Maßnahme knüpft. Aus diesem weiten Strafrechtsbegriff scheidet das sogenannte nicht kriminelle Strafrecht (Verwaltungsstrafrecht, Disziplinarstrafrecht sowie die Ordnungs- und Beugestrafen der Verfahrensordnungen) aus. Das sohin verbleibende Strafrecht im eigentlichen Sinn kann man auch mit einem älteren Ausdruck „Kriminalrecht" nennen.

Jeremy Bentham, ein englischer Jurist und Philosoph, betrachtete Strafe schon im Jahre 1788 als ein notwendiges Übel. Dieses gesetzliche Übel, das gegen eine physische Person, die schuldhaft eine strafbare Handlung begangen hat, wird angedroht und im Einzelfall verhängt. Worin die Rechtfertigung dieses Übels liegt, war schon in der griechischen Philosophie umstritten (Pythagoräer, Protagoras,

Aristoteles). Nach den absoluten Strafrechtstheorien (Kant, Hegel, u. a.) ist die Strafe Vergeltung oder Sühne. Nach den relativen (Zweck- oder Nützlichkeits-)Theorien (Beccaria, Feuerbach, vor allem Liszt) ist die Strafe eine Zweckmaßnahme zur Verbrechensverhinderung. Nach einer Auffassung vorwiegend durch Einwirkung auf die Allgemeinheit (Generalprävention) nach anderer Auffassung vorwiegend durch Einwirkung auf die Bestraften (Spezialprävention). Nach den Vereinigungs- oder gemischten Theorien (Nowakowski, Rittler) ist die Strafe ihrem Wesen nach Sühne, doch dient sie vor allem general- und spezialpräventiven Zwecken. So lautet die Einleitung zum Strafgesetzbuch (Fabrizy, 10. Auflage).

Die Strafrechtstheorien bleiben den meisten Menschen verborgen und an ihre Stelle tritt eine intuitive Grundeinstellung, die einen Großteil unseres moralischen Denkens bestimmt.

Dieser Einstellung zufolge ist die Strafe an sich gut, denn sie entspricht der Vergeltung. So wie der Mensch von seinem Wohlverhalten profitieren sollte, so sollte er auch für sein Fehlverhalten die (ge-)rechte Strafe bekommen.

Die Vergeltung geht auf das Talionsprinzip des Alten Testaments zurück („Aug um Aug, Zahn um Zahn") und für die Befürworter solcher Vergeltung ist es oft eine Gratwanderung zwischen Strafe und Rache.

Erklärungen

Die beschriebenen Fälle sind mit Ausnahme des Beginns meiner Tätigkeit als Richter als auch in der Zeit, in welcher ich als Untersuchungsrichter tätig war, nicht nach dem zeitlichen Anfall geordnet. Für die Reihenfolge waren vielmehr Abwechslung, die Verschiedenartigkeit der Delikte und der Täterprofile maßgebend.

Alle Namen habe ich geändert, Zeitangaben unterlassen, das tatsächliche Geschehen ausgeschmückt und wenn erforderlich, auf andere Orte bezogen, um die Verurteilten als auch jene zu schützen, die zu ihnen in irgendeiner Beziehung gestanden sind oder noch stehen.

Die nachfolgenden Erläuterungen betreffen das Strafgesetzbuch (StGB) und die Strafprozessordnung (StPO) von 1979 bis 2014, sodass die seither geänderte Gesetzeslage nicht berücksichtigt ist.

Sie sind weder vollständig, übergehen manche Ausnahmen noch geben sie juristische Differenzierungen im Sinne einer umfassenden Gesetzesbetrachtung wieder. Die Erläuterungen sollen nur zu einem allenfalls nötigen Verständnis der einzelnen Fälle beitragen.

Anklage/Strafantrag
Hinsichtlich der schriftlichen Anklageform differenziert das Gesetz zwischen der im kollegialgerichtlichen Verfahren (Schöffen- und Geschworenengericht) einzubringenden Anklageschrift und den im einzelrichterlichen Verfahren einzubringenden Strafantrag. Gegen die Anklageschrift kann der Angeklagte oder sein Verteidiger Einspruch erheben, über welchen das Oberlandesgericht zu entscheiden hat. Gegen den Strafantrag ist kein Rechtsmittel zulässig, was bedeutet, dass der Beschuldigte (seit dem Inkrafttreten des Strafprozessreformgesetzes 2004 am 1. Jänner 2008 wird auch dieser als Angeklagter bezeichnet) kein subjektives Recht hat, dass seine gegen den Strafantrag vorgebrachten Argumente vor Beginn der Hauptverhandlung überprüft werden.

Angeklagter/Beschuldigter
Personen, die sich vor einem Kollegialgericht verantworten müssen, sind Angeklagte.

Wenn dies vor einem Einzelrichter stattfindet, waren es bis zum 1. Jänner 2008 Beschuldigte.

Seither wird als Beschuldigter jeder Verdächtige bezeichnet, sobald er aufgrund bestimmter Tatsachen konkret verdächtig ist, eine strafbare Handlung begangen zu haben und zur Aufklärung dieses Verdachtes nach dem ... Beweise aufgenommen oder Ermittlungsmaßnahmen angeordnet oder durchgeführt werden. Angeklagter ist nunmehr jeder Beschuldigte, gegen den Anklage eingebracht worden ist.

Bedingte Strafen (§ 43 StGB)
Wird ein Rechtsbrecher zu einer zwei Jahre nicht übersteigenden Freiheitsstrafe oder zu einer Geldstrafe (gänzliche Nachsicht einer Geldstrafe nur bis 2011 möglich) verurteilt, so hat ihm das Gericht die Strafe unter Bestimmung einer Probezeit von mindestens einem, höchstens drei Jahren bedingt nachzusehen, wenn anzunehmen ist, dass die bloße Androhung der Vollziehung allein oder in Verbindung mit anderen Maßnahmen (z. B. Anordnung der Bewährungshilfe) genügen werden, um ihn von weiteren strafbaren Handlungen abzuhalten, und es nicht der Vollziehung der Strafe bedarf, um der Begehung strafbarer Handlungen durch andere entgegenzuwirken. Dabei sind insbesondere die Art der Tat, die Person des Rechtsbrechers, der Grad seiner Schuld, sein Vorleben und sein Verhalten nach der Tat zu berücksichtigen.

Auch eine bedingte Nachsicht eines Teiles der Strafe ist unter bestimmten Voraussetzungen möglich (§ 43a StGB).

Wird der Rechtsbrecher wegen einer während der Probezeit begangenen strafbaren Handlung verurteilt, so hat das Gericht die bedingte Strafnachsicht oder die bedingte Entlassung zu widerrufen und die Strafe, den Strafteil oder den Strafrest vollziehen zu lassen, wenn dies in Anbetracht der neuerlichen Verurteilung geboten erscheint, um den Rechtsbrecher von weiteren strafbaren Handlungen abzuhalten (§ 53 Abs. 1, erster Satz StGB).

Dem Beischlaf gleichzusetzende geschlechtliche Handlungen
Darunter fällt jede auf Befriedigung des Geschlechtstriebes gerichtete Form einer oralen, vaginalen oder anderen Penetration. Entscheidend ist, dass die geschlechtlichen Handlungen nach der Summe ihrer Auswirkungen und Begleiterscheinungen mit einem Beischlaf vergleichbar sind.

Gendarmerie
Zu den Organen des öffentlichen Sicherheitsdienstes gehörte die Bundesgendarmerie.
Im Zuge der „Wachkörperzusammenführung" ist mit 1. Juli 2005 an die Stelle der Bundesgendarmerie das Bundessicherheitswachekorps und Kriminalbeamtenkorps getreten, die im Wachkörper Bundespolizei zusammengefasst sind. Da die von mir beschriebenen Fälle nicht chronologisch geordnet sind, sind es einmal Gendarmeriebeamte, dann wieder Polizeibeamte und umgekehrt, je nachdem, ob ihre Tätigkeit vor oder nach dem 1. Juli 2005 stattgefunden hat.

Journaldienst
Zwangsmaßnahmen wie Sicherstellung von schriftlichen Aufzeichnungen, Beschlagnahmen, Verhängung der Untersuchungshaft sowie Anordnungen der Staatsanwaltschaft, die der gerichtlichen Bewilligung bedürfen, sind auch in der Nacht, an Feiertagen oder an Wochenenden erforderlich, weshalb ein Richter, eine Richterin für jeweils eine Woche zu diesem Journaldienst eingeteilt ist, um der Strafrechtspflege auch außerhalb der Dienstzeiten nachkommen zu können.

Kontradiktorische Vernehmung
Wahrheitsforschung, Opferschutz und Verteidigungsrechte sollen durch diese Art der Vernehmung gewährleistet sein. Die kontradik-

torische Vernehmung sowie die Ton- oder Bildaufnahme einer solchen Vernehmung des Beschuldigten oder eines Zeugen sind zulässig, wenn zu besorgen ist, dass die Vernehmung in einer Hauptverhandlung aus tatsächlichen oder rechtlichen Gründen nicht möglich sein werde (§ 165 Abs. 1 StPO). Bei der Vernehmung eines besonders schutzbedürftigen Opfers oder sonst eines Zeugen ... oder sonst im Interesse der Wahrheitsfindung ist auf Antrag der Staatsanwaltschaft oder von Amts wegen die Gelegenheit zur Beteiligung derart zu beschränken, dass die Beteiligten des Verfahrens und ihre Vertreter die Vernehmung unter Verwendung technischer Einrichtungen zur Wort- und Bildübertragung mitverfolgen und ihr Fragerecht anwenden können, ohne bei der Befragung anwesend zu sein ... (§ 165 Abs. 3 StPO).

Einen Zeugen, der das vierzehnte Lebensjahr (später auf achtzehn Jahre angehoben) noch nicht vollendet hat, der durch die dem Beschuldigten zur Last gelegte Straftat in seiner Geschlechtssphäre verletzt worden sein könnte, hat das Gericht in jedem Fall auf die oben (§ 165 Abs. 3 StPO) beschriebene Art und Weise zu vernehmen, ... (§ 165 Abs. 4 StPO).

Minderjährige können bei der kontradiktorischen Vernehmung auch durch Sachverständige (Psychologen) unterstützt werden.

Es ist schwer vorstellbar, dass mögliche Opfer sexuellen Missbrauchs, insbesondere wenn sie minderjährig sind, in einer Hauptverhandlung die Geschlechtssphäre betreffende Fragen des Gerichts, des Staatsanwaltes und des Verteidigers beantworten können/sollen.

Privatbeteiligung
§ 65 StPO
Im Sinne dieses Gesetzes ist
1) „Opfer"
   a) Jede Person, die durch eine vorsätzlich begangene Straftat Gewalt oder gefährlicher Drohung ausgesetzt, in ihrer sexuellen Integrität und Selbstbestimmung beeinträchtigt oder deren per-

sönliche Abhängigkeit durch eine solche Straftat ausgenützt worden sein könnte.

b) Der Ehegatte, der eingetragene Partner, der Lebensgefährte, die Verwandten in gerader Linie, der Bruder oder die Schwester und sonst Unterhaltsberechtigte einer Person, deren Tod durch eine Straftat herbeigeführt worden sein könnte, oder andere Angehörige, die Zeugen der Tat waren.

c) Jede andere Person, die durch eine Straftat einen Schaden erlitten haben oder sonst in ihren strafrechtlich geschützten Rechtsgütern beeinträchtigt worden sein könnte.

2) „Privatbeteiligter"
Jedes Opfer, das erklärt, sich am Verfahren zu beteiligen, um Ersatz für den erlittenen Schaden oder die erlittene Beeinträchtigung zu begehren ...
Opfer haben – unabhängig von ihrer Stellung als Privatbeteiligte – u. a.
das Recht sich vertreten zu lassen ... (§ 73 StPO),
Akteneinsicht zu nehmen (§ 66 Abs. 1, Z. 2 StPO) ...

Rechtskraft

Der Rechtskraft einer eine Strafsache beendenden Entscheidung steht eine neuerliche Verfolgung und Bestrafung in derselben Sache entgegen. Man spricht von formeller Rechtskraft, wenn gegen ein Urteil oder gegen einen der Rechtskraft fähigen Beschluss kein Rechtsmittel offen steht, sei es, dass die Entscheidung nicht oder nicht mehr angefochten werden kann. Die materielle Rechtskraft bewirkt, dass der einer Entscheidung zugrunde liegende Sachverhalt nicht Gegenstand einer neuerlichen Entscheidung sein kann und dass die Entscheidung vollstreckbar wird. Durch den Rechtsbehelf der Wiederaufnahme wird die Rechtskraft durchbrochen.

Rechtsmittel

Gegen die vom Landesgericht als Einzelrichter ausgesprochenen Urteile ist die Berufung wegen Nichtigkeit als auch gegen die Aussprüche wegen Schuld, Strafe und privatrechtlicher Ansprüche zulässig, worüber das Oberlandesgericht entscheidet.

Gegen die Urteile des Landesgerichtes als Schöffengericht können die Rechtsmittel der Nichtigkeitsbeschwerde und der Berufung gegen den Ausspruch über die Strafe und gegen den privatrechtlichen Ausspruch ergriffen werden. Über die Nichtigkeitsbeschwerde entscheidet der Oberste Gerichtshof, über die Berufung das Oberlandesgericht.

Gegen Urteile der Geschworenengerichte stehen die Rechtsmittel der Nichtigkeitsbeschwerde und der Berufung offen. Sofern nicht anderes bestimmt ist, sind für das Verfahren über solche Rechtsmittel die Vorschriften gegen Urteile der Schöffengerichte dem Sinne nach anzuwenden.

Untersuchungsrichter

Im 19. Jahrhundert wurde er als Gegengewicht zur polizeilichen Ermittlungsmacht geschaffen. Zuständig war der Untersuchungsrichter für die von der Staatsanwaltschaft begehrten Vorerhebungen, Leitung des Verfahrens in der Voruntersuchung, für Vorführungen, Verhaftungen, Verhängung der Untersuchungshaft usw. Das Strafprozessreformgesetz 2004, in Kraft getreten am 1. Jänner 2008, hat eine wesentliche Änderung im Zusammenspiel zwischen den Strafverfolgungsbehörden gebracht. Nach der früheren Teilung in staatsanwaltlich veranlasste und eigenständig durchgeführte, sicherheitsbehördliche sowie staatsanwaltlich veranlasste gerichtliche Vorerhebungen und gerichtliche Voruntersuchungen, sieht die Strafprozessordnung seither ein einheitliches, von Kriminalpolizei und Staatsanwaltschaft grundsätzlich einvernehmlich zu führendes Ermittlungsverfahren unter der Leitung der Staatsanwaltschaft vor.

Verbrechen/Vergehen

Verbrechen sind vorsätzliche Handlungen, die mit lebenslanger oder mit mehr als dreijähriger Freiheitsstrafe bedroht sind. Alle anderen strafbaren Handlungen sind Vergehen (§ 17 StGB).

Zuständigkeiten

Dem Einzelrichter des Landesgerichtes obliegt, soweit nicht das Landesgericht als Geschworenen- oder Schöffengericht zuständig ist, das Hauptverfahren wegen Straftaten, die mit einer ein Jahr übersteigenden Freiheitsstrafe bedroht sind (§ 31 Abs. 4, Z. 1 StPO; weitere Zuständigkeiten werden in den folgenden Ziffern und Absätzen normiert).

Das Landes- als Schöffengericht ist erkennendes Gericht bei besonders genannten Straftaten, bei nicht politischen Verbrechen, die allgemein mit keiner strengeren Strafe als einer fünfjährigen bedroht sind ... und bei Verbrechen, die mit einer Strafe bedroht sind, bei der entweder das Höchstmaß zehn Jahre nicht übersteigt oder das Mindestmaß höchstens fünf Jahre beträgt.

Das Landes- als Schöffengericht besteht aus einem Richter und zwei Schöffen. Bei besonders angeführten Straftaten wie z. B. Vergewaltigung, schwerer sexueller Missbrauch von Unmündigen und mehreren anderen Delikten, besteht der Senat aus zwei Richtern und zwei Schöffen, die gemeinsam über Schuld und Strafe entscheiden.

Das Landes- als Geschworenengericht ist für alle politischen Delikte und für die mit den strengsten Strafen bedrohten Verbrechen zuständig. Zu den letztgenannten Delikten gehören jene strafbaren Handlungen, die mit einer zehn Jahre übersteigenden Freiheitsstrafe geahndet werden können, sofern das gesetzliche Mindestmaß der Strafe mehr als fünf Jahre beträgt.

Das Landes- als Geschworenengericht setzt sich aus dem Schwurgerichtshof und der Geschworenenbank zusammen. Der Schwurgerichtshof besteht aus drei Richtern, die Geschworenenbank ist mit acht Geschworenen besetzt. Die Geschworenen entscheiden allein über die ihnen vorgelegten Fragen mit ja oder nein, wobei ihnen auch die Konsequenzen der Bejahung oder Verneinung der Fragen in einer ausführlichen mündlichen und schriftlichen Rechtsbelehrung kundgemacht werden. Welche gesetzlichen Folgen der Wahrspruch der Geschworenen für den Angeklagten hat, sofern er schuldig gesprochen wird, haben die Geschworenen gemeinsam mit dem Schwurgerichtshof in einer separaten Beratung zu entscheiden.

Dank

Mein herzlicher Dank gilt Univ.-Prof. Dr. Reinhard Haller für den Prolog in diesem Buch, Mag. Albert Ruetz für das Korrekturlesen, ganz besonders meiner Gattin Maria, die das Manuskript gelesen und ausgebessert hat, und vor allem meinen Söhnen Rainer und Stefan, die meine Erinnerungen zu Papier gebracht haben.

Ein furioser Streifzug durch Österreichs Geschichte, vermischt mit satirisch-grotesken Episoden in einem fiktiven Ort.

Marco Maria Resch

Nationalfeiertag

Die beiden halten sich gegenseitig für einen Irrtum der Natur, denn zwischen ihnen verläuft ein ideologischer Grand Canyon. Rudi ist als Jugendlicher aus der ÖVP-dominierten Region geflüchtet, um seine sozialistischen Neigungen ausleben zu können, die sein konservativer Vater nicht akzeptiert hat. Sein Vater veranstaltet jedes Jahr eine große Nationalfeiertagsparade. Nur dieses Jahr geht alles schief. Ein Mann, verkleidet als Leopold Figl, verkündet die Freiheit Österreichs, Bundeskanzler Schüssel wird entführt, ein Politikwissenschaftler trifft die Reinkarnation Bruno Kreiskys, der Neutralitätsaktivist Dr. Austriamundus gründet einen neuen Staat und die Weltmächte SPÖ Wien und ÖVP Niederösterreich besetzen den Ort. St. Neudorf kämpft um seine Neutralität und Souveränität.

Die Brüder Rudi und Leopold treffen am Nationalfeiertag in ihrer Heimatgemeinde St. Neudorf seit Langem wieder aufeinander und streiten über Politik.

1. Auflage · Softcover · 156 Seiten · 13 x 19,5 cm · ISBN 978-3-99018-721-0

 BUCHER Verlag Hohenems – Vaduz – München – Zürich   www.bucherverlag.com

Im neuen Roman des Autors Aldo Solid Betschart entwickelt sich der berufliche Existenzkampf von zwei Zürcher Kleinunternehmern zu einer Metapher für eine aus den Fugen geratenen Welt.

Im neuen Roman des Autors Aldo Solid Betschart entwickelt sich der berufliche Existenzkampf von zwei Zürcher Kleinunternehmern zu einer Metapher für eine aus den Fugen geratenen Welt.

Aldo Solid Betschart

In der Nacht auf morgen

Roman

»In der Nacht auf morgen« ist ein sowohl in Zürich als auch in Ägypten sich abspielender zeitkritischer Roman, in welchem die Thematik einer von multinationalen Unternehmen abhängigen Gesellschaft ebenso stark durchschimmert wie die Frage, in was für einer undemokratischen Welt die Menschen von morgen zu leben gezwungen sein werden. Anhand des Beispiels der miteinander befreundeten Ladenbesitzer, Ritz und Roli, erzählt der Autor authentisch die Geschichte von zwei hart arbeitenden Schweizer »Normalos«, denen mit der beruflichen Selbstständigkeit eines eigenen Geschäfts nichts geschenkt wird. Als unbedeutende kleine Firmeninhaber müssen sie sich erfolglos mit einer Bürokratie herumschlagen, welche wiederum den einflussreichen großen Firmen gezielt unfaire Vorteile verschafft.

1. Auflage · HC mit Schutzumschlag · 480 Seiten · 13 x 21 cm · ISBN 978-3-99018-714-2

 BUCHER Verlag Hohenems – Vaduz – München – Zürich   www.bucherverlag.com

Sokrates, die römische Republik, Augustus, Jesus, die Völkerwanderung, Karl der Grosse, die Kreuzzüge, Franziskus von Assisi, Martin Luther, Friedrich Nietzsche ...

Matthias Jäger geht der Frage nach, welche Personen und Ereignisse das kollektive Bewusstsein der Menschen Mittel- und Westeuropas geprägt haben.

Matthias Jäger

Der letzte Schritt der Vernunft

Von Sokrates bis ins 20. Jahrhundert

Welche Personen, welche Ereignisse sind entscheidend gewesen? Entscheidend bei der Herausbildung des gegenwärtigen kollektiven Bewusstseins der Menschen Mittel- und Westeuropas. Um diese Personen, um diese Ereignisse geht es in diesem Buch. In 117 Kapiteln, die bruchlos ineinander übergehen, versucht der Autor einen Erzählstrom zu schaffen, der den Leser mitreißt. Das Erzählen ist allerdings nur das eine. Das andere, das immer mitschwingt, ist das Bemühen um Schlussfolgerungen, die in die Zukunft weisen. Dabei verliert der Autor die Leserinnen und Leser nie aus den Augen. Ständig werden sie eingeladen, sich mit dem Geschehen zu identifizieren. Wo immer möglich, sind daher bei der Darstellung geschichtlicher Entwicklungen persönliche Schicksale in den Vordergrund gerückt.

1. Auflage · HC mit Schutzumschlag · 552 Seiten · 14,5 x 22 cm · ISBN 978-3-99018-402-8

 BUCHER Verlag Hohenems – Vaduz – München – Zürich   www.bucherverlag.com